# 시장과 연결망

생산시장의 경제사회학적 분석

이화학술총서

# 시장과 연결망

## 생산시장의 경제사회학적 분석

Markets and Networks: Economic Sociology of Production Markets

김우식 지음

이화여자대학교출판부

# | 책을 펴내며 |

시장은 경제사회학도들에게 매력적인 연구 주제가 되어왔다. 시장은 소비자들이 경제적 필요를 충족하기 위해 일상적으로 접하는 곳이고 또 많은 사람들에게 삶의 터전이 된다는 점에서 현실적으로 매우 중요하지만 사회학도들에게는 고유한 원리를 갖는 사회조직이나 사회구조로서 중요한 연구 대상이 되어왔다. 사회조직으로서 시장 속에는 행위자들의 합리적 선택 행위도 있지만 사회관계, 제도화된 실천 방식, 상징적이고 문화적인 요소, 권력 관계 및 갈등이 복합적으로 결합되어 있다.

매일같이 접하는 신문이나 방송의 뉴스를 보면 사회적인 요인들이 기업들의 생산과 유통, 소비자나 투자자들의 행동에 얼마나 큰 영향을 주는지 알 수 있다. 인터넷이 등장하여 의사소통 방식이 변함에 따라 새로운 상품과 거래 방식이 나타나고 소비자들의 취향이 분화되었으며 그들의 영향력이 달라졌다. 또한 사람들의 사고방식이 바뀌고 새 세대가 성장하면서 전에 없던 소비문화가 나타났으며 이에 따라 소비 품목과 소비 방식이 달라졌다. 기업들은 다른 기업들과 네트워크를 구성하여 협력하면서 경쟁하기도 하고 지배·종속 관계를 이루기도 한다. 경제적 행위자들 사이에 나타나는 권력과 불평등, 갈등을 언급하는 것이 경제학의 시각에서는 생소해보일 수 있으나 엄연한 현실이다. 이와 같이 여러 예에서 나타나는 사회적 요인들은 시장이 발전하면서 없어질 일시적 현상이라기보다는 시장이라는 사회조직을 구성하는 핵심적인 요소들이다. 그런 점에서 시장은 사회적 요인들의 결정체라고도 할 수 있다.

필자는 미국 프린스턴대학교 박사과정에 대학원생으로 있던 시절에 여러 요인이 결합하여 고유한 사회조직을 이루는 시장에 관심을 갖게 되었다. 당시 시카고대학교 사회학과에 재직 중이던 제임스 콜만James Coleman 교수가 쓴 책들을 통해 교환시장에 관한 미시경제학적 틀이 시장을 비롯해 다양한 사회 현상에 적용되는 것을 보고 적지 않은 흥미를 느꼈다. 그러다가 컬럼비아대학교 사회학과의 해리슨 화이트Harrison White 교수가 1981년에 학술지에 게재한 "Where Do Markets Come From?"이라는 제목의 논문을 읽게 되었는데, 이는 당시 필자에게는 신선한 충격이었다. 그 논문을 처음 접했을 때 내용을 다 이해하지는 못했지만 생산시장에 관한 심오한 사회학적 통찰력을 수리적 모형에 담아 전개하는 것을 보고 깊은 인상을 받았다. 두 교수 모두 학부에서 자연과학이나 공학을 공부했다는 점이 필자와 비슷해서 더 인상적이었는지도 모른다. 그러나 여러 이유로 콜만이나 화이트 교수의 시장이론에 대한 관심을 계속 유지하지 못하고 거래비용 접근과 사회 연결망이라는 새로운 주제를 발견하여 그 매력에 깊이 빠져들게 되었고, 박사학위 논문 주제로 미국 투자은행들의 연결망 구성 행위를 택하게 되었다. 사실 화이트 교수의 시장이론은 사회 연결망에 대한 깊은 통찰력을 토대로 하고 있었는데 필자는 처음에는 그 점을 잘 깨닫지 못했다. 학위를 취득한 후에는 느슨한 사회조직인 연결망뿐 아니라 연결망에 비해 행위자를 보다 명시적으로 구속하는 시장에도 관심을 갖고 생산시장이론을 확장해볼 생각을 하게 되었다. 생산시장이론을 확장하고자 생각할 때 많은 도움이 된 것은 프린스턴대학교 사회학과에 재직 중인 폴 디마지오Paul DiMaggio 교수의 연구였다. 디마지오 교수는 경제사회학, 조직사회학, 문화사회학을 연구한 학자답게 시장, 연결망, 문화가 서로 밀접하게 연결되어 있음을 여러 연구에서 지적하고 분석함으로써 시장 조직에 문화적·상징적 공간을 도입하고자 하는 필자에게 큰 자극과 도움을 주었다.

화이트 교수의 이론은 생산시장을 사회학적 시각에서 분석하고 구체적인 모형과 실증 연구까지 제시하기 때문에 크나큰 지적 자원임에도 불구하고 연구자들이 많은 관심을 갖지 않는 점이 필자는 항상 의아했다. 그러나 최근으로 올수록 국내외에서 그의 생산시장이론에 대한 관심이 높아지고 있는데 이는 매우 다행한 일이다. 여러 연구자의 탁월한 연구에 추가하여 생산시장의 구조를 이론적·경험적으로 확장함으로써 경제사회학의 시장 연구에 조금이라도 기여하고자 하는 바람으로 이 책을 내게 되었다. 이 책을 준비하면서 필자는 생산시장의 이론과 모형을 확장하려고 쓴 이론적인 논문들과 경험적 연구들을 일관성을 갖추도록 통합하거나 재구성하고 새로운 내용을 추가했다. 이 책에서는 생산시장의 기초적인 구조와 원리를 확장하는 것이 목표이기 때문에 보다 거시적이거나 복잡한 주제는 다루지 않았다. 예를 들면 요소 시장, 금융 시장을 이론화하거나 시장의 다양한 분화 형태를 보거나 혹은 개별 시장이 모여 형성하는 전체 경제를 분석하는 작업은 하지 않았다. 이런 주제는 앞으로의 연구에서 다룰 수 있기를 희망한다.

이 책을 출판하게 되기까지 많은 분들께 신세를 졌다. 이화여자대학교출판부의 저술지원사업에 지원해 선정된 것이 이 책을 내게 된 계기가 되었다. 책 출판을 결정하고 후원해준 이화여자대학교출판부에 감사드린다. 최민숙 전 출판부장님, 김훈순 현 출판부장님을 비롯한 출판부 여러 분들과, 이 책을 선정해주신 심사위원들께 각별한 감사의 말을 전하고 싶다. 이분들은 대중성을 갖기 어려운 주제를 책으로 출판할 수 있도록 각 단계에서 세심하게 도와주셨다.

미국 프린스턴대학교 박사과정에 있을 때 지도교수이었던 폴 디마지오Paul DiMaggio 교수와 논문위원이었던 프랭크 더빈Frank Dobbin 교수, 브루스 웨스턴Bruce Western 교수, 심사위원으로 참여한 비비아나 젤라이저Viviana Zelizer 교수와 미겔 센테노Miguel Centeno 교수께 감사드린다. 그리고 수업과 세미나를 통해 만난 미셸 라몽Michele Lamont 교수와 해리슨 화이트Harrison White 교수께도 감사의 마음을 전한다. 그분들로부터 문제의식, 접근 방법 등 경제사회학의 기초를 배웠다. 또한 프린스턴대학교 재학 시절에 필자를 여러 모로 도와주신 프린스턴 한인장로교회의 여러분들과 그중에서도 특별히 유인석, 이성전 장로님 내외분께 깊이 감사드린다. 두 분의 도움으로 필자는 유학생활을 무사히 마칠 수 있었다.

이 책의 일부 장과 관련하여 공동 연구를 진행한 국민대학교 경제학부의 김재준 교수와 당시 이화여자대학교 학부 및 대학원 학생이었던 김은영, 김은정, 김효선, 손영진, 주정민, 홍은숙 씨에게도 감사드린다. 학부나 대학원에서 경제사회학과 사회 연결망 수업을 진행하다보면 놀라울 정도로 독창적이고 뛰어난 아이디어나 연구 능력을 가진 학생들이 많이 있었다. 그들 모두와 공동 연구를 하고 싶었지만 한정된 시간 등 여러 가지 제약으로 인해 그러지 못한 점을 아쉽게 생각한다.

경제사회학을 연구하는 국내외 여러 학자들과 많은 대화를 나누었던 것이 이 책의 주제를 발전시키는 데 큰 도움이 되었다. 어떤 분들은 생산시장의 기제를 같이 연구하고 토론하면서 필자로 하여금 생산시장을 더 잘 이해할 수 있게 해주었고, 필자가 쌍대와 등가 개념을 시장이론에 적용하고자 할 때 미처 생각하지 못한 논리적 오류나 새로운 적용가능성을 지적해주기도 했다. 또한 이분들은 필자의 과감한 주장에 대해 정확한 논평을 제공해주면서도 따뜻한 격려를 아끼지 않았다. 이처럼 많은 도움을 주신 국내외 학계의 동료들에게 지면을 통해서나마 감사드리는 바이다. 특히 관련 논문을 학술대회에서 발표하거나 학술지에 제출했을 때 논평 및 심사를 해주신 토론자와 참석자, 심사위원 여러분들, 그리고 2009년 홋카이도에서 열린 일본 수리사회학회 학술대회에서 관련 연구를 발표했을 때 논평해준 참석자들에게 감사드린다.

이 책의 내용 중 상당 부분은 학술지에 발표했던 논문들을 발전시키거나 수정·보완한 것들이다. 각 장의 기초가 된 학술지 논문은, 3장(김우식, 2009a), 4장(김우식, 2011), 5장(김우식, 2009c), 6장(김우식·김효선·손영진·주정민·홍은숙, 2004), 7장(김은영·김우식, 2006), 8장(김우식, 2006a), 9장(김우식, 2007a), 10장(김우식, 2003b), 11장(김우식, 2008), 12장(김우식, 2009b), 13장(김우식·김효선, 2005), 14장(김우식·김재준·김은정, 2009)이다.

이 책은 2011년 한국연구재단의 대학교수해외방문지원사업(NRF-2010-013-B00022)의 지원을 받아 네덜란드에서 안식년을 갖는 동안 준비하게 되었다. 필자는 연결망에 대한 수리적 연구에서 네덜란드의 유트레흐트대학교Utrecht Universiry와 흐로닝언대학교Groningen University가 세계적으로 유명하다는 사실을 알고 관심을 가져오다가 유트레흐트대학교에서 연구년을 보내기로 결정했다. 유트레흐트대학교와 네이메이헌대학교Nijmegen University와의 사회과학 연구와 교육 연합 단체인 Interuniversity Center for Social Science Theory and Methodology(ICS)를 통해 접한 흐로닝언대학교 사회학과도 학문적 수준, 국제 교류, 교육 면에서 아주 뛰어났다. 규모가 작은 국가의 대학들이 세계적 수준의 연구를 이끌어가는 점이 매우 인상적이었다.

최고의 환경에서 평온하게 안식년을 지낼 수 있도록 배려해준 네덜란드 유트레흐트대학교 사회학과와 특별히 워너 라웁Werner Raub 교수와 빈센트 부스켄스Vincent Buskens 교수, 라인하르트 위플러Reinhard Wippler

교수, 여룬 웨이시Jeroen Weesie 교수, 행정적으로 도움을 주었던 티네커 에딩크Tineke Edink, 마예트 얀마트Marjet Janmaat, 아드리안 버베크 Adrianne Verbeek, 그리고 대학원 학생들에게 감사드린다. 창문 밖으로 양들과 목초지, 숲과 호수가 보이고 새들이 날아다니는 연구실과 숙소는 연구를 하는 데 있어 최고의 환경이었다.

끝으로 지금까지 필자의 학문적 정진을 위해 그 어떤 수고와 희생도 마다하지 않으신 부모님(김희정, 박영희)께 감사드리며 이 책을 헌정하고자 한다.

2011년 9월

네덜란드 유트레흐트에서

김우식

## | 차례 |

# | 들어가는 말 |

경제사회학이 설명하고자 하는 경제 현상은 주로 시장이나 혹은 시장과 관련된 경제 행위, 사회관계, 문화, 제도 등이다. 마르크스, 베버, 뒤르켐, 짐멜 등에 의한 고전사회학이나 최근 수십 년 간 발전된 경제사회학의 연구 성과들을 보면 시장 거래에서 나타나는 행위나 사회 현상에 대한 것이 많을 정도로 시장은 중요한 연구 대상이 되어왔다(김우식, 2000a; 박찬웅, 2003/2004/2007; 유홍준, 1995/2011; 이재열, 1996; Baker, 1984; Burt, 1992; DiMaggio and Louch, 1998; Haunschild, 1994; Kirman and Vriend, 2001; Podolny, 1993; Uzzi, 2004; Velthuis, 2003; Zajac and Westphal, 2004; Zuckerman, 1999; Zuckerman, Kim, Ukanwa, and Rittmann, 2003). 이 책은 경제사회학에서 시장을 설명하는 이론으로서 유력한 생산시장 관련 이론을 발전시키고 나아가 시장의 사회구조에 대한 이론을 정립하는 데 기여하고자 쓰여졌다.

시장이 타인에 대해 독립적인 행위자들의 이익 추구 행동과 자원 제약에 의해서 성립된다기보다는 사회관계, 제도, 문화, 권력에 의해 구성된다는 점은 많은 사회학, 정치경제학, 그리고 경제학 연구에서 지적되어왔다(박길성·이택면, 2007; 임혁백, 1994; Coleman, 1990; Dobbin, 2004a; Granovetter, 1985; Kirman, 2001; Lie, 1992; Polanyi, 1957). 특히 경제사회학적 연구들은 시장을 행위자 간의 사회적 관계 구조, 신호와 해석의 장이 제도적 기초와 상호작용하는 사회적 공간으로 본다. 따라서 시장은 사회적으로 구성되는 실체이므로 가격이나 생산량, 매출액과 같은 변수들도 제도, 관계, 문화의 복합적인 구조 속에서 나타난다(박길성·이택면, 2007; Berger and Luckmann, 1966; North, 1990; White, 2002). 이와 같은 사회학적 관점은 많은 경험적 연구를 산출했지만 시장의 구조나 체계 전체를 연구 대상으로 삼는 시도는 많지 않았다. 시장 구조를 구성하는 요소들이 많기 때문에 다수의 요소들을 동시에 연구 초점으로 삼기는 어렵지만 시장이라는 사회 공간은 다양한 요소들의 상호작용에 의해 형성되므로 시장 구조를 연구하는 일은 필요하다고 할 수 있다. 사회학사에서 사회체계나 사회구조에 대한 관심이 크다는 점을 생각해보면 시장이 구성하는 사회구조나 체계를 연구하는 일은 사회학적 연구 전통을 이어가는 작업이기도 하다.

시장 구조에 대한 사회학적 연구에서 가장 눈에 띄는 연구는 현재 미국 컬럼비아대학교 사회학과에 재직하고 있는 해리슨 화이트Harrison White 교수가 1970년대부터 발전시켜온 생산시장이론이다. 그의 이론에 의하면 생산시장은 생산의 연결망으로부터 시작되어 고유한 구속 기제를 갖는 사회조직으로 발전되는데(White, 2002a/2008), 연결망, 경쟁, 정보와 신호의 구조, 상징적 요소의 결합에 의해 생산되고 재생산된다(Bothner, Stuart, and White, 2004; Bothner and White, 2001; Eccles and White, 1987; Leifer and White, 1987; Mische and White, 1998; White, 1981a/1981b/1988/1995/2000/2002a/2002b/2002c/2002d/2003a/2003b/2005/2008). 생산시장이론에 구체적인 모형model까지 제시한 화이트의 연구는 시장을 사회문화적 구성물로 보는 중요한 자원인데, 행위자들의 다양한 행동을 시장모형에 포함시킬 수 있어서 시장의 특성을 규명하는 기초로 유용하다(Boltanski and Thévenot, 1999; Bothner and White, 2001; Eccles and White, 1987; Favereau, Biencourt, and Eymard-Duvernay, 2002; Leifer and White, 1987; White, 1981a/2002a).

화이트의 생산시장이론은 경제사회학, 조직사회학, 문화사회학, 경영학 연구자들로부터 주목받고 있는데(Azarian, 2002; Faulkner and Cheney, 2003; Rojas, 2006), 생산자 간 서열을 바탕으로 지위 개념을 발전시키거나(Podolny, 1993), 생산자들의 상호 관찰에 의한 시장 위치를 연구하거나(Porac, Thomas, Wilson, Paton, and Kanfer, 1995), 상품 범주를 연구한 것(Rosa, Porac, Runser-Spanjol, and Saxon, 1999)이 대표적인 예이다. 그의 생산시장이론은 안정된 생산시장의 구조와 과정을 사회학적 기제에 의해 설명한다는 점에서 인정받고 있는데(Azarian, 2005; Collins, 2005; Podolny, 1993), 최근에는 시장 영역들이 고유의 해석과 정당화의 논리를 가진다는 프랑스 컨벤션경제학economics of convention에 의해 뒷받침되면서 이론과 현실적합성 면에서 주목받게 되었다(Biencourt and Urrutiaguer, 2002; Biggart and Beamish, 2003; Boltanski and Thévenot, 1999; Favereau, Biencourt, and Eymard-Duvernay, 2002; Favereau and Lazega, 2002; Lazega and Favereau, 2002; Thévenot, 2001).

사회학적인 시장이론 중에서 생산량, 매출액, 가격, 이익, 불평등과 같이 중요한 경제적 변수들을 역할, 연결망, 품질 인식, 기대 등 사회문화적 독립변수들을 갖는 사회학적 이론과 모형을 통해 체계적으로 다루었거나 다룰 수 있는 가능성을 가지고 있다는 것으로도 화이트의 이론은 주목할 만하다. 경제적 변수를 체계적으로 다루는 이론으로는 화이트의 이론 외에도 제임스 콜만James Coleman의 이론이 있다. 제임스 콜만의 선형행위체계이론linear action system theory은 주로 교환시장에 적용되는데 규범, 외부성, 신뢰, 사회자본이나 관계적 자본이 작용하는 상황에 적용되므로 사회학적 시장이론을 담고 있다(Coleman, 1990). 화이트와 콜만의 이론과 모형은 시장 기제와 구조를 명시적이고 수리적인 표현에 의해 엄밀하게 분석하고 있어서 형식적 이론과 수리적 모형이 갖는 장점들을 보여준다. 두 사람의 이론 중 이 책에서는 사회구조적 함의가 잘 드러난 화이트의 생산시장이론에 우선 주목해 이를 발전시키고자 한다. 생산시장이론은 급변하는 시장을 다루지 않았거나 앞으로 지적하게 될 몇 가지 이유로 인해 완전히 일반적인 이론이라고 보기 어렵지만 안정된 생산시장의 구조와 과정을 사회학적 기제에 의해 설명한다는 점에서 그 적용 범위는 매우 넓다고 할 수 있다(Collins, 2005).

화이트의 생산시장이론이 갖는 한계도 지적되어왔다. 이론의 내적 일관성에 대한 비판도 있지만(Cetina, 2004), 생산자 간 연결망, 소비자 간 연결망, 생산자와 소비자 간 연결망, 갈등과 권력의 행사, 상징적 차원 등 중요한 요소가 화이트의 시장이론에서 결여되어 있다는 비판도 있다(김우식, 2008/2009a). 또한 화이트의 모형이 비교정학이어서 동적 기제를 보여주지 못한다는 지적이 있지만(Gilbert and Troitzsch, 1999; Macy and Willer, 2002), 화이트의 모형도 우선 정적인 차원에서 시작하여 향후 동적인 차원을 포함시킬 수 있을 것으로 볼 수 있다.

이 책에서는 생산시장의 이론과 모형이 시장의 사회구조적 특징을 잘 이론화하여 현실적합성을 가지고 있다고 보고 이를 검토한 후 이 이론과 모형이 갖는 한계에 주목해 사회학적 시장이론을 더욱 발전시키는 작업에 주력하고자 한다. 생산시장이론을 발전시키는 방법이나 방향이 다양할 수 있으나 여기에서는 기존의 생산시장이론이 발전시킨 사회구조적 차원을 명료하게 지적하고 기존의 이론에서 결여된 사회구조적 차원들을 적극 고려해 시장이론에 통합시키고자 한다.

사회 현상을 이론으로 정립하는 방식은 다양해서 현실을 추상하는 방식이나 정도는 연구자에 따라 다르다. 사회학의 이론이 경제학에서의 이론이나 인류학에서의 연구와 다른 것도 이런 점을 반영해준다. 그러나 이 책에서 중시해 추구하는 것은 이론의 현실적합성과 체계성 사이에서 조화를 이루는 일이다. 사회학은 이론의 주로 체계성이나 통합성을 중시하는 경제학이나 현실적합성을 강조하는 인류학적 연구 작업과 구별되는 학문적 입장을 가지고 있는데 이 책도 이러한 사회학적 관점을 견지한다. 이런 관점은 우선 사회이론이나 모형이 현실을 잘 반영해야 한다고 보기 때문에 예측을 잘 하는 것이 중요하다는 관점과 구별된다(Friedman, 1966).

생산시장이론을 우리가 매일 관찰하고 경험하는 구체적인 삶의 현실과 직결시키기 위해서는 사회구조적 기초에 대한 고려가 필수적이다. 그러나 사회학이 과학을 지향한다면 현실에 대한 연구 작업을 가급적 체계적이고 통합적인 이론적 틀로 발전시킬 필요가 있다. 생산시장의 사회구조적 차원을 확장하고 통합된 이론으로 발전시키는 작업에는 적지 않은 연구자들이 관심을 갖고 있다. 그러나 동시에 이런 작업은 아직 완성되었다고 할 수는 없는 것도 사실이다. 이 책에서도 역시 하나의 통합모형을 제시하지는 못하지만 통합이론이나 모형을 수립해가는 과정에서 적극 고려해볼 만한 개념들을 검토하고자 한다. 이러한 시도들이 앞으로의 연구에 도움이 되리라 믿는다.

이런 목적을 위해 1부에서는 생산시장의 사회구조적 기초를 검토한다. 우선 화이트의 생산시장이론을 소개하면서 그의 이론은 엄밀한 사회구조적 관점 위에 서 있음을 명시적으로 지적한 후 사회구조적 기초가 다양해짐에 따라 생산시장의 형태도 달라지는 것을 살펴본다. 그리고 그때 시장 관련 변수가 어떤 모습을 보이는지도 검토한다. 화이트는 전형적인 생산시장 형태에 주목했기 때문에 생산자와 소비자가 행하는 최적화 행위의 범위를 좁혀서 보았지만 그 과정에서 현대 사회에서 나타나는 다양한 생산시장의 사회적·제도적 기초를 단순화했다. 이 책에서는 논의가 다소 복잡해지더라도 시장의 사회적 기초를 보다 다양하게 검토할 수 있다고 보고 그 가능성을 모색한다.

2부에서는 생산시장이라는 사회적 공간에서 작용하는 사회관계가 시장에 어떤 영향을 미치는가를 검토하고 이를 사회학적 시장이론에 통합시키는 방안을 모색한다. 생산시장이론에 사회관계를 통합시키는 작업은 방대할 수 있지만 여기에서는 지금까지 사회학이 발전시켜온 구조적 사회학의 이론적 자원을 사용할 수 있음을 보이고자 한다. 또한 소비자의 취향이 상품의 특성과 상호작용할 때, 혹은 생산자와 소비자가 일종의 연합이나 연결망을 형성하여 관계에 특화된 선호를 드러낼 때 나타나는 생산시장의 특징을 검토한다.

3부에서는 소비자의 취향과 생산자의 개별적 특징이 생산시장에서 중요한 변수로 부각되는 현실을 중시하여 생산시장이론을 발전시키는 방안을 검토한다. 생산시장에서 사회적 관계가 중요하다는 점을 앞에서 다루었으나 사회관계 역시 의미와 상징의 공간과 분리될 수 없다. 소비자의 취향이나 의미 부여가 중요해지고 대중매체와 특히 정보기술의 발전으로 인해 다양한 종류의 의사소통이 가능해진 현대 사회에서 사회관계는, 행위자들이 발전시키는 상징과 의미의 공간과 밀착되기 때문에 사회관계에 대한 검토는 곧 의미와 상징의 공간에 대한 고려와도 직결된다.

생산시장이론을 확장하고 발전시키고자 하는 이 작업은 경제 현상을 현실적인 사회적 요인들에 의해 설명함으로써 우리가 일상생활에서 보고 느끼는 구체적인 경험을 담으면서도 동시에 우리의 시야를 넘어서는 구조적 영향력을 포착하고자 하는 시도이다. 이는 경제라는 수수께끼를 풀고자 하는 노력이기도 하지만 경제와 사회, 사회적 행위, 사회체계, 그리고 사회구조에 쏟아온 사회학의 이론적 관심과 유리될 수 없다는 점에서 고전 및 현대 사회학의 유구한 이론적 전통과도 이어진다.

# 제 1 부

# 생산시장의 사회적 기초

# 제1장 | 경제사회학과 생산시장이론

## 1. 생산시장의 기본 특징

시장을 분류하는 한 가지 방법은 생산시장production market과 교환시장exchange market으로 구분하는 것이다. 해리슨 화이트Harrison White가 주목한 시장은 생산시장으로서 교환시장과 구별된다. 교환시장에서는 일정 규모의 자원을 가진 행위자들이 상품을 사고파는 반면, 생산시장에서는 생산자들이 특정 품질과 특성을 가진 제품을 지속적으로 생산하면서 판매하기 때문에 생산자들이 생산물의 흐름 속에 위치하게 되고 사회구조의 영향을 더 많이 받는다는 특징이 있다. 두 시장의 구분은 생산경제production economy와 순수교환경제pure exchange economy의 구분과 유사하다(Mas-Colell, Whinston, and Green, 1995). 현실의 생산시장은 대부분 독점적 경쟁의 요소를 가지며, 화이트의 이론에서도 생산자들은 생산물의 범주는 동일하지만 품질이 달라 수직적으로 분화되는 시장을 형성한다. 현실의 시장은 교환시장보다는 생산시장인 경우가 훨씬 더 많다. 이런 이유로 생산시장은 특히 경제사회학의 주요 연구 대상이 되고 있다(Burt, 1992; Podolny, 1993; Eccles and White, 1987; Favereau and Lazega, 2002;

White, 1981a).

화이트의 생산시장이론은 생산자들이 정보 부족으로 인해 합리성이 제약될 때 자신들이 역사적으로 형성해온 역할의 구조로부터 발산되는 신호를 읽어 불확실성을 해소하는 기제를 핵심 내용으로 제시하고 있다. 그의 이론은 모형에 의해 구체화되는데 이 모형은 시장의 기제와 구조를 명시적이고 수리적인 표현에 의해 기술하고 분석하고 있어서 형식적 모형 작업이 갖는 장점들을 잘 보여주고 있다. 형식적 모형으로 제시되는 이론은 가정과 기제를 분명하게 제시하므로 이론의 장단점과 현실적합성 여부를 잘 보여준다(김규원·표성수, 2009; Coleman, 1964/1990; Edling, 2002; Leik and Meeker, 1975).

화이트의 시장이론이 중점을 두는 것은 현실의 시장이 사회와 문화의 구조에 의해 형성되고 유지되는 기제를 규명하는 일이다. 화이트가 경제학에서 주목한 것은 프랭크 나이트Frank Knight의 불확실성 개념과 불완전 경쟁, 에드워드 챔벌린Edward Chamberlin의 독점적 경쟁시장이론monopolistic competition market theory, 앤드루 마이클 스펜스Andrew Michael Spence의 신호이론signaling theory이다(Chamberlin, 1965; Knight, 1921; Spence, 1973/1974). 이들 이론은 경쟁 상황에서 이윤이 존재하는 이유, 차별적 경쟁이 주를 이루는 현실의 시장 형태, 그리고 정보 부족을 보완해 주는 암묵적 정보 기제의 존재를 설명해주므로 경쟁 중심 이론에 비해 불완전 경쟁이 일어나는 현실의 시장을 잘 보여준다. 그러나 이 이론들은 불완전 경쟁의 발생 형태, 신호가 전달되는 사회조직, 시장이 발생하고 유지되는 기제를 보여주지 못했는데, 이는 복수의 행위자들과 다수의 요인들이 동시에 상호작용하는 사회적 공간으로서의 시장을 보지 못했기 때문이다. 화이트는 경제학 이론의 한계를 사회조직과 사회구조에 관한 성찰을 통해 극복하고자 했다.

생산시장이론이 주목하는 생산시장의 몇 가지 특징이 있는데 주로 생산자들이 처해 있는 구체적인 사회적 환경과 사회적 존재 방식과 관련된다.[1] 그 특징을 구체적으로 살펴보면 다음과 같다.

첫째, 생산자들의 헌신 혹은 지속적 참여commitment와 거기서 오는 불확실성이다. 벼룩시장, 골동품 경매 시장, 주식 시장에 참여하는 거래자들이 그러하듯 한 번 거래한 후 해산할 수 있는 교환시장과 달리 생산시장에서는 생산자들이 생산 시설을 갖추고 지속적으로 생산 요소를 구입하고 상품을 생산, 배급하므로 생산자들은 생산 과정에 자원과 시간과 노력을 계속 투입해야 한다. 이런 점에서 생산자들은 고도의 불확실성 속에 놓이게 된다.

둘째, 생산과 거래의 연결망[2]이다. 생산자들은 불특정 다수와 무정형적인 형태로 거래하기보다는 일정한 형태를 가진 거래의 연결망transaction network이나 생산의 연결망production network 속에 놓인다(White, 1993). 생산과 거래의 연결망이 형성되면 개별 생산자가 다음 생산자들에게 넘기기 전에 생산물을 가공하는 방식과 범위가 유사해진다. 따라서 생산물 흐름의 연결망 속에 있는 일군의 생산자들은 거래하는 다른 생산자들과의 관계를 기준으로 유사한 위치에 서게 된다. 즉, 일군의 생산자들은 전후방 시장에서의 거래 관계가 동일하다는 점에서 구조적 등가struc-

1 화이트는 여러 연구에서 생산시장이론을 제시했지만 그의 저서(White, 2002a)에서 가장 상세하고 친절하게 소개하고 있다.

2 network을 한글로 표기할 때 네트워크, 연결망, 관계망 등 다양한 용어가 있는데, 여기에서는 '연결망'으로 통일하고자 한다. 지속성, 사적 공간, 비공식성과 같은 의미를 내포하는 '관계'에 비해 사회적 존재가 '연결'되는 것이 보다 포괄적인 의미를 가진다고 볼 수 있기 때문이다. 한 기업이 다른 기업들과 거래할 때 생기는 network은 반드시 사적이거나 비공식적이라고 보기 어려운 것이 한 예이다. 그러나 '관계'라는 용어도 이런 특성을 나타내지 못하는 것은 아니므로 '연결'과 '관계'의 구별이 그렇게 중요하지 않아 두 용어를 바꿔 사용해도 된다.

tural equivalence를 이루어[3] 구조적으로 동등한 위치에 놓이기 때문에(Lorrain and White, 1971; White, 2002a) 화이트의 책 'Markets From Networks'의 제목이 의미하듯 연결망으로부터 생산시장이 형성된다고 볼 수 있다(White, 2002a/2002d/2005). 시장을 형성하는 분업은 행위자들을 분리시키기만 하는 것이 아니라 동시에 일군의 행위자들을 묶어준다. 생산자들을 묶어주는 연결망 기제는 이외에도 몇 가지 더 있다.

셋째, 경쟁의 방식이다. 생산자들은 원자atom와 같이 개별적으로 다른 생산자들과 무정형적인 경쟁을 벌여 극단적인 불확실성 속에 놓이기보다는, 일군의 생산자들이 서로 묶여 시장이라는 하나의 사회적 분자social molecule를 형성함으로써 불확실성을 억제한다. 일군의 생산자들을 묶어주는 사회적 공간이 '냉동피자 시장', '퍼스널컴퓨터 시장', '와인 시장' 등과 같이 고유한 이름을 획득하고 그에 따라 행위자들 사이에서 주관적, 객관적 정체성identity을 형성하면 거래와 경쟁의 범위는 더욱 분명하게 제약된다. 행위자들이 시장을 형성하는 방식은 수동적이면서도 동시에 능동적이기도 하다. 즉, 경쟁과 거래 면에서 생산자들이 서로 배태되고 배태하는 이 특징은 생산과 거래 연결망에서 구조적 등가가 형성되는 첫 번째 특징과 동전의 양면을 이룬다.

---

3 구조 등가 혹은 구조적 등가structural equivalence는 일군의 사회적 객체들이 제3의 존재들과 연결되는 방식이 동일할 경우 이들 객체가 구조적 측면에서 동등하다고 볼 수 있다는 의미이다(Lorrain and White, 1971). equivalence는 수학의 추상대수나 로버트 머튼의 기능주의 이론에서도 사용되어온 용어인데 이 책에서는 기존의 지적 자원과의 연계성을 중시하고 정확한 의미를 살리기 위해 등가等價, 동등同等, 동치同値로 번역한다. 이 정의에 따르면 동일한 학생들을 대하는 교수는 구조적 등가를 이룬다. 또한 일군의 생산자들이 동일한 공급자군으로부터 요소를 구입한 후 상품을 생산해 동일한 소비자군에게 상품을 판매하면 이들 생산자는 구조적으로 동등하다. 만약 구조적 등가로 인해 특정 객체들이 어떤 기준에 대해 동일한 위치에 놓인다고 볼 수 있는 경우에는 등위等位로 볼 수도 있다.

표 1.1 다섯 생산자들이 구성하는 가상적인 시장스케줄

| | 생산자 1 | 생산자 2 | 생산자 3 | 생산자 4 | 생산자 5 |
|---|---|---|---|---|---|
| 생산량 | 0.30 | 0.50 | 0.75 | 0.90 | 1.15 |
| 매출액 | 0.65 | 0.82 | 0.91 | 0.95 | 1.01 |

넷째, 품질에 의한 시장 내 분화이다. 생산시장은 많지 않은 수의 생산자들에 의해 구성되는데 생산자나 상품은 서로 다른 품질에 의해 분화된다. 즉, 한 시장에서 생산되는 상품의 품질은 서로 다르다. 생산자가 생산하는 상품의 품질은 역사적·사회적 속성에 의해 형성, 유지되어온 것이기 때문에 쉽게 바꾸지 못한다. 생산자들은 상품의 품질에 따라 개별적인 고유성을 가지면서도 동시에 다른 생산자들과 함께 시장스케줄market schedule을 형성해 시장을 이룬다.

시장스케줄은 특정 시기에 대해 생산자별 생산량과 매출액의 조합을 보여주는 정보로서, 불확실성으로 가득한 시장에서 생산자들에게 기본적인 시장 정보를 제공해준다. 시장스케줄을 가상해 나타내면 〈표 1.1〉과 같다. 생산량-매출액 조합은 몇 개만 나타나지만 행위자들은 이 조합이 생산량과 매출액의 가능한 모든 조합을 보여주는 것으로 간주한다. 따라서 여러 생산자의 생산량 $y$에 따른 매출액을 연속함수 $W(y)$로 표기할 수 있다(그림 1.1). 스케줄은 시장마다 다르기 때문에 한 시장의 특징이 된다.

시장스케줄은 생산자들이 모여 형성하는 사회적 구성물이면서 동시에 생산자들에게 매우 중요한 정보를 제공함으로써 시장을 형성하고 유지하는 기초가 된다. 시장스케줄을 구성하는 상품의 품질, 생산량과 매출의 조합은 그 생산자가 시장 내에서 선택한 위치가 된다. 생산자들은 자신의 위치를 재생산할 것으로 서로 기대한다는 점에서 역할을 갖는다. 따라서

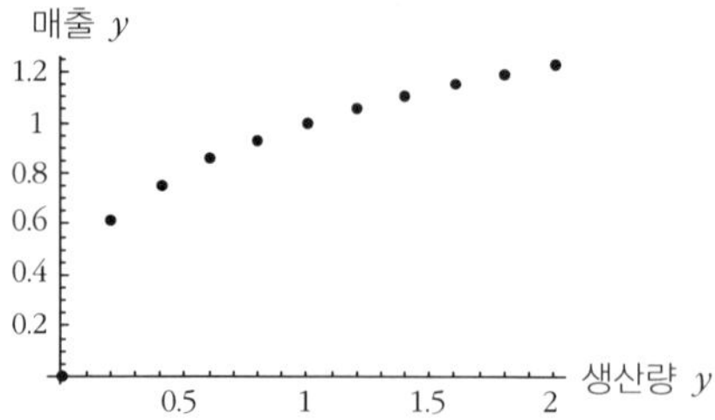


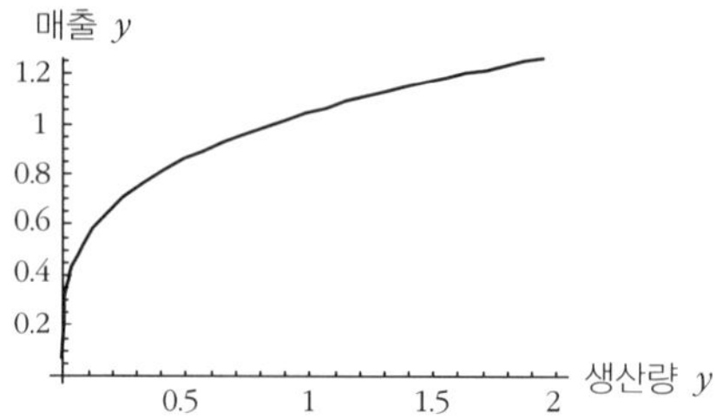


그림 1.1 시장스케줄

시장은 역할 구조로 구성되는데, 역할 구조는 간주관성이 객체화되는 것과 같이 생산자들에게 사회적 현실이 되어 준거틀로 작용한다(Berger and Luckmann, 1966; Dobbin, 2004c; White, 1981b). 생산자들이 모여 개별 시장을 형성하는 모습은 뒤르켐이 분업 체제 속에 있는 행위자들을 사회적 분자로 비유한 것이나(Durkheim, 1997) 원자들이 모여 고유의 화학적 특성을 갖는 분자를 이루는 것과 유사하다. 이는 다수의 행위자들의 결합에 의한 사회적 구성joint social construction으로서 사회학의 이론적 전통에 잘 부합된다.

품질의 분화와 품질에 대한 헌신 및 평가가 중요한 경우를 화이트는 인터페이스interface라고 명명해 디시플린discipline의 한 가지로 보았다. 디시플린은 연결tie과 언술talk에 일정한 규칙을 부과하는 사회적 기제 혹은 사회적 종을 가리킨다(White, 2008: 63-111).[4] 생산자들은 서로 다른 품

4 디시플린의 세 가지 형태 중 인터페이스 외 나머지 두 가지는 위세와 관련된 매개가 핵심인 카운슬council과 순수에 기초한 선택이 핵심인 아레나arena이다. 이들은 엄밀한 기제가 없이 느슨하게 존재하는 연결망과 다르다. 인터페이스라는 용어는 일반적으로는 서로 다른 구조나 조직이 만나는 접촉면이나 경계면을 의미한다. 모니터, 자판, 마우스와 같은 컴퓨터 사용자 인터페이스는 컴퓨터라는 기계와 사용자가 만나는 접촉면 혹은 접촉의 공간을 가리키고, 시장 인터페이스, 네트워크 인터페이스, 조직-시장 인터페이스 등을 논하는 베이커의 연구에서와 같이 하나의 조직이 다른 조직들과 접촉, 거래하는 방

질의 상품들을 생산하는 데 헌신하고, 품질에서 서열을 이루는 상품들은 소비자들에 의해 평가되므로 인터페이스를 이룬다. 따라서 위에서 소개한 시장스케줄은 시장 인터페이스를 이룬다. 시장 인터페이스에서는 앞으로 소개되는 것과 같이 불확실성을 억제하거나 불확실성에 대처하는 기제가 나타난다.

다섯째, 시장이나 시장 행위자들은 한쪽으로 지향orientation을 갖는다. 생산자들은 전방downstream 혹은 후방upstream 중 한쪽에서 나타나는 불확실성uncertainty을 해소하고자 하고 다른 쪽에서 나타나는 상황은 계산 가능한 리스크risk로 간주한다. 경제학자 프랭크 나이트는 불확실성과 리스크를 구별했는데, 전자는 사건 항목에 확률변수를 부여할 수 없는 경우이고 후자는 확률변수를 부여할 수 있는 경우를 가리킨다. 후자에서는 사건에 대한 확률이 알려져 있기 때문에 상황을 통제, 조작, 예측할 수 있으나 전자에서는 이것이 불가능하다. 불확실성이 리스크에 비해 더 큰 부담을 주는데 나이트는 그렇기 때문에 불확실성에서 이윤을 얻을 수 있다고 보았다(Knight, 1921). 인터페이스는 품질로 분화되는 시장에서 불확실성을 해소하는 방식을 만들어내므로 생산시장은 전후방 중 어느 한 방향으로 인터페이스를 이루게 된다. 여기에서는 생산자들이 전방 시장에서 소비자를 마주해 인터페이스를 두는 경우에 주목하지만 생산자들이 노동시장을 마주하게 될 때는 후방 시장에 인터페이스를 둔다.

여섯째, 생산자들은 시장의 구조적 특징을 바탕으로 불확실성을 극복한다. 전방 시장downstream market에서 생산자들은 필요한 정보를 얻지 못한다. 소비자들은 상품의 가치를 알지만 생산자들은 소비자들이 상품

---

식을 가리키는 것이 그 예이다(Baker, 1990; Baker, Faulkner, and Fisher, 1998). 생산시장에서 형성되는 시장 인터페이스는 곧 생산자와 소비자들이 만나는 접촉의 공간이라고 볼 수 있으므로 이 경우에서는 화이트의 용법과 일반적 용법이 일치한다.

으로부터 얻는 만족도를 알지 못하고 경쟁 관계에 있는 다른 생산자들의 비용 구조도 모른다. 소비자들은 생산자들을 볼 수 있는 반면 생산자들은 소비자들을 볼 수 없고 다른 생산자들에 대해서도 제한된 정보만 가지고 있다는 점에서 소비자와 생산자들은 일방 투시 거울one-way mirror을 두고 마주하게 된다(White, 2002a: 34-35). 이러한 상황에서 생산자들은 자신들이 집합적으로 형성한 시장스케줄, 그 안에서의 역할 구조 형성, 그리고 역할 구조가 제공하는 신호signal에 의해 불확실성을 해소한다. 여기서 신호는 알고자 하는 대상을 직접 알려주는 정보가 아니라 다른 행위자들의 행동을 보고 짐작하는 간접적 정보를 가리킨다(White, 2002a: 16, 30-35).

생산자들은 한 시기의 생산 활동을 마치고 다음 시기에 생산할 양을 결정해야 하는데 소비자와 경쟁자들에 대한 직접 정보를 갖지 못한다. 생산자들에게는 소비자들이 상품에 대해 평가하는 가치나 다른 생산자들의 비용함수와 품질지수가 경쟁을 위해 중요하지만 이를 알 수 없다(White, 2002a/2002d/2005). 이때 생산자가 의존할 수 있는 정보나 신호는 생산자 모두가 알 수 있는 시장스케줄이다. 생산자들은 시장스케줄에 나타나는 다른 생산자들의 생산량과 매출, 자신의 비용함수, 그리고 시장스케줄이 소비자 집단에 의해 받아들여졌다는 사실을 바탕으로 최적의 생산량을 결정한다.

일곱째, 하나의 시장은 다른 시장과 경쟁한다. 소비자들은 하나의 시장에서 만족하지 못하면 다른 시장에서 대체할 만한 재화를 찾기 때문이다. 따라서 여러 시장은 서로 다양한 정도로 경쟁 혹은 대체 관계에 서게 된다. 이상의 특징을 바탕으로 생산시장이론은 구체적인 모형을 설정한다.

이 책의 1부에서 사용한 이론적 방법은 수리사회학적 접근이다. 세부적으로는 다소 차이가 있으나 크게 볼 때 수리사회학적 접근에 포함되는 방법은 수학적 연역이나 논리적 전개를 사용하는 분석적 방법, 컴퓨터 시뮬레이션을 이용한 방법, 실험에 근거하는 방법, 고급 양적 분석 방법 등이다. 이 중에서 이론적 논의를 보다 직접적으로 다루는 것은 앞의 세 가지 방법인데 각각 장단점이 있다(김규원·표성수, 2009; Edling, 2002). 이 책에서는 수학적 연역에 의존하는 분석적 방법을 사용했다. 사회학자 화이트와 경제학자 스펜스 등이 대표적으로 사용한 함수 형태와 접근 방법은 비교적 일반적인 상황을 보여주는 것으로 인정된다. 따라서 여기에서도 이들의 접근 방법을 계승하되 사회적·제도적 차원을 보다 잘 보여주는 여러 경우를 포함하도록 발전시켜 소비자들의 행동 방식의 차이가 시장에서 어떤 결과를 가져오는지를 검토할 것이다.

## 2. 시장의 형성과 시장스케줄

생산자들은 시장스케줄의 매출액에서 자신의 고유한 비용함수값을 뺀 이익을 최대화하는 양을 생산한다. 이 생산량은 소비자들로부터 받아들여져야 한다. 소비자들은 집합적인 존재로서 각 생산자가 생산하는 상품에 대해 비용 대비 만족의 정도가 동일해야 한다고 요구한다. 이 조건을 맞추지 못하는 생산자는 상품을 팔 수 없으므로 두 조건을 만족시키거나 이에 적응하는 생산자만이 살아남는다.

시장모형을 설정하기 위한 첫 단계로서 여기서는 스펜스와 화이트가 사용한 수리적 표현에 따라 기본적인 함수들을 구성한다. 소비자 집단이 특정 생산자로부터 얻는 만족함수 혹은 만족스케줄 $S(y, n)$과 특정 생산자의 비용함수 혹은 비용스케줄 $C(y, n)$은 생산량 $y$와 품질 $n$에 의해 결정되는데, 파라미터 $q, r, a, b, c, d$가 변수 간의 관계를 매개 혹은 결정한다. 파라미터parameter는 매개변수나 외생변수로 번역할 수도 있으나 그대로 사용하는 경우가 많다. 앞으로 제시되는 시장모형에서는 생산량, 품질, 만족, 비용과 같은 변수들 사이의 관계, 영향의 방향과 정도를 정해주고 함수 체계의 속성을 정해주는 보조 변수들이 등장하는데 이들이 파라미터이다(White, 2002a: 73). 모형의 주요 기술 대상인 $W$, $S$, $C$, $y$, $n$은 변수이고 나머지는 파라미터이다.

생산자의 만족함수와 비용함수는 생산자가 생산하는 상품의 품질지수 $n$에 따라 다르다(White, 2002a: 32-40). $S$는 집합적 소비자가 생산량이 $y$이고 품질이 $n$인 생산자로부터 느끼는 만족satisfaction 혹은 동일한 수준의 만족도 간 상호 대체substitution를 의미한다고 볼 수 있다. 식 (1.1)과 (1.2)는 자주 사용되는 콥-더글라스Cobb-Douglas 생산함수와 같이 양변에 로그를 취하면 선형이 되는 로그선형 형태를 갖는데, 이런 함수식은 널리 사용된다(Coleman, 1990).

$$S(y, n) = ry^a n^b \tag{1.1}$$

$$C(y, n) = qy^c n^d \tag{1.2}$$

생산량과 품질은 만족함수와 비용함수에 영향을 미친다. 시장에서는 소비자가 얻는 만족과 그 만족을 제공하기 위해 생산자가 부담해야 하는 비용이 서로 영향을 미치면서 거래를 생성한다. 특정 상품의 생산량이나 품질의 증가가 만족을 늘릴 수 있지만 비용도 증가시킬 수 있다. 그렇다면 생산 및 거래 규모는 생산량과 품질이 만족과 비용에 미치는 영향을 매개해 결정될 것이다. 〈그림 1.2〉를 보면 생산자 $P_1$, $P_2$, $P_3$, $P_4$로 구성된 시장에서 생산자들은 품질로 분화되어 있다. 소비자 집단이 특정 생산자로부터 얻는 만족함수 $S(y, n)$과 생산자의 비용함수 $C(y, n)$은 생산

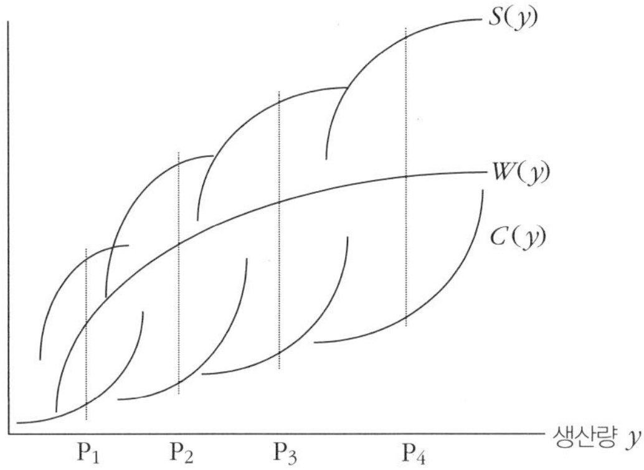


그림 1.2 만족함수, 시장스케줄, 비용함수

량 $y$와 품질 $n$에 의해 결정되는데, 파라미터 $q$, $r$, $a$, $b$, $c$, $d$가 이들 변수 간 관계를 매개한다(White, 2002a: 32-40).

품질이 $n$인 상품을 생산하는 생산자가 상품을 $y$만큼 생산할 때 소비자 집단이 경험하는 만족은 $y^a$에 비례한다. $y$가 증가할 때 만족함수가 증가하는 정도는 $n^b$에 비례한다. 생산량이 증가하면 생산자의 비용도 $y^c$에 비례해 증가하는데, 증가 정도는 $n^d$에 비례한다. 생산자는 이익을 최대로 하면서 소비자가 수용하는 생산량을 선택한다. 생산자가 제공하는 만족이나 생산자의 비용은 생산량 $y$에 따라 달라지는데, 그 정도는 생산자 고유의 품질지수에 따라 다르다. 생산량과 품질은 하나의 시장에서는 함수 관계에 놓이게 되므로 $y = y(n)$이고 동시에 $n = n(y)$이다. 이 관계는 연쇄적 혹은 동시적 결정 관계가 된다.

지수exponent는 밑수base 값의 차이를 가속적으로 차별화하느냐 아니면 감속적으로 차별화하느냐와 관련된다. 생산량의 지수를 예로 들면, $c$가 1보다 큰 시장에서는 생산량의 증가에 비해 비용이 빠르게 증가하므로 수확체감이 되고, 1보다 작은 시장에서는 생산량의 증가에 비해 비용 증가가 작아지므로 수확체증이 된다. 그리고 *a*가 1보다 크면 생산이나 소비 증가에 따라 만족은 가속적으로 커지므로 한계효용 증가를 나타내고, *a*가 1보다 작으면 한계효용 감소를 나타낸다.

품질의 지수인 *b*와 *d*도 마찬가지이다. 만족함수의 경우 *b*가 1보다 크면 품질이 증가함에 따라 만족은 더 빠른 속도로 증가하고, 0보다 크면서 1보다 작으면 만족은 더 완만하게 증가한다. *d*가 1보다 크면 품질의 증가에 따라 비용은 더 빠른 속도로 증가해서, 품질을 두 배로 향상시키면 비용은 두 배 이상 증가한다. *d*가 0보다 크고 1보다 작으면 반대로 품질의 향상에 비해 비용은 더 완만하게 증가한다.

*a*, *b*, *c*는 0보다 크다고 보아야 하지만 *d*는 0보다 작을 수 있다. *d*가 0보다 작으면 품질이 향상될 때 비용이 줄어든다. 신호이론에서 품질 혹은 능력이 뛰어난 구직자는 교육을 받을 때 개인적으로 투여하는 비용이 상대적으로 덜 증가하거나 혹은 오히려 줄어드는데, 이는 능력이 뛰어난 구직자가 자신의 능력에 관해 신호를 보낼 수 있는 토대가 된다(Spence 1973; White, 2002a). *d*가 0보다 작다는 것은 상품의 품질이나 생산자의 인적 자본, 문화자본이나 위세가 높은 경우 비용은 덜 든다는 것이다. 예를 들어, 문화자본을 가진 장인이 품질이 낮은 악기를 만들 때보다 품질이 높은 악기를 만들 때 비용이 덜 증가하거나 절대비용이 덜 들 수 있다. 채굴하기 쉬운 얕은 곳에 있는 광물이 깊은 곳에 있는 광물에 비해 품질은 더 뛰어난 반면 채굴 비용은 덜 든다(White, 2002a). 보다 유능한 설계자는 평범한 설계자보다 더 쉽고 빠르게, 즉 더 낮은 비용으로 설계할 수 있다. *d*는 품질의 향상이 비용에 대해 갖는 탄력성과 연관되므로 생산량의 향상이 비용에 대해 갖는 탄력성과 혼동되어서는 안 된다.

지수 간 상대적 강도에 의해서도 생산량, 품질, 만족, 비용 간 관계가 달라진다. *a*/*c*가 1보다 크면 생산량의 증가가 비용보다 만족을 더 빠르게 증가시키고, $b/d$가 1보다 크면 품질의 향상이 비용보다 만족을 더 빠르게 증가시킨다. $a/c$와 $b/d$의 관계도 이와 비슷하게 해석된다.

식 (1.1)과 (1.2)에 나타난 두 함수 중 만족함수는 소비자에게 알려지지만 비용함수는 해당 생산자에게만 알려져 있다. 따라서 생산자는 자신의 상품이 소비자에게 어느 정도 만족을 주는지, 다른 생산자들의 비용함수는 어떤지 알 수 없기 때문에 별도의 정보 원천이 필요하다. 이런 불확실한 상황하에서 생산자들이 이용할 수 있는 것은 이전 시기의 시장스케줄이다. 생산자들은 기존의 시장스케줄을 준거틀로 삼아 이익을 최대화하고, 소비자들도 생산자들에게 지출 대비 만족이 동일할 것을 요구한다.

생산자와 소비자의 최적화 방식은 다르다. 생산자들은 매출에서 비용을 뺀 이익이 최대가 되는 양을 생산하고자 한다. 즉, 매출에서 비용을 뺀 이익을 생산량으로 미분한 1차 도함수 값이 0이 되고 2차 도함수 값은 0보다 작아야 한다. 이익함수의 1차 도함수 값이 0이 된다는 조건은 식 (1.3)과 같다. 생산량은 품질과 함수 관계를 갖는데, 생산량이 $y = y[n]$일 때 조건은 다음과 같다.

$$\frac{dW(y)}{dy} = \frac{dC(y, n)}{dy} = cqy^{c-1}n^{d} \tag{1.3}$$

2차 도함수가 음이 된다는 조건은 식 (1.4)와 같다. 여기서 $y = y[n]$이다.

$$\frac{d^2[W(y) - C(y)]}{dy^2} < 0 \tag{1.4}$$

반면 소비자들은 생산자들처럼 국지적 범위에서 최적화할 수 있는 조건은 갖지 못한다. 그러나 생산자들이 생산하는 상품들의 지출 대비 만족에 주목하여 여러 생산자가 출시하는 상품들의 지출 대비 만족이 동일할 것을 요구하며 특정 상품의 지출 대비 만족이 다른 상품에 비해 작으면 그 상품을 구입하지 않는다. 품질이 $n$인 상품을 생산하는 특정 생산자가 선택한 생산량을 $y[n]$으로, 소비자들이 그 생산자의 상품에서 얻는 만족을 $S(y[n], n)$으로, 그 생산자의 매출을 품질과 특성에 따른 함수인 $W(y[n])$으로 표시하면 모든 생산자에 대해 식 (1.5)의 관계가 성립하고 $\theta$는 1보다 커야 한다. 생산량은 품질 $n$의 함수로 매출을 결정하는 변수가 된다.

$$\frac{S(y[n], n)}{W(y[n])} = \theta \tag{1.5}$$

$$\theta W(y[n]) = S(y[n], n) = ry^{a} n^{b} \tag{1.6}$$

품질지수를 소거하기 위해서 이 식을 품질지수 $n$에 대해 정리한다(White, 2002a: 41). 그러고 나면 매출액은 생산량의 함수로 나타난다.

$$n = [\theta W(y)/(ry^{a})]^{1/b} \tag{1.7}$$

비용함수와 시장스케줄 간 관계를 소비자 조건과 연결시키기 위해 시장스케줄을 생산량 $y$에 대해 미분한다. 식 (1.7)을 대입해 $n$을 소거하고 식 (1.3)으로부터 아래와 같은 관계를 얻는다.

$$dW(y)/dy = dC/dy = cqy^{c-1} n^{d} = cqy^{c-1}[\theta W(y)/(ry^{a})]^{d/b} \tag{1.8}$$

양변을 재정리하고 적분한다.

$$W(y)^{-d/b}\, dW(y) = cq(\theta/r)^{d/b}\, y^{c-ad/b-1} dy \qquad (1.9)$$

식 (1.9)를 정리하고 생산량에 대해 적분하면 적분상수가 나타난다. 화이트는 적분상수 $k$를 시장이 역사적으로 유지되어오면서 시장스케줄의 다양한 모습을 보이는 역사상수historical constant나 불확정성 지수indeterminacy index로 보았다(White, 2002a: 42-43).

$$W(y) = [q(\theta/r)^{d/b}[(1-d/b)/(1-ad/bc)] \\ y^{a(c/a-d/b)} + k]^{1/(1-d/b)} \qquad (1.10a)$$

역사적으로 생산 요소, 사회적 관계, 상품과 지불의 흐름에 배태되는 생산시장에서 $k$는 0이 아닐 수 있다. 그러나 여기서는 $k$가 0인 경우만 다룬다. 그 이유는 첫째, 역사상수 $k$가 0이 아닌 경우를 다루면 논의가 너무 복잡해져서 필자의 주요 논지를 다룰 공간이 사라지기 때문이다. 둘째, $k$를 0으로 놓으면 시장의 과정을 보다 명료하게 볼 수 있기 때문이다. 또한 $k$가 0이 아니면 중요한 계산이 불가능해져서 분석적 해를 구할 수 없는 경우도 많다. 화이트가 자주 이 값을 0으로 놓고 보다 세밀한 논의를 진행하는 것도 이런 이유 때문인 것으로 보인다. 이 책에서는 이전의 상품이 모두 팔리고 생산 요소 거래도 완료된 것으로 보아 생산량 $y$가 0일 때 매출 $W(y)$가 0이라는 경계 조건boundary condition을 적용하여 적분상수 $k$를 0으로 놓는다. 이에 따라 시장스케줄은 아래와 같다.

$$W(y) = q^{b/(b-d)}(\theta/r)^{d/(b-d)}[(1-d/b)/ \\ (1-ad/bc)]^{b/(b-d)}\, y^{(bc-ad)/(b-d)} \qquad (1.10b)$$

중요한 파라미터 조합이 $a/c$와 $b/d$이므로 이들을 사용해 나타내면 아래와 같다.

$$W(y)=q^{1/(1-d/b)}(\theta/r)^{1/(b/d-1)}[(1-d/b)/$$
$$\{1-(a/c)/(b/d)\}]^{1/(1-d/b)}y^{a(c/a-d/b)/(1-d/b)} \tag{1.10c}$$

이런 시장스케줄은 생산자들의 결합적 행동에 의해 생성된다. 여기서 생산물의 품질에 따라 지위가 다른 복수의 생산자들이 자신이 생산하는 제품의 품질에 부합하는 고유의 생산량을 지켜나감으로써 시장 행위자들에게 품질과 관련된 신호를 제공한다. 시장에 따라서는 생산량이 많은 상품일수록 품질이 더 낮은 경우도 있고(예: 와인 시장), 반대로 생산량이 많은 상품일수록 품질이 더 높은 경우도 있는데(예: 탄산음료 시장), 생산량과 품질 간 관계의 방향은 시장에 따라 다르게 형성된다. 행위자들은 시장에서의 담론을 통해 이런 방향을 인식한다. 위의 모형에서는 식 (1.7)에 시장스케줄 식을 대입하면 품질과 생산량 간의 관계가 나타난다. 생산량의 지수를 보면, 파라미터 조합인 $a/c$와 $b/d$ 중 어느 쪽이 더 큰가에 따라 생산량과 품질은 반대 방향으로 움직일 수도 있고 동일한 방향으로 움직일 수도 있다.

생산자와 소비자들은 상대에 대해 정확한 정보를 갖거나 완전한 지배력을 행사하지 못하므로 시장스케줄을 토대로 하여 최적화 혹은 비교를 행할 수밖에 없다. 이 점에서 두 집단 모두 상대에 대해 완전한 정보를 갖지 못한다. 이런 상황에서 시장스케줄은 개별 생산자의 매출액이 형성하는 현실인데 시장스케줄 그래프 중 특정 생산자에 해당되는 부분에서는 그 생산자의 매출액이 된다. 생산자들은 자신의 품질지수에 따라 최적 생산량을 갖는데 이에 따른 매출액을 최적생산량으로 나누면 개별 생산자 상품의 평균 가격을 구할 수 있다. 또한 시장스케줄의 매출과 비용을 비교해 이익과 이익률을 구할 수 있다.

## 3. 시장 성립 조건과 시장 영역

시장스케줄을 생산량의 함수로 표시하고 나면 다음 작업은 시장이 성립될 수 있는 파라미터 범위를 구하는 일이다. 앞의 최적화 조건 중 매출액에서 비용을 뺀 이익함수의 2차 도함수가 음의 값을 가져야 한다는 식 (1.4)는 아직 사용하지 않았는데 이것이 시장 성립의 첫 번째 조건이다.

두 번째 조건은 생산자들은 매출액에서 비용을 뺀 이익이 0보다 커야 생산을 계속한다는 것이다. 이 조건은 다음과 같이 나타낼 수 있다.

$$W(y[n]) - C(y[n], n) > 0 \tag{1.11}$$

두 조건을 동시에 만족시키는 범위에서만 생산자들을 생산을 지속하면서 이익을 극대화하고, 품질과 특성이 다양한 모든 상품에 대해 동일한 비용 대비 만족을 원하는 소비자들의 요구가 충족된다. 식 (1.11)과 식 (1.4)는 각각 아래의 두 부등식으로 나타난다.

$$(a/c-1)/(b/d-a/c) > 0 \tag{1.12}$$

$$(a/c-1)[(c-1)\cdot b/d - c\cdot a/c+1)] < 0 \tag{1.13}$$

두 부등식을 동시에 만족시키려면 우선 $c$가 1보다 작아야 한다. 그러면서 $a/c$가 1보다 크고 $b/d > c/(c-1)\cdot a/c - 1/(c-1)$이거나 $a/c$가 1보다 작고 $b/d < c/(c-1)\cdot a/c - 1/(c-1)$인 영역이다.

세 번째 조건은 $k$값이 0이 아니어서 위의 두 부등식에 생산량의 범위가 나타날 때 성립된다. $k$가 0인 경우만 보는 이 책에서는 $y$의 범위가 나타나지 않으므로 이 조건이 해당되지 않는다. $k$가 0이 아니어서 두 부등식에 $y$의 범위가 나타난다면 첫 번째 조건에 해당되는 $y$의 범위가 두 번째 조건에 해당되는 $y$의 범위를 포함해야 한다. 그렇지 않으면 최고의 이익을 얻지 못하더라도 이익이 나기만 하면 생산하고자 하는 여러 생산자가 동일한 $y$값으로 몰려들게 된다. 그러나 시장이 유지되려면 생산자들의 품질지수가 다르고 최적생산량도 달라야 하므로 생산자들의 생산량이 같아져서는 안 된다. 이런 상황은 시장스케줄을 붕괴시키고 차별적 생산량에 의한 신호 생성 기제를 훼손하며 복수의 생산자들이 동일한 비용 대비 만족을 제공해야 한다는 소비자들의 요구 조건에도 어긋난다.

시장스케줄과 시장이 성립되는 범위를 구하고 나면 다양한 특성을 가진 시장을 성립시키는 파라미터의 범위를 검토하게 된다. 하나의 시장이 다른 시장과 독자적으로 존재하는 경우와 여러 시장이 서로 대체 관계, 경쟁 관계에 있을 때 나타나는 시장의 성격이 달라진다. 여기서는 하나의 시장이 다른 시장의 영향을 받지 않는 경우를 살펴본다. 화이트는 하나의 시장 내에서 두 가지 파라미터 조합인 $a/c$와 $b/d$에 의해 생성되는 2차원 공간을 시장 평면market plane이라고 명명하고, 이 시장 평면 내에서 파라미터 조합이 다르게 결합함에 따라 특성이 달라지는 경우를 영역region이라고 보았다. 감마gamma까지 고려하면 기준이 되는 파라미터나 파라미터 조합이 세 가지가 되어 2차원인 시장 평면은 3차원인 시장 공간market space이 된다. 시장 평면에 나타날 수 있는 영역은 보통형Ordinary, 해체형Unravel, 확장형Advanced, 트러스트형Trust, 역설형Paradox 영역이고, 시장 공간이 되면 밀집형Crowded과 폭발형Explosive 영역이 추가된다(White, 2002a: 54-55).[5]

여러 영역을 구별해주는 기준은 파라미터들 간의 관계에 따라 시장의

5 각 시장 영역에 한글 번역어를 붙였으나 어디까지나 시험적인 것에 불과하다. 필자는 이들 번역어에 대한 의견이나 제안을 환영하는 바이다.

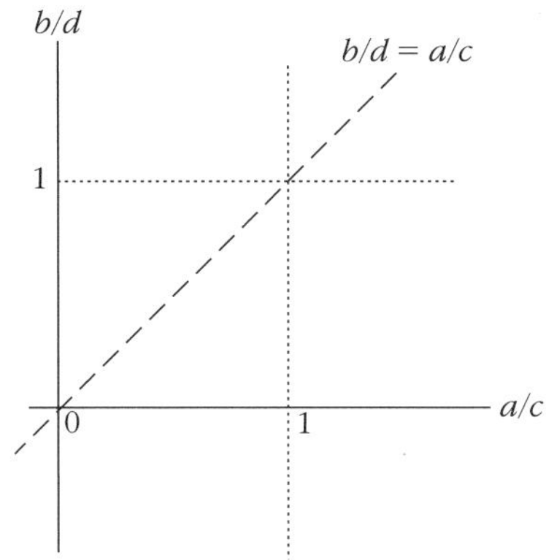


그림 1.3 파라미터별 기본 시장 영역

작동 논리가 달라진다는 점이다. 생산량과 품질이 소비자들의 만족과 생산자들의 비용에 영향을 미치는 정도에 따라 시장의 작동 방식이 달라지고 따라서 시장 영역들이 구별된다. 여기서 중요한 파라미터는 $a/c$와 $b/d$, 그리고 $d$이다. 두 비ratio 중 어느 것이 큰지, 이들이 1보다 큰지 작은지, $d$가 양인지 음인지의 여부가 시장의 유형을 결정한다. 〈그림 1.3〉은 주요 파라미터 조합 간 관계에 따라 나타나는 공간을 보여준다. 이에 따라 시장스케줄에서 매출함수가 생산량에 대해 볼록한지convex 오목한지concave가 결정된다. 화이트는 역사상수가 0이 아닌 경우도 고려했기 때문에 다섯 가지 시장 영역을 도출했는데, 역사상수를 0으로 놓거나 다른 방식의 생산시장을 고려할 때는 다섯 가지 영역이 다 나타나지 않는다.

보통형 영역Ordinary Region은 $0 < b/d < a/c < 1$이면서 식 (1.13)이 성립되는 경우이다. 소비자들의 만족도에 영향을 주는 생산량과 품질의 지수 $a$, $b$가 비용에 영향을 주는 생산량과 품질의 지수 $c$, $d$보다 작기 때문에 생산량을 늘리거나 품질을 올리면 소비자 만족도($S$)보다는 생산비용($C$)이 더 빨리 증가한다. 따라서 생산자들은 생산량을 계속 늘리려 하

지 않는다. 그중에서도 생산량 증가에 따른 비용 대비 만족($a/c$)의 증가 속도가 품질 증가에 따른 비용 대비 만족($b/d$)의 증가 속도보다 더 크기 때문에 품질을 향상시키고자 하기보다는 생산량을 늘리려는 경향이 강하다. 이 시장은 흔히 볼 수 있는 시장으로서 품질이 미치는 영향은 비교적 적다. 이런 시장에 대해서는 미시경제학에서 많이 다루고 있다.

해체형 영역Unravel Region은 $a/c < 1$이고 $b/d > a/c$이 성립되는 경우이다. 이 영역은 역사상수 $k$가 0 또는 음이 되면 시장 가능 조건식 (1.12)와 배치되기 때문에 존재할 수 없고 이 책에서 논의할 대상이 되지 않는다. 만약 역사상수를 고려한다면 생산량이 증가할 때 소비자들의 만족도보다는 생산비용이 더 빨리 증가한다. 그러나 앞에서와 달리 비용 대비 만족은 생산량 증가보다는 품질 향상에 따라 더 빨리 증가하므로 품질이 보다 중요해진다. 그러나 이 경우에도 시장 성립의 세 번째 조건에 어긋나기 때문에 이 시장은 지속되지 못한다.

확장형 영역Advanced Region은 $b/d > a/c > 1$이 성립되는 경우이다. 이 부등식 범위는 시장이 성립되는 두 조건과 배치되지 않는다. 소비자들의 만족도에 영향을 주는 생산량과 품질의 지수 $a$, $b$가, 비용에 영향을 주는 생산량과 품질의 지수 $c$, $d$보다 크기 때문에 생산량이나 품질을 높이면 생산비용보다 만족도가 더 빨리 증가한다. 따라서 생산자들은 생산량을 늘리려 한다. 여기서는 규모에 대한 수확체증 현상이 나타난다. 생산량 증가에 따라 비용보다 만족도가 더 빨리 증가하는 예는 네트워크 경제에서 볼 수 있다. 전화가 보급될 때나 인터넷이 보급될 때 이용자 수가 많아지면 비용은 이용자 수에 비례하지만 이들이 느끼는 만족도는 훨씬 더 빠르게 늘어난다. 이 영역에서는 특히 품질 증가에 의한 만족도 증가가 비용 증가보다 크고 그 정도가 생산량 증가에 의한 것보다도 더 크기 때문에 품질을 향상시키려는 동기가 강하다.

트러스트형 영역Trust Region은 $b/d < a/c$ 이면서 $a/c > 1$ 이 성립되는 경우이다. 이 조건은 역사상수를 0으로 놓았을 때 시장 성립의 첫 번째 조건에 위배되기 때문에 이 조건에서 시장이 성립되지 않는다. 만약 역사상수가 0이 아니어서 시장이 성립된다면 확장형 영역에서와 같이 생산량이 늘수록 만족도가 비용보다 더 빨리 증가하기 때문에 규모에 대한 수확체증이 나타난다. 또한 생산량이 만족도와 비용에 미치는 차별적 효과가 품질의 효과보다 크기 때문에 품질보다는 단순한 생산량 증가가 고객의 만족을 급격히 증가시키는 경우가 이에 해당된다.

역설형 영역Paradox Region은 $d < 0 < 1 - ad/bc$, 즉 $d$가 0보다 작으면서 $b/d < a/c$ 이 성립되는 경우이다. $a/c$가 1보다 크면 시장 성립 조건과 모순되고 $a/c$가 1보다 작으면 시장이 성립된다. 이 영역의 최대 특징은 $d$가 음이어서 보다 높은 품질의 제품을 생산하는 생산자가 비용은 더 적게 든다는 점이다. 품질이 향상될 때 비용이 줄어드는 경우가 많이 있다. 스펜스의 노동 시장 신호이론에서 두드러지는 특징은 능력이 뛰어난 취업 희망자는 고등 교육을 받을 때 들이는 개인적 비용(예: 시간, 집중 정도 등)이 오히려 줄어든다는 점이다. 이는 능력이 뛰어난 취업 희망자가 고용주에게 자신의 능력에 대해 신호를 보낼 수 있는 토대가 된다(Spence, 1974; White, 2002a). 상품 시장에서는 문화예술품 시장이나 고가의 생산품에서 볼 수 있듯이 행위자의 문화자본과 같은 개인적 특성이 중요한 시장 변수가 되는 경우 이 현상이 나타날 수 있다(김우식, 2009b; Bourdieu, 1984). 문화예술 능력이 뛰어난 장인은 품질이 낮은 악기나 가구를 만들 때보다 품질이 높은 악기나 가구를 만들 때 비용을 절감할 수 있다. 이는 생산자의 개인적 특징 때문일 수도 있고, 생산자의 특징과 소비자의 선호가 일치해 비용을 줄이고도 큰 만족을 생산하기 때문일 수도 있다. 예를 들어, 생산자가 시간과 노력을 투자해 품질이 뛰어난 커피나

와인에 대한 전문적 지식을 획득하고 이런 서비스에서 큰 만족을 얻는 소비자들이 존재하면(김우식·김효선, 2005), 서비스 품질을 높은 수준으로 유지할 때 비용을 더 절감할 수 있다. 이는 기업의 경영 자원, 고유 역량, 핵심 역량 개념과 유사하다(Ansoff, 1965; Barney, 1991; Prahalad and Hamel, 1990; Selznick, 1957).

## 4. 시장 간 경쟁과 후방 시장

하나의 시장은 다른 시장과 경쟁 관계에 선다. 와인과 맥주는 서로 다른 시장을 형성하고 소비자들도 보통 그렇게 구별해서 인지하지만 그렇다고 해서 와인과 맥주가 서로 영향을 미치지 않는 것은 아니다. 경우에 따라 소비자들은 와인 대신 맥주를 소비할 수 있다. 시장을 구별하는 경계는 상대적이다. 와인 전체가 하나의 시장을 형성할 수 있지만 레드 와인과 화이트 와인, 로제 와인이 각각 다른 시장을 형성할 수도 있다. 또한 동일한 품목을 판매하는 시장도 처음에는 지역에 따라 구별되다가 지리적 장애가 줄어들면 서로 경쟁 관계에 들어가기도 한다. 이런 점을 생각하면 일군의 생산자들이 모여 분자를 이루듯 형성하는 하나의 시장은 또 다른 시장과 부분적으로 대체 관계, 경쟁 관계에 서게 된다. 한 생산자는 동일한 시장 내에서 다른 생산자들과 대체 관계, 경쟁 관계를 형성하지만 동시에 자신이 속한 시장이 다른 시장과 대체 관계에 서게 됨으로 인해 다른 시장의 생산자들과도 부분적으로 대체 관계에 서게 된다.

여러 시장 간 대체 관계를 모형으로 정립하기 위해 화이트는 하나의 시장에서 일군의 소비자들이 느끼는 집합적 만족도를 개별 생산자의 상품이 주는 만족도의 합과 구별했다. 소비자들은 품질이 아주 낮은 상품으로부터 아주 높은 상품까지 다양한 상품이 있을 때와 품질의 변이가 그리 크지 않을 때에 대해 다르게 평가할 수 있다. 한 시장의 생산자들이 소비자들에게 제공하는 집합적 만족도는 개별 생산자가 제공하는 만족도를 합친 값에 지수를 붙인 것으로 표시할 수 있다.

$$\boldsymbol{V} = [\sum_{n} S(y, n)]^{\gamma} \tag{1.14}$$

감마($\gamma$)로 표기하는 이 지수는 한 시장에서 제공되는 상품 전체에 대해 소비자군이 집합적으로 느끼는 만족도를 나타낸다(식 1.15). 감마는 일종의 부가가치율이라고 볼 수 있는데, 이 값이 큰 시장은 그렇지 않은 시장에 비해 소비자들을 더 많이 끌어들이고 생산자들의 이익이 더 크며 따라서 신규 생산자들이 더욱 진입하고자 한다. 이와 같이 한 시장의 집합적 만족도가 크냐 작으냐에 따라 한 시장이 다른 시장에 의해 대체되는 정도가 달라진다. 만족과 달리 집합적 지출 규모는 개별 생산자에 지불한 금액의 합과 동일하다. 여러 시장을 마주하는 소비자들은 여러 시장에 대해 동일한 지출 대비 만족도를 요구한다. 이는 식 (1.5)에서 개별 시장의 소비자들이 여러 생산자에 대해 동일한 지출 대비 만족을 요구하는 것과 유사하다.

$$\tau = \boldsymbol{V} / \boldsymbol{W} = [\sum_{n} S(y, n)]^{\gamma} / \sum_{n} W(y) \tag{1.15}$$

이런 점을 고려하면 위에서 본 시장 영역도 다소 달라진다. 이 책에서는 시장 간 경쟁과 대체는 본격적으로 다루지 않지만 간략히 소개하자면 감마와 다른 파라미터 조합의 대소에 따라서는 확장형 영역 대신 밀집형 영역이나 폭발형 영역이 나타난다.

화이트는 생산자들이 소비자들을 마주하는 전방 시장에 대한 모형 수

립에 이어 생산자들이 노동 시장과 같은 요소 시장에서 생산 요소를 구할 때의 상황을 다루었다. 여기서는 생산자들이 상품을 생산해 소비자들에게 제시하는 것과는 달리 생산자들이 요소 공급자들을 끌어들이는 상황이 되므로 후방 시장이 된다. 예를 들어, 생산자들은 노동 시장에서 다른 노동 조건을 제시하면서 상대의 선택을 기다린다. 생산자들은 일방 투시 거울을 마주하는 것과 같이 노동력의 공급자들이 개별 생산자가 제시하는 여건을 어떻게 평가하는지 알 수 없고, 경쟁하는 다른 생산자들의 비용도 알지 못한다. 여기서의 시장모형은 지금까지 살펴본 전방 시장과 동일하면서 시장 방향만 다른 대칭 형태를 이룬다.

# 제2장 | 생산시장이론의 확장

## 1. 시장 행위의 확장

해리슨 화이트의 시장이론과 모형은 지금까지 살펴본 개요에서 나타나듯 생산자와 소비자들의 행동에 대해 일정한 제약을 가하고 있다. 즉, 생산자들은 자신만이 아는 비용함수와 모든 생산자가 아는 시장스케줄을 토대로 그 안에서 이익을 최대화하려고 하는 반면, 소비자들은 여러 생산자가 제시하는 지출 대비 만족을 비교해 이들이 서로 동일하기를 요구한다는 것이다. 그러나 점차 다양해지는 현실을 보면 시장 행위자들의 행동이 반드시 이와 같기만 한 것은 아니다. 소비자들이 개별 생산자에게 구체적인 요구를 할 수도 있고 다수의 생산자들이 상호 경쟁이나 모방 혹은 독과점적 과정에 의해 개별적인 최적화를 추구하기보다는 서로 동일한 이익률을 유지하고자 할 수도 있다. 화이트의 시장이론과 모형은 현실에서 다수를 이루는 시장을 다루는 것은 사실이나 그만큼 놓치는 시장도 많다. 이 책에서는 생산자와 소비자들의 행동 방식이 다를 수 있고 이에 따라 보다 다양한 생산시장이 나올 수 있음을 검토하고자 한다.

생산자와 소비자의 최적화 방식이나 정도는 시장이 처한 제도, 사회조직, 제도적 기초, 문화, 권력 관계에 따라 달라진다(Lie, 1992; North 1990; Swedberg, 1994). 그렇다면 생산시장에서 생산자와 소비자들의 행동도 다양한 제도적 조건에서 나타나고 행해지므로 이들의 행위 방식을 보다 일반적으로 규명할 필요가 있다. 여기에서는 생산자와 소비자들의 행동 방식을 다양하게 검토하되 그중 특정 조건이 다른 경우를 비교해 시장의 사회적 기초와 거시적 특징 간의 관계를 규명하고자 한다.

이를 살펴보기 위해 경제 행위자들의 행동을 국지최적화local optimization와 전체균일화global equalization로 구별한다. 전자는 행위자들이 행동 범위 중 일부에서 최적화를 행하는 것이고 후자는 행동 범위 전체나 대부분에 대해 동일한 기준을 적용하고자 하는 것이다. 화이트의 시장 이론에서는 생산자들이 자신들의 비용함수를 토대로 국지최적화를 행했고 소비자들은 여러 생산자의 상품에 대해 지출 대비 만족이 동일하도록 요구하는 전체균일화를 행했다고 할 수 있다. 최적화라는 관점에서 보면 두 행위는 모두 제약을 갖는다. 국지최적화는 전체 범위로 나아가지 못한 것이고 전체균일화는 보다 엄밀한 최적화 행동으로 나아가지 못한 것이다.

국지최적화와 전체균일화라는 두 가지 행위는 뛰어난 정보와 행위 능력을 가진 행위자가 의도적이고 전략적으로 한 행위를 선택하는 관점에서 볼 수도 있고, 반대로 정보나 행위 능력이 약한 다수의 행위자들이 복합적으로 상호작용해 거시적으로 만들어내는 집합적 행위의 관점에서 볼 수도 있다(김우식, 2009a; Nee, 2005; Powell and DiMaggio, 1991).

첫째, 전략적 선택의 관점에서 보면 두 행위는 좁은 자원 영역에서 가능한 이익을 추구하느냐 넓은 자원 영역에서 최소 기준에 맞는 이익을 추구하느냐의 대비가 될 수 있다. 조직이 추구하는 활용exploitative 전략과 탐색exploratory 전략은 좁은 범위에서 최대 효율성을 추구한다는 의미와 넓은 범위에서 가능성을 추구한다는 의미를 갖는다(김효정·박남규, 2010; March, 1991). 생태학은 좁은 적소niche에서 최대 이익을 추구하는 특화주의자specialist와 넓은 적소에서 표준화된 전략을 구사하는 일반주의자generalist를 대비시키고 연결망에서도 포괄적 연결을 맺는 방식과 특별한 행위자들만 연결하는 방식을 비교한다(Granovetter, 1973; Hannan and Freeman, 1989; Padgett and Ansell, 1993; Uzzi, 1996/1997).

시장 생산자의 경우, 의도적으로 특정 상품 영역에만 집중하거나(국지최적화), 혹은 반대로 시장을 독점하다시피 하는 기업이 여러 상품으로부터 생기는 이익 혹은 이익률이 동일하도록 조절하는 행동(전체균일화)이 전략적 선택의 관점에 해당된다. 다사업부 회사multidivisional firm가 불확실성을 통제하기 위해 내부의 기업들에게 특정 이익률 혹은 균등 이익률 목표를 제시할 수도 있다(Eccles, 1985; Eccles and White, 1986; White, 1985). 소비자의 경우, 전략적 선택에 해당하는 것은 여러 상품을 비교한 후 그 중 특정 기준에 맞는 것을 택하는 의도적 행위인데 특별한 취향을 추구하기보다는 품질이 다양한 여러 상품에 대해 지출 대비 효용이 동일하도록 요구하는 것이나(전체균일화), 반대로 여러 상품 중 자신의 취향이나 기호에 맞는 특정 상품에만 관심을 갖고 최대 효용을 요구하는 것(국지최적화)을 들 수 있다. 두 행위는 특정 상품에 집중하느냐 아니면 여러 상품을 보느냐 하는 거시적 결과의 차이를 가져오지만 그것을 초래한 것은 공히 의도적이고 전략적인 선택이다.

둘째, 집합적 행위의 관점에서 보면 국지최적화나 전체균일화 모두 불확실성 속에 있거나 행동의 제약하에 있어서 개별적으로 좁은 선택의 범위에서 행동했는데 그것이 거시적 결과로 나타난 것으로 볼 수 있다. 즉, 행위자의 선택이나 전략이 그대로 결과로 나타나지 않고 여러 행위자의 제한된 행위들이 모여서 거시적인 결과를 가져온다. 생산자의 경우, 경쟁

표 2.1 생산자와 소비자별 행위 방식

| | 행위 방식 | |
|---|---|---|
| | 전체균일화 | 국지최적화 |
| 생산자 | 전략적 선택: 의도적 이익 균등화, 다사업부 회사의 내부 통제<br>집합적 행위: 경쟁적 동형화, 모방적 동형화, 규범적 동형화, 강제적 동형화 | 전략적 선택: 특정 품질의 상품에 집중<br>집합적 행위: 제한된 정보 내 비용 최소화 |
| 소비자 | 전략적 선택: 취향 추구보다는 지출 대비 효용 동질화 추구<br>집합적 행위: 모방적 동형화 | 전략적 선택: 국지적 취향 추구<br>집합적 행위: 관습적 소비 범위 내 최적화 |

자의 비용함수와 같은 중요한 정보가 제한되다보니 자신의 비용함수 내에서의 비용만 최소화하는 것이 국지최적화에 해당된다. 반대로 다른 생산자들과 투자 유치 등을 놓고 경쟁하거나, 다른 생산자들의 이윤율을 모방하거나 혹은 국가와 같은 제3자의 압력에 굴복하다보니 결과적으로 이익률이 동일해지는 것이 전체균일화에 해당된다(Odagiri and Yamawaki, 1986; Vaona, 2010). 소비자의 경우, 상품에 대한 정보가 부족하거나 합리적 선택의 태도를 체화하지 않아서 과거부터 사용하던 상품군을 관습적으로 사용하되 만족, 취향, 가격 등 특정 측면에서 최적화하거나(국지최적화), 반대로 다른 사람들을 모방해 전체적으로 유사한 소비 행위를 하는 것(전체균일화)을 들 수 있다(Bourdieu, 1984; DiMaggio and Louch, 1997). 생산자와 소비자가 국지최적화를 하거나 전체균일화를 하는 경우를 〈표 2.1〉과 같이 요약할 수 있다.

## 2. 시장 행위에 영향을 미치는 사회적 요인

생산시장이 사회적으로 구성되는 점을 이해하기 위해서는 국지최적화와 전체균일화를 초래하거나 가능하게 하는 요인을 살펴볼 필요가 있다. 시장에 영향을 미치는 요인으로서 경제사회학에서 중시하는 요인은 다양하게 표현할 수 있으나 대표적으로 권력, 관계, 제도, 문화를 들 수 있다(유홍준, 2011; Dobbin, 2004a/2004b).

시장에서는 권력power이 중요한 요인이 된다. 화이트가 생산시장이론을 처음 제시한 연구나 그 후속 연구에서도 행위자들이 행사하는 권력의 특징에 주목하지 않았다. 반면, 경제사회학의 이론이나 실증 연구들은 시장을 구성하는 핵심 요소로 권력을 들고 있고(Blau, 1964; Burt, 1992: 8-81; Cook, Emerson, and Yamagishi, 1983; Dobbin, 2004c: 25-29; Fligstein, 1990/2001; Marx and Engels, 1845; Polanyi, 1957) 자리매김embeddedness의 유형 중 하나로 정치적 자리매김을 꼽기도 한다(Zukin and DiMaggio, 1990: 1-36).[1] 미국 기업사 연구에서 효율성에 의한 경제 질서 확립을 주장한 알프레드 챈들러도 대형 할인점들이 이익을 극대화하는 과정에서 조직되지 않은 농민들이나 다른 생산자들에게 불이익을 강요했음을 지적했다(Chandler, 1977). 또한 일본의 기업 집단에서도 중심 기업이 주변 기업에 불리한 조건을 전가한 것으로 알려져 있다(Granovetter, 1994). 이러한 행위는 대형 할인점이나 기업 집단 내 중심 기업의 입장에서는 이익을 극대화하는 최적화 전략이지만 이들과 거래해야 하는 행위자의 입장에서 볼 때는 권력에 복종한 것이 된다. 이는 최적화 전략에 권력이 전제됨을 보

1 경제사회학에서 가장 중요한 개념 중 하나인 embeddedness는 '배태', '자리매김', '포함' 등 몇 가지 용어로 번역될 수 있는데 이 책에서는 앞의 두 용어를 사용한다.

여주는 예들이다. 생산시장에 대한 사회학적 연구들은 시장에서 작동하는 사회관계와 문화의 중요성을 강조해왔으나 권력과 정보의 사회적 차원에 대해서는 명시적으로 분석하지 않았다(Beckert, 2009). 경제적 요소와 사회문화적 요소를 동시에 고려함으로써 보다 현실적으로 시장을 규명하기 위해서는 권력을 설명변수로 포함시켜야 한다. 시장에서의 권력은 법, 국가 정책, 행위자 간 영향력 행사, 정치적 가치, 자원의 행사 및 연결망을 통해 만들어지고 행사된다(Burt, 1992; Fligstein, 2001; Scharpf, 1997; Zukin and DiMaggio, 1990). 따라서 행위 규칙을 권력, 그리고 정보의 문제와 연결시켜 시장모형과 통합해 규명하는 작업이 필요하다.

시장 행위자들의 행위 유형의 차이는 그들이 권력의 차원에서 어떤 위치를 갖는가에 따라 달라진다. 시장 행위자들의 행위 방식을 결정하는 요인으로 시장에서의 게임의 규칙을 드는 경우가 많으나(Scharpf, 1997) 이런 규칙을 결정하는 요인을 살펴볼 필요가 있는데, 이런 규칙은 합의보다는 권력에 의해 그 내용이 정해지는 경우가 많다(Baker, 1990; Fligstein, 2001; Grandori, 1993; White, 1985). 권력에 의해 달라지는 행위 규칙 중 하나는 최적화의 범위와 방식이다. 소비자들의 권력이 강하지 않으면 여러 생산자의 상품들로부터 동일한 지출 대비 만족을 얻고자 할 수 있지만, 권력이 강하다면 각 생산자가 자신의 능력 범위 내에서 최적의 만족을 생산하도록 강요할 수 있다. 또한 생산자들도 타인과 직접적인 영향을 주고받지 않을 때는 시장스케줄과 자신의 비용함수만을 토대로 최적화하고자 하지만, 동일한 경영자나 자본에 의해 복수의 생산자들이 통제되는 상황에서는 동일한 이익률을 올리라는 압력을 받는다.[2] 이런 예는 국지최적화와

2 다사업부 기업multidivisional firm에 속한 여러 기업 사이에 발생하는 갈등과 이들을 서로 경쟁시킴으로써 정치적으로 통제하는 방식에 대한 사회학적 연구로는 Eccles and White(1987, 1988), White(1992b)가 있다.

전체균일화가 권력이라는 요인에 의해 결정될 수 있음을 보여준다.

제도institution는 안정된 형태로 정착되어 반복되는 실천의 체계로 볼 수 있는데(DiMaggio and Powell, 1983; Fligstein, 2001; Nee, 2005; North, 1990), 시장과 관련해서는 법, 규제 방식, 국가 기구의 구성, 교육, 금융 기관과의 관계(Zysman, 1983), 조직 방식, 시장 규칙, 공통의 인식(Fligstein, 1990) 등 다양한 방식으로 존재하면서 행위자들의 행위 방식에 영향을 미친다. 사례는 많지만 몇 가지만 들어보면 노동 시장에서는 고용차별 금지 규정, 차별 철폐 조치, 노동 조건이나 노동조합에 관한 규정 등이 시장의 주요 특성을 결정한다. 상품 시장에서는 안전, 품질, 소비자 권리에 관한 규정이 있다. 이런 규정들은 생산자들의 개별적인 최적화 행동에 제도적 환경을 제공하면서 전체균일화의 압력을 가할 수 있다. 또한 법이나 규정과 달리 비공식적으로 합의된 제도는 공식적인 제도에 비해 그 영향의 범위가 더욱 넓다. 생산자들은 제도적 요인으로 인해 전체균일화 행동을 취할 수 있다. 폴 디마지오Paul DiMaggio와 월터 파월Walter Powell의 동형화isomorphism 논의를 시장에 적용하자면, 기업들이 극심한 불확실성하에서 모방적 동형화를 취하거나 전문 경영자들의 교육 배경으로 인해 규범적 동형화가 이루어지거나 국가와 기업 간 관계에서 강제적 동형화가 일어날 수 있는데(DiMaggio and Powell, 1983), 이는 행위자들의 전체균일화 행동을 초래하는 요인들이다.

문화culture는 동일한 사회적 경계 속에 있는 행위자들이 공유하는 인지, 평가, 표출의 체계를 가리킨다(DiMaggio, 1994). 문화는 행위자들의 무의식 속에 존재하기도 하고 그로부터 만들어지는 행동 방식이나 문화재, 예술 작품 등과 같이 구체적인 사물의 형태로 존재하기도 한다. 문화가 시장 행위자에게 미치는 영향에 대해서는 다양한 연구들이 있으나(DiMaggio, 1994) 여기서는 주로 소비자들의 취향과 소비의 방식에 초점을 둔다. 소비자들의 취향이 고도로 분화되고 이들의 영향력이 큰 시장에서는 소비자들이 여러 생산자에게 동일한 비율의 만족을 제공하기보다는 특정 취향에 맞는 범위에서 그들로 하여금 최선을 다하도록 요구한다 (Bourdieu, 1984; Corrigan, 1997). 취향이 불분명한 소비자들이 음향 기기 시장에서 상품을 선택할 때는 여러 상품을 비교해 가격 대비 만족을 중시하겠지만 음향 기기의 특정 성능에 대한 취향이 분명한 소비자들은 특정 품질 범위에 관심의 초점을 맞추어 보다 개별적인 압력을 가할 수 있다 (박찬웅, 2003/2004). 이럴 경우에는 생산자가 가진 문화자본이 생산비와 소비자에 대한 만족도에 결정적인 영향을 미친다. 앞에서 본 시장 영역 중 역설형 영역에서와 같이 파라미터 $d$가 음이 되고 더 나아가 소비자들이 생산자들의 국지최적화를 요구하는 것은 이런 상황에서이다.

시장에서는 다양한 관계와 연결망이 작동하고 있다. 사회관계나 관계의 연결망이 작동하는 방식에 대해서는 경제사회학에서 가장 많은 연구가 이루어져 왔다. 이에 따르면 행위자 간의 관계를 도외시하는 개인주의적 입장은 비현실적임이 드러나고 있다. 사회관계는 여러 영역에서 중요한데 여기에서는 시장에서 핵심적인 문제인 불확실성의 문제를 사회관계와 연관지어 살펴보고자 한다.

불확실성의 주요 원천은 행위자 간의 거래 관계와 그 안에 내재해 있는 상호 의존과 상호작용에 있다. 불확실성의 주요 형태인 정보 부족과 의존은 모두 행위자 사이의 거래 관계와 직결된다. 중요한 정보는 보통 거래 관계를 통해 전파되며 자원이나 기회 등을 위한 의존도 거래 관계의 고착화에서 나오는 경우가 많다(Pheffer and Salancik, 1978). 시장 행위자들은 다른 행위자들과 상호 의존하는 상태에 있기 때문에 서로 인식하고 의식하고 경쟁하거나 협력하고 모방하게 된다. 이렇게 상호 의존하는 상태에서 한 행위자가 구사하는 행위는 다른 행위자들에게는 불확실성의 원인이 된다.

이런 점에서 시장 행위자들 사이에서 불확실성을 통제하는 행위는 다른 행위자들과의 거래 관계를 통제하는 것이 된다. 행위자들, 특히 많은 자원을 가진 기업들은 사회적 관계나 거래 관계로 구성된 환경을 통제하는 일에 적극적으로 나선다. 기업 간 전략적 제휴나 인수 합병, 이사진 교환과 같이 자원을 연계하는 것뿐만 아니라 기업들이 서로 지켜야 할 규범을 만들어가는 것도 행위자들과의 관계를 통제함으로써 불확실성을 줄이려는 노력으로 볼 수 있다(Burt, 1992; Cyert and March, 1963). 행위자들은 불확실한 상황에 대처할 때 사회질서, 규범, 사회관계를 선택하고 이에 의지한다(Beckert, 1996; DiMaggio and Louch, 1998). 행위자들 사이의 사회적 관계와 거래 관계는 불확실성의 원천인 동시에 불확실성을 통제하는 수단이 된다.

행위자 간의 관계를 간과할 경우 경쟁과 협력의 문제도 이해하기 어렵게 된다. 기업 사이에는 경쟁으로 인해 관계가 형성되기도 하지만 긴밀한 거래 관계를 맺고 있는 기업 집단을 따라 경쟁 구조가 형성되기도 한다. 기업 간 관계를 도외시한 이론에서는 기업들이 독자적으로 행동하는 것으로 보지만 실제로 기업들은 전략적 제휴를 이루거나 컨소시엄 또는 네트워크 형태의 기업 관계를 구성한다. 재벌들의 계열 기업군이나 지주 회사 산하에 있는 기업들도 관계 형성의 중요한 형태를 보여준다. 이 경우 경쟁은 개별 기업 사이에서만 일어나지 않고 협력 관계를 맺은 기업 집단 사이에서도 생긴다. 또한 기업들은 거래 상대나 경쟁 기업들과도 관계를 형성해 다른 기업에 비해 우월한 지위를 점유하려 한다.

경제사회학 연구자들은 시장 행위자들이 불확실성을 줄이기 위해 중장기적으로 안정된 관계를 유지하는 사례를 관찰해왔다. 밀집된 교환 연결망에 들어가 있는 조직들이 안정성 확보를 의도하는 것이 이에 해당한다(Galaskiewicz, 1985; Kollock, 1984; Powell, 1990). 기업들도 자원 확보를 위해 중요한 다른 기업이나 정부와 안정적인 관계를 맺고자 한다(Pfeffer and Salancik, 1978). 시장 지향적이고 개인주의적인 행위 유형이 지배적인 것으로 여겨지는 미국에서도 투자은행과 고객 기업 사이에 안정적인 거래 관계가 형성되는 경우가 많다. 이에 대해 당사자들은 안정적인 관계가 형성되면 은행이 기업의 사업 내용을 잘 알기 때문에 주식 가격 설정이 정확해지는 장점이 있다고 본다.

안정적인 관계의 이점은 상호 의존과 호혜성에서 비롯되는 정보 공유나 상호 신뢰로 인해 불확실성과 위험 부담이 줄어드는 것이다(Kollock, 1994). 전략적 제휴나 이사진 교류는 안정된 관계 형성을 통해 정보를 교환하고 환경을 통제하기 위한 방법이다. 조직들은 신뢰나 의존 관계를 의도적으로 창출하기도 하는데 투자은행들이 신디케이트를 구성할 때 상호 의존과 장기적인 관계에서 생기는 신뢰와 정보 공유 등의 이점을 살리기 위해 과거 같이 일한 경험이 있는 은행들을 선택하는 것이 한 예이다. 이러한 예는 제조업에서도 많이 볼 수 있다(Chung, 1996; Hamilton and Biggart, 1988; Podolny, 1994; Powell, 1990). 연결망 관계가 인수합병의 대안으로 인식되는 것도 기업들 사이에 안정적인 관계가 형성되면 상호 조정이 쉽고 기회주의적 행동이나 정보 부족을 피할 수 있기 때문이다(Eccles, 1981; Eccles and Crane, 1987; Granovetter, 1985).

안정된 거래는 행위자들에게 해가 될 수도 있다. 자원의존이론이나 거래비용 접근은 모두 행위자 간 관계에서 나오는 단점을 행위자들이 피하고자 하는 것을 보여준다. 자원의존이론에 의하면 기업들은 필요한 자원을 공급해주는 다른 기업이나 조직에 의존하는데 이들 자원의 원천에 민감하게 반응하고 이들을 관리하거나 피하고자 한다. 거래비용 접근에서는 거래 관계가 불확실성을 낳는다고 본다. 불확실성의 원천은 거래 관계에 있는 상대의 기회주의적 행동이다. 거래 당사자들이 방대한 계약서를 작성하지만, 행위자들의 합리성은 제한되어 있는 반면 상대를 속여서라도 이익을 추구하려는 기회주의적 속성이 있고, 거래 상황이 복잡해 제한된 합리성을 가진 행위자가 모든 상황에 대비할 수 없으며, 거래가 서로에게 특화된 측면이 있어 거래 관계를 끊기 어렵고, 시장이 작아 다른 거래자를 찾기 어려울 때 거래비용이 발생한다(Williamson, 1975).

경제사회학에서는 행위자 간 관계를 추구하는 경우나 반대로 그런 관계에서 벗어나고자 하는 경우를 다 주목한다. 연결망을 맺는 기업들은 운영의 안정성과 유연성을 동시에 추구한다. 안정성과 유연성은 서로 상반되기 쉬운데, 한 기업과 다른 기업의 거래 방식과 관계가 안정되면 운영상의 안정성을 획득해 탐색 비용이나 정보 수집 비용을 절감하는 효과가 있지만 변화하는 환경에 적응하거나 거래 상대의 기회주의적 행동에 대처하지 못한다는 단점이 있기 때문이다. 반대로 매번 끊임없이 새로운 거래 상대를 찾을 경우 유연성이 결여되는 문제는 없지만 안정적 관계에서 오는 이점을 이용할 수 없다. 이런 점을 반영하듯 행위자들은 고정된 관계와 자유 부동이라는 양극단의 중간에서 안정성과 유연성을 동시에 추구한다. 여러 기업이 밀접한 거래 관계를 맺고 서로 협력하는 네트워크 조직이 한 예이다(Berkowitz, 1988). 벤처기업과 같은 네트워크 조직들은 다른 조직들과의 밀접한 상호 관계를 전제하므로 자원의 외부 조달 등을 염두에 두고 스스로의 조직 구조를 외부 의존형으로 구성한다. 이러한 네트워크 조직을 구성하는 주요 목적은 다른 조직과의 관계에서 안정성과 유연성을 동시에 추구하는 데 있다(Campbell, Hollingsworth, and Lindberg, 1991; Gerlach, 1992). 다음으로, 전형적인 네트워크 조직은 아니지만 기업과 기업 간 관계에서 안정성과 유연성을 동시에 추구하는 전략은 투자은행과 고객 기업 간의 관계에서도 잘 나타난다. 고객들이 특정 투자은행을 정해놓고 중장기적으로 안정된 관계를 맺으며 서비스를 부탁하는 것은 고객 기업과 은행 사이에 '관계 접촉면relationship interface'이 형성된 예로 볼 수 있다. 반면 매번 최상의 가격 및 기타 조건을 얻기 위해 은행들을 찾아다니는 방식은 '거래 접촉면transaction interface'을 형성한다(Baker, 1990).

실제로 투자은행과 고객 기업 사이의 관계는 두 형태가 혼합된 방식, 즉 주거래 은행을 정해놓지만 다른 은행들과도 접촉해 새로운 정보를 얻고 은행들 사이에 경쟁을 유도하는 방식으로 수렴된다. 이 방식에서는 안정된 거래 관계를 맺고 있다고 하더라도 다른 투자은행들을 통해 시장 상황을 알기 때문에 주거래 은행에서 가능한 기회주의를 예방할 수 있으면서도 현장감 있는 정보를 얻어 새로운 조류에 뒤지지 않는다는 장점이 있다(Eccles and Crane, 1987). 제조업 부문에서도 기업들이 거래 기업들과 고정된 관계에 집착하거나 반대로 매번 새로운 상대를 찾는 것이 아닌, 중간 형태의 혼합된 방식이 지배적인 패러다임으로 등장했다(Baker, 1990; Imai and Itami, 1984). 기업 간 관계나 기업 내부에서 일고 있는 이런 변화들은 안정성과 유연성을 동시에 추구하기 위한 목적으로 이루어지는 사회조직 양식의 변화로서 사회적인 과정이나 구조의 특성을 이용해 불확실성을 통제하려는 시도이다.

생산시장과 관련해서 본다면, 시장에서 관계나 연결망은 생산자들 사이, 소비자들 사이, 그리고 생산자와 소비자들 사이에서 작동하는 것으로 구별해볼 수 있다. 시장 행위자들 사이에 존재하는 관계나 연결망은 소비자의 취향, 영향력, 구매력 등과 직결되기도 하고(박찬웅, 2003/2004; Bourdieu, 1984; Corrigan, 1997; Crane, 2000), 생산자들 간의 생산 기제와 관련되기도 하며(박찬웅, 2007; Bothner and White, 2001; Burt, 2004; Faulkner and Anderson, 1987; Haunschild, 1994; Podolny, 1993; White, 1992a/2003a), 생산자와 소비자 사이에 형성되는 상호 신뢰와 영향력 행사의 기초가 되기도 한다(Baker, 1990; DiMaggio and Louch, 1998; Kollock, 1994; Podolny, 2001; Uzzi, 1996/1999). 일군의 소비자들이 특정 생산자의 상품을 주로 소비하면서 그 생산자를 신뢰함과 동시에 영향력을 행사할 수 있다. 이런 경우에는 소비자들이 생산자들에게 동일한 지출 대비 만족을 요구하는 것이 아니라 최적의 상품을 제시하도록 요구하는 것이라고 볼 수 있다. 생산자들이 개별적으로 최적화하기도 하지만 공동의 불확실성에 대처하기 위해 담합 등의 방식으로 동맹을 맺거나(Fligstein, 1990/2001), 정보 연결망을 통해 가격을 유사하게 하거나(Haunschild, 1994), 한국의 은행들에서 볼 수 있듯이 국가 중심 경제에서는 규제 기구와의 연계로 인해 소비자들에게 동일한 가격과 조건을 제시하기도 한다. 이런 현상은 경제 행위자 간에 형성되는 다양한 방식의 관계와 연결망이 국지최적화나 전체균일화를 초래하는 예이다.

## 3. 시장 유형의 확장

생산자와 소비자의 두 가지 행동을 조합하면 네 가지 유형의 시장이 성립된다. 즉, 생산자와 소비자가 각각 행하는 두 가지 행위가 만나 구성하는 시장 유형은 양자 모두 전체균일화, 양자 모두 국지최적화, 한쪽은 전체균일화를 하고 다른 한쪽은 국지최적화를 하는 경우의 네 가지가 있다. 이렇게 나타나는 네 가지 시장을 구별하기 위해 숫자 두 개를 붙여 앞의 수는 생산자, 뒤의 수는 소비자를, 1은 전체균일화, 2는 국지최적화를 나타내게 한다. 생산자는 국지최적화, 소비자는 전체균일화를 하는 시장 (2,1)은 해리슨 화이트가 다룬 생산시장이고 생산자와 소비자가 다 전체

표 2.2 네 가지 시장 유형

<table>
<tr><td colspan="2" rowspan="2"></td><td colspan="2">소비자</td></tr>
<tr><td>1. 전체균일화</td><td>2. 국지최적화</td></tr>
<tr><td rowspan="2">생산자</td><td>1. 전체균일화</td><td>시장(1,1): 전체균일화 시장</td><td>시장(1,2): 균일-최적화 시장</td></tr>
<tr><td>2. 국지최적화</td><td>시장(2,1): 화이트의 최적-균일화 시장</td><td>시장(2,2): 국지최적화 시장</td></tr>
</table>

균일화를 행하는 경우는 시장(1,1), 생산자는 전체균일화, 소비자는 국지최적화를 하면 시장(1,2), 둘 다 국지최적화를 행하면 시장(2,2)가 된다(표 2.2).

이 책에서는 이와 같이 다양하게 나타나는 시장 유형이 현실에서 존재할 수 있음을 보이고자 한다. 화이트가 살펴본 시장의 다양성(White, 1988)이 시장(2,1) 내에서 파라미터 조합이 달라짐에 따라 나타나는 다양성이라면, 여기서 검토하는 것은 시장(1,1)에서 시장(2,2)에 이르기까지 최적화 행위가 다르게 나타날 때의 시장 다양성이다. 3장에서는 시장(1,1), 4장에서는 시장(1,2), 5장에서는 시장(2,2)를 살펴볼 것이다. 앞서 1장에서 소개한 화이트의 시장은 시장(2,1)에 해당되는데 이 책에서는 화이트의 시장을 다른 종류의 시장과 비교해 다양한 시장 특성이 어떻게 나타나는지 검토하고자 한다.

# 제3장 | 전체균일화 시장에서의 지배와 정보

## 1. 생산시장의 제도적 기초

시장(1,1)에서는 생산자와 소비자 양자가 전체균일화 행동을 하기 때문에 이 시장을 전체균일화 시장이라고 부를 수 있다. 두 부류의 행위자들이 전체균일화 행동을 하도록 하는 요인은 앞에서 살펴본 것과 같이 다양하지만 이 장에서는 주로 권력에 의한 통제, 그리고 권력에 의한 정보 가용성의 차원에 주목하고자 한다. 즉, 생산시장에서 이익을 극대화하는 행동에는 권력과 정보의 제도적 기초가 전제되어 있음에 주목해 생산시장이론과 모형을 발전시킨다. 이를 위해 화이트의 이론을 검토하되 그의 이론과 모형 속에 행위자 간 권력의 문제가 실제로 작동하고 있음에도 불구하고 이 점을 주목하지 않았음을 지적하고, 생산시장모형에서 중요한 권력과 정보의 차원에 따라 두 가지 시장모형을 비교해 시장 성과가 다름을 보인다. 결국 이 연구는 권력이 시장 내 이익 추구 행위에 내재되어 있어서 권력과 관련된 제도적 특징을 무시하면 시장 질서를 이해할 수 없음을 보이고자 한다.

시장 전략의 사회적·정치적 특성이 잘 나타나는 분야로는 노동 시장을 들 수 있다. 노동 시장에서 중요하게 여겨지는 노동자의 고용과 해고 절차, 최저 임금, 보험, 노동조합의 범위, 권리와 의무 등은 국가와 자본, 노동조합 간 조정과 타협의 산물로 시장 기제의 결과라기보다는 시장의 제도적 기초로서 시장에서의 경쟁과 협력의 범위와 방식을 정해준다(Beckert, 2009; Weber, 1978). 이 과정에서 행위자들의 권력이 작용하는데 권력의 분포는 노동자나 기업이 이익 추구에 사용할 수 있는 정보의 범위, 그리고 행동의 종류나 범위를 결정한다. 금융 시장의 거래 방식 역시 경쟁과 갈등, 협상, 타협의 결과로서 권력 분포와 행사의 산물이다(Abolafia, 1997).

경제사회학이나 실증경제학 연구자들은 시장, 산업, 교환 연결망에서 정보와 통제가 갖는 사회적 차원에 주목해왔다(Burt, 1992; Campbell, Hollingsworth, and Lindberg, 1991: 5-34; DiMaggio and Louch, 1997; Dobbin, 2004a: 25-30; Fligstein, 2001; Kirman, 2001; Padgett, 2001). 사회적 차원이라는 것은 정보와 통제가 행위자 간 관계와 상대적 이해관계 및 성과와 직결된다는 의미이다. 경제학 분야의 많은 연구에서는 행위 규칙에 따라 시장 지배력과 효율성이 달라지는 점을 보는데 반해(Kagel and Roth, 1995: 391-398; Pingle and Tesfatsion, 2003), 여기에서는 사회관계적 요소가 중요한 생산시장모형에서 권력과 정보에 의해 시장 효율성이 달라지는 점을 살펴볼 것이다.

정보의 차원은 시장 행위자들이 경쟁자나 거래 상대의 시장 관련 변수를 어느 정도 아느냐와 관련된다. 반면, 통제의 차원은 시장 행위자들이 경쟁자나 거래 상대, 그리고 거래의 구조에 얼마나 영향을 미칠 수 있는가와 관련된다. 따라서 통제의 차원에서는 상대를 얼마나 아느냐보다는 상대에게 얼마나 영향을 미칠 수 있느냐가 중요하다. 상대에 대한 정보가 늘어나는 것과 상대에 대해 영향력을 행사하거나 통제할 수 있게 되는 것은 서로 다르다. 통제는 상대나 환경에 영향을 미치는 것을 가리키므로 그 근거는 권력이라고 할 수 있다. 따라서 통제는 곧 권력의 차원이기도 하다. 제임스 콜만James Coleman은 교환시장을 위한 선형행위이론을 구성하면서 통제를 주요 개념으로 채택하지만 이는 행위자 간 통제력 행사가 아니라 행위자가 자원을 통제하는 것이기 때문에 여기에서 주목하는 통제나 권력의 차원과는 다르다(Coleman, 1990: 27-90, 667-949).

정보와 통제 혹은 권력은 개념적으로 구별되지만 시장에서 발현될 때는 결합해 나타날 때가 많다. 정보와 권력이 시장에서 결합되는 방식은 다양하다. 첫째, 정보가 권력을 만들어낼 수 있다. 행위자가 시장 환경에 대해 상대보다 우월한 정보를 가지고 있으면 그는 정보를 토대로 전략적인 행동을 할 수 있고 상대의 행동을 통제하고 권력을 행사할 수 있다. 생산자와 소비자가 만나는 시장에서는 경쟁자나 거래 상대의 취향과 비용을 알 수 있느냐의 여부에 따라 행사할 수 있는 영향력의 종류와 범위, 강도가 달라질 수 있다.

둘째, 권력이 정보를 만들어낼 수 있다. 어떤 행위자가 얼마나 많은 정보를 가지고 있느냐는 그 행위자가 행사할 수 있는 권력에 따라 달라지는 경우가 많다. 경쟁자가 들어설 가능성이 있는 시장에 대한 정보를 알기 위해서는 다른 경쟁자들의 반대에도 불구하고 정보를 취득할 수 있는 힘이 있어야 한다. 우월한 정보는 경쟁력이 되기 때문에 정보의 획득은 상황과 상대를 통제할 수 있는 권력을 필요로 한다. 거래비용 접근에서는 상대와의 거래에서 제한된 합리성과 기회주의적 행위로 인한 불확실성, 그리고 자산특수성으로 인해 거래비용이 커질 때 상대 회사를 인수하려 한다고 보는데(Williamson, 1985), 이를 실현하기 위해서는 권력이 필요할 수 있다. 따라서 합병에 의한 불확실성의 해소는 권력에 의해 정보의 문제를 해결하는 예가 된다.

## 2. 전체균일화와 국지최적화

화이트의 시장이론과 모형에서도 정보와 권력이 융합된 상태로 존재하면서 생산자와 소비자의 행위의 방식과 한계를 설정하고 주요 시장 변수에 결정적인 영향을 미치고 있음에도 불구하고 그의 설명에서는 이런 점이 명시적으로 드러나지 않는다. 즉, 화이트의 생산시장이론과 모형에는 생산자와 소비자들의 정보와 권력에 대해 암묵적으로 중요한 가정이 숨어 있다. 정보와 권력은 특정 범위에서만 가용한가 아니면 전체 범위에서 가용한가에 따라 국지적 특성 대 전체적 특성을 갖는다. 이 차이는 시장 행위자들의 국지최적화와 전체균일화 행동으로 개념화할 수 있다. 국지최적화나 전체균일화는 가능한 전체 범위에서의 최적화에 비하면 제약되는 행위이기 때문에 이익을 최고로 추구하지는 못한다. 제약과 권력 간의 관계에 주목한 피터 블라우Peter Blau의 지적대로 제약은 권력이나 혹은 통제에 의해 생겨난다(Blau, 1964; Calhoun, Meyer, and Scott, 1990).

이렇게 보면 생산자와 소비자들은 국지최적화와 전체균일화라는 두 가지 전략 중 하나를 행한다고 할 수 있다. 전자는 좁은 생산량 범위에서 최적의 조합을 찾지만 넓은 시장 범위에 통제력을 갖지 못한다. 후자는 넓은 시장 범위에 걸쳐 행동할 수 있지만 해당 변수의 최적값을 추구하지는 못한다. 이런 차이는 행위자의 권력에 의해 달라지며 행위자로 하여금 상이한 정보 역량을 갖게 한다. 시장이론에서도 행위자의 제도적 특성에 대해 특정한 가정을 하게 되는데 화이트의 시장인 시장(2,1)에서 생산자는 국지최적화를 한다. 생산자들은 시기별로 최적 생산량을 정하고자 하는데 과거에 실현했던 생산량 근처의 국지적 범위에서는 비용 대비 매출, 즉 이익을 최대화할 수 있는 조건을 가지나 다른 생산자들의 생산량 범위에 대해서는 정보를 갖지 못하고 또한 그 범위로 진출할 수 있는 역량도 갖지 못한다. 따라서 그들은 시장 전체 범위에 대해서는 권력이나 정보를 갖지 못한다고 할 수 있다. 이런 조건은 화이트의 모형에서도 그대로 나타나 생산자들은 매출액에서 비용을 뺀 이익이 최대가 되는 양을 생산하고자 한다. 따라서 이익을 생산량으로 미분한 값이 0이 되고 2차 도함수는 0보다 작아야 하는데 1장의 식 (1.3)과 식 (1.4)가 이를 보여준다. 즉, 화이트의 모형은 생산자에 대해 협소한 의미의 가정을 하고 있다.

그러나 현실에서는 하나의 시장을 구성하는 생산자들도 이익률에서 균일화를 추구하는 경우가 많이 있다. 생산자들이 동일한 이익률을 추구하는 상황에 디마지오와 파월이 제안한 세 가지 동형화 개념을 적용할 수 있다(DiMaggio and Powell, 1983). 첫째, 경쟁적 동형화competitive isomorphism를 적용해보면 기업들이 투자자들로부터 다른 기업에 비해 이윤율이 떨어지지 않아야 한다는 압력을 받는 것을 들 수 있다. 자본시장이 발달하면 투자자들은 더 나은 수익을 찾아 다른 기업의 주식으로 쉽게 옮겨 다닌다. 그리고 인터넷이나 투자 관련 서비스 회사들이 발달해 관련 정보는 더욱 빠르게 유통된다. 이런 상황에서는 경쟁으로 인해 기업들이 균일한 이윤율을 추구한다. 둘째, 제도적 동형화institutional isomorphism 중 모방적 동형화mimetic isomorphism를 들 수 있다. 기업들은 불확실성에 직면할 때 다른 기업들의 행동을 모방하기 쉬운데, 특히 다른 기업의 이익률을 자신의 목표로 설정하려는 것이 한 예이다. 경쟁이 심하고 불확실성이 큰 상황에서는 경쟁적 동형화와 모방적 동형화가 동시에 일어날 수 있다. 경쟁하는 생산자들이 정보가 부족한 반면 소비자나 투자자들의 요구는 강할 때 경쟁자의 이익률을 모방할 수 있다. 불확실성이 클 때 경영자들이 집합적으로 통제의 개념control conception 혹은 경영 방식에 대한 일종의 합의를 구성해 서로 동형화하는 경우가 기업사에서 다수 관찰되었다(Fligstein, 1990).

셋째, 규범적 동형화normative isomorphism는 전문 경영자들이 비슷하게 교육을 받고 재사회화되어 비슷한 기업 경영을 시도할 때 나타난다. 전문 경영자들은 어느 정도의 이익률이 가장 적절한가에 대해 서로 규범적 압력을 주고받아 비슷한 이익률을 추구할 수 있다. 규범적 행위는 정당성의 근거를 무엇으로 삼는가에 대한 것이기 때문에 경영자들 간의 경쟁과 갈등에서도 중요한 매체 혹은 도구가 된다. 이런 점에서 규범적 행위 역시 경쟁적 행위와 직결될 수 있다. 마지막으로, 강제적 동형화coercive isomorphism는 국가의 압력에서 나타난다. 기업들은 정부, 의회, 법원과 같은 국가 기구로부터 상품 판매 가격이나 원가 조정을 통해 이익률을 조정하라는 압력을 받는다. 예를 들어, 한국에서는 정부가 기업에 대해 상품 가격을 조정하도록 압력을 가하는 경우가 많다. 이때 가격에 대한 압력은 이익에 영향을 미치므로 정부의 압력은 이익률의 동형화를 초래할 수 있다. 그러므로 여기에서는 생산자에 대한 화이트의 가정을 더 일반화해 생산자들이 전체균일화를 행하는 시장을 검토하고자 한다.

다음으로 소비자에 대한 가정을 살펴본다. 화이트가 설정한 시장(2,1)의 소비자들은 시장 전체 범위에서 여러 상품의 지출 대비 만족을 비교해 동일하게 만들 수 있는 정도의 권력과 정보를 갖는다. 소비자들이 가진 권력이나 정보는 상품들의 지출 대비 만족이 동일해야 한다는 것일 뿐 지출과 비교할 때의 만족 비율을 최대로 요구하는 권력이나 정보는 갖지 못한다. 소비자들이 국지최적화를 할 수 있다면 자신의 선호나 취향 혹은 만족함수를 놓고 이에 따라 지출 대비 만족이 가장 큰 지점을 생산자들에게 요구할 것이다. 그러나 시장(2,1)의 소비자들은 이런 국지최적화를 행하지 못하고 전체균일화만 요구할 수 있다. 이 조건은 1장의 식 (1.5)에 나타난다. 즉, 소비자들은 생산자들이 생산하는 상품에 대해 지출 대비 만족이 동일할 것을 요구하므로 한 상품의 비용 대비 만족이 다른 상품의 그것에 비해 작으면 그 상품을 구입하지 않는다. 이와 같이 화이트는 소비자의 행위, 권력, 정보에 대해서도 좁은 의미의 가정을 하고 있다. 그러나 현실을 보면 생산자와 소비자는 화이트의 가정에 비해 더욱 다양한 시장 행위를 한다. 다음 절에서는 이 점에 주목하여 생산자와 소비자가 보다 다양한 시장 행위를 하는 경우를 다루고자 한다.

## 3. 시장 유형과 시장 성과

### 시장 유형

앞에서 살펴본 대로 생산자 대 소비자, 그리고 국지최적화 대 전체균일화를 교차시켜 볼 수 있다. 즉, 생산자와 소비자가 전체균일화를 하느냐 아니면 국지최적화를 하느냐에 따라 행위 유형과 권력, 정보와 관련해서 네 가지 가능성이 나타난다(표 2.2). 여기에서는 생산자의 권력 및 정보 역량이 화이트의 시장과 달리 전체균일화를 행하는 경우의 시장(1,1)을 살펴보고자 한다. 생산자와 소비자의 정보-권력 특성이 다른 시장들을 서로 비교하면 정보-권력 특성이 시장 성과에 미치는 영향을 볼 수 있다.

시장(1,1)에서 생산자나 소비자 모두 여러 생산량의 범위에서 최적화에 필요한 정보나 권력은 갖지 못하지만 대신 여러 품질의 상품들의 기본적인 조건을 비교할 수는 있다. 화이트의 시장(2,1)은 생산자와 소비자가 상대를 볼 수 있는 정도와 범위에 있어서 비대칭형이기 때문에 일방 투시거울에 비유되었지만, 시장(1,1)에서는 생산자와 소비자 모두 상대를 볼 완전하게나마 볼 수 있어서 두 종류의 행위자들의 관계가 보다 대칭에 가깝다(Kennedy, 2005; White, 2002a: 34-35). 다양한 품질의 제품을 생산하는 복수의 생산자들이 시장을 독과점하는 기업에 속해 있거나, 생산자 간에 정보 연결망이 잘 작동하거나, 정보가 공개적으로 잘 알려지거나, 경쟁으로 인해 정보가 활발히 교환되고 생산자 간에 권력의 차이가 없는 상황에서는 생산자들이 개별적으로 이익을 최적화할 수 없는 대신 여러 생산자가 동일한 이익률을 실현하고자 할 것이다.

행위자들이 광범위한 시장 범위에서 불완전하게나마 권리를 주장할 수 있다면 전체균일화를 하고, 반대로 특정 범위 내에서만 권리를 주장할 수 있을 뿐 전체 범위에 대해 영향력을 갖지 못하면 자신의 관할 범위 내에서 이익을 최대화하려고 할 것이다. 예를 들어, 노동 시장에서는 노조 형태가 기업별 노조, 산업별 노조, 전체 노조 중 무엇인가에 따라 노조가 영향력을 행사할 수 있는 시장의 범위가 달라지고, 사용자도 집단행동 정도에 따라 영향력을 행사하는 시장의 범위가 달라진다. 금융 시장에서도 행위자들의 행위 범위가 다양하게 나타난다(Knorr-Cetina and Preda, 2005).

생산자들이 국지최적화 대신 전체균일화를 행한다면 아래의 식 (3.1)이 식 (1.3)과 (1.4)를 대체한다. 이 식에서는 시장(1,1)의 매출함수를 $W(y)_{11}$로, 화이트 생산시장의 매출함수를 $W(y)_{21}$로 표기한다. 여기에서는 생산자들의 매출이 비용과 일정한 비율을 이루어야 하므로 다음과 같다.

$$\frac{W(y[n])_{11}}{C(y[n], n)_{11}} = \pi \tag{3.1}$$

생산자들은 모든 품질의 생산품에 대해 동일한 이익률을 요구하는데, 파이($\pi$)는 이때의 이익률을 나타낸다. 소비자들이 요구하는 지출 대비 만족이 $\theta$라면 생산자들이 요구하는 비용 대비 매출 혹은 수입은 $\pi$이다.

$\pi$와 $\theta$값이 같으면 생산자와 소비자들은 동일한 이익률과 만족도를 요구하는 것이다. 즉, 여기서 생산자와 소비자들은 개별적인 여건에 따른 최적화는 하지 못하고 지출 대비 만족이나 비용 대비 매출의 비율이 동일할 것을 요구할 수 있다. 이에 따라 식 (1.1), (1.2), (1.5), (3.1)에서 품질지수를 소거하고 매출함수 $W(y)_{11}$을 구한다.

$$W(y)_{11} = (\theta/r)^{d/(b-d)}(\pi q)^{b/(b-d)} y^{(bc-ad)/(b-d)} \tag{3.2}$$

각 생산자의 매출에서 비용을 뺀 이익과, 소비자들이 각 생산자에 대해 느끼는 만족에서 지출을 뺀 값이 양이어야 한다는 조건은 식 (3.3), (3.4)와 같은데, 이를 만족시키려면 $\pi$와 $\theta$ 모두 1보다 크면 된다. 이때는 파라미터들에 대한 제약이 없고, 해당 시장이 다른 시장과의 경쟁에서 살아남아서 생산자와 소비자들이 이익을 공유할 수만 있으면 된다. 품질과 생산량이 다른 생산자에 대해 다음의 두 조건이 성립해야 한다.

$$W(y[n])_{11} - C(y[n], n)_{11} > 0 \tag{3.3}$$

$$S(y[n], n)_{11} - W(y[n])_{11} > 0 \tag{3.4}$$

식 (3.3)과 (3.4)를 다르게 표현하면 $\pi$와 $\theta$ 모두 1보다 크다는 것이다. 이에 따라 식 (1.1), (1.2), (1.5), (3.1)에서 만족, 비용, 매출을 제거하고 시장 성립 영역을 구한다. 우선 식 (1.5)와 (3.1)에서 매출을 소거한다.

$$S(y[n], n)/C(y[n], n) = \pi\theta \tag{3.5}$$

식 (1.1)과 (1.2)를 이 식에 대입하고 두 조건을 적용한다.

$$ry^a n^b / qy^c n^d = (r/q) y^{a-c} n^{b-d} = \pi\theta > 1 \tag{3.6}$$

$$y > (q/r)^{1/(a-c)} n^{(d-b)/(a-c)} \tag{3.7}$$

이 시장에서는 파라미터 간 관계뿐 아니라 생산량과 품질 간 관계도 나타나는데 이는 생산량에 제약을 주지 않았던 시장(2,1)과 다른 점이다. 여기에서는 생산량과 품질 간 관계에 따라 파라미터 간 관계가 매우 다양하게 나타날 수 있다.

### 시장 성과의 차이

시장 특성으로 인해 이익과 이익률이 얼마나 달라지는지를 비교하고 생산량이 동일할 때 어느 경우에 이익률이 더 큰지 검토함으로써 시장 특성이 시장 성과market performance 변수에 미치는 효과를 알아볼 수 있다. 화이트에 따라 이익률을 단위 매출당 이익의 비율로 정의한다(White, 2002a: 68). 편의상 매출과 비용의 표기를 단순화한다.

$$p = \frac{W - C}{W} = 1 - \frac{C}{W} = \frac{\pi C - C}{\pi C} = \frac{\pi - 1}{\pi} \tag{3.8}$$

시장(2,1)과 시장(1,1)에서의 이익률을 각각 $p_{21}$과 $p_{11}$로 표기하고 비교하면 정보와 권력의 제도적 특성이 이익률에 미치는 영향을 알 수 있다. 이익률을 보려면 매출함수와 비용함수를 알아야 하므로 시장(1,1)에서 비용을 $y$의 함수로 나타내기 위해 식 (1.1), (1.2), (1.5) 및 매출액 $W(y)_{11}$을 토대로 품질지수를 없애고 생산량에 따른 비용함수를 구하면 다음과 같다.

$$C(y)_{11} = q^{b/(b-d)} (\pi\theta/r)^{d/(b-d)} y^{(bc-ad)/(b-d)} \tag{3.9}$$

시장(2,1)에서의 비용함수는 아래와 같다.

$$C(y)_{21}=q^{b/(b-d)}(\theta/r)^{d/(b-d)}\{(1-d/b)/(1-ad/bc)\}^{d/(b-d)}y^{(bc-ad)/(b-d)} \tag{3.10}$$

시장(2,1)의 이익률이 시장(1,1)의 이익률보다 크거나 작은 영역을 찾아내기 위해 식 (3.12)가 0보다 큰 영역과 작은 영역을 구한다. 생산량 관련 지수가 만족과 비용에 미치는 영향을 보여주는 $a/c$와 품질 관련 지수가 만족과 비용에 미치는 영향을 보여주는 $b/d$의 관계가 중요하므로 이 두 값을 중심으로 식을 정리한다(White, 2002a: 52).

$$\begin{aligned} p_{21}-p_{11} &= \left\{1-\frac{C(y)_{21}}{W(y)_{21}}\right\}-\left\{1-\frac{C(y)_{11}}{W(y)_{11}}\right\} \\ &= \frac{C(y)_{11}W(y)_{21}-C(y)_{21}W(y)_{11}}{W(y)_{11}W(y)_{21}} \\ &= \left(\pi\frac{b}{d}-\pi\right)\left\{(1-\pi)\frac{b}{d}+\frac{a}{c}\pi\right\}>0 \end{aligned} \tag{3.11}$$

생산자가 요구하는 비용 대비 매출 비율인 $\pi$는 1보다 커야 해서 양의 값만 가지므로 식 (3.11)은 아래와 같이 단순화된다.

$$\left(\frac{b}{d}-1\right)\left(\frac{\pi-1}{\pi}\frac{b}{d}-\frac{a}{c}\right)<0 \tag{3.12}$$

이 영역은 시장(2,1)의 이익률이 시장(1,1)의 이익률보다 큰 영역이다. 시장이 성립 가능한 영역과 중복시켜 검토하기 위해 시장(1,1), 시장(2,1)의 성립 영역과 부등식 (3.12)을 함께 표시했다(그림 3.1).

시장(2,1)에서 생산자가 최소한의 이익을 올리면서 국지최적화한다는 시장 조건은 이 조건을 적용하지 않을 때에 비해 1사분면과 4사분면에 걸

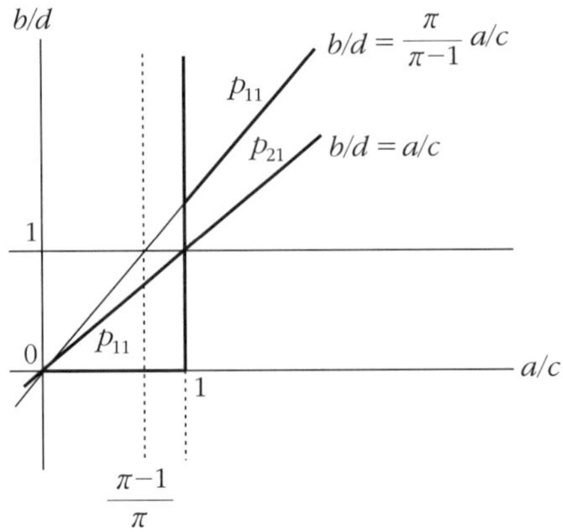


그림 3.1 시장 영역과 시장 성과

쳐 있던 시장 성립 영역을 크게 좁혔다. 시장 성립 영역으로 보면 전체균일화가 국지최적화에 비해 더 넓은 범위를 허용한다. 전체균일화에서는 생산량과 품질 간 관계에 따라 영역 제약이 있을 수 있으나(식 3.7), 범위가 넓지는 않다. 〈그림 3.1〉은 두 시장의 이익률이 주요 파라미터의 분포 범위와 밀접하게 연관되어 있음을 보여준다. 두 시장의 이익률이 달라지는 시장 영역의 경계를 굵은 선으로 표시했다.

시장(2,1)의 이익률이 더 큰 시장 영역은 $p_{21}$로 표시되어 있는 곳인데, 여기서는 생산량 증가가 비용보다는 만족을 더 증가시키되($a/c > 1$) 품질의 향상이 비용에 비해 만족을 증가시키는 정도가 이 비율보다 더 크지만($b/d > a/c$), 이 비율이 더 큰 정도가 생산자가 요구하는 비용 대비 매출 비율에 비해서는 일정 정도 작아야 한다($b/d < \pi/(\pi-1) \cdot a/c$).

시장(1,1)의 이익률이 더 큰 시장 영역은 $p_{11}$로 표시된 영역인데 두 부분으로 되어 있다. 그래프 오른쪽 상단에 위치한 부분에서는, 생산량 증가가 비용보다는 만족을 더 증가시키고($a/c > 1$) 품질 향상이 비용에 비해 만족을 더 빨리 증가시키는 정도가 이 비율보다 더 클 뿐 아니라 생산자가 요구하는 비용 대비 매출 비율과 관련해서도 일정 정도 더 크다($b/d > \pi/(\pi-1) \cdot a/c$).

시장(1,1)의 이익률이 더 큰 두 번째 부분은 그림의 아래에 있는 삼각형의 내부이다. 여기서는 생산량 증가가 만족보다는 비용을 더 증가시키고($a/c < 1$), 품질 증가가 만족을 증가시키는 정도보다 비용을 증가시키는 정도가 더 크며 ($b/d < 1$), 이와 동시에 품질 증가가 비용에 비해 만족을 증가시키는 정도가 생산량 증가가 비용보다는 만족을 증가시키는 정도보다 작아야 한다($b/d < a/c$).

이 장에서는 해리슨 화이트가 발전시켜온 생산시장이론과 모형에 정보와 권력과 관련된 제도적 기초에 대한 가정이 있음을 수리적으로 보이고, 이를 일반화시키는 중간 단계로서 정보와 권력과 같은 제도적 기초가 다른 시장을 모형으로 만들어 화이트의 생산시장모형과 비교했다. 그 결과 정보-권력의 차이에 따른 시장 행위 차이가 대표적인 시장 성과 변수인 이익률에도 차이를 가져온다는 점이 드러났다. 이 결과는 통제와 권력의 특성이 시장의 기본적 토대를 이루고 있어서 시장 행위 및 시장 성과와 밀접하게 맞물려 있음을 보여준다. 여기서는 최적화 행위의 차이를 주로 권력에 의한 통제 능력과 그로 인한 정보 가용력의 차이로 해석했으나 2장에서 논한 바와 같이 최적화 행위의 차이는 사회적 관계, 제도, 문화적 요인에 의해 달라질 수도 있다. 이와 같은 연구 결과는 시장의 특성과 성과를 논할 때 반드시 시장 내에서 작동하는 제도적 특징에 먼저 주목해야 함을 의미한다. 다른 사회조직에서도 그러하지만 시장은 권력, 관계, 문화, 제도로부터 자유롭지 않고 오히려 이들에 의해 구성된다고 볼 수 있다.

# 제4장 | 국지최적화와 전체균일화

## 1. 소비자들의 국지최적화

생산자들이 전체균일화를 행하고 소비자들은 국지최적화를 행하는 시장(1,2)은 현실에서 자주 나타날 수 있고 시장이론을 발전시킨다는 점에서 중요하다. 이 시장에서는 소비자들이 개별 생산자에게 적극적인 요구를 한다는 것이 특징이다. 오늘날 세계화, 정보화, 소비자의 다원화로 인해 소비자들의 영향력이 증대하고 있을 뿐만 아니라 구체적인 모습도 다양해지고 있다.

소비자들이 갖는 개별적 특징뿐 아니라 다른 소비자나 생산자들과의 관계에서 드러내는 행위 방식은 시장에서 상품의 구성이나 가격에 큰 영향을 미친다. 소비자들은 생산자들에게 개별 생산자 고유의 품질 범위에서 가격 대비 최고의 만족을 주도록 요구할 수 있다. 이와 반대로 소비자들이 전체균일화를 행할 때는 품질이 다르더라도 상품의 가격 대비 만족도가 서로 동일하면 되므로 특정 상품의 특성에 개입하지 않는다. 예를 들어, 생필품 시장에서 중간 계층 이하의 소비자들은 전체균일화 행동을 보인다. 그러나 고가의 상품 시장, 문화 산업, 그리고 예술 시장에서는 소비자들의 취향을 중시하고 상품의 품질에 대해 까다로운 경향이 있어서 특정 품질의 제품을 생산하는 생산자들에게 품질 범위 내에서 지출 대비 최고의 만족을 주도록 요구하는 국지최적화 행동을 보인다(Bourdieu, 1984).

영화, 애니메이션, 위스키, 포도주, 관광, 토속 음식, 문화예술, 음향 기기 및 모바일폰과 같은 고급 정보화 기기를 소비하는 소비자들은 특정 품질 범위 내에서 가격 대비 만족이 최대가 되도록 요구한다(김우식, 2009b). 이런 상황에서도 생산자들은 심화되는 경쟁으로 인해 차별적인 이익률이나 경영 방식을 추구하기 어려울 수 있다. 소비자들의 이런 행동이 시장에서 체계적으로 초래하는 결과를 검토하기 위해서는 행위자들의 특징을 명시적으로 설정할 수 있는 모형이 필요하다. 생산자들이 전체균일화를 행하는 경우에 대해서는 앞 장에서 논의했다.

이 장에서는 소비자들의 국지최적화가 중요한 시장을 검토하기 위해, 생산자들은 전체균일화 행동을 하지만 소비자들은 국지최적화를 요구하는 시장(1,2)의 특성을 검토하고 이를 앞에서 검토한 시장(1,1)과 비교한다. 생산자와 소비자 양자가 다 국지최적화 행동을 하는 시장에 대해서는 다음 장에서 알아볼 것이다. 이 작업을 위해 품질이 다른 상품을 생산하는 생산자들이 동일한 이익률을 추구하는 전체균일화가 언제 가능한지 검토하고, 이런 상태에서 소비자들이 생산자들에게 가격 대비 품질 면에서 중립적인 심판 역할만 하는 전체균일화 행위에 의한 시장(1,1)의 특징을 검토할 것이다. 또한 소비자들이 국지적 범위에서의 효용을 최대화하기 위해 생산자들에게 개입하는 시장(1,2)의 모형을 구성해 소비자들의 행위 방식의 차이가 시장에 영향을 미치는 모습을 살펴보고자 한다.

## 2. 시장모형의 구성

시장(1,2)에서 생산자들의 행위는 시장(1,1)과 동일한 대신 소비자들은 생산자들이 제시하는 상품의 만족도에 관심을 갖고 이에 영향을 미치고자 한다. 시장(1,2)의 매출함수를 $W(y)_{12}$로 표시하면 생산자들은 앞 장의 식 (3.1)과 유사한 식 (4.1)에서와 같이 비용 대비 매출의 비율이 동일하도록 전체균일화를 행한다. 즉, 각 생산자가 생산하는 상품의 품질지수에 대해 매출은 비용과 일정한 비율을 이루어야 한다.

$$\frac{W(y[n])_{12}}{C(y[n],\, n)_{12}} = \pi \tag{4.1}$$

집합적 소비자들은 생산자들의 상품이 주는 만족도가 최대가 되는 품질과 생산량을 지킬 것을 요구한다. 이러한 행위는 국지최적화에 해당되는데 소비자들이 생산자들에 대해 적극적·미시적으로 개입하는 것을 가리킨다. 집합적 소비자들은 생산자들이 다양한 생산량을 제시했을 때 얻은 만족을 기억해 생산자의 상품이 어느 양만큼 생산되었을 때 만족이 가장 큰지 알 수 있다. 생산량이 품질과 함수 관계에 있음에 주목하면 소비자들이 생산자의 생산량에 개입하는 것은 곧 품질에 대해 판단하고 개입하는 것이기도 하다.

중상류층의 소비 행위나 예술 시장에서는 소비자들의 취향이나 품질에 대한 집착이 두드러져 특정 품질의 제품을 생산하는 생산자들에게 지출 대비 최고의 만족을 요구한다(Bourdieu, 1984). 소비자들은 보급용 휴대전화로부터 최고가의 스마트폰에 이르는 상품들 중 어떤 것을 택할까 고려하기보다는 고급 스마트폰을 구입하겠다고 정해놓은 후 그 범위 내에서 지출 대비 만족을 고려하는데, 이런 행위가 소비자의 국지최적화에 해당된다. 위스키, 와인, 관광, 식도락, 예술품, 고급 음향 기기 등에서도 소비자들은 생산자별로 지출 대비 만족이 최대가 되도록 요구한다.

소비자들이 관여하는 품질은 생산자의 경영 자원, 고유 역량 혹은 핵심 역량 개념과 같은 기능을 갖는다(Barney, 1991; Prahalad and Hamel, 1990; Selznick, 1957). 핵심 역량의 원천인 차별화 우위는 생산자가 사회적·문화적 차원에서 갖는 고유의 위치를 기초로 한다. 그 위치는 생산 제품의 문화적·상징적 고유함에 기초하기 때문에 생산자의 문화자본과 사회자본이 경쟁 전략이나 핵심 역량의 주요 요소가 되어 생산자의 경쟁력을 결정한다. 소비자들이 특정 품질의 상품을 생산하는 생산자에게 지출 대비 만족이 최대가 되도록 요구하는 점을 고려하면 다음의 조건이 성립된다.

$$\frac{dS(y, n)}{dy} - \frac{dW(y)_{12}}{dy} = 0 \qquad (4.2)$$

해당 품질 범위에서 2차 도함수가 음이 된다는 조건은 아래와 같다.

$$\frac{d^2[S(y[n]) - W(y)_{12}]}{dy^2} < 0 \qquad (4.3)$$

생산자 조건식 (4.1)에 비용함수식 (1.2)를 대입한다.

$$W(y)_{12} = \pi C = \pi q y^c n^d \qquad (4.4)$$

품질지수를 소거하고 매출액의 함수를 구하기 위해 다음과 같이 정리한다.

$$n = (W(y)_{12} / \pi q y^c)^{1/d} \qquad (4.5)$$

만족함수와 매출함수의 관계를 보기 위해 만족함수식 (2.1)과 소비자의 국지최적화 조건 중 등식인 식 (4.2)를 고려한다.

$$dW(y)_{12}/dy = dS/dy = ary^{a-1}n^{b} \tag{4.6}$$

식 (4.5)를 대입하고 적분한다.

$$dW(y)_{12}/dy = ary^{a-1}\{W(y)_{12}/\pi qy^{c}\}^{b/d} \tag{4.7}$$

$$W(y)_{12} = [(1-b/d)\{r(\pi q)^{-b/d} \{a/(a-bc/d)\}y^{a-bc/d} + k_1\}]^{1/(1-b/d)} \tag{4.8}$$

시장(1,2)의 매출함수 형태는 시장(2,1)의 거울 형태이다. 불확정성 상수 혹은 역사상수 $k$를 0으로 놓으면 식은 다음과 같은 형태로 표시된다.

$$W_{12}(y) = [r(\pi q)^{-b/d}\{a(1-b/d)/(a-bc/d)\}y^{a-bc/d}]^{1/(1-b/d)} \tag{4.9}$$

매출함수를 구한 후 부등식으로부터 시장 성립 영역을 구한다. 최적화 조건 중 2차 도함수 조건식 (4.3)이 충족되어야 하고 소비자들이 지출한 것보다 더 큰 만족을 얻어야 한다.

우선, 소비자들은 지출에 비해 만족이 적다고 느끼면 다른 상품을 구입하므로 다음 조건이 필요하다.

$$S(y[n], n) - W(y[n]) = ry^{a}W(y)^{b/d}(\pi qy^{c})^{-b/d} - W(y) > 0 \tag{4.10}$$

매출함수식을 대입하면 아래와 같다.

$$[r(\pi q)^{-b/d}]^{1/(1-b/d)}[\{a(1-b/d)/(a-bc/d)\}^{(b/d)/(1-b/d)}$$
$$-\{a(1-b/d)/(a-bc/d)\}^{1/(1-b/d)}]y^{(a-bc)/(1-b/d)}>0 \tag{4.11}$$

값이 양인 지수항을 고려하면 조건은 단순해진다.

$$\{a(1-b/d)/(a-cb/d)\}^{1/(1-b/d)}$$
$$[\{a(1-b/d)/(a-bc/d)\}^{-1}-1]>0 \tag{4.12}$$

밑수는 양이어야 하므로 다음 조건이 성립해야 한다.

$$a(1-b/d)/(a-cb/d)>0 \tag{4.13}$$

그 다음 항에 대해 다음 조건이 필요하다.

$$\{a(1-b/d)/(a-cb/d)\}^{-1}-1>0 \tag{4.14}$$

정리하면 아래와 같다.

$$0<a(1-b/d)/(a-cb/d)<1 \tag{4.15}$$

다음은 2차 도함수 조건에 의한 범위를 고려한다. 식 (4.3)에 따라 다음 조건식이 성립되어야 한다.

$$\{(a-cb/d)/(1-b/d)\}\{(a-cb/d)/(1-b/d)-1\}r^{1/(1-b/d)}$$
$$(\pi q)^{(-b/d)/(1-b/d)}y^{(a-bc)/(1-b/d)-2}$$
$$-[\{a(1-b/d)/(a-cb/d)\}^{(b/d)/(1-b/d)}$$
$$\{a(1-b/d)/(a-cb/d)\}^{1/(1-b/d)}]<0 \tag{4.16}$$

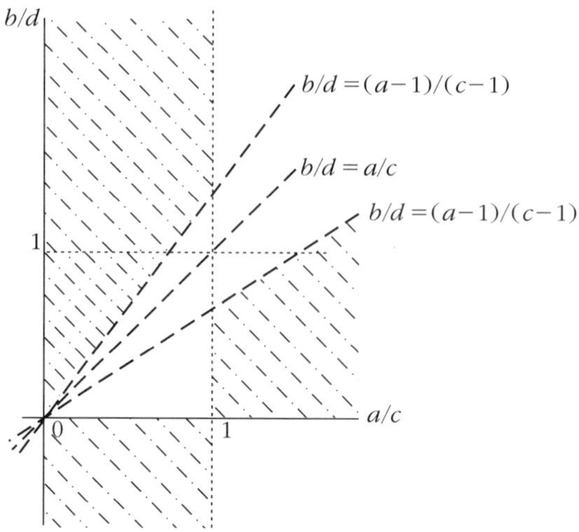


그림 4.1 시장(1,2) 성립 영역

지수항과 식 (4.11)을 적용하면 조건식이 단순해진다.

$$\{(a-cb/d)/(1-b/d)\}\{(a-cb/d)/(1-b/d)-1\}<0 \tag{4.17}$$

두 조건식 (4.15)과 (4.17)을 동시에 만족시키는 영역은 아래 조건을 충족시키는 영역이다.

$$a<a(1-b/d)/(a-cb/d)<1 \tag{4.18}$$

주요 파라미터 조합인 $b/d$와 $a/c$에 대해 정리하면 식 (4.18)은 아래 두 식을 동시에 만족시키는 것으로 표시된다. 두 영역을 동시에 만족시키려면 $a$와 $c$는 0보다 크고 1보다 작아야 한다.

$$(c-1)(b/d-a/c)/\{b/d-(a-1)/(c-1)\}<0 \tag{4.19}$$

$$(b/d)(b/d-a/c)(a/c-1)<0 \tag{4.20}$$

시장(1,2)의 가능 영역은 〈그림 4.1〉과 같다. $(a-1)/(c-1)$은 $a/c$에 대해 선형 관계가 아니므로 그래프에서 정확하게 원점을 지나는 직선이 아니고 세로축에 절편을 생성하며, $a$, $c$의 값이 변함에 따라 직선이 아닐 수도 있다. 이러한 차이는 $a$, $c$의 값이 서로 다를수록 커진다. 〈그림 4.1〉은 $a$와 $c$의 값이 유사한 경우를 가상해 원점 근처를 지나는 직선으로 그렸다. 이 시장이 성립하는 영역은 일점쇄선으로 표시되어 있다. $a/c$가 1보다 크면 $(a-1)/(c-1)$가 $a/c$보다 작고, $a/c$가 1보다 작으면 $(a-1)/(c-1)$가 $a/c$보다 크기 때문에 동일한 식으로 표시되는 직선이지만 영역에 따라 위치가 달라진다. 화이트가 시장 간 대체가 없는 상황에서 다룬 다섯 가지 기본 시장 영역 중 여기에서는 트러스트형 영역과 역설형 영역이 성립 가능하다.

## 3. 소비자 전략에 따른 소비자 만족과 생산자 이익

시장(1,2)를 전체균일화 시장인 시장(1,1)과 비교해서 생산자의 행동이 전체균일화로 동일할 때 소비자 행동의 차이가 가져오는 시장 성과의 차이를 볼 수 있다. 소비자들이 누리는 만족률을 단위 지출당 만족의 비율로 정의한다. 시장(1,1)과 시장(1,2)에서의 만족률을 $v_{11}$과 $v_{12}$로 표기하면 두 시장의 만족률은 아래와 같다.

$$v_{11} = (S - W_{11})/W_{11} = S/W_{11} - 1 = \theta - 1 \qquad (4.21)$$

$$\begin{aligned} v_{12} &= (S - W_{12})/W_{12} = S/W_{12} - 1 \\ &= (a - bc/d)/a(1 - b/d) - 1 = b(a-c)/a(d-b) \end{aligned} \qquad (4.22)$$

두 시장의 만족률 중 한쪽이 다른 쪽보다 더 큰 영역을 찾기 위해서는 아래의 차이값을 고려한다. 아래의 식은 시장(1,2)에서의 만족률이 시장(1,1)의 만족률보다 더 큰 영역을 나타낸다.

$$\begin{aligned} v_{12} - v_{11} &= S/W_{12} - 1 - (\theta - 1) \\ &= (a - cb/d)/a(1 - b/d) - \theta > 0 \end{aligned} \tag{4.23}$$

이 식은 $(b/d - 1)[(a/c - b/d) + \theta(a/c)(b/d - 1)] < 0$의 영역이 되는데 아래와 같이 나타낸다.

$a/c > 1$ 또는 $a/c < 1/\theta$이면

$$(\theta a/c - a/c)/(\theta a/c - 1) < b/d < 1 \tag{4.24}$$

$$1/\theta < a/c < 1 \text{이면 } 1 < b/d < (\theta a/c - a/c)/(\theta a/c - 1) \tag{4.25}$$

식 (4.24), (4.25)에 의한 영역은 시장(1,2)의 만족률이 시장(1,1)의 만족률보다 큰 영역이다. 이 영역을 두 시장이 성립 가능한 영역과 같이 검토하기 위해 시장 성립 조건식 (4.18)과 두 시장의 만족률을 비교하는 식을 〈그림 4.2〉에 제시했다. 쌍곡선을 고려했을 때 $b/d$가 음인 영역, $a/c$가 1보다 크면서 $b/d$는 1보다 작은 영역, $a/c$가 1보다 작고 $b/d$는 1보다 큰 영역, 그리고 $a/c$와 $b/d$가 0과 1 사이에 있는 영역 중 일점쇄선으로 표시된 영역에서는 시장(1,2)의 만족률이 시장(1,1)의 만족률보다 크다. 시장이 성립되는 영역 중 이상의 영역을 제외한 곳에서는 시장(1,1)의 소비자 만족률이 더 크다. $d$가 양인 영역 중 왼쪽 위의 영역과 오른쪽 아래의 두 영역에서는 $a/c$가 크면 $b/d$는 작고, $a/c$가 작으면 $b/d$는 커서 두 비가 반대로 움직인다.

영역별로 시장의 특징과 전략을 검토하기 전에 쌍곡선의 형태에 대해

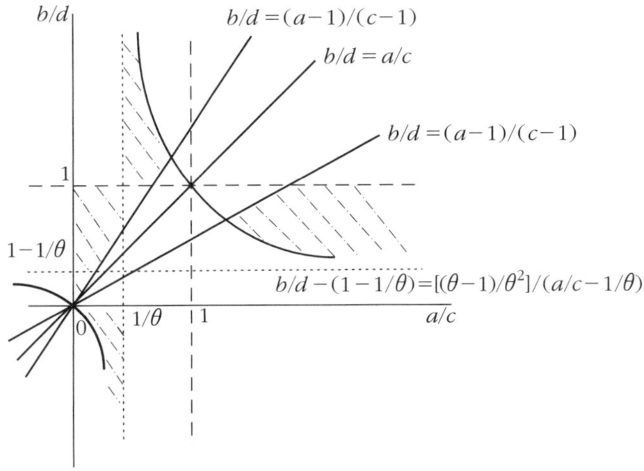


그림 4.2 시장별 시장 성과

알아볼 필요가 있다. 시장 영역 중 어떤 것은 쌍곡선 $b/d-(1-1/\theta)=\{(\theta-1)/\theta^2\}/(a/c-1/\theta)$의 위에 있고 어떤 것은 아래에 있다. 쌍곡선의 원점은 $(1/\theta, 1-1/\theta)$에 있고 점근선은 $a/c=1/\theta$와 $b/d=1-1/\theta$이다. $\theta$는 1보다 크기 때문에 두 점근선이 두 축과 만나는 점은 0과 1 사이에 위치한다. 쌍곡선의 형태는 $a/c-1/\theta$와 $b/d-(1-1/\theta)$를 곱하면 일정한 값 $(\theta-1)/\theta^2$이 되는 점들을 나타낸다. 실제 그래프는 더하면 1이 되는 두 값 $1/\theta$과 $1-1/\theta$만큼 이동하지만 이 형태는 기본적으로 $a/c$와 $b/d$의 곱이 일정한 값이 되는 관계를 나타낸다. 편의상 그래프의 이동을 고려하지 않은 상태의 두 값을 곱한 값이 일정하다면, 생산량 증가가 만족과 비용에 미치는 효과 $a$와 $c$의 비가, 품질 증가가 만족과 비용에 미치는 효과 $b$와 $d$의 비에 대해 일정 비율을 이룬다. 따라서 이 곡선 위에 있는 영역에서는 $b/d$가 $a/c$의 역수보다 특정 기준값만큼 더 크다. 즉, $a$가 $c$보다 작아지는 효과보다 $b$가 $d$보다 커지는 효과가 더 크다는 의미이다. 실제로는 그래프의 이동을 고려해 $a/c$와 $b/d$에서 $1/\theta$과 $1-1/\theta$을 각각 뺀 두 값이 위와 같은 관계를 갖는다. $d$가 음일 때도 유사하게 해석할 수 있다.

영역별 특징을 하나씩 보자면, 먼저 첫 번째 영역은 파라미터 $d$가 음이면서 $a/c$는 $1/\theta$보다 작고 쌍곡선의 위에 있다. 이는 품질이 더 좋은 상품을 생산하는 생산자가 동일한 양을 생산할 때 비용을 덜 들일 수 있으면서 동시에 쌍곡선의 위에 위치한 부분, 즉 $a/c-1/\theta$와 $b/d-(1-1/\theta)$를 곱한 값이 일정값보다 큰 영역이다. 이는 앞서 지적한 광물 채굴이나 일부 정보기술에서 나타나듯 고품질 상품에 드는 비용이 더 낮은 경우, 문화자본이나 인적 자본이 생산에 매우 큰 영향을 미치는 경우이다. 즉, 소비자들은 문화자본이나 인적 자본이 많은 생산자에게는 해당 영역에서 가격 대비 최고의 만족을 요구함으로써 그렇지 않는 경우에 비해 더 큰 만족을 누릴 수 있다. 특히 $a/c$가 매우 작으므로 생산량을 늘린다고 해서 전체적인 소비자 만족이 생산비용에 비해 더 빨리 증가하지 않는다. 생산자 입장에서는 이런 조건을 만족시킬 만한 가능성이 있다면 이 영역을 최대한 활용함으로써 시장을 넓힐 수 있다. 소비자들이 까다로울 때 이상의 조건을 갖춘 생산자들에게 유리한 영역이 이 부분이다. 앞서 논의한 대로 사치재나 새로운 기술, 문화예술적 역량이 중요한 상품 시장이 이에 해당된다.

두 번째 영역은 생산량 증가가 비용보다는 소비자 만족을 더 빠르게 증가시키면서 동시에 품질의 향상은 만족보다 비용을 더 빠르게 증가시키는 부분이다. 여기서는 $a/c$가 매우 큰 반면 $b/d$는 좁은 영역에 한정되어 있다. 따라서 품질을 향상시키려면 비용이 급증하지만 동시에 생산량의 증가가 소비자에게 매우 큰 만족을 주므로 전화나 통신 혹은 네트워크 기술의 발전 초기와 같이 품질의 증가보다는 생산량의 증가 혹은 네트워크 사용자의 증가로 인해 소비자들이 누리는 효용이 급증하는 경우에는 이 시장이 소비자에게 더 유리하다. 이런 시장의 생산자는 품질 고급화보다는 생산량의 확장을 주요 전략으로 삼는 것이 유리하다.

세 번째 영역은 위와 반대로 생산량 증가가 소비자 만족보다 비용을 더 빠르게 증가시키면서 동시에 품질의 향상은 비용보다 만족을 더 빠르게 증가시키는 부분이다. 시장 가능 영역을 같이 고려했을 때 품질에 의한 차별적 효과가 매우 큰 반면 생산량에 의한 효과는 1보다 작으면서 좁은 영역에 한정되어 있다. 이는 상품 생산량을 늘린다고 해서 비용 대비 소비자 만족이 더 빠르게 증가하지 않지만 품질의 향상은 비용에 비해 소비자 만족을 증대시키는 경우이다. 전화나 통신 혹은 네트워크 기술을 예로 들면, 사용자 수가 충분히 늘어 더 이상 사용자의 추가 증가에 따른 네트워크 외부성 증가는 크지 않고 비용은 많이 늘어 제품 판매를 늘리기는 어렵지만 대신 품질 향상에 따른 장점이 크게 작용하는 시장 단계에 해당된다. 여기서 생산자는 생산량 확장보다는 만족도를 높일 수 있는 제품의 품질 개선에 주력하는 것이 상대적으로 더 유리하다.

마지막 영역은 $b/d$가 1과 0 사이이고 $a/c$는 $1/\theta$보다 작은 부분이다. 이때는 생산량 증가나 품질 향상이 만족보다 비용을 더 증가시킨다. 그러나 $b/d$가 $(a-1)/(c-1)$보다는 커야 한다.

이러한 분석 결과는 소비자가 누리는 만족률의 차이가 시장 파라미터의 조합에 따라 매우 다양하게 달라짐을 보여준다. 소비자들이 전체균일화를 함으로써 중립적 심판의 역할을 할 때와 국지최적화를 함으로써 미시적 개입자의 역할을 할 때를 단순하게 생각하면, 후자의 경우 소비자들이 더 많은 요구를 하는 것으로 보이므로 그들의 만족률이 더 크리라 예상할 수 있으나 분석 결과는 반드시 그렇지 않고, 파라미터의 조합에 따라 만족률의 고저는 매우 다르게 정해짐을 보여준다.

시장(1,2)와 시장(1,1)에서 생산자의 이익률은 매출에서 비용을 뺀 순

이익을 매출액으로 나눈 것으로 볼 수 있으므로 두 시장의 이익률 차이는 $\pi$에 의존할 뿐 다른 파라미터에는 의존하지 않는다(식 4.22).

$$\begin{aligned} p_{12}-p_{11} &= (W_{12}-C)/W_{12}-(W_{11}-C)/W_{11} \\ &= C/W_{11}-C/W_{12}=1/\pi_{11}-1/\pi_{12} \end{aligned} \tag{4.26}$$

지금까지 검토한 최적화 방식과 파라미터들은 단독으로, 또는 서로 조합하여 시장 행위자들의 개별적 특징과 이들이 상호작용해 이루는 집합적 특징을 나타낸다. 따라서 이들 수리적 모형과 파라미터 뒤에는 다양한 사회적 기제가 존재하고 있다. 수리적 모형이 시장 현실에 대한 가정을 반영하는 점은 이미 스펜스나 화이트의 모형 작업에서도 나타났던 것인데 여기에서는 보다 다양하고 현실적인 사회적 기제를 상정한 모형을 검토함으로써 수리적 표현의 사회제도적 기초를 표현하고자 했다. 여기서 다룬 시장(1,2)는 품질에 대한 소비자들의 관심이 매우 크기 때문에 상품의 품질에 따라 소비자들의 효용이 크게 달라지는 시장에 해당된다. 이 시장에서 생산자들은 서로 비슷한 이익률을 실현해야 하는 반면 소비자들은 개별 생산자가 제시하는 상품의 질과 양에 대해 관심을 가지고 적극 개입해 요구하는 행위 방식을 보인다.

이런 결과는 시장의 사회적·제도적 기초를 시장의 구조적 형태와 연결시킨 것으로서 경제사회학이나 경영학의 마케팅, 전략 경영, 인사 조직 분야에 함의를 지닐 수 있다. 생산자 간 경쟁은 심해지고 특정 취향을 가진 소비자군으로부터의 요구가 강해지며 인터넷의 발전으로 인해 정보가 쉽게 전파되고 영향을 미치는 현대에는 이런 시장이 많아진다. 소비자군의 분화는 예상과 달리 매우 복잡하면서도 빠를 수 있는데 여기에 소비자의 지위와 영향력 상승이 더해지면 시장에 큰 변화가 생길 수 있다.

행위자들의 사회문화적 특징이 다양하게 결합될 때 시장 영역별로 다른 결과가 나타나기 때문에 기업들도 소비자들의 사회적 특징에 구체적으로 대응해야 한다는 압력에 직면할 것이다. 생산자 혹은 기업들은 자신이 속해 있는 시장의 특징에 대해 익숙하다고 생각할 수 있으나 실제로는 시장의 기제가 생각과 다르거나 다르게 변화할 수 있다. 생산자가 시장에서 살아남기 위해서는 자신이 속한 시장이 시장 영역 중 어디에 속하는지, 어떤 방식으로 바뀌고 있는지 알아야 하는데, 이를 알기 위해서는 다른 생산자들이 어떤 방식의 최적화 혹은 균일화를 하고 있는지, 그리고 소비자들이 어떤 방식의 최적화 혹은 균일화를 하는지 알아야 한다. 또한 다른 생산자나 소비자들의 행위의 기본적 성격을 알아야 하는데, 그런 기본적 성격을 초래하는 이유가 상대 행위자의 전략적 행위 때문인지 아니면 제도적 동형화 때문인지도 알아야 한다. 그렇지 않을 경우 그 생산자의 이익률이나 그 생산자가 상대하는 소비자의 만족 정도에 대해 잘못 알고서 전략을 수립할 수 있다. 소비자들은 일군의 생산자들이 제시하는 상품들에 대해 전체균일화를 할 수도 있고 국지최적화를 할 수도 있다. 소비자들이 어떤 행위를 하느냐가 생산자의 이익률이나 시장의 미래에 결정적인 영향을 미치는 점을 고려하면 시장의 기본적인 성격을 이해하는 것은 매우 중요하다. 소비자들의 행동에 영향을 줄 수 있는 요인은 취향에 대한 집착, 그리고 정보기술의 효과이다. 오늘날 점점 뚜렷해지고 있는 소비자들의 영향력 증대와 취향 세분화는 정보기술로 인해 강력해진 정보유통과 맞물려 시장(1,1)이나 시장(2,1)을 쉽게 시장(1,2)나 시장(2,2)로 바꿀 수 있다. 생산자가 시장의 성격이나 소비자의 행위 방식을 알고 대응하고자 해도 소비자의 복합적인 분화와 생산자의 대응 사이에는 격차가 있다. 생산자가 갖는 문화자본이나 인적 자본의 수준과 같은 무형적 자원은 쉽게 바뀌지 않기 때문에 소비자의 행위가 바뀌면 생산자에게 가혹한 환경을 제공할 수 있다.

# 제5장 | 국지최적화 시장의 구성

## 1. 국지최적화 시장의 특성

이 장에서는 네 가지 시장 유형 중 마지막으로 시장(2,2)를 검토하고 이를 화이트의 시장(2,1)과 비교한다. 시장(2,2)에서는 생산자와 소비자 모두 국지최적화를 행한다. 소비자 집단은 특정 생산자가 생산하는 제품의 양이 달라짐에 따라 자신들이 느끼는 만족도가 달라짐을 알고 개별 생산자가 택할 수 있는 가능한 생산량 중 자신들에게 가장 큰 만족을 주는 생산량을 요구한다. 소비자들은 특정 생산자에 대해 과거의 한 시기에 실현한 생산량만을 토대로 해서는 생산자 상품의 생산량별로 만족이 어떻게 달라지는지 판단할 수 없다. 그 생산자는 복수의 생산량을 제시하지 않았기 때문이다. 이 경우 소비자들이 생산자별로 나타나는 만족함수에 대해 국지최적화를 행할 수 없지만 생산자가 과거 여러 차례 다양한 생산량을 제시한 것을 기억하면 그 생산자의 상품이 어느 양만큼 생산되었을 때 만족이 가장 큰지 알 수 있다. 또는 개별 소비자가 특정 품질을 가진 상품의 소비량을 변화시키는 과정에서 상품의 만족이 가장 커지는 양을 알 수 있다.

소비자들이 국지최적화를 행한다면 국지최적화 조건식 (5.1)과 (5.2)가 성립해야 한다. 시장(2,2)의 매출함수를 $W(y)_{22}$로 표기하면 이는 생산자와 소비자 모두 국지최적화를 하는 시장에서 매출함수를 나타낸다.

$$\frac{dS(y,n)}{dy} - \frac{dW(y)_{22}}{dy} = 0 \tag{5.1}$$

만족에서 지출을 뺀 순만족 함수의 2차 도함수가 음이 된다는 조건은 아래와 같다.

$$\frac{d^2[S(y,n) - W(y)_{22}]}{dy^2} < 0 \tag{5.2}$$

생산자들은 화이트의 시장(2,1)에서와 같이 국지최적화를 행하기 때문에 식 (1.3)과 (1.4)와 동일한 형태의 조건이 성립한다.

$$\frac{dW(y)_{22}}{dy} = \frac{dC(y,n)}{dy} \tag{5.3}$$

$$\frac{d^2[W(y)_{22} - C(y)]}{dy^2} < 0 \tag{5.4}$$

식 (1.1), (1.2), (5.1), (5.2), (5.3), (5.4)를 종합해 매출함수 $W(y)_{22}$을 구한다.

$$W(y)_{22} = [(cq)^{b/d}/an]^{d/(b-d)}[(b-d)/(bc-ad)]\,y^{(bc-ad)/(b-d)} \tag{5.5}$$

소비자가 최적화하고자 하는 생산량과 생산자가 최적화하고자 하는 생산량이 일치하지 않을 수 있는데 역사적 조정 과정에서 서로 맞지 않는 행위자는 소멸되어 시장에 남아 있지 않는다.

## 2. 시장 성립 영역

시장이 성립하는 영역을 보려면 이익이나 비용을 뺀 순만족이 0보다 크다는 조건과 최적화의 2차 도함수 조건을 고려해야 한다. 먼저 이익과 순만족 조건을 보면, 시장이 성립하려면 생산자와 소비자 모두 적어도 0보다 큰 이익이나 순만족을 얻어야 한다. 생산자 입장에서 볼 때 매출에서 비용을 뺀 이익이 양이어야 한다는 조건은 식 (5.6)과 같다.

$$W(y)_{22} - C(y) > 0 \qquad (5.6)$$

이 조건을 만족시키기 위해서는 다음의 부등식이 성립되어야 한다.

$$c^{d/b}\{c(b-d)/(bc-ad)-1\} > 0, \text{ 즉}$$
$$(a/c - b/d)(a/c - 1) < 0 \qquad (5.7)$$

소비자 편에서 볼 때도 만족에서 지출을 뺀 값이 0보다 커야 하므로 다음의 부등식과 조건을 필요로 한다. 식 (5.8)을 만족시키는 영역은 식 (5.9)로 나타난다.

$$S(y) - W(y)_{22} > 0 \qquad (5.8)$$

$$\{1-(a/c)/(b/d)\}(1-a/c) > 0 \qquad (5.9)$$

$d > 0$ 이면 식 (5.10)이 성립하고 $d < 0$ 이면 식 (5.11)이 성립해야 한다.

$$(a/c - b/d)(a/c - 1) > 0 \tag{5.10}$$

$$(a/c - b/d)(a/c - 1) < 0 \tag{5.11}$$

식 (5.7)과 식 (5.10) 혹은 (5.11)을 동시에 만족시키는 영역을 구하면 $d < 0$ 이면서 식 (5.11)을 만족시키는 영역이 된다. $d < 0$ 인 경우에 시장이 성립한다는 조건은 시장(2,2)가 가진 특징이다. 앞 장에서 논한 바와 같이 $d < 0$ 이면 품질이 좋은 상품일수록 생산비용은 감소한다는 것을 나타낸다.

다음으로 생산자의 최적화 조건 중 2차 도함수 조건을 보면, 식 (5.4)가 성립되어야 하는데 이를 만족시키는 조건은 식 (5.12)와 같다.

$$\{bc - ad - (b - d)\}\{bc - ad - c^{b/d}(b - d)\} > 0 \tag{5.12}$$

식 (5.12)를 만족시키는 영역을 구하려면 $c^{b/d}$ 이 1보다 큰지 작은지의 여부가 중요하다. $d < 0$ 조건을 적용하면 $c < 1$ 일 때 $bc - ad < b - d$ 혹은 $bc - ad > c^{b/d}(b - d)$ 이 되고, $c > 1$ 일 때 $bc - ad > b - d$ 혹은 $bc - ad < c^{b/d}(b - d)$ 이 된다. 주요 파라미터 비인 $a/c$ 와 $b/d$ 간의 관계로 나타내면 두 조건은 각각 식 (5.13), 식 (5.14)가 된다.

$$b/d < c/(c-1) \cdot a/c - 1/(c-1) \text{ 또는}$$
$$b/d > \{1/(1 - c^{b/d-1})\}\, a/c - c^{b/d-1}/(1 - c^{b/d-1}) \tag{5.13}$$

$$b/d > c/(c-1) \cdot a/c - 1/(c-1) \text{ 또는}$$
$$b/d < \{1/(1 - c^{b/d-1})\}\, a/c - c^{b/d-1}/(1 - c^{b/d-1}) \tag{5.14}$$

소비자의 국지적 만족최적화를 위한 2차 도함수 조건을 보면 식 (5.2)가 성립되어야 하고 이를 만족시키는 식은 (5.15)이다.

$$(c-a)(bc-ad-b+d)<0 \tag{5.15}$$

$a/c<1$일 때와 $a/c>1$일 때로 나누고, $a/c$와 $b/d$의 관계로 나타내면 부등식은 각각 다음과 같다.

$$b/d<c/(c-1)\cdot a/c-1/(c-1) \tag{5.16}$$

$$b/d>c/(c-1)\cdot a/c-1/(c-1) \tag{5.17}$$

두 조건에 따른 영역을 각각 구했으므로 생산자와 소비자의 최소 이익과 최소 순만족 기준, 그리고 2차 도함수 기준을 동시에 만족시키는 영역을 구한다. 기준이 되는 직선이 두 개 추가되는데 두 직선의 기울기인 $1/(1-c^{b/d-1})$과 $c/(c-1)$ 중 어느 쪽이 더 큰가가 중요한 기준이 된다. 두 기울기의 대소가 판정되면 세로축상의 절편의 대소도 따라서 정해진다. 식 (5.11)에 따라 $d$는 음의 값을 가져야 하며 $c$값이 1보다 큰가 작은가에 따라 두 기울기의 대소가 달라질 수 있다.

두 기울기의 대소를 보기 위해 두 기울기가 $c$의 변화에 따라 어느 영역에 있는지 살펴본 후 각 영역에서 기울기의 비가 1보다 큰지의 여부를 검토한다. 두 기울기의 비는 $(c-1)/(c-c^{b/d})$인데, $c^{b/d}$가 1보다 큰지의 여부가 중요하다. 검토 결과 $c$가 1보다 크면 $1/(1-c^{b/d-1})$과 $c/(c-1)$는 모두 0보다 크며 앞의 기울기가 더 커서 더 가파르다. 반대로 $c$가 1보다 작으면 두 기울기 모두 음이 되는데, 기울기 절대값은 뒤의 기울기가 더 커서 보다 가파른 직선을 나타낸다.

생산자와 소비자들의 최소 만족과 이익 조건, 그리고 2차 도함수 조건

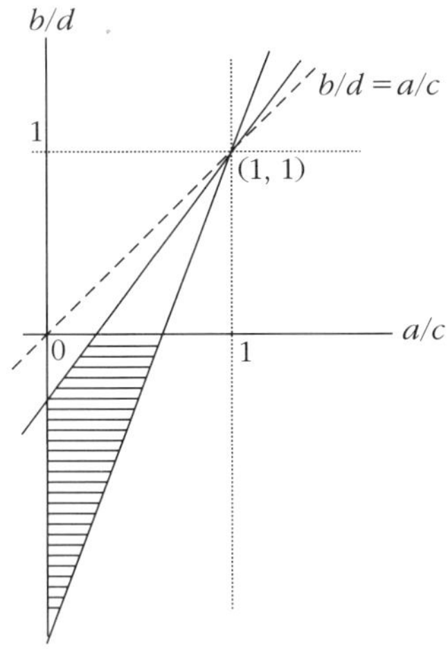


그림 5.1 시장 성립 영역과 시장 성과

을 동시에 만족시키는 파라미터 공간에서 시장이 성립된다. 시장 성립 영역은 〈그림 5.1〉의 빗금 친 부분과 같이 나타난다. 소비자 순만족 조건과 2차 도함수 조건은 생산자에 대한 식들과 동일한 형태를 가지고 있는데 이는 시장(2,2)에서 생산자와 소비자 모두 국지최적화를 하기 때문이다.

## 3. 두 시장 특성의 비교

### 생산자 이익

사회적 특성이 달라짐에 따라 생산자와 소비자의 이익과 이익률이 달라지는 모습을 비교해 시장별로 성과를 검토하면 사회적 요인의 차이가 갖는 영향력을 볼 수 있다. 생산자들은 투입한 비용에 비해 이익이 어느 정도인가를 중시하고, 소비자들은 지출한 금액에 비해 상품의 만족이 얼마나 되는가를 중시한다. 여기에서는 국지최적화 시장인 시장(2,2)와 화이트가 연구한 시장(2,1)을 비교한다. 생산자의 입장에서 시장(2,2)와 시장(2,1)에서 거두는 이익률의 비를 비교하기 위해 우선 이익률을 단위 비용당 이익의 비율로 정의한다(White, 2002: 68).

$$\rho = (W - C)/C = W/C - 1 \tag{5.18}$$

두 시장의 이익률을 각각 $\rho_{21}$과 $\rho_{22}$로 나타내고 이들을 비교하면 권력-정보 특성이 이익률에 미치는 영향을 알 수 있다. 이익률을 보기 위해서는 두 시장의 매출함수와 비용함수를 알아야 하므로 시장(2,2)에서 비용함수를 $y$의 함수로 나타내기 위해 품질지수를 없앤 비용함수를 구하면 식 (5.19)와 같다.

$$C(y)_{22} = q^{b/(b-d)}(c/ar)^{d/(b-d)}\,y^{(bc-ad)/(b-d)} \tag{5.19}$$

화이트의 시장(2,1)에서의 비용함수는 아래와 같다.

$$C(y)_{21} = q^{b/(b-d)}(\theta/r)^{d/(b-d)}\{(1-d/b)/(1-ad/bc)\}^{d/(b-d)}\,y^{(bc-ad)/(b-d)} \tag{5.20}$$

두 시장에서의 생산자 이익률을 구하는데, 생산량 관련 지수가 만족과 비용에 미치는 영향을 보여주는 $a/c$와 품질 관련 지수가 만족과 비용에 미치는 영향을 보여주는 $b/d$ 간 관계를 중심으로 식을 정리하면 아래와 같다.

$$\rho_{22} = (ad-cd)/(bc-ad) = (1-a/c)/(a/c-b/d) = \rho_{21} \tag{5.21}$$

두 시장에서 생산자의 이익률은 동일하게 나타난다. 화이트의 모형을 생산자와 소비자 모두 전체균일화를 행하는 시장모형과 비교해 생산자의 이익률을 구해보면 두 시장의 생산자 이익률이 달랐던 4장과는 다른 현상이 나타난다. 다음은 소비자들의 순만족을 비교한다.

### 소비자 만족

시장(2,1)과 시장(2,2)는 소비자들의 행위에서만 차이가 나기 때문에 그 차이가 미치는 영향도 생산자의 이익률보다는 소비자의 만족에서 나타날 수 있다. 이 점을 살펴보기 위해 만족에서 지출을 뺀 순만족을 지출 규모로 나눈 비율로 소비자의 만족률을 정의한다.

$$\upsilon = (S - W)/W = S/W - 1 \tag{5.22}$$

시장(2,1)에서 소비자들은 지출 대비 만족의 비율이 모든 상품에서 동일하도록 요구하기 때문에 만족률은 아래와 같다.

$$\upsilon_{21} = (S_{21} - W_{21})/W_{21} = S_{21}/W_{21} - 1 = \theta - 1 \tag{5.23}$$

시장(2,2)에서는 소비자들이 개별 생산자가 제공하는 국지적 만족함수 내에서 최적화하기 때문에 만족률의 정의는 시장(2,1)에서와 동일해도 내용은 달라진다.

$$\begin{aligned} \upsilon_{22} &= (S_{22} - W_{22})/W_{22} = S_{22}/W_{22} - 1 \\ &= b(c-a)/a(b-d) \end{aligned} \tag{5.24}$$

두 시장에서 소비자들이 얻는 만족을 비교하기 위해 시장(2,2)에서의 소비자 만족률에서 시장(2,1)에서의 만족률을 뺀 값을 고려한다. 편의상 시장(2,2)의 소비자 만족률이 더 큰 영역을 보기 위해 다음 값을 검토한다.

$$\upsilon_{22} - \upsilon_{21} = (bc - ad)/a(b-d) - \theta > 0\text{, 즉}$$

$$(b-d)\{\theta a(b-d) - (bc - ad)\} < 0 \tag{5.25}$$

$$b/d < a/c \tag{5.26}$$

이 조건은 시장이 성립하는 모든 파라미터 영역에서 충족되므로 시장의 성립이 가능한 모든 영역에서 시장(2,2)의 소비자 만족률은 시장(2,1)의 소비자 만족률보다 크다. 따라서 시장(2,2)는 시장(2,1)과 비교할 때 생산자들의 이익률은 동일하지만 소비자들의 만족률에서 앞선다. 시장(2,2)는 시장(2,1)에 비해 생산자들의 시장 행위는 동일하지만 소비자의 시장 행위가 다르다는 점이 특징이었는데, 그 결과 소비자 관련 시장성과 변수에서도 앞서는 결과를 보인다.

화이트의 생산시장(2,1)과 시장(2,2), 시장(1,1)을 비교하면 시장(1,1)과 시장(2,1)에서는 생산자의 이익률은 다르지만 소비자의 순만족률은 동일하고, 시장(2,1)과 시장(2,2)에서는 생산자의 이익률은 동일한 반면 소비자의 순만족률이 다르다. 이는 각 시장에서 생산자와 소비자의 시장 행위가 달라짐에 따라 해당 행위자의 이익률이나 순만족률이 달라짐을 보여준다.

이런 결과는 기업의 경영 전략에 대해 함의를 갖는다. 기업 핵심 역량의 원천으로 지적되는 비용우위나 차별화우위는 기업이 사회문화적 차원에서 발전시키는 고유의 위치를 근거로 하는데, 이런 위치는 기업의 관계관리relational management와 제품의 문화적·상징적 고유성에 직결된다.

이는 기업이 갖는 사회자본과 문화자본을 기업의 경쟁 전략이나 핵심 역량의 요소로 간주해야 함을 의미한다. 기업 고유의 경쟁력은 상품이 소비자들에게 수용되는 품질의 고유함에 있는데, 품질은 기술적 요인보다는 생산자가 확보할 수 있는 문화자본과 사회자본에 의존한다. 환경이 급변하는 사회에서는 문화자본과 사회자본의 확보가 특히 더 중요해진다.

# 제 2 부

# 사회관계와 생산시장

# 제6장 | 시장과 가격의 사회적 자리매김*

## 1. 시장의 사회적 구성

시장과 가격은 어떻게 구성되는가? 이는 경제사회학에서 중요한 질문이다. 경제 현상이 사회적으로 구성되고 기능하는 방식에 대한 연구는 경제사회학 연구의 핵심적인 관심 사항이기 때문에 지금까지 이 분야에 대해 많은 연구가 이루어졌다. 사회조직으로서의 시장의 특성이나 가격의 형성은 사회학에서는 사회 연결망에 의한 연계나 상징과 의미에 의한 문화적 구성에 의해 설명된다. 사회 연결망은 서로 다른 사회적 위치에 속한 사람들 간의 연결과 단절의 구조를 통해 자원과 정보를 유통시키면서 시장을 형성하고 해당 시장 내에서 가격을 안정시킨다(Burt, 1992; Coleman, 1990; DiMaggio and Louch, 1998; Eccles and White, 1998; Haunschild, 1994; Uzzi, 1999; White, 2002; 김우식, 2000a/2002c; 박찬웅, 2003/2004). 또한 상징의 다양한 구조들은 인지와 의미의 구성을 통해 시장 조직을 만들고

---

* 이 장은 김효선(한국여성정책연구원), 손영진(이화여자대학교 사회학 학사), 주정민(이화여자대학교 경제학 학사), 홍은숙(이화여자대학교 사회학과 석사과정)과 공저한 연구(김우식·김효선·손영진·주정민·홍은숙, 2004)를 발전시켰다.

시장의 작동 방식을 형성한다(Abolafia, 1998; Moulin, 1987; Smith, 1989; Velthuis, 2003; Westphal and Zajac, 1998; Wuthnow, 1987; Zelizer, 1979/1988; Zuckerman, 1999).

경제사회학에서 시장의 조직과 기제에 대한 연구들은 이념형이 아닌 현실의 시장이 갖는 여러 모습을 조망하고 있으나 아직 일관성 있고 체계적인 이론으로 정리되지는 않은 상태이다. 이런 점을 고려해 이 장에서는 다양한 시장 형태에 대한 이론과 현장 관찰을 토대로 시장의 주요 형태와 기제를 연결망과 문화의 두 차원을 기준으로 분류하여 시장의 조직 형태와 정보, 의미 부여의 비중, 그리고 이들의 구성적 측면에 따라 다양한 시장이 존재함을 보이고자 한다. 이런 작업은 시장의 이론을 발전시키는 데 도움이 될 것이다. 여기에서는 개별 시장 내에서의 구조와 과정뿐 아니라 시장과 시장 간의 관계도 다루고 있어 시장, 산업, 조직에 대한 이론으로서 강점을 갖는 화이트의 시장이론은 연결망의 형태와 정보 및 의미의 성격 면에서 제한되는 경우만을 다룬다는 단점을 갖고 있다. 그의 시장이론은 연결망의 형태로 보면 구조적 등가structural equivalence에 의해 형성되는 인터페이스를 다루고 있고 신호 기제를 다룰 때에도 객관적으로 형성되는 정보의 신호를 위주로 하다 보니 행위자들이 의미 교환에 의해 조직과 가격을 구성하는 측면, 즉 구성적 의미의 측면을 소홀히 할 수 있다. 구성적 의미의 측면을 소홀히 다루다 보면 이미 형성되어 안정적으로 재생산되는 시장만 다루기 때문에 새로 나타나거나 잠재되어 있는 시장을 보지 못하게 된다. 이 장에서는 기존 이론에서 발견되는 이런 전제를 확장해, 우선 구조적 등가형 시장structural equivalence market 외에 결속형 시장cohesion market이 존재함을 보이고, 정보와 의미 부여, 그리고 시장의 안정성과 구성적 속성에 따라 다양한 시장이 있음을 살펴본다. 다음으로 시장에서 내용이 안정적으로 확보된 정보뿐 아니라 행위자들에 의한 구성적인 의미 혹은 의미 부여도 가격을 결정하는 데 핵심적임을 고찰해보고자 한다.

이 장에서 주목하는 생산시장의 첫 번째 특징은 시장 조직의 형태가 다양하다는 점이다. 생산자나 판매자들은 소규모일 때나 새로운 상품을 개척할 때는 반드시 소비자 일반과의 구조적 등가에 의한 시장을 형성하지 않고 특정한 고객들과 밀접한 관계를 맺는 결속형 시장을 형성한다. 자원이 분할되거나 혹은 소비자 집단이 소집단으로 분할될 때는 특정 소비자군이 특정 생산물만 소비하는 결속형 시장이 나타난다. 생산시장의 두 번째 특징은 정보 외에 의미 구성도 시장 조직에 중요한 영향을 미친다는 점이다. 오늘날 상품이나 시장의 범주 혹은 정체성은 생산자나 소비자들의 차별적인 의미 부여에 따라 끊임없이 생성되고 변화한다(Zelizer, 1985). 예를 들어 미술품 시장에서 미술품 가격은 단순한 신호나 정보가 아니라 의미를 전달하는 매체로 기능해왔다(Velthuis, 2003). 따라서 이미 내용이 확정된 정보 못지않게 새로운 의미의 구성도 시장의 요소가 된다. 세 번째 특징은 상품이나 시장의 범주, 정체성이 끊임없이 생성되고 변한다는 점이다. 화이트도 이런 점을 언급하고 있으나 실제 연구에서는 상품이나 시장의 범주, 정체성이 이미 사회적 구성 과정을 거쳐 안정되었다고 볼 뿐 이들이 형성되거나 변하는 점까지 살피지는 않았다. 이 세 가지 측면은 시장 행위자들이 직면하는 불확실성의 성격과 그 해소 방식에 직접적으로 관련된다.

생산시장에 있는 생산자들은 소비자라는 심판관이 어둠 속에서 지켜보는 가운데 시장이라는 오디션 무대 위에 서 있는 연극배우 지망자들과 비슷하다. 생산자가 직면하는 불확실성은 "어떤 종류의 상품을 생산해 어떤 가격에 판매할 것인가?"이다. 생산자에게 두드러지는 불확실성의 원천은 생산 활동을 위해서는 장기적인 투자와 헌신이 필요한데 소비자들의 취향이 어떨지, 그리고 소비자들이 어느 정도의 상품 가격을 용인할 지 알 수 없다는 점이다. 소비자들 역시 종종 불확실한 상황에 처한다. 이들의 문제는 주어진 정보와 신호 체계에서 최적의 소비를 하는 것일 수도 있지만 많은 경우 취향과 상품의 특성이 확정되지 않은 상태에서 소비를 해야 하는 점이다. 이렇게 불확실한 상황에서 행위의 가이드가 되는 것은 객관적 정보와 구성적 의미인 경우가 많다.

취향과 가격에 대한 불확실성을 정보 부족에 의한 불확실성과 의미 구성의 미실현에 의한 불확정성의 두 가지로 구분해볼 수 있다. 정보 불확실성이 문제가 되는 것은 소비자들의 취향과 가격 용인 정도는 이미 결정되어 있지만 정보를 알아내기 쉽지 않거나, 알려져도 확률로만 알려지거나, 혹은 확률도 알려지지 않을 때이다. 첫째는 정보 비대칭이고, 둘째와 셋째는 경제학자 프랭크 나이트가 구분한 리스크와 불확실성이다(Knight, 1921). 정보 부족에 의한 불확실성은 비교적 쉽게 해결된다. 다양한 형태의 정보 수집 방법이나 구전의 연결망이 있거나 정보 비대칭을 줄일 수 있는 제도적 장치가 존재하기 때문이다.

이와 달리 소비자들의 취향이나 가격의 용인 정도가 결정되어 있지 않고 상황과 행위자 간의 상호적 의미 구성에 따라 달라질 때는, 대상이 아직 확정되지 않았다는 의미에서, 그리고 관찰자와 대상 간의 상호 의존 때문에 관찰자가 대상의 속성을 정확하게 확정하는 것이 불가능하다는 베르너 하이젠베르크Werner Heisenberg의 불확정성 개념과 같은 의미에서 불확정성indeterminacy이라고 부를 수 있다. 리스크와 구별되는 불확실성에 비해 한 단계 더 불명료한 상황을 애매모호성ambiguity이라고 부를 수 있으나, 여기에서는 그러한 애매모호성이 단지 대상의 불확정에서 나올 뿐 아니라 주체와 객체 간의 상호작용에서 나온다는 상호작용적 특징을 강조하기 위해 불확정성 개념을 사용한다. 따라서 소비에서의 불확정성은 시장 행위자들이 상품에 대해 객관적인 정보를 얻어 구매하기보다는 상품에 대해 지속적으로 특별한 의미를 부여하고 생산자와 상호작용하면서 상품을 소비하는 것을 가리킨다. 불확정성이 지배하는 경제 행위는 고정되어 있기보다는 지속적으로 형성되고 변형되고 소멸되는 동적 과정 속에 있을 가능성이 크다.

생산자 입장에서 볼 때 소비자들의 취향이 미리 결정되어 존재하기보다는 아직 결정되어 있지 않고 생산자와의 상호작용에 의해 다르게 형성될 수 있으면 이는 소비자 선호의 불확정성이라고 할 수도 있다. 상품의 질과 관련된 문제는 많은 경우 고정된 취향이나 품질에 대한 정보의 문제이기보다는 소비자를 상대로 한 생산자의 설득, 혹은 생산자와 소비자 간에 독특하게 형성되는 의미 구성의 문제이다. 이런 현상은 소비자들이 시장 경험이나 소비 활동을 통해 새로운 선호를 형성하는 현상과 가까운데 생산자와 소비자들이 상호작용하면서 소비의 의미를 새롭게 구성할 때 두드러지게 나타난다. 의미의 구성과 전달은 영화 관객들이 이미 만들어진 동일한 영화에 대해 서로 다른 의미를 부여하는 경우와 같이 일방적일 수도 있지만, 전위예술가가 관객들과 상호작용하면서 행위예술을 행하거나, 교수가 학생들과 상호작용하면서 강의 내용을 구성해가거나, 혹은 영화기획사가 인터넷에서 예비 관객들의 반응에 따라 영화 대본이나 기타 내용을 구성하는 것과 같이 상호적일 수도 있다. 대상에 대한 정보는 객관적이고 그 내용이 확정되어 있는 경우가 많고, 대상과의 상호작용을 통해 부여하는 의미는 주관적이고 그 내용이 지속적으로 구성되는 경우가 많다. 그러나 앞으로의 논의에서 볼 수 있듯이 내용이 확정된 정보라고 해도 불완전한 상태에서 조금씩 전달되기 때문에 시장을 만들어가는 과정에 기여할 수 있고, 반대로 주관적으로 부여하는 의미라고 해도 많은 사람이 유사하게 의미를 부여하기 때문에 내용이 안정되어 있을 수도 있다. 이런 점에서 구성적 정보와 안정된 의미를 논할 수 있다. 그러나 시장에서 가장 전형적인 형태로 나타나는 것은 객관적이고 안정된 정보와 주관적이고 구성적인 의미이다.

객관적이고 안정된 정보와 주관적이고 구성적인 의미 중 어느 쪽이 중요해지느냐는 시장이라는 사회조직을 구성하는 행위자들의 범위와 소비의 사회관계적 맥락에 따라 달라진다. 소비의 사회관계적 맥락이라는 것은 소비 활동이 일어날 때 소비자들이 집단 혹은 개인으로서 소비하느냐의 문제이고, 시장 행위자의 범위라는 것은 동일한 소비 행위에 참여할 수 있는 행위자들의 수와 범위를 가리킨다. 어느 경우건 정보나 의미는 행위자들의 불확실한 상황을 헤쳐나가는 데 길잡이가 된다.

소비자가 혼자 소비 활동을 하되 취향의 서열 구조는 객관적으로 이미 정해져 있다면 이는 개인주의적 시장이론에 잘 맞는다. 다른 사람의 취향에 영향을 받지 않는 사람이 혼자 먹을 음식을 구입하는 경우가 이에 해당할 것이다. 그러나 이와 달리 특정 영화나 드라마에서 나온 상품을 선호하는 등 대중문화의 영향을 받는 고교생과 대학생, 가족의 취향에 맞춰 음식 재료를 구입하는 가족 구성원, 혹은 마음에 맞는 사람들과 같이 그들이 선호하는 분위기의 카페에서 독특한 제법에 의한 커피를 소비하는 사람은 소비 활동에서 문화적, 사회관계적, 혹은 양자가 융합된 맥락 속에 있게 된다(김우식·김효선, 2005). 이 차이는 상품의 종류에 따라 달라질 수도 있지만 소비자가 적극적으로 부여하는 의미에 따라서도 달라진다(Douglas and Isherwood, 1979: 48-49).

소비 방식의 차이는 동일한 소비에 참가하는 소비자의 범위와도 관련이 있어서 객관적 정보가 중요할 때는 소비자의 범위가 넓어질 수 있지만 상호 구성적 의미가 중요할 때는 동일한 행위를 하는 소비자의 범위는 좁아진다. 거래하는 생산자와 소비자의 범위가 넓어질 때는 시장 참여자들이 여러 상대방에 대한 비교에 의해 객관적 정보를 전달, 교환함으로써 보편적이면서 단일한 가격을 구성할 수 있을 때이다. 그러나 이와 반대로 거래하는 생산자와 소비자의 범위가 좁아질 때는 비교에 의해 보편적 가격을 구성하기 어렵고 오히려 특정한 사회적 공간에만 고유한 거래 조직과 가격을 구성하기 쉽다. 전자에서의 거래 관계를 사회조직의 특성으로 보면 거래 연결망의 구조적 등가를 이루고, 후자에서의 거래 관계를 사회조직의 특성으로 보면 거래 연결망의 결속cohesion을 이룬다.

이어지는 절에서는 구조적 등가 및 객관적 정보로 구성되는 시장과 반대로 결속성 및 구성적 의미로 구성되는 시장을 대비시켜 논의하고자 한다. 그 후에는 시장의 조직 형태, 안정성과 구성성, 그리고 정보와 의미를 교차시켰을 때 나타나는 다양한 시장을 살펴볼 것이다.

## 2. 사회조직과 신호에 의한 시장의 구성

### 구조적 등가의 거래 연결망과 객관적 정보로 구성되는 시장

불확실성과 객관적 정보의 신호를 바탕으로 구성되는 사회구조적 시장의 모형을 잘 보여주는 것은 해리슨 화이트의 생산시장이론이다. 그의 시장이론은 거래자들 간의 구조적 등가 관계와 의미가 확정된 객관적 정보의 신호에 의해 구성되는 시장이다. 화이트에 의하면 생산시장은 구조적 등가와 시장 인터페이스의 형성에 의한 산업 간 연결망 현상과, 역할 구조와 신호 교환에 의한 산업 내 연결망 현상으로 구성된다. 생산시장이 성립되는 것은 생산자들 사이에 형성되는 상품 흐름의 연결망들이 경쟁과 상호작용의 과정을 거치고 이에 따라 특정 생산자들이 서로를 비슷한 역할이나 위치에 있는 것으로 인식하게 됨에 따라 무정형의 관습으로부터 이탈하면서 특정 연결망 속으로 들어가 결합하는 과정에 의해 형성된다. 이렇게 형성되는 인터페이스에서는 통제의 주체이지만 품질이 달라서 수직적인 서열을 이루는 여러 행위자가 계속해서 해당 위치에 헌신한다(White, 2002a).

시장 인터페이스market interface란 재화와 서비스의 판매자와 구매자가 만나는 사회구조를 지칭한다. 화이트가 사용한 좁은 의미의 정의보다 더 일반적으로 사용되는 정의에 의하면 일군의 판매자와 구매자들이 만나 거래하는, 혹은 상품과 서비스를 교환하는 사회적 공간을 의미한다(Baker, 1984/1990; White, 2002a/2008). 시장 인터페이스는 특정 형태의 인식과 구조로 구성된 집단이 서로 만나는 경계선에 형성된다. 일반적 의미의 인터페이스는 통제의 주체들이 만나는 접촉면 또는 경계면인데 서로 다른 조직 원리를 지닌 통제의 주체들이 만나는 사회적 공간이 되기도 한다(White, 1992: 30-32, 38-39). 지속적인 자원 투입과 같은 헌신을 특징으로 하는 생산시장에서 시장 인터페이스는 구조적 등가에 의해 형성된다. 생산량과 매출액 간의 그래프로 나타나는 시장스케줄은 그림 7.1과 같다.

화이트가 시장을 논의할 때 강조하는 연결망의 성격은 특정 산업의 행위자들이 전후방 생산자나 소비자들과 맺는 구조적 등가로서의 거래 관계를 의미한다. 시장이 성립되는 초기 단계에서는 한 생산자가 제품을 어느 정도까지 가공해 다음 생산자나 최종 소비자에게 넘길 것인가가 불분명하다. 그러나 시간이 지나면서 각 단계의 생산자들은 어느 정도까지 가공해 어떤 사람들에게 판매할 것인가에 대해 합의를 이루게 되고 다양한 방식의 동형화나 등가화 과정을 거치면서 전후방 관계에 있는 다른 생산자들과 유사한 거래 관계를 맺는다. 이런 점에서 한 산업의 생산자들은 전후방 시장에 있는 여타 산업의 생산자들을 매개로 하는 구조적 등가를

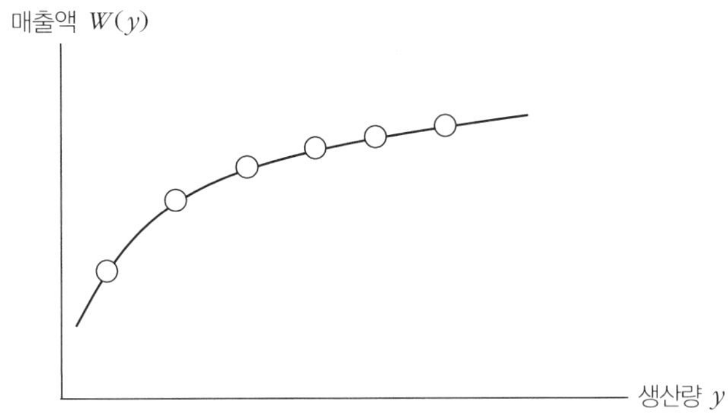


그림 6.1 정보와 구조적 등가에 의한 시장스케줄

이룬다. 예를 들어, 자동차를 만들어 판매하는 생산자들은 소비자들과의 거래 관계나 혹은 반대로 자동차 부품을 공급하는 생산자들과의 거래 관계에서 구조적 등가를 이루며, 이에 따라 하나의 산업을 형성한다.

구조적 등가형 시장에서 주목할 만한 특징은 소비자들과의 관계에서도 생산자들이 구조적 등가를 이룬다는 점이다. 각 생산자는 자신의 상품이 소비자군에 의해 채택될 확률이 동일하다는 점에서 서로 등가를 이룬다. 소비자들은 각 생산자가 제시하는 상품의 질과 가격을 서로 비교해 선택하게 된다. 이런 시장에서는 특정 생산자의 특정 상품이 다른 상품에 비해 특별하게 더 선택되거나 하지 않으므로 어떤 형태의 결속적인 관계도 성립되지 않는다. 구조적 등가형 시장에서 생산자들은 여러 소비자와 만나고 소비자들은 여러 생산자와 거래한다. 여기서는 다양한 원천으로부터 얻는 정보가 행위자의 불확실성을 해소해준다.

### 결속형 거래 연결망과 의미 구성에 의한 시장

현실에서는 구조적 등가형 시장과 달리 생산자와 소비자가 직접 맞물려 연결되어 있는 경우도 많다. 특정 상품을 생산하는 생산자와 그 상품만을 선호하는 소비자들은 직접적인 결속 관계에 있다. 소비자들이 여러 상품을 비교할 만큼 도구 합리적이지 않아서 그런 경우도 많지만, 새로운 상품이 나타날 때와 같이 상품의 가치가 불확정적이고 소비자들이 질적 차별성이나 관계로의 강한 자리매김을 추구할 때 이런 현상이 일어난다. 특정 생산자와 소비자가 반복적으로 거래하는 형태를 '결속형 시장'이라고 볼 수 있다. 생산자와 소비자가 결속적인 관계를 이룬다는 의미이다. 단골이나 이른바 마니아가 중요한 시장이나 비교의 대상이 되는 기존 시장이 존재하지 않을 때가 이에 해당된다(그림 6.2). 결속형 시장에서 생산자는 소비자와의 관계에서 고유한 결속을 이루기 때문에 소비자들은 생산자들을 서로 비교하지 않고 생산자들은 특정 소비자들에게 호소하는 상품을 시장에 내놓는다. 〈그림 6.2〉에 표시된 다른 색의 작은 원들이 상징하듯 상품의 품질은 양자 간의 관계에서 고유한 방식으로 평가된다.

결속형 시장에서는 정보와 구분되는 의미가 중요한 경우가 많이 있다. 정보는 내용이 이미 정해져 있는 소비자의 선호 체계에서 상품 선택에 도구적으로 영향을 줄 수 있는 부가적인 내용을 제공하는 반면, 의미는 선호 자체에 영향을 주면서 소비의 대상을 만들어간다. 예를 들어, 가격이나 품질에 대한 내용은 정보가 되고, 어떤 상품을 소비해야 하는 이유를 근원적인 선호의 차원에서 제시해주는 것은 의미가 된다. 정보는 주로 구조적 등가형 시장의 특징이고 의미는 주로 결속형 시장의 특징이지만, 다음 절에서 볼 수 있듯이 현실에서는 다양한 방식의 시장이 존재한다. 객관적 정보와 구성적 의미의 차이는 불확실성과 불확정성의 차이에 대응된다. 예를 들어, 미술 시장에서 미술품의 가격은 객관적 가치가 확정되어 있음에도 불구하고 구매자가 가치를 알 수 없는 상태에서 가치 혹은 품질을 간접적으로 짐작하게 해주는 신호로 기능한다고 볼 수도 있고, 아

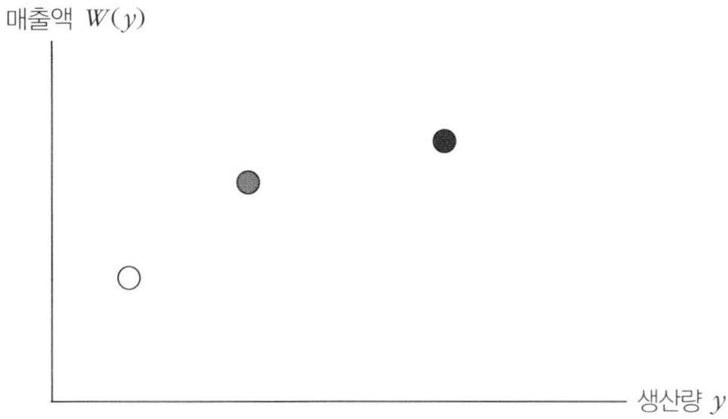


그림 6.2 의미와 결속에 의한 시장스케줄

직 확정되지 않은 상품의 가치에 대해 주관적이거나 상호 주관적인 의미를 주장하고 수용하고 교환하는 것으로 볼 수도 있다(Velthuis, 2003).

## 시장의 유형

이론적으로 볼 때 시장 조직, 즉 거래 연결망의 형태, 구성의 정도, 그리고 정보/의미의 구별을 적용하면 $2^3 = 8$가지 시장 유형이 나타날 수 있다. 그러나 여기에서 모든 사례를 다 관찰할 수 없으므로 의미와 정보의 구분을 결속형과 구조적 등가형 시장의 구분과 일치하는 것으로 보고 구성적 결속형 시장, 구성적 구조적 등가형 시장, 안정된 결속형 시장, 안정된 구조적 등가형 시장의 네 가지 유형으로 나누어 살펴보고자 한다(그림 6.3). 그러나 이론적으로나 경험적으로나 8가지의 시장 유형이 존재할 수 있음을 다시 강조하는 바이다.

구성적 경향이 강한 경우를 보면 구조적 등가형 시장에서는 정보의 양과 내용이 처음부터 충분히 제공되지 않고 거래자들이 생성되면서, 혹은 시장이 형성되면서 제공될 수 있고, 반대로 결속형 시장에서는 생산자와

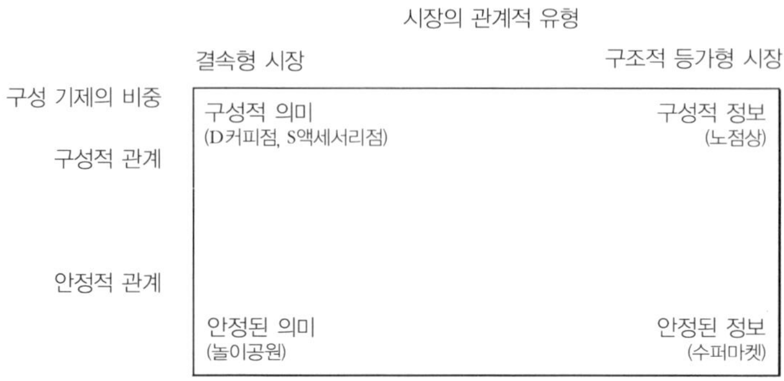


그림 6.3 시장 구성의 유형

소비자가 같이 의미의 세계를 만들어나갈 수 있다. 구조적 등가형 시장에서는 성격상 이미 내용이 정해져 있는 정보가 시장 거래 관계가 형성됨에 따라 차차 제공되는 것이므로 시장 구성적 정보라고 칭하고, 결속형 시장에서는 정보라기보다는 의미를 구성해가는 것이므로 시장 구성적 의미라고 볼 수 있다. 구성적 측면이 약하고 이미 안정된 시장에서는 정보뿐 아니라 의미도 나타난다. 전자에서는 안정된 정보가 안정된 거래 관계에서 나타나고, 후자에서는 상호 주관적으로 안정된 의미가 안정된 거래 관계에서 나타난다.

이 연구에서 다루는 다섯 사례는 다음과 같다. D커피점은 서울 시내 S대학교 앞에 있고, S액세서리점은 서울 시내 E대학교 앞에, 노점상은 서울 시내 신촌동에 있다. 이외에 놀이동산과 서울 시내의 슈퍼마켓이 포함된다. 연구진은 이들 생산자를 최소 3개월에서 최고 1년 동안 관찰하면서 사회조직적 특성과 정보 및 의미 구성 차원에 관한 자료를 수집했다. 이러한 자료를 바탕으로 하여 거래 연결망의 형태와 정보 및 의미의 차원, 그리고 구성 대 안정의 차원이 만들어내는 상이한 시장 유형을 밝혀내고 이런 유형들의 존재가 시장이론에 함의하는 바를 논하고자 한다.

## 3. 시장과 가격의 구성 유형

### 안정된 구조적 등가형 시장: 안정된 정보를 바탕으로 한 가격 동형화

안정된 구조적 등가형 시장에서 생산자와 소비자는 상대를 매개로 하여 구조적으로 등가적인 집단을 이룬다. 소비자들은 여러 생산자를 비교하고 생산자들은 역시 여러 소비자에게 제품을 판매한다. 따라서 사회조직으로서의 시장이 형성되는 것은 이미 확정된 범주에 기초하는 구조적 등가를 통해서이다. 한편 개별 생산자가 생산하는 제품의 가격이 형성되는 주요 기제는 가격과 품질의 대비 및 비교이다. 이미 존재하는 범주에 기초한 상품, 그리고 가격 대 품질의 대비 및 비교 가능이라는 특징 때문에 가격은 이미 형성된 수준으로 확산되는 경향이 있다. 관찰한 사례 중 이 유형에 맞는 것은 슈퍼마켓으로 불리는 소매점에서의 가격 형성이다.[1]

작은 슈퍼마켓이라 하더라도 그 안에서 판매되는 상품은 수백 가지에 이르기 때문에 주인은 물건 가격을 처음부터 정확하게 책정할 수 없다. 따라서 개업 시점 당시 판매자가 가격을 결정하는 데 가장 영향을 미치는 것은 물건을 가져오는 중간상인들이 제공하는 정보이다. 이 정보는 자신이 물건을 납품하는 다른 슈퍼마켓들의 전반적인 상품의 가격 수준을 판매자에게 제공하는 방식으로 전달이 이루어진다. 각각의 슈퍼마켓은 이익을 남기기 위해 상품 전반에 대해 대강의 이익률을 결정하는데, 이 이익률은 판매자의 전략이나 최종 가격 결정에 큰 부분을 차지하기 때문에 소비자 혹은 그 슈퍼마켓의 경영에 관여되지 않은 사람이 개인적으로 알 수 있는 방법이 없다. 적정 이익률을 정하고 다른 슈퍼마켓들과 비슷하게

---

1 슈퍼마켓의 가격 형성에 대한 관찰은 손영진에 의해 이루어졌다.

상품의 가격을 맞추는 데 있어서 중간상인들의 정보가 결정적인 역할을 한다.

중간상인들과의 연결망을 통해 전달되는 정보의 영향은 처음 가게를 시작할 때뿐만 아니라 이후에도 지속적으로 남게 되는데, 신제품의 출시 혹은 도매가격의 상승 등 직접적으로 가격에 영향을 미치는 변수들의 정보를 중간상인들을 통해서 얻게 되기 때문이다. 중간상인들은 여러 슈퍼마켓에 물품을 공급하므로 슈퍼마켓 주인들은 중간상인들과의 관계에서 구조적 등가를 이룬다.

중간상인 외에 소비자도 정보를 제공한다. 다른 슈퍼마켓을 이용해본 적이 있고 가격 정보에 대해 관심이 많은 주부들이 많은 정보를 전달해준다. 이들은 다른 가게의 상품 가격을 직접 알려준다. 이러한 현상은 범위가 넓고 연결 강도는 약한 연결이 정보를 제공하는 기제를 보여준다. 소비자들은 다른 가게의 상품 가격을 알기 때문에 정확한 시세를 알려줄 수 있다.

소비자들은 압력을 행사하기도 한다. 이들은 슬쩍 흘리는 말로 가격 정보를 제공하는데, 어떤 물건이 비싸다는 이야기를 하는 방식을 주로 이용한다. 이는 가격을 낮추라는 은근한 압력 행사가 된다. 소비자들이 정보를 제공하는 일은 슈퍼마켓 개업 직후 한 달 동안 빈번하다가 그 후에는 뜸해졌다. 이는 새로 생긴 슈퍼마켓의 상품 가격이 다른 가게에 비해 어떤지 알아보려는 사람들이 방문해보고 상품 가격이 다른 가게와 다르면 적당한 가격을 알려주기 때문이다. 이때 정보 제공자들은 가격 정보뿐 아니라 그 가게에 대한 주위의 평가까지도 제공해준다. 가격에 대한 정확한 정보를 얻었다고 판단되면 판매자는 가격을 다시 책정한다.

가격 형성에 있어 가격을 변화시키는 동기를 유발하는 것은 '손님'으로 묶이는 사람들에 의해서이다. 이들에게는 작은 가격의 변화도 행동을 바꿀 만한 충분한 요인이 되기 때문에 슈퍼마켓 주인들은 이들을 잡아둘 '가격'에 민감할 수밖에 없다. 정확한 가격 정보는 소비자들이 다른 가게들과 비교해서 알려주는 기능에 의해 가능하기 때문에, 시간이 경과되어 '손님'이 '단골'이라는 비교적 강한 연결을 유지하는 사람으로 바뀌면 가격에 대한 정보는 사라지게 된다. 소비자들이 여러 슈퍼마켓에 가지 않고 하나의 슈퍼마켓만을 지속적으로 찾는 경우 비교 대상을 잃어가기 때문에 전체적으로 정보의 양은 줄어들고 가격의 변화 또한 줄어들게 된다.

정보의 획득과 협상을 거치면 어느 정도의 가격은 결정되게 된다. 어느 슈퍼마켓이나 가격에 대한 정보 획득과 협상의 과정을 거친다. 그러나 슈퍼마켓마다 최종적으로 결정되는 가격이 약간씩 다른데, 특히 동네가 달라질수록 가격의 차이는 더욱 크게 나타난다. 이는 각 동네마다 사람들이 받아들이는 가격이 차이가 나기 때문이다. 따라서 최종 가격은 슈퍼마켓이 속한 연결망에 따라 달라진다.

### 구성적 구조적 등가형 시장:<br>시장과 가격의 동시 구성, 관계에 의한 시장 형성

구조적 등가는 안정된 모습으로 나타날 수도 있지만 구성되어가는 모습으로도 나타난다. 신촌 지하철역 앞에 있는 버스 정류장 근처 '할머니 노점'을 관찰한 바에 의하면 이미 확정된 가치를 가진 상품들이 거래되지만 시장 조직은 형성, 구성되는 과정에 있다. 여기서 가격은 동적·구조적 등가를 이루게 되는, 의도하지 않은 준거틀에 맞추어진다.

2003년 가을 신촌 지하철역 근처 버스 정류장 옆에서는 한 할머니가 채소류를 팔고 있었는데, 이 할머니의 노점은 사람들이 많이 다니는 신촌에 있다는 이점 외에도 그랜드마트 앞, 지하철 입구와 버스 정류장 사이에 위치한다는 이점을 가지고 있었다. 주고객층은 40~50대 가정주부로 보이는 여성들이었고 많은 경우 그랜드마트에서 쇼핑을 하고 난 후 온 것으로 보였다. 그랜드마트는 다른 채소 가게에 비해서 채소값이 비싼 편이었다. 따라서 고객들은 할머니의 노점에 매일 등장하는 호박, 배추, 무 등을 사곤 했다.[2]

할머니의 노점에서 파는 채소들은 동네의 채소 가게에서 파는 채소 가격과 비교했을 때 싼 편은 아니고 전체적으로 비슷했다. 이러한 가격에도 불구하고 그랜드마트와의 상대적인 가격 차이로 인해서 할머니의 노점은 손님을 모았다고 할 수 있다. 그랜드마트에서 비싼 가격을 경험한 손님들은 상대적으로 싼 할머니의 노점에서 물건을 샀다.

할머니 입장에서는 그랜드마트의 물건보다 싸게 팔아야 손님을 모을 수 있다. 더군다나 그랜드마트는 다양한 선택의 여지가 있는 곳이므로 할머니의 노점보다 유리한 입장에 있다. 따라서 할머니는 사람들이 그랜드마트에서 사지 못한 품목을 노점에서 사도록 하기 위해 그랜드마트보다는 가격을 낮게 책정해야 했다. 또한 동네의 가게에 비해서 터무니없이 높은 가격을 책정할 수도 없었다. 그렇다면 할머니는 가격을 정할 때 어떻게 불확실성을 극복할 수 있었을까?

할머니의 노점에서 물건을 사는 손님들 대부분이 가정주부이므로 이들은 경험적으로 채소의 가격에 대해서 잘 알고 있으며, 흥정 능력도 뛰어났다. 할머니와 이러한 손님들과의 흥정 과정을 관찰한 결과, 이들은 할머니가 파는 채소의 가격을 듣고 '비싸다'라는 식의 추상적인 정보나 신호를 주는 것이 아니라 '얼마에 달라'는 식의 정확한 값을 이야기했다. 이러한 흥정을 통해서 할머니의 노점에서 파는 채소 가격에 대한 불확실

---

2 노점을 하는 할머니에 대한 관찰은 홍은숙에 의해 이루어졌다.

성이 해소되었다. 할머니의 노점과 같이 주위에 비교할 만한 비슷한 종류의 노점이 없는 경우 가격의 변동에 빠르게 대처하기는 어렵다. 따라서 할머니는 가격을 부르기는 하지만 그 가격은 손님에 의해 변동될 가능성이 항상 존재했다. 이런 흥정 과정이 생겨난 이유는, 손님들 편에서는 노점이 세금을 내지 않으므로 그 혜택을 손님들에게 돌려주어야 한다고 생각하고, 할머니는 손님들의 생각과 가격 변동에 유연하게 대처하고 싶기 때문이다.

손님들이 부르는 가격에 대해서 할머니가 부당하다고 이야기하는 경우를 보지 못했는데 이는 손님들이 제시하는 가격이 정당성을 가지고 있기 때문이다. 40~60대의 가정주부들이 부르는 가격은 대부분 동네 채소 가게의 그것과 비슷했다. 따라서 할머니의 노점에서 파는 채소 가격은 그랜드마트가 아니라 유동적인 손님들이 전해주는 각 동네 채소 가게의 물건 가격이 되었다. 처음에는 판매 품목이 많지 않았으나 정보가 많아지면서 판매하는 품목이 늘었고 할머니가 여러 품목을 손님에게 권하기도 했다. 이는 가격에 대한 정보로 인해 어느 정도 불확실성을 극복했기 때문이다.

할머니는 이로부터 동네에 있는 채소 가게들과 가격 면에서 동형화를 이루게 되었다. 동네의 채소 가게와 가격 수준이 비슷했던 이유는 그러한 동형화 때문이었을 것이다. 할머니는 주위에 가격을 비교할 만한 채소 노점상이 없기 때문에 손님들의 정보에 더욱 예민할 수밖에 없었을 것이다. 할머니의 이러한 동형화는 판매 품목에서도 드러났다. 할머니가 파는 채소의 품목은 10가지 이상으로 늘어났으나 동네 채소 가게와 마찬가지로 파, 무, 배추 등의 기본적인 품목만을 고수했다. 외래 작물과 유기농 채소와 같은 고가이고 특별한 채소는 그랜드마트에서는 살 수 있으나 할머니의 노점에서는 찾아볼 수 없다. 이로부터 할머니의 노점에서 파는 품목이 동네의 채소 가게를 따라감을 알 수 있었다.

할머니의 노점은 그랜드마트와는 가격뿐 아니라 품목에서도 차이가 났고, 손님들의 특성을 기준으로 해도 그랜드마트와 등가 위치에 있다고 볼 수는 없었다. 또한 사람들도 할머니의 가판대에서 고가의 채소들을 팔 것이라고 기대하지 않으므로 할머니는 동네 가게의 구조를 닮아가는 것이 유리했다. 할머니의 노점은 동네 채소 가게들과 동형화되면서 그 품목과 가격 면에서 유사성을 띠어 시장 안에서의 위치를 확보하고 그랜드마트와의 차별성으로 그 위치를 더욱 확고히 한 것이다. 결과적으로 할머니의 준거 집단은 의도하지 않았지만 유동적인 손님들에 의해서 동네의 채소 가게들이 되었다.

### 안정된 결속형 시장: 안정된 의미를 바탕으로 한 독자적 가격 형성

생산자 혹은 판매자와 소비자가 직접적이고 배타적인 연결 관계로 묶이면 결속형 시장이 나타난다. 결속형 시장에서는 소비자들이 특정 판매자의 제품을 다른 제품과 비교할 수 없거나 비교하지 않는 것이 특징이다. 구조적 등가형 시장에서는 참여하는 행위자들이 등가를 이루는 다른 행위자들과 자신을 비교할 수 있는 것이 기본적인 특징인 반면, 결속형 시장에서 소비자들은 특정 생산자가 제시하는 상품을 다른 상품과 비교하기 어렵다. 결속형 시장에서는 다른 곳에서 구하기 어려운 고유한 상품을 제시할 때가 많다. 상품의 고유한 특성을 형성하는 요소는 다양한데 여기에서는 특정한 의미에 주목하고자 한다.

이 점을 잘 보여주는 예가 놀이공원에서 형성되는 시장이다.[3] 놀이공원에서 파는 물건의 종류와 가격을 보면 놀이공원 특유의 의미를 반영한

3 놀이동산에 대한 관찰은 주정민에 의해 이루어졌다.

표 6.1 놀이공원 안과 밖의 가격 비교

| 상품 | 외부 가격(원)<br>A | 공원 가격(원)<br>B | 차이 백분율(%)<br>(B−A)×100/A |
|---|---|---|---|
| 아이스크림 | 1,500 | 2,000 | 30 |
| 햄버거 | 3,500 | 5,000 | 42 |
| 설렁탕 | 5,000 | 6,000 | 20 |
| 캐릭터 옷 | 15,000 | 35,000 | 130 |
| 토끼귀 머리띠 | 2,000 | 3,000 | 50 |
| 캐릭터 크레파스 | 5,000 | 10,000 | 100 |

다. 이때 의미는 참가자들이 상호작용에 의해 만들어가기보다는 이미 다른 곳에서, 혹은 한쪽이 일방적으로 만든 의미를 다른 편이 받아들이는 방식으로 작동한다. 따라서 안정된 의미가 상품의 고유성을 구성하게 된다. 여기서 생산자는 상당한 독점력을 갖게 되고 소비자는 제공되는 안정된 의미에 책정된 가격을 수용한다. 똑같은 옷인데 놀이공원의 캐릭터를 옷에 그려놓고 비싸게 파는 것이 그 예이다. 〈표 6.1〉에서 눈에 띄는 것은 아이스크림이나 설렁탕 가격은 외부와 큰 차이가 없지만 놀이공원의 캐릭터가 그려진 상품의 경우에는 차이가 크다는 점이다. 옷이나 크레파스의 경우에는 100% 이상의 가격 차이가 나타남을 알 수 있다.

롯데월드에서는 '로티'와 '로리'라는 캐릭터를 개발해서 아이들이 롯데월드에 오면 '로티'와 '로리'의 캐릭터 상품을 사게 하고, 그것이 롯데월드에 갔다 왔음을 알리는 상징이 되게 한다. 또한 인기 드라마 〈파리의 연인〉에서 주인공이 롯데월드에서 아이스크림을 먹는 장면이 나온 후 아이스크림을 찾는 사람들이 부쩍 많아졌다. 소비자들은 아이스크림 자체를 소비하기보다는 '~(드라마)에서 나왔던 아이스크림'이라는 의미를 소비한다. 놀이공원에서 상품에 부가하는 의미는, 소비자와 같이 구성해가는 것이 아니라 일방적으로 만든 것, 의미 자체는 다른 곳에서도 쉽게 이

해되고 통용되는 것, 남들이 이미 만들어놓은 것이기 때문에 기성의, 이미 안정된 의미라고 할 수 있다. 친구들과 같이 놀이공원에 놀러온 어떤 소비자는 이러한 의미 부여에 대해 다음과 같이 언급했다.

> 다른 사람들이 놀이공원에 가서 찍은 사진을 보면 슈렉 머리띠나 토끼 머리띠하고 꼭 찍던데요. 그런 곳에 가서 사지 평소에 사서 가지고 다니겠어요? 아, 그리고 드라마 〈천국의 계단〉에서 최지우랑 권상우가 먹었던 것 있잖아요. 그것은 롯데월드 밖에는 없으니 당연히 거기서 사야죠.

생산자가 제시하는 의미를 소비자가 받아들이는 가장 큰 이유는 그런 의미가 담긴 역할을 소비자가 수행하기 때문이다. 생산자가 제시하는 역할의 의미와 소비자가 수용하는 역할의 의미가 서로 조응되지 않으면 상품 구매가 일어날 수 없다. 놀이공원의 경우 '인자한 부모', '남자친구', '여자친구'와 같이 독특한 역할을 수행하는 소비자들과 직접적 결속 관계를 맺는다. 이 거래 관계는 다른 곳에서는 제시하지 않는 상품에 의한 것이므로 구조적 등가 관계가 아니라 결속 관계라고 할 수 있다. 이런 의미를 받아들이는 역할의 예를 보기 위해 놀이공원에 오는 소비자들의 유형을 관찰해보면 가족, 연인, 친구의 세 가지이다. 소비자들은 혼자 오기보다는 보통 다른 사람들과 같이 오는데 독특한 역할 관계를 맺고 있기 때문에 이 역할 관계에 맞는 의미를 받아들이고 그에 맞는 상품을 구매한다. 즉, 여기서 소비는 의미-역할 조응 관계에 의해 이루어지는 것이 기본인데 다른 사람과의 비교가 영향을 미치기도 한다.

여자친구와 같이 온 남자들은 놀이공원에서 파는 물건들을 평소에는 잘 사지 않기 때문에 가격에 대한 정보가 부족하다. 이들은 '남자친구'로서의 역할을 하기 위해 소비의 내용을 바꾼다. 평소에는 햄버거나 패스트

푸드를 먹더라도 데이트에서는 특별한 소비를 한다. 그러므로 이들에게는 가격이 큰 영향을 주지는 않는다. 준거 집단도 이들의 소비에 영향을 미친다. 연인인 경우의 준거 집단은 다른 연인들이나 다른 사람들이다. 다른 사람들이 놀이공원에서 사진을 찍는 방식을 두 연인이 보고 따라하게 되므로 이들 다른 사람들은 두 연인에게 열망 집단이 되어 규범적·표출적 영향을 미친다. 연인과 같이 놀이공원에 간 한 남자는 다음과 같이 말했다.

> 옆의 커플을 보니까 여자친구가 귀여운 머리띠를 하고 있더라구요. (그래서 나도 샀죠.) 친구들 보면 슈렉 머리띠를 하고 이렇게 찍던데. 아, 그리고 밥은 여자친구랑 왔는데 햄버거 같은 것 먹을 수는 없잖아요. 친구가 소개해준 스파게티나 돈까스 같은 것을 먹어요. 체면이 있잖아요. (중략) 밖에 나오면 그 머리띠가 3,000원이나 싸다고요? 헉, 전혀 몰랐죠. 평소에는 전혀 관심 없었던 물건이에요.

동성 친구들끼리 온 경우는 특히 더 유명하거나 평판이 높은 상품을 찾는 경향이 있다. 이들은 역할보다는 주변과의 인지적 연결망에 의해서 소비를 결정한다. 젊은 사람들일 경우에는 유명한 것이라든지, 평판이 높은 것, 사회에서 재생산되는 인지, 문화의 기호 속에서 돌아다니는 다양한 정보와 신호들을 찾아 행동의 근거로 삼는다.

가족끼리 놀이공원에 온 경우에는 부모로서의 역할이 소비를 결정짓는다. 가족끼리 온 경우는 대부분의 구매가 가족 단위로 이루어지는데 가족의 구성에 따라 수요가 다르다. 예를 들어 유치원생보다 어린 자녀들이 있으면 주로 사탕이나 인형을 구입하고, 유치원생이나 초등학생이 있으면 학용품을 구입한다. 가족 단위 소비자는 점원들의 추천을 잘 받아들이는데 이는 불확실한 상황에 놓인 소비자일수록 주변 사람의 영향을 많이 받는다는 것을 보여준다. 이때 부모들은 의미가 부여된 역할을 수행한다.

> 아이가 사달라는데 사주죠. 오늘은 마음먹고 하루 시간과 돈을 들여서 아이들을 즐겁게 해주려고 왔어요. 아이들이 나중에 인형과 옷을 친구들에게 보여주며 아빠, 엄마랑 놀이동산 갔다 왔다고 자랑할 수도 있지 않겠어요?

메리 더글라스Mary Douglas가 말했듯이 소비의 주요 기능은 욕구를 충족시키는 데 있다기보다는 의미를 만들어가는 데 있다(Douglas and Isherwood, 1979). 소비자들은 특정한 구체적인 목적을 성취하기 위해 특정 대상을 소비하기보다는 사회적 목적을 위해 징표 소비에 의한 의사소통을 한다. 쏘스타인 베블렌Thorstein Veblen이 말한 과시적 소비나 가족의 구성에 따라서 소비가 달라지는 현상도 이에 해당된다(Corrigan, 1997).

### 구성적 결속형 시장:<br>시장과 가격의 동시 구성, 관계와 상징에 의한 선호 형성

생산자와 소비자의 관계가 결속형으로 구성되면서 동시에 거래에서 구성적 의미가 중요한 경우로는 D커피점과 S액세서리점의 사례를 들 수 있다.[4] 생산자와 소비자는 결속적인 유대 관계를 맺으면서 자신들의 거래에 고유한 의미를 부여한다. 행위자들이 서로 맺는 관계와 의미는 해당 인터페이스에서만 고유하고 따라서 시장의 조직 형태와 상품의 가격이 상호작용에 의해 형성되며 당사자 간의 관계에 따라 바뀔 수 있다. 여기

---

4 이 사례에 대한 관찰은 김효선에 의해 이루어졌다.

서 가격은 생산자와 소비자가 상호작용을 통해 점차적으로 접근해가는 방식으로 형성되고, 한 가격이 정해지기까지의 경로는 그들이 구성해가는 의미에 의해 형성된다. 즉, 한 제품의 가격은 그때까지의 상호적인 의미 구성의 경로를 반영한다.

D커피점과 S액세서리점은 모두 고유한 분위기나 상품의 품질을 통해 고유한 위치를 점유하고 있다. 생산자는 소비자와 지속적이고 강한 유대를 형성하려는 태도를 보이기 때문에 총수입에서 단골에 의한 비율이 매우 높다. 생산자와 단골 소비자들은 집합적으로, 상호작용하면서 가격을 정한다. D커피점의 제품 가격은 다음과 같은 과정을 거쳐 결정되었다. 처음 개점했을 때는 테이크아웃 커피 전문점 형태인 주변 상점들의 저렴한 가격에 맞추었다. 싼 가격 때문에 손님이 많았으나 유지 비용의 충당과 분위기 전환을 위해 가격을 인상했다. 이때 주인은 주요 단골들과 가격 인상을 상의했다.

이 과정에는 직접적인 강한 연결망(단골)의 영향력은 크게 나타나는 반면, 가격 결정에서 기존 시장의 구조를 중시하는 화이트의 이론은 적용할 수 없다. D커피점이 개점하기 전까지 근처에는 비교의 대상이 될 만한, 직접 원두를 볶아서 커피를 만드는 커피점이 없었다. D커피점은 커피 볶는 기술을 함께 배워 창업한 타 지역 생산자를 통해 메뉴 선정이나 생산기술 등 제한된 정보를 교환했지만 환경과 고객 구성의 차이 때문에 교환하는 정보의 실효성이 부족했다. 결국 주인은 신뢰를 토대로 한 단골손님들에게 가격의 타당성 여부를 문의했고 그들의 반응에 따라 가격을 인상하기도 하고 유지하기도 했다.

소비자는 이 과정에서 가격 인상의 용인 여부에 대한 정보만을 제공한 것이 아니라 커피점에 대한 책임감과 감정적 유대감도 강화했다. 주인이 단골 소비자들에게 가격 인상을 미리 명시적으로 알리고 가격의 수용 여부를 물어보면 소비자가 이에 대해 답을 주는데, 이런 행위는 가격 인상 이후에도 그 가게에서 커피를 마실 것이라는 암묵적 약속을 알려주는 것이다. 이때 단골 연결망은 소비자들이 허용 가능한 가격대를 제공함과 동시에 연결망에 속한 행위자들의 지속적 거래까지 예측할 수 있게 했다.

가격 인상에도 불구하고 소비자가 지속적으로 생산자와의 연결망을 유지하는 원인은 무엇일까? 일례로 D커피점이 지속적으로 커피 값을 올렸을 때, 평소 하루에 두 잔씩 커피를 마셨던 일부 단골들은 한 잔으로 그 빈도를 줄였지만 다른 커피점을 찾지는 않았다. 가격의 인상은 일반적으로 소비를 감소시킨다. 특히 커피와 액세서리와 같이 사치재에 속하는 물품의 가격 변동은 소비에 더욱 민감한 영향을 준다. 하지만 가격 인상을 통제하고 예측할 수 있다면 소비자가 느끼는 민감도는 달라진다. D커피점의 경우, 소비자는 직접적 연결망을 통해 가격 인상의 당위성에 공감할 수 있었고, 가격 변동에 대해서도 통제가 가능했다. 따라서 추가적으로 지불해야 하는 비용에 대한 체감이 낮았다. 이 과정은 소비자가 가격에 대한 불확실성을 해소함과 동시에 커피점에 대한 책임감과 감정적 유대감을 강화하는 과정이기도 했다.

D커피점의 몇몇 오래된 단골들은 '사외 이사'라고 불린다. 이들은 초창기 D커피점의 가격 결정 과정에 적극 참여했고, 계속해서 연결망을 유지하고 있다. 그리고 이들은 여전히 메뉴 선정과 인테리어 등 커피점 경영에 대한 새로운 정보들을 지속적으로 제공했다. 이런 현상은 S액세서리점에서도 발견되었다. 실질적인 가격 결정에서 단골의 요구가 적극 반영됨과 동시에 그간 축적된 거래 정보를 토대로 주인은 소비자에 맞는 상품을 권해주기 때문에 소비자는 보다 만족할 만한 선택을 할 수 있었다. 이러한 안정적인 거래 관계는 연결망에서 오는 만족감을 제공한다.

연결망의 유지는 잠재적인 새로운 소비자 집단과의 관계 형성도 기대할 수 있게 한다. 이는 커피라는 품목이 흔히 개별 소비자에게 각각 소비되는 것이 아니라, 특정 소비 집단의 휴식이나 의견 교환 과정에서 소비되기 때문이다. 즉, 개별 소비자가 특정 커피점과 단골 관계를 형성하면, 이후 그 소비자는 자신이 속한 모임의 만남 장소를 그 커피점으로 정할 가능성이 높다. D커피점이 개점할 당시 주요 단골은 개별적으로 온 학생들이었으나 그들이 선후배들과 같이 커피점에 모이기 시작하면서 손님이 급격히 늘기 시작했다. 대다수의 단골들은 첫 단골들과 같은 과 출신이거나 이들과 유사한 취향과 문화적 틀을 공유하고 있는 사람들이었다.

상품 가격을 평가할 때도 신뢰에 기초한 관계가 영향을 외친다. D커피점과 S액세서리점 모두 전문적 교육을 받은 생산자가 직접 제품을 생산·판매하는데, 제품의 품질은 각자 속한 시장에서 높은 편이었다. 이들 상품의 가격이 인상된 후에도 같은 시장 내 다른 브랜드 상품의 가격에 비해서는 여전히 저렴했다. 소비자들은 유명 브랜드 상품에 가치를 크게 부여하지 않기 때문에 신뢰할 만한 품질을 안정적으로 유지하는 두 상점으로부터 가격 상승분 이상의 가치를 얻는다고 느꼈다. 따라서 소비자들은 여전히 가격의 혜택을 받는다고 여기고, 지속적으로 거래를 했다.

D커피점과 S액세서리점에서 제공하는 상품의 품질에 대한 평가에는 연결망에 의한 주관성이 주입될 수 있다. 품질에 대한 객관적 평가는 탁월한 감식력을 필요로 하지만 보통 소비자들이 그런 감식력을 가질 수는 없다. 전문가적 감식력이 없는 경우에는 상품 외적인 요소의 영향을 받는다. D커피점의 단골들은 고급 커피로 알려진 스타벅스 커피보다도 D커피점의 커피 맛이 더 우수하다고 생각했다. 대다수의 단골들은 스타벅스 커피와 D커피점 커피의 미세한 차이를 구분할 정도의 전문가적 감식력을 갖지는 못했다. 그럼에도 불구하고 D커피점 단골들은 커피점 주인이 제공한 커피 생산 과정에 대한 정보와 평소 주인의 태도, 즉 커피에 대한

애착, 숙련된 기술 습득을 위한 노력 및 커피 맛 판별에 대한 감각 등을 통해 D커피점 커피가 스타벅스 커피보다 낫다는 결론을 내렸다. S액세서리점에서는 디자인의 독창성이나 재료의 희귀성이 품질을 평가하는 항목에 포함된다. 상품의 품질을 평가할 기회가 적거나 그러한 능력을 갖추지 못한 소비자의 경우, 생산자(혹은 판매자)와의 연결망을 통해 신뢰할 만한 정보를 제공받고, 생산자의 생산 태도를 토대로 상품의 품질을 가늠한다. 따라서 연결망이 강할수록 객관적 품질과는 별도로 소비자가 느끼는 품질 만족도는 커진다.

소비자와 생산자의 강한 연결망이 유지되는 원인으로는 소비자와 생산자가 세계관을 공유하는 점을 들 수 있다. 문화 혹은 사회조직과 소비에 관한 여러 연구에 의하면 소비는 의미 구성과 안정화 기능(Douglas and Isherwood, 1979)을 갖는다. 개별 상품의 소비 행위가 의미를 구성한다는 기본 맥락은 소비를 통한 정체성 구성의 근거가 된다. 소비자는 자신이 기대하는 의미를 갖는 상품들을 소비함으로써 정체성을 형성하고, 아울러 다른 사람들에게 이를 표현한다. 두 상점의 단골들은 공통적으로 비인격적인 경제적 교환에 비판적이며, 이 태도를 다양한 상품 구매에서도 일관되게 적용하기 위해 노력하곤 했다.

소비자와 마찬가지로 생산자도 의미를 부여한다. 시장 내 다양한 생산자들은 단순히 이익만 생각하기보다 자유로운 삶을 누린다거나 최고 품질의 상품을 생산한다는 점에도 의미를 두고 생산 활동을 결정한다. 이는 경제성과 대치되는 것이 아니라, 오히려 어떤 시장에 어떤 위치로 진입할 것인가 등 세부 사항을 결정하는 주요 요인이 된다. 따라서 시장에서의 각 생산자의 위치와 생산 · 판매 방식은 생산자의 정체성과 세계관을 일정 정도 반영한다. D커피점이 초기에 싼 가격으로 커피를 판매했을 당시, 손님의 수가 매우 많았다. D커피점 주인에 따르면, 총매출을 비교했을 때 지금과 그리 큰 차이가 나는 것은 아니라고 했다. 하지만 일회적인 손님을 포기하면서까지 가격을 지속적으로 인상했던 것은 커피에 대한 자신의 열정을 이해해주는 손님과 지속적인 거래를 하고 싶다는 생각에서였다. S액세서리점 주인 역시 자신이 제작한 액세서리를 좋아하고, '잘 어울리는' 단골들과 관계를 유지하려고 노력했다. 이는 두 상점의 생산자가 자신의 활동에 부여한 특정한 의미가 소비자와 맺는 연결망의 강도와 방식에까지 영향을 미친다는 사실을 보여준다.

이 장에서는 지금까지의 논의를 통해 시장의 유형이 다양할 수 있으며, 특히 구조적 등가형 연결망에서의 단순한 가격 정보의 확산이 아니라 결속형 거래 연결망에서의 의미 구성을 통해 독특한 시장이 나타난다는 점을 보였다. 이에 의하면 신고전경제학이나 화이트의 구조적 시장이론이 공히 생산자들 간의 범주적 유사성과 비교 가능성에 근거하고 있으나 현실에는 생산자와 소비자들이 각별한 관계로 묶여 있는 시장도 존재한다. 또한 시장 가격이 구조적 등가형 시장에서와 같이 확정된 정보의 확산 및 비교에 의해 형성되기도 하지만 결속형 거래 관계를 맺는 참가자들 간의 의미 구성과 교환에 의해서도 형성될 수 있다.

시장은 보통 구조적 등가와 안정된 정보 혹은 의미에 근거하지 결속형 연결망이나 구성적 의미에 근거하는 경우는 드물다. 따라서 이런 시장에 대한 이론화가 필요한가 하는 의혹을 제기할 수 있는데 이에 대해 두 가지 논점을 지적하고자 한다.

하나는, 현실 세계에서 의미 구성을 통한 시장이 다수 존재한다는 점이다. 현대의 소비자들은 점차 자신의 취향에 충실한 방향으로 변화할 뿐 아니라 취향 자체가 분화되고 세련되어감에 따라 점점 독특한 상품을 소비하는 경향이 있다. 과거에는 단순한 종류의 커피, 주스, 차를 한 곳에서 다 파는 다방이 지배적이었다면 현재는 커피 전문점, 생과일 주스 전문점, 차 전문점 등이 다양하게 생겨나고 있다. 이 분야에서 소비되는 품목의 수는 최근 20년 사이에 적어도 수십 배 증가했다고 보아야 한다. 특히 수제품이나 '장인'이 직접 만드는 제품에 대한 수요의 증가는 일반화되고 표준화된 상품에 대한 소비를 억누르고 특수하고 고유한 상품에 대한 소비를 늘리는 경향이 있다. 오늘날 온라인 공간의 확대는 카메라, 오디오 기기, 액세서리, 수제품, 기타 문화적 취향과 관련된 커뮤니티의 급격한 증가를 낳고 있으며 이는 곧 소비자들의 취향이 세분화되었음을 보여준다. 보편적이기보다는 독특한 품질에 고유한 의미를 부여하는 소비는 앞으로 더욱 증가할 것으로 예상된다.

다음으로 지적할 점은 시장 기제의 변화 단계에서 의미 구성적 결속형 시장이 갖는 중요성이다. 스타벅스나 맥도날드와 같이 표준화된 상품을 대량 판매하는 생산자들도 사업 초기에는 결속형 시장에서 의미 구성적인 제품을 소수의 소비자들에게 판매하는 것으로 시작했다. 결속형 시장 형태가 초기에 자주 나타난다는 사실은 생산시장이 진화하는 초기 단계에서 결속형 시장이 비교우위를 가질 수 있음을 보여준다.

표준화된 상품을 소비하는 방식과 특별한 의미를 갖는 상품을 소비하는 방식은 종종 서로 섞여 있다. 예를 들어, 오디오 기기가 매매되는 온라인 중고시장을 보면 오디오 기기에 대한 소비자들의 선호가 일반적이기도 하지만 종종 특정 모형에 대해 강한 의미를 부여하고 열광하는 마니아적 성격을 갖기도 하기 때문에 동일한 범주에 속하는 상품 시장도 사회조직과 의미 부여의 측면에서는 여러 모습을 보여줄 수 있다(박찬웅, 2004).

# 제7장 사회적 역할과 의미 구조에 따른 소비 행위*

## 1. 소비의 사회문화적 맥락

소비 행위는 얼마나 사회문화적인가? 즉, 소비 행위는 얼마나 사회적 관계나 문화적 전형성에 의해 영향을 받는가? 이 질문은 현실적으로나 이론적으로 중요한 함의를 갖는다. 만약 소비 행위가 사회적 관계나 문화적 전형화에 의해 영향을 받는다면, 소비자들의 소비 행위를 추적하거나 혹은 시장의 반응에 주목해야 하는 기업, 마케팅 전문가, 정부의 정책 담당자, 그리고 학자들에게 있어서 소비의 사회적 특징은 반드시 고려해야 할 사항이 된다. 이 말은 곧 소비의 사회적 특징을 정확히 이해하고 이를 경영 전략이나 정책에 반영해야 한다는 의미이다. 이 장에서 주목하는 소비의 사회적 특징은 소비자에게 다가서는 현실이 비어 있는 진공이 아니라 사회적 관계와 문화적 장 속에서 사회문화적 전형으로 구성된다는 점이다.

사회문화적 전형을 학습하지 못한 행위자들은 이런 전형을 현실에서

---

* 이 장은 김은영(이화여자대학교 사회학 학사)과의 공동 연구를 발전시켰다(김은영 외, 2006).

실현하는 방식을 몰라 불확실성을 갖게 된다. 이 장에서 구체적으로 검토하고자 하는 한국의 대학생들에게 이 문제는 중요하다. 대학에 들어온 지 얼마 되지 않은 대학생들은 타인과의 관계와 상징적 맥락과 관련하여 불확실한 상황에서 어떤 행동을 해야 할지 쉽게 결정하지 못한다. 특히 남녀 간이나 선배와 후배 간의 관계적 맥락에서 어떤 행동을 해야 할지 알 수 없을 때 그들은 불안해한다. "내일 소개팅을 하는데 밥값을 어떻게 해야 하지?", "요즘 선배한테 자꾸 얻어먹어서 눈치 보여" 등은 저학년 대학생들이 흔하게 하는 말이다. 금전에 대한 언급을 꺼리는 문화 때문에 다른 사람과 함께 식사를 하고 나서 누가 어떤 방식으로 식사비를 부담하느냐가 종종 문제가 된다. 이는 행위의 규칙을 비교적 잘 터득한 기성세대나 고학년 대학생들보다는 행위의 규칙을 배우고 구성해가는 입장에 있는 대학생들에게 더 큰 문제가 된다. 최근 대학생들 사이에서 각자 돈을 내는 더치페이 방식이 일반화되었다고는 하지만 젊은이들의 집단에서 식사비 지불을 누가 하느냐는 여전히 불확실하다. 더치페이 역시 고도의 문화적·관계적 맥락에서 가능해지는데 그들은 아직 이와 같은 맥락을 습득하지 못했거나, 기존의 맥락에 그대로 따라야 할지 새로운 방식의 행위 방식을 만들어가야 할지 잘 모르기 때문이다.

대학생들이 식사비를 지불하는 상황에서도 다양한 사회적 요소들이 영향을 미친다. 이 장에서는 불확실성이 존재하는 식사비의 지불 상황에서 개별 행위자가 어떠한 틀에 의해 영향을 받는지, 틀을 어떤 식으로 이용하는지, 그리고 그 틀은 어떻게 구성되는지를 분석한다.

## 사회적 행위의 맥락

이 장의 중심 질문은 사회적 행위가 소비에서 어떤 방식으로 나타나는

가이다. 막스 베버에 의하면 사회적 행위는 행위자가 주관적으로 의미를 부여하면서 타인을 고려하고 타인에게 지향하는 행동을 가리킨다(Weber, 1978). 이러한 정의는 사회학적 연구에서 나타나는 두 가지 변수의 바탕이 되고 있는데, 관계와 상징 혹은 관계와 문화, 즉 행위자 간의 연결과 행위자들이 구성하는 의미 세계의 형성이다. 사회학의 주요 이론인 기능주의, 갈등이론, 상징적 상호작용론과 역할이론, 현상학적 사회학, 교환이론, 피에르 부르디외나 앤소니 기든스 그리고 위르겐 하버마스의 사회이론, 사회적 연결망 시각, 그리고 사회학적 합리적 선택이론들은 모두 행위자 간의 직접적인 연결 관계와 이들이 구성하는 의미와 상징의 연결을 이론 구성에서 중요한 두 축으로 삼고 있다(Emirbayer and Goodwin, 1994; Lopez and Scott, 2000; Sewell, 1992). 관계와 상징을 중시하는 경향은 경제사회학에서도 뚜렷하게 나타난다. 신경제사회학은 생산, 소비 행위, 상품의 가격, 경제 제도를 설명하는 독립변수로 사회적 연결망과 의미의 구성을 중요하게 다룬다(Dobbin, 2004b).

관계와 의미의 구성에 기초하는 경제 행위는 현실에서 매우 흔하다. 개인이나 기업과 같은 행위자들은 부동산이나 자동차 매매의 중개자를 선택할 때(DiMaggio and Louch, 1998), 은행에서 대출할 때(Uzzi, 1999), 전략적 제휴의 상대를 선택할 때(Powell, Koput, and Smith-Doerr, 1996), 영화제작에 필요한 인력을 선택할 때(Faulkner and Anderson, 1987), 서비스 제공 기업을 택할 때(Baker, 1990), 사이버 거래를 할 때(박찬웅, 2004), 디지털 카메라를 선택할 때(한상만·손용석·이영승, 2004) 등에서 연결망에 의존하거나 연결망의 영향을 받는다. 또한 친구들과 함께 하는 일상생활(김기옥, 2006), 친구들과 모여서 하는 식사(김은영·김우식, 2006), 종교단체에서의 물품 매매, 선물의 선택은 고도의 연결망 관계를 수반하는 소비 행위이다. 부정적 의미를 갖는 경우를 보자면, 연결망 속에서 이루어지는 뇌물

수수나 부정행위, 범죄를 들 수 있다(김우식, 2006b). 경제 행위자들은 의미의 구조에도 크게 의존해서 문화적 소비(Bourdieu, 1984; Caves, 2000), 문화의 생산(Crane, 1992), 예술의 분류(DiMaggio, 1987), 성스럽게 여겨지는 것의 상품화(Healy, 2004; Zelizer, 1992), 배우의 역할 인식(김우식, 2004b)에서 문화적 전형들의 영향력을 볼 수 있다. 소비 행위나 대상에 특별한 의미를 부여하는 경우로는 취향에 따른 상품의 소비가 있다(김우식·김효선, 2005; 손상희·천경희, 2004). 이는 모두 관계 및 상징의 연결 구조가 행위자들의 행위에 구속력을 가진다는 것을 보여준다.

관계적, 문화적 혹은 상징적 틀이 구속성을 갖는다고 해서 이를 행위자가 주어진 관계 및 상징적 행위 규칙에 순응하는 것으로 기계적으로 해석해서는 안 되는데 이는 두 가지 측면 때문이다. 하나는 행위가 틀을 구성해가는 측면이고 다른 하나는 현실의 복합적 구조의 측면이다. 행위자들은 기존의 사회구조에 의해 제약을 받기도 하지만 종종 사회구조를 이용하거나 이를 변형시킨다. 이런 측면은 소비 행위에서도 나타난다. 행위자들을 감싸는 사회문화적 구조는 복합적이고 다차원적인데, 대표적인 차원으로는 사회관계적 차원과 문화상징적 차원을 들 수 있다. 이 두 차원은 구별되면서도 현실에서는 맞물려 있어서 이런 접점에 서 있는 행위자들에 의해 재생산되기도 하고 변형되기도 한다. 소비에서도 행위, 사회적 관계, 문화적 상징 구조의 세 차원이 복합적으로 맞물려 있다.

### 복합적 연결망 구조

행위자 간의 관계는 한 가지 연결에 의하기보다는 복합적이다. 이 장에서 주목하는 복합적 연결망은 두 차원으로 구성된다. 첫 번째 차원은 역할 연결망과 인적 연결망이다. 대학생들의 경우, 남자와 여자, 선배와 후배에 대해 비교적 명확하게 정의된 역할을 부여한다. 남자는 여자에게 어떻게 행동해야 하고, 선배는 후배에게 어떤 행동을 하도록 기대되는지가 비교적 분명하다. 이와 같이 역할이 규정해주는 연결망을 역할 기대의 연결망role expectation network 혹은 역할 연결망role network이라고 부르기로 한다. 역할 연결망은 특정 개인에 따라 달라지지 않는다는 특징을 갖는다. 상대에 대한 행동은 상대의 독특한 인격이 아니라 그 상대가 어떤 역할 속에 들어가 있느냐에 따라 달라진다.

또 다른 사회적 관계는 인적 연결망personal network이다. 전형적인 연결망은 친밀함에 의해 구성되는 연결에 기초하는 것이다. 이 연결망은 개인에게 고유하다. 특정한 개인과 친하거나 친하지 않거나 할 수 있다는 점에서 이 연결망은 구체적 개인 간의 연결에 기초한다. 개인적으로 친한 사이에서도, 친한 사이에는 전형적으로 어떠한 종류의 상호작용이 기대되는 것이 보통이라는 내용의 구속성이 있을 수 있기 때문에 완전히 개인 의존적인 것은 아니지만 남녀나 선후배와 같은 역할 관계에 비하면 개인 의존적인 정도가 훨씬 크다고 할 수 있다.

두 번째 차원은 관계의 연결망relational network과 상징의 연결망symbolic network이다. 여기서는 연결이 행동이나 물적 존재를 기초로 하느냐 아니면 행위자들이 주관적으로 구성하고 인정하는 상징과 의미를 기초로 하느냐가 중요하다(손상희·천경희, 2004). 관계의 연결망은 행위자 사이에 존재하는 행동이나 소속과 같은 물적 대상에 기초한다. 거래와 교환, 소속 등이 대표적인 연결 내용이다. 상징의 연결망은 행위자들이 주관적으로 구성해 공유하는 관념의 틀을 가리킨다. 이 틀은 역할이나 개인과 같은 노드node 사이에 어떤 연결이 존재하느냐에 대한 관념과 의미 부여를 제공한다. 선배는 후배에게, 남자는 여자에게 특정 의미를 가지므로 특정 방식으로 행동해야 옳다고 믿는 것이 이에 해당한다.

이 두 차원은 공히 연결의 구조가 행위와 사고를 지배하는 것과 연관된다. 이에 의하면 역할에 따른 틀이 존재하고 전형적 행위 양식이 존재하며 행위 규범은 구속성을 갖는다. 그러나 연결망은 행위를 규정하지만은 않는다. 복합적으로 구성되는 연결망은 주어진 것, 고정불변의 것이라기보다는 행위자들에 의해 적극적으로 해석되고 이용되고 변형된다. 행위자들은 역할 관계에서 기대되는 행동의 규칙을 개인적 목적에 동원해 이용하기도 하고, 때로는 이 규칙에 저항하고 규칙을 수정하려고 하기도 한다. 상징의 연결망 역시 새로운 의미 부여나 정당화 혹은 도전에 직면해 변화할 수 있다. 이 책에서는 행위자들이 연결망 구조를 동원하고 이용하는 측면과 이를 구성해가는 측면에 주목한다.

### 연결망에서의 상호작용

행위자들은 복합적 연결망 구조에 의해 제약되지만 이를 이용하기도 한다. 가장 흔히 나타나는 이용 방식은 불확실성의 해소, 그리고 정보와 의미의 신호 기능이다. 경제사회학의 연구들은 사회적 관계 속에서 이루어지는 경제적 행위가 불확실성을 해소해주는 기능을 갖거나 이런 기능 때문에 의도적으로 선택된다는 점을 강조한다. 이는 마크 그라노베터 Mark Granovetter의 배태 혹은 자리매김embeddedness 명제인데, 생산자 사이에서, 생산자와 소비자 사이에서, 또한 소비자 사이에서 연결망 중심의 배태성을 통해 불확실성을 통제하는 현상들이 관찰되고 설명되었다(박상준·김현철·정재리, 2003; 박찬웅, 2004; Granovetter, 1973; Uzzi,1999). 연결망이 갖는 사회적 자본 기능으로서 정보의 제공이나 기회주의적 행동 가능성의 억제에 대한 연구들은 연결망이 정보 부재나 종속에서 비롯되는 불확실성을 해소해주는 점에 주목한다.

경제 행위의 또 다른 중요 요소는 정보와 의미의 전달 혹은 신호이다. 관계와 상징으로 구성된 복합적 연결망은 행위자들이 정보나 의미를 전달하는 도구가 된다. 행위자들이 공유하는 연결망에 대한 인식이 존재할 때는 연결망 속에서 어떤 행동을 취하는가는 중요한 의사소통의 도구가 된다. 즉, 관계와 상징의 연결망 구조는 의사소통의 기본적 문법 역할을 하는 것이다. 행위자들은 직접적으로 언어를 통해 의사를 전달하고 의미를 표시하기도 하지만, 많은 상황에서 언어적 표현보다는 비언어적 표현을 더 많이 사용한다. 이럴 때 행위자들은 기존 연결망과 관련된 규칙을 준수하거나 어기는 행동을 통해 타인에게 의미를 전달하고 타인의 행동의 의미를 해석하게 된다. 여기서 행동이 갖는 의미는 관계의 연결망과 그 연결망에 대해 기대되는 상징적 질서의 연결망 간의 대응 구조를 배경으로 구성되고 전달되어 판독된다. 한국에는 선배와 후배로서의 역할 연결망과 서로 친하다는 인적 연결망이 존재하는데, 선배는 친한 후배의 식사비를 무조건 부담해야 하는 것으로 기대되는 상징의 연결망이 여기에 대응된다. 복합적으로 구성되는 연결망 구조를 따르는 행동과 이를 따르지 않는 행동은 서로 완전히 다른 의미를 전달한다.

행위자가 복합적 연결망 구조를 이용하는 행위는 곧 연결망 구조를 구성하고 유지하고 변형시키는 행위가 된다. 행위자가 기존의 연결망 구조에서 기대되는 바에 따라 행동하면 구조는 강화된다. 그리고 기존의 역할 연결망에 다른 상징적 질서를 부여하면 구조의 문법에 변화를 가져온다. 나아가 행위자가 기존의 연결망 질서 전체를 부인하는 것은 구조의 문법의 존재 자체를 인정하지 않는 행동이다. 행위자들은 연결망 구조에 따르거나 이 구조에 근거한 해석 혹은 상징의 질서에 따르는 방식으로 불확실성을 해소한다. 그러나 행위는 구조를 변형시키는 기능을 가지고 있어서 준거틀이 되는 연결망 구조를 변경시킬 수 있기 때문에 행위의 의미가 새로운 불확실성을 가질 수도 있다. 고정불변의 구조가 아니라 구성 및 변형이 가능한 구조는 불확실성을 완전히 없애지 못한다.

행위와 상호 구성적, 상호작용적 관계를 맺는 연결망 구조의 관점에서 보면 대학생들이 식사비를 부담하는 소비 행위 역시 연결망 구조 속에 자리매김하면서 불확실성을 해소하고 의미를 전달하지만, 이와 반대로 행위자가 연결망 구조를 이용하기도 하고 나아가 이를 변형시키기도 한다.

## 소비 행위에 대한 가설의 설정

소비는 타인과 아무 관계를 맺지 않는 원자론적 개인에 의해 이루어지기보다는 많은 경우 타인과 연결되거나 연계된 상황에서 이루어진다. 따라서 소비로부터 효용을 얻는 사람과 이 효용에 대한 비용을 지불하는 사람은 서로 다를 수 있다. 가족 단위의 소비에서 이런 점이 가장 잘 나타나는데, 소비 품목을 결정하는 사람, 지불하는 사람, 품목을 실제 소비하는 사람이 모두 다른 경우가 대부분이라는 점은 소비자 행동이나 마케팅 연구 등에서 잘 알려져 있다. 여기에서는 가족이 아닌 사이에서 어떤 관계적 맥락이 소비를 연결시키는지에 주목한다. 폴 디마지오Paul Dimaggio와 휴 라우치Hugh Louch의 연구를 보면 고가품을 구입하려는 사람은 재화나 서비스에 대해 불확실성을 갖기 때문에 보통 아는 사람을 통해 중개자를 소개받는다. 이 연구는 연결망 속에서 소비와 관련된 정보를 수집하는 행위를 잘 보여주고 있다(DiMaggio and Louch, 1998).

밀도 높은 관계 속에서 맥락이 강하게 작용하는 한국에서는 많은 소비가 사회관계 속에서 이루어진다. 그 예로 집단으로 이루어지는 회식이나 음주, 가족 단위의 소비, 중년의 여성들이 친구들과 어울려서 하는 소비, 여러 사람이 같이 하는 영화 관람 및 단체 관광을 쉽게 떠올릴 수 있다.

이러한 소비는 디마지오의 연구가 보여주는 소비 행위와는 다른데, 단지 연결망을 통해 정보를 얻거나 거래 상대의 기회주의 가능성을 억제하는 것이 아니라 최종적인 소비 자체가 집단이나 관계 속에서 이루어지기 때문이다(박상준·김현철·정재리, 2003). 여기서는 소비의 주체가 집단이거나 서로 연결된 개인이 된다. 동아시아 사회는 집단적인 문화 속에 있기 때문에 소비에서도 집단주의적 맥락이 작용한다(Gannon, 2001). 관계 속에서 이루어지는 관계적 소비는 불확실성의 해소와 소비 주체의 형성에 핵심적인 기제이다(권혜진·이기춘, 2006). 사회화된 행위자들은 타인과 같이 식사할 때 어떤 방식으로 식사비를 지불해야 할지에 대한 일반적인 생각을 가지고 있다고 볼 수 있다. 한국 대학생들의 경우 선후배가 식사를 할 때 후배는 선배가 살 것이라고 예상하고 선배는 자신이 식사비를 계산하리라 예상하는 것이 이에 해당한다. 이런 점을 고려하여 다음과 같이 개인주의와 관련된 가설을 검증해볼 수 있다.

가설 1: 행위자들은 연결된 소비 행위에서 개인주의적 이익을 극대화하지 않는다.

복수의 행위자들이 서로 연결되어 움직이는 관계적 소비는 불확실성을 해소하기도 하지만 새로운 불확실성을 부여하기도 한다. 개인에 의한 선택과 소비에서는 본인의 선호와 상품에 대한 정보에만 유의하면 되지만 타인과 연결된 소비에서는 본인뿐 아니라 상대의 효용, 그리고 양자가 결합된 상태에서의 효용을 고려해야 하기 때문에 훨씬 더 복잡한 불확실성을 부여한다. 한 행위자가 혼자 식당에 들어가서 식사를 하고 나오거나 여러 행위자가 동일한 식당에 같이 들어가더라도 원하는 음식을 각각 주문해서 먹고 나오는 경우는, 둘 혹은 그 이상의 행위자가 관계적으로나 의미적으로 연결된 상태에서 식사를 하기 때문에 상대의 효용, 본인의 효용, 양자를 연결시켜주는 상황의 특성을 복합적으로 고려해야 하는 경우와는 다르다. 관계적, 의미적으로 연결된 소비 주체의 행동에 대한 연구는 기존의 경제사회학 전통에서는 쉽게 찾아보기 어려운데, 이는 경제사회학을 발전시킨 미국 사회와 문화의 특징이 관계적 맥락이 강한 사회와는 다르기 때문인 것으로 보인다.

한국에서는 행위자들이 특히 다른 행위자와 같이 식사를 하는 연결된 소비 행위에서 개인주의적 행위를 보이기보다는 행위자 간의 관계를 규정하는 연결망의 영향을 많이 받을 것이다. 따라서 두 번째 가설은 행위자들이 관계와 상징의 연결망에 따라 행동한다는 것이다. 이를 관계와 상징의 두 차원으로 나누어볼 수 있다. 우선 행위자들은 다른 행위자와 명시적으로 규정되는 역할 연결망과 인적 연결망 속에 들어간다. 이를 행위의 관계적 자리매김relational embeddedness 명제라고 부르기로 한다.

가설 2: 행위자들은 연결된 소비 행위에서 관계의 연결망에 따라 행동하고자 한다.

관계의 연결망에 대해서는 행위자들이 기대하고 인정하는 상징적 질서가 존재할 수 있다. 행위는 이러한 상징적 질서에서 벗어나기 어려울 것이다. 식사비 부담에서도 이런 점이 나타난다. 즉, 행위자들은 객관적인 관계의 특성에 부합되는 것으로 여겨지는 문화적 행동 규칙, 혹은 규범에 의해 구속된다. 이를 행위의 상징적 자리매김symbolic embeddedness 명제라고 부르기로 한다.

가설 3: 연결된 소비가 이루어지는 관계의 연결망에는 행위자들이 공유하는 해석과 기대의 상징적 구조가 대응된다.

지금까지 행위가 관계나 상징의 연결망 구조에 자리매김되는 점을 강조했으나 이런 명제들은 행위자들이 주어진 구조를 이용할 수 있음을 내포한다. 연결망 구조가 완전하게 행위를 결정하지 않는 한 행위자들은 관계와 상징의 연결 구조를 동원해 자신의 목적에 사용할 수 있다. 여기서는 행위자들이 주어진 관계와 상징의 연결망에 동조하거나 이탈하는 행위를 통해 직접 말하기 어려운 내용을 신호로 전달하는 점에 주목한다. 이 명제를 전략적 동원strategic mobilization 명제라고 부를 수 있다.

가설 4. 행위자들은 연결된 소비 행위를 행할 때 기존의 연결망 구조를 동원해 신호를 전달한다.

행위자들은 연결망 구조를 이용하면서 연결망 구조를 유지시킬 뿐 아니라 구조에서 이탈하고자 하는 행위자에게 제재를 가해 연결망 구조가 붕괴되는 것을 막는다. 자신들이 옳다고 여기는 바를 현실에서 강요함으로써 그들은 연결망 구조를 생산, 재생산해 나아간다. 이를 사회적 구성social construction 명제라고 부를 수 있다.

가설 5. 행위자들은 소비 행위를 인도하는 관계와 상징의 구조가 계속 유지되도록 행동한다.

## 2. 연구 방법

연구진은 설문 조사와 인터뷰를 통해 자료를 수집했다. 그들은 조사에 응한 사람들에게 다른 사람과 같이 식사를 하고 있다는 특정 상황을 제시하고 자신의 최근 경험에 기초해 식사비를 누가 어떻게 부담할 것인가를 생각해 답하도록 부탁했다. 여기서 '식사'는 식당에서 함께 밥을 먹거나,

차를 마시거나, 술을 마시는 행위와 같이 2인 이상이 함께 음식이나 음료 등을 소비하는 행위를 포함한다. 연구진은 응답자들에게 〈표 7.1〉과 같은 상황을 제시하고 지불 방식을 택하도록 했다. 응답자들은 자신의 행동을 예상하여 답했기 때문에 실제 상황과는 다를 수도 있다.

설문지에서 제시한 식사 상황은 응답자들이 상황 파악에서 중요하게 여기는 기준 혹은 변수를 반영한다. 주요 변수는 상대와 내가 잘 알고 지내는 사이인지의 여부, 상대적인 연령, 동성과 이성 여부, 경제력 수준, 다시 만날 가능성, 상대에 대한 호감 여부이다. 연구진은 이들 변수를 선택해 상대에 대한 호감 여부는 이성을 소개받는 상황에만 적용했고, 다시 만날 가능성은 그렇게 친하지는 않은 사이에만 적용했으며, 경제력 수준은 잘 아는 사이에만 적용했다. 이성을 소개받는 상황은 일대일로 대면하는 특수한 상황에 속하기 때문에 따로 제시했다.

설문 조사는 예비 조사와 본조사로 나누어 실시했다. 예비 조사는 두 차례에 걸쳐 실시했는데 행위자의 행동에 영향을 미치는 변수들을 탐색하는 것이 목적이었다. 연구진은 설문지에 기초하여 구두 질문 방식으로 조사했다. 1차 예비 조사는 2005년 10월 15일과 22일 두 번 실시했다. 응답자는 남녀 25명씩 총 50명으로 연령 분포는 19~26세이다. 조사는 김은영에 의해 서울, 경기 지역의 레저 스포츠 동아리인 T에 소속된 대학생들을 대상으로 진행되었다. 2차 예비 조사에서는 항목을 수정해 2005년 11월 19일에는 1차 설문에 응답한 50명에게 질문했다. 2005년 11월 24일과 11월 27일 신촌의 파스쿠찌 커피점과 강남역 스타벅스 커피점에서 30명(남자 15명과 여자 15명, 연령 범위 20~25세)에게 설문 조사를 실시하고 추가 질문이 필요하면 인터뷰를 실시했다. 2차 설문에서 80명(남자 40명, 여자 40명)의 응답자들로부터 설문 결과를 얻었다. 이 자료를 분석해 본조사에서 사용할 문항을 정했다.

표 7.1 응답자와 함께 식사한 상대의 특징

| 항목 번호 | 항목 내용 |
|---|---|
| 1-1 | 잘 알고 지내는, 나보다 나이 많은 동성(상대방 경제력이 나보다 높음) |
| 1-2 | 잘 알고 지내는, 나보다 나이 많은 동성(상대방 경제력이 나보다 낮음) |
| 1-3 | 잘 알고 지내는, 나보다 나이 많은 이성(상대방 경제력이 나보다 높음) |
| 1-4 | 잘 알고 지내는, 나보다 나이 많은 이성(상대방 경제력이 나보다 낮음) |
| 1-5 | 잘 알고 지내는, 나와 나이가 같은 동성(상대방 경제력이 나보다 높음) |
| 1-6 | 잘 알고 지내는, 나와 나이가 같은 동성(상대방 경제력이 나보다 낮음) |
| 1-7 | 잘 알고 지내는, 나와 나이가 같은 이성(상대방 경제력이 나보다 높음) |
| 1-8 | 잘 알고 지내는, 나와 나이가 같은 이성(상대방 경제력이 나보다 낮음) |
| 1-9 | 잘 알고 지내는, 나보다 어린 동성(상대방 경제력이 나보다 높음) |
| 1-10 | 잘 알고 지내는, 나보다 어린 동성(상대방 경제력이 나보다 낮음) |
| 1-11 | 잘 알고 지내는, 나보다 어린 이성(상대방 경제력이 나보다 높음) |
| 1-12 | 잘 알고 지내는, 나보다 어린 이성(상대방 경제력이 나보다 낮음) |
| 2-1 | 특별히 친하지 않은, 나보다 나이 많은 동성 |
| 2-2 | 특별히 친하지 않은, 나보다 나이 많은 이성 |
| 2-3 | 특별히 친하지 않은, 나와 나이가 같은 동성 |
| 2-4 | 특별히 친하지 않은, 나와 나이가 같은 이성 |
| 2-5 | 특별히 친하지 않은, 나보다 어린 동성 |
| 2-6 | 특별히 친하지 않은, 나보다 어린 이성 |
| 3-1 | 소개팅 자리에서, 나보다 나이 많은 사람(상대방에게 호감을 느낌) |
| 3-2 | 소개팅 자리에서, 나보다 나이 많은 사람(상대방에게 호감을 느끼지 않음) |
| 3-3 | 소개팅 자리에서, 나와 나이가 같은 사람(상대방에게 호감을 느낌) |
| 3-4 | 소개팅 자리에서, 나와 나이가 같은 사람(상대방에게 호감을 느끼지 않음) |
| 3-5 | 소개팅 자리에서, 나보다 어린 사람(상대방에게 호감을 느낌) |
| 3-6 | 소개팅 자리에서, 나보다 어린 사람(상대방에게 호감을 느끼지 않음) |
| 4-1 | 처음 만났으며, 나보다 나이 많은 동성(다시 만날 것으로 예상) |
| 4-2 | 처음 만났으며, 나보다 나이 많은 동성(다시 만나지 않을 것으로 예상) |
| 4-3 | 처음 만났으며, 나보다 나이 많은 이성(다시 만날 것으로 예상) |
| 4-4 | 처음 만났으며, 나보다 나이 많은 이성(다시 만나지 않을 것으로 예상) |
| 4-5 | 처음 만났으며, 나와 나이가 같은 동성(다시 만날 것으로 예상) |
| 4-6 | 처음 만났으며, 나와 나이가 같은 동성(다시 만나지 않을 것으로 예상) |
| 4-7 | 처음 만났으며, 나와 나이가 같은 이성(다시 만날 것으로 예상) |
| 4-8 | 처음 만났으며, 나와 나이가 같은 이성(다시 만나지 않을 것으로 예상) |
| 4-9 | 처음 만났으며, 나보다 어린 동성(다시 만날 것으로 예상) |
| 4-10 | 처음 만났으며, 나보다 어린 동성(다시 만나지 않을 것으로 예상) |
| 4-11 | 처음 만났으며, 나보다 어린 이성(다시 만날 것으로 예상) |
| 4-12 | 처음 만났으며, 나보다 어린 이성(다시 만나지 않을 것으로 예상) |

본 설문 조사도 조사자가 응답자들에게 직접 설문지를 제시하는 방식으로 진행되었다. 조사는 2006년 7월 29일부터 8월 5일까지 실시되었으며, 장소는 대학로, 연세대학교, 성균관대학교, 강남 M영화관, 신촌 A영화관, 구로 C영화관, 서강대학교, 이화여자대학교, 신촌 B백화점이다. 조사는 응답자에게 설문에 대해 설명한 후 설문지를 제시하고, 이해하기 어려운 문항에 대해 조사자가 설명을 덧붙이면서 응답자가 설문지를 작성하는 방식으로 진행되었다. 2006년 8월 5일까지 총 100부(남자 50부, 여자 50부)의 설문지를 회수했는데 이 중 개인 정보가 표시되어 있지 않은 3부와 일관성 없게 답한 설문지 7부를 제외한 총 90부(남자 42부, 여자 48부)의 설문지를 분석 대상으로 결정했다. 남자의 연령 범위는 19세에서 26세 사이, 여자의 연령 범위는 18세에서 25세 사이였다.

## 3. 사회관계와 인식의 유형

### 개인주의 대 관계주의

먼저 살펴볼 명제는 소비자들이 개인주의적 행동을 보이는지의 여부이다. 자료의 특성을 고려해보면, 개인주의적 태도는 음식 값 총액 중 절반씩, 혹은 자신이 먹은 액수만큼만 내는 태도의 빈도에 의해 나타낼 수 있다. 비개인주의적 태도의 비중을 보기 위해 개인주의적 태도를 0, 비개인주의적 태도를 1로 놓았을 때 나타나는 문항별 평균값과 0과의 차이를 검증한다. 영가설은 모든 응답자가 개인주의적 행동을 한다는 것으로 설정했다. 모집단에서 평균값이 0일 확률은 매우 낮고, 보통 사용하는 기준 0.05나 0.01에 비해 매우 낮아서 영가설은 기각되었다. 따라서 응답자들의 개인주의적 행동을 부정하는 가설 1은 지지된다. 비개인주의적 태도의 비율이 특히 높은 문항을 보기 위해 평균값이 0.9 이상인 경우를 골라 그 값이 큰 순서대로 보면, 항목 1-12, 1-3, 1-10이다. 응답자의 94.1%, 94.0%, 90.7%가 각자 소비한 만큼 비용을 부담하는 것을 회피한다고 답했다. 소비자들은 상황에 따라 다양하게 반응하는데 어느 경우이건 각자 부담하거나 반반씩 부담하는 행동은 흔하지 않다. 따라서 모든 응답자가 개인주의적 행동을 한다는 개인주의 가설은 지지되지 않는다고 결론을 내릴 수 있다.

### 공통적 합의의 존재와 유지

응답자들 사이에 어떤 행동 규칙이 있는지 알아보기 위해 각 질문에서 가장 높은 빈도를 보인 응답 유형을 살펴보기로 한다. 빈도가 가장 높은 응답과 두번째로 높은 응답의 비율이 큰 차이가 나지 않으면 두 가지를 같이 고려해본다. 〈표 7.2〉는 가장 빈도가 높은 응답과 그 응답의 비율, 그리고 두 번째로 빈도가 높은 응답과 그 응답의 비율을 보여주는데 범주에 대한 기술은 〈표 7.1〉과 동일하다.

### 연령에 따른 의무감

친한 사이에서의 식사비 부담에서, 동성이건 이성이건 선배이고 경제력 수준이 더 높은 사람이 부담하는 것에 대해서는 의견이 일치된다. 동갑일 때는 상대가 동성이건 이성이건 경제력 수준이 더 높건 낮건 반반씩 부담하고자 한다. 상대가 응답자보다 어릴 때는 상대의 성이나 경제력 수준에 상관없이 응답자가 부담하고자 한다.

표 7.2 상황별 식사비 부담 유형

| 상대의 범주 | 항목 번호 | 최빈 응답 | | 두 번째 최빈 응답 | |
|---|---|---|---|---|---|
| | | 응답 | 비율 | 응답 | 비율 |
| 친한, 나이 많은 동성(경제력 높음) | 1-1 | 상대 | 0.43 | 2차 내가 | 0.17 |
| 친한, 나이 많은 동성(경제력 낮음) | 1-2 | 반반 | 0.29 | 소비 금액 | 0.18 |
| 친한, 나이 많은 이성(경제력 높음) | 1-3 | 상대 | 0.56 | 2차 내가 | 0.18 |
| 친한, 나이 많은 이성(경제력 낮음) | 1-4 | 상대 | 0.24 | 2차 내가 | 0.23 |
| 친한, 동갑 동성(경제력 높음) | 1-5 | 반반 | 0.54 | 소비 금액* | 0.20 |
| 친한, 동갑 동성(경제력 낮음) | 1-6 | 반반 | 0.47 | 소비 금액 | 0.20 |
| 친한, 동갑 이성(경제력 높음) | 1-7 | 반반 | 0.26 | 1,2차 분담/상대 | 0.14/0.14 |
| 친한, 동갑 이성(경제력 낮음) | 1-8 | 반반 | 0.30 | 소비 금액/2차 내가 | 0.12/0.12 |
| 친한, 어린 동성(경제력 높음) | 1-9 | 내 부담 | 0.52 | 반반 부담/1,2차 분담 | 0.13/0.12 |
| 친한, 어린 동성(경제력 낮음) | 1-10 | 내 부담 | 0.67 | 1,2차 분담/비율 다름** | 0.08/0.08 |
| 친한, 어린 이성(경제력 높음) | 1-11 | 내 부담 | 0.52 | 1,2차 분담 | 0.12 |
| 친한, 어린 이성(경제력 낮음) | 1-12 | 내 부담 | 0.66 | 1,2차 분담 | 0.09 |
| 친하지 않은, 나이 많은 동성 | 2-1 | 반반 | 0.43 | 상대 | 0.20 |
| 친하지 않은, 나이 많은 이성 | 2-2 | 반반/상대 | 0.31 | 소비 금액 | 0.12 |
| 친하지 않은, 동갑 동성 | 2-3 | 반반 | 0.53 | 소비 금액 | 0.28 |
| 친하지 않은, 동갑 이성 | 2-4 | 반반 | 0.42 | 소비 금액 | 0.20 |
| 친하지 않은, 어린 동성 | 2-5 | 내 부담 | 0.38 | 반반 | 0.28 |
| 친하지 않은, 어린 이성 | 2-6 | 내 부담 | 0.38 | 반반 | 0.28 |
| 나이 많은 소개 상대(호감 있음) | 3-1 | 상대 | 0.23 | 내 부담 | 0.21 |
| 나이 많은 소개 상대(호감 없음) | 3-2 | 상대 | 0.36 | 반반 | 0.16 |
| 동갑의 소개 상대(호감 있음) | 3-3 | 내 부담 | 0.26 | 2차 내가 | 0.20 |
| 동갑의 소개 상대(호감 없음) | 3-4 | 상대 | 0.22 | 내 부담 | 0.17 |
| 어린 소개 상대(호감 있음) | 3-5 | 내 부담 | 0.39 | 2차 내가 | 0.20 |
| 어린 소개 상대(호감 없음) | 3-6 | 내 부담 | 0.27 | 반반 | 0.20 |
| 처음 만난, 나이 많은 동성(재회 가능성) | 4-1 | 반반 | 0.30 | 상대 | 0.20 |
| 처음 만난, 나이 많은 동성(재회 불가) | 4-2 | 반반 | 0.37 | 소비 금액 | 0.20 |
| 처음 만난, 나이 많은 이성(재회 가능성) | 4-3 | 반반 | 0.23 | 상대 | 0.21 |
| 처음 만난, 나이 많은 이성(재회 불가) | 4-4 | 반반 | 0.28 | 소비 금액 | 0.22 |
| 처음 만난, 동갑 동성(재회 가능성) | 4-5 | 반반 | 0.47 | 소비 금액 | 0.22 |
| 처음 만난, 동갑 동성(재회 불가) | 4-6 | 반반 | 0.49 | 소비 금액 | 0.27 |
| 처음 만난, 동갑 이성(재회 가능성) | 4-7 | 반반 | 0.27 | 내 부담/소비 금액 | 16.67/16.67 |
| 처음 만난, 동갑 이성(재회 불가) | 4-8 | 반반 | 0.32 | 소비 금액 | 0.23 |
| 처음 만난, 어린 동성(재회 가능성) | 4-9 | 내 부담 | 0.41 | 반반 | 0.20 |
| 처음 만난, 어린 동성(재회 불가) | 4-10 | 내 부담 | 0.32 | 반반 | 0.26 |
| 처음 만난, 어린 이성(재회 가능성) | 4-11 | 내 부담 | 0.42 | 반반 | 0.18 |
| 처음 만난, 어린 이성(재회 불가) | 4-12 | 내 부담 | 0.29 | 반반 | 0.22 |

*: 자신이 소비한 금액만 부담. **: 한 사람이 더 많이 부담.

상대가 응답자보다 경제력 수준이 낮은 선배일 때는 응답자가 비용을 분담하려는 경향이 크다. 응답자들은 경제력이라는 금전적 제약을 고려하는 합리적 행동을 보인다. 그러나 경제적 부담에 따른 합리적 행동은 사회적 위치나 역할에 의해 결정적으로 제약된다. 입장을 바꾸어 상대가 경제력 수준이 응답자보다 높은 후배일 때는 경제력 수준과 상관없이 본인이 지불하고자 하는 경향이 강하다. 이는 경제적 고려에 따른 합리적 행위와는 완전히 다른 것으로서, 응답자 본인이 선배가 되면 경제력 수준과 상관없이 후배에게 선배로서의 부담을 지고자 함을 나타낸다.

특별히 친하지 않은 사이에서는 상대가 선배이건 동갑이건 상관없이 식사비 부담을 분담하고자 하는 경향을 보인다. 상대가 응답자보다 나이가 많거나 동갑일 경우에는 친한 사이일 때에 비해 특별히 친하지는 않은 사이일 때 부담을 분담하고자 하는 경향이 강하다. 상대가 나이가 더 어릴 때는 본인이 부담하려는 경향이 높다. 이런 경향은 친한 사이일 때와 동일하다.

모르는 사람이지만 조별 과제나 행사 준비로 인해 식사를 같이 할 때 재회 가능성이 있는 경우 상대가 나이가 더 많거나 동갑일 때는 분담 경향이 강하지만 상대가 어릴 때는 응답자가 부담하겠다는 경향이 뚜렷하다. 친한 사이인지, 애매한 사이인지, 처음 만난 사람인지의 여부와 상관없이 상대가 어리면 자신이 부담하려는 경향은 일관되게 나타나서 지배적인 행동 규칙이 드러난다고 할 수 있다. 이와 같이 특정 상황에서 지불 행위의 규칙이 존재하며 각 행위자가 그 규칙을 이해하고 있다는 점이 사람들 사이에서 공통의 합의를 가능하게 하는 것임을 확인할 수 있다.

연령의 영향은 이성을 소개받는 상황에서 사라진다. 이러한 상황에서는 식사비를 반반씩 부담하거나 소비한 만큼 부담하거나 혹은 다른 방식으로 분담하려는 경향이 드물고, 대부분 한 사람이 부담한다. 이성을 소개받을 경우에는 남녀 간 차이가 매우 클 수 있으므로 남녀별로 살펴볼 필요가 있다. 설문 조사에서는 상대가 이성일 때와 동성일 때를 구별해서 질문했는데, 응답자 구성은 남녀가 거의 절반이므로 성과 관련해서는 결론을 내릴 수 없다.

연령에 따른 행위 규칙을 부과하는 데에는 평판 형성과 규범적 제재가 작용한다. 행위자들이 다른 행위자로 하여금 규칙을 따르도록 하기 위해 이용하는 방법 중 하나가 평판을 이용한 압력이다. 후배와 식사한 후 본인의 식사비만 지불하는 사람이 있으면 주위 사람들이 그에게 '구두쇠다', '성격이 쩨쩨하다'라는 비난을 하는데, 이는 규칙 위반에 대한 처벌의 성격을 갖는다.

> 왜 후배들이나 친구들한테 밥 잘 사는 선배 꼭 있잖아요. 그런 선배들 보면 (밥을) 잘 사는 선배들이 은근히 쪼아요(비난해요). (남, 19세)

### 상황과 남녀별 차이

〈표 7.3〉에 의하면 친한 동성 선배와 식사할 때 돈이 더 많은 선배가 지불하는 것에 대해서는 응답자의 40~50%가 쉽게 동의한다. 여성이 남성보다 더 균등하게 부담하려는 경향이 있으나 큰 차이는 아니다(항목 1-1). 동성의 친한 선배이지만 경제력 수준이 낮을 경우에는 균등하게 부담하려는 경향이 크게 늘어나며, 여성이 남성보다 이러한 경향이 더 강하다. 선배가 돈이 없는데도 선배에게 부담을 지우겠다는 태도는 남성이 여성보다 더 강하다(항목 1-2).

여성이 남성보다 비용을 더 분담하고자 하는 경향이나 남성이 덜 분담하고자 하는 경향은 경제력이 더 좋은 이성 선배를 만나면 역전된다. 남

표 7.3 친한 선배와의 식사에서 식사비 부담 의향

(단위: %)

| 상대의 성별 | 동성 선배 | | | | 이성 선배 | | | |
|---|---|---|---|---|---|---|---|---|
| 상대의 경제력 | 경제력 더 높음 | | 경제력 더 낮음 | | 경제력 더 높음 | | 경제력 더 낮음 | |
| 응답자 성별 | 남성 | 여성 | 남성 | 여성 | 남성 | 여성 | 남성 | 여성 |
| 내가 부담 | 0.00 | 2.08 | 11.90 | 8.33 | 7.14 | 0.00 | 21.43 | 2.08 |
| 1, 2차 분담 | 0.00 | 0.00 | 4.76 | 4.17 | 4.76 | 0.00 | 16.67 | 8.33 |
| 반반 부담 | 9.52 | 14.58 | 23.81 | 33.33 | 7.14 | 2.08 | 9.52 | 18.75 |
| 각자 부담 | 9.52 | 6.25 | 14.29 | 20.83 | 2.38 | 0.00 | 2.38 | 4.17 |
| 상대 부담 | 47.62 | 39.58 | 16.67 | 4.17 | 38.10 | 70.83 | 26.19 | 22.92 |
| 비율 다르게 부담 | 0.00 | 0.00 | 0.00 | 0.00 | 0.00 | 0.00 | 2.38 | 0.00 |
| 규칙 없음 | 7.14 | 4.17 | 9.52 | 2.08 | 11.90 | 2.08 | 9.52 | 2.08 |
| 내가 2차 부담 | 14.29 | 18.75 | 9.52 | 18.75 | 14.29 | 20.83 | 7.14 | 37.50 |
| 상대가 많이 부담 | 9.52 | 10.42 | 9.52 | 6.25 | 9.52 | 2.08 | 4.76 | 4.17 |
| 합 | 100.00 | 100.00 | 100.00 | 100.00 | 100.00 | 100.00 | 100.00 | 100.00 |

자들은 여자 선배를 만날 때 선배의 경제력 수준이 더 높아도 자신이 내거나 분담하고자 하는 경향이 더 강한 반면, 여자는 남자 선배가 지불하도록 하는 경향이 크다. 돈이 더 많은 이성 선배가 지불하게 하는 비율은 남성이 38.10%인데 반해 여성은 70.83%이다.

이성 선배가 응답자보다 경제력 수준이 낮을 때에는 남성과 여성의 경우가 매우 달라진다. 남성의 경우 자신이 비용을 지불하겠다는 비율이 여성보다 10배 정도 높은 반면 선배에게 지불하도록 하겠다는 비율도 여성보다 높다(남성 24.43%, 여성 2.08%). 여성은 식사 후 차를 사는 방식으로 분담하려는 경향이 강하다(7.14%, 37.50%). 남성은 자신이 모두 지불하겠다는 비율이 높은 반면 여성은 분담하려는 비율이 높아서 남녀가 경제력 없는 이성 선배의 부담을 덜어주는 방식이 다름을 알 수 있다.

경제력 수준이 더 높은 동갑의 동성과 식사를 할 때는 남녀 공히 경제력과 상관없이 비용 분담을 선호한다. 이는 경제력보다 연령의 동등 여부가 더 중요함을 보여준다. 동갑인 동성 상대의 경제력 수준이 응답자보다 낮을 때, 이성 선배의 경우와 같이 남성은 자신이 부담하겠다는 비율이 더 높은 반면(16.67%, 6.25%) 여성은 분담하겠다는 비율이 높다(64.29%, 85.42%). 상대가 모두 지불하도록 하겠다는 응답은 단 한 명도 없다. 남성은 자신이 모두 지불하겠다는 경향이 여성보다 높지만, 여성은 분담하겠다는 경향이 남성보다 높다. 자신이 모두 지불하겠다는 비율에서 남성이 여성보다 10% 정도 더 높은 점을 감안해도 여성은 분담하겠다는 비율이 남성보다 더 높다. 경제적으로 어려운 상대를 만날 때 부담을 분담하는 방식에서 남녀가 다르다는 것이 나타난다.

상대가 동갑인 이성일 때도 남녀는 큰 차이를 보인다. 상대의 경제력 수준이 더 높을 때 남성은 그래도 자신이 비용을 지불하겠다는 경향이 더 높다(11.90%, 2.08%). 또한 분담하겠다는 경향에서도 남성과 여성 사이에 큰 차이가 없지만(59.52%, 54.99%), 여성은 남성에 비해 2차를 내겠다는 비율이 더 높다(0.00%, 13.33%). 처음부터 1차와 2차를 구별해서 계획하거나 반반씩 지불하겠다는 태도는 남성이 훨씬 더 높은 반면, 여성은 각자 부담하거나 일단 1차에서 남자가 부담하게 한 후 2차를 내겠다는 응답이 많다. 동갑인 이성 상대의 경제력 수준이 낮을 경우, 이런 차이는 더 두드러진다. 이때는 자신이 식사비를 부담한다는 비율에 있어 남녀 차이는 더욱 커지는데(35.71%, 0%), 반대로 분담을 선호하는 경향은 여성에게서 훨씬 더 커진다. 각자 부담이나 반반 부담에서는 여성이 더 많다(2.38%와 20.83%, 10%와 20%). 그러나 부담하는 액수는 비슷하지만 각자 계산이라는 개인주의적 분위기보다는 식사 비용을 분담한다는 의미가 큰 '2차는 내가' 방식에서는 여성이 훨씬 더 많다(2.38%, 20.83%).

상대가 자신보다 어린 동성 후배이면 후배의 경제력이 응답자보다 높아도 남녀 모두 본인이 부담하려 한다(57.14%, 47.92%). 이는 경제력보다는 연령이나 선후배 관계가 더 중요하고, 자신이 선배가 되면 후배에 대한 의무감이 강하게 작용하기 때문인 것으로 보인다. 여성은 돈이 더 많은 동성 후배와 1, 2차로 나누어 분담하거나 반반씩 분담한다는 비율이 남성보다 높다(16.66%, 33.34%). 남녀 모두 경제력 수준이 더 높은 후배에게 부담을 지우겠다는 응답은 한 명도 없다. 상대가 응답자보다 경제력 수준이 낮은 동성의 후배일 경우에는 응답자가 지불하겠다는 비율이 압도적으로 높고 극소수만이 분담하고자 하며 상대에게 부담을 지우고자 하는 경우는 없다.

이상의 결과는 남녀 모두 성 역할과 경제력을 종합적으로 고려해 절충안을 찾는 과정을 보여준다. 남성은 상대가 경제력이 높은 선배일 경우 남자 선배가 지불하게 하겠다는 응답 비율(47.62%)보다 여자 선배에게 지불하게 하겠다는 응답 비율(38.10%)이 더 낮다. 경제력과 연령 등 다른 조건이 같다면 상대가 여자일 때 부담 비율이 달라진다. 경제력이 낮은 여자 선배와 식사를 하는 경우 선배에게 식사비를 부담시키는 비율(26.19%)이 경제력이 높은 여자 선배에게 부담시키겠다는 응답 비율(38.10%)과 비교해 더 낮아지는데, 이는 상대가 여자이고 선배라는 점과 경제력을 동시에 고려해 절충한 결과인 것으로 보인다. 여성의 경우 경제력이 높은 여자 선배에게 부담시키는 비율(39.58%)보다 경제력이 높은 남자 선배에게 부담시키는 비율(70.83%)이 높다. 여성은 경제력과 연령이 같을 때 여자보다는 남자에게 비용을 더 부담시킨다. 경제력이 높은 남자 선배와 식사한 후 선배 부담 비율(70.83%)과 자신의 2차 부담 비율(20.83%)을 경제력 수준이 낮은 남자 선배와 식사한 후 선배 부담 비율(22.92%)과 자신의 2차 부담 비율(37.5%)과 비교하면, 이는 여성이 상대의 남자로서의 성 역할과 경제적 부담을 같이 고려한 절충점인 것으로 보인다. 이외에도 남녀 모두 남자와 여자가 식사할 때 남자가 부담해야 한다는 성 역할 규칙과 경제력을 함께 고려해 절충하는 과정을 볼 수 있다.

특별히 친하지 않은 사이에서, 상대가 동성의 선배일 경우 각자 비용을 부담하는 비율이 압도적으로 높다. 그러나 상대가 이성일 경우에 남성은 각자 부담하는 것을 선호하는 반면 여성은 남자 선배가 부담할 것을 기대하는 비율이 높다. 별로 친하지 않은 사이에서 남녀 간 역할 분담에 대해서는 남성과 여성이 다른 생각을 가지고 있다. 상대가 동갑인 동성일 때는 남녀 공히 각자 부담이나 반반 부담을 선호한다. 상대가 동갑인 이성일 때는 각자 부담이나 반반 부담이 가장 많다. 그러나 남성은 1차를, 여성은 2차를 내겠다는 의견이 많다는 점에서 약간 다르다. 상대가 나이 어린 동성일 때는 남녀 모두 본인 부담이나 반반 부담이 많다. 상대가 나이 어린 이성일 경우 남녀 모두 본인 부담이나 각자 부담을 선호한다.

처음 만난 사이에서는 성별, 상대의 연령, 그리고 다시 만날 가능성이 있는지의 여부에 따라 응답이 나누어진다. 남자이고 상대보다 자신이 나이가 더 많을 때, 그리고 다시 만날 가능성이 있을 때 식사비를 부담하겠다는 빈도가 높다.

이성 간 소개에서는 반응이 남녀 사이에 분명하게 구별된다. 남성은 상대 여성의 나이와는 상관없이 자신이 부담해야 한다는 반응을 가장 많이 보였다. 여성은 상대 부담이나 분담을 선호했으며, 자신이 비용을 부담하겠다는 응답은 매우 드물었다. 남녀 간 역할 구별이 가장 분명한 것은 사실이지만 이 경우에도 차이는 존재해서 남성의 경우 상대의 나이가 어릴수록 자신이 부담하겠다는 비율이 크게 증가하고 여성의 경우 상대에게 부담시키려는 비율이 크게 줄어든다. 그리고 남녀 모두 상대에게 호감이 갈 때와 가지 않을 때가 달라져서 상대가 마음에 들면 남성은 자신이 부담하겠다는 비율이 크게 늘어나고 여성은 남자에게 부담시키려는 비율이 크게 늘어난다.

이 결과는 남녀 범주나 행위자 간 관계에 따라 일정하게 공유되는 행동 양식이 존재함을 보여주는데 면접에서도 이런 점이 나타난다. 진행한 설문 조사와 별도로 실시한 면접에서 처음에는 '아는 남자(여자)와 함께 밥을 먹었다. 식사비를 어떻게 계산하겠는가?'라는 모호한 질문으로 시작했다. 응답자 대부분이 '상대방의 나이에 따라 다르다', '누가 먼저 먹자고 했는지에 따라 다르다', '친한 사람인지 아닌지에 따라 다르다', '앞으로 이성 관계로 발전할 가능성의 정도에 따라 다르다' 등 조건을 추가했는데 상황별로 일반적인 규칙을 아는 것으로 보였다. 응답자들은 상황, 범주, 상대방과의 관계를 파악해 만나는 사람들과 자신의 관계를 몇 가지로 정형화해서 행동한다. 그리고 질문을 구체화해 '알고 지내는 후배와 함께 식사한다면 어떻게 계산하겠는가?'라고 물어보았을 때 응답자들은 별로 주저하지 않고 대답했다.

> 보통 돈(식사비)을 어떻게 내는지는 대충 알고 있지 않나요? 뭐 후배랑 먹을 때는 내가 내야 되고…… 물론 잘 안 사는 사람도 있지만요…… 그런 사람은 후배한테 밥도 안 산다고 은근히 구박 받잖아요. 그런 사람도 자기가 내야 되는 건지 알긴 알겠죠? (25세, 남)

이와 같이 연령과 성별, 친밀도가 중요한 변수가 된다. 나이 많은 행위자는 어린 상대의 몫을, 남성은 여성의 몫을 지불하려는 경향이 강하다. 친밀한 정도는 상황 의존적인 면을 보인다. 상대가 동성일 때는 친밀도가 낮을수록 각 행위자가 개인주의적인 면을 보이지만 이성일 때는 친밀도의 정도가 낮아도 나이가 많은 쪽이나 남성이 지불하려는 경향이 강하다. 이런 경향이 나타나는 것은 친밀하지 않은 관계에서 체면을 차리는 문화와 관련된 것으로 볼 수 있다. 동갑인 이성과 만났을 때 1차를 남성이 부담하고 2차를 여성이 부담하는 경우가 많은 상황은, 보통 식사가 차보다 비싸기 때문에 식사비를 분담하되 남성이 부담을 더 지는 것으로서 사실상 남성의 경제적 부담은 덜면서 체면을 유지하는 전략으로 볼 수 있다.

식사비를 부담하는 행위는 사회적 관계와 밀접하게 관련된다. 만나서 식사를 하고 식사비 지불 방식에 대해 결정하려면 사람들은 함께 식사한 상대방과 자신의 관계를 정의하는 과정을 거친다. 이 과정이 상호 관계를 정립하는 기능을 한다. 이상의 관찰은 앞서 보았던 가설 2와 가설 3을 지지해준다.

### 상징과 의미의 연결망에서 신호 전달

관계의 유형에 대해 다양한 행위가 갖는 의미의 유형이 조응되면 관계와 의미의 복합적 장field이 형성되기 때문에 장에서의 행위 규칙을 준수하는지의 여부는 행위자의 내면을 표출한다. 이 연구에서 다루는 식사비 부담 행위에서도 관계의 유형에 대해 기대되는 행위의 유형이 상당 정도 정해져 있기 때문에 특정 행위는 행위자의 의도에 의한 것이든 아니든 강한 의미를 가질 수 있다. 다양한 상황에서 식사를 같이 하는 행위자 간의 관계에 따라 지배적인 행위 유형이 존재하므로 이 유형에 순응하느냐의 여부에 따라 상대에게 강력한 의도를 전달할 수 있고 효과적으로 신호를 보낼 수 있다. 행위자의 행위가 의도를 전달하는 기능을 가장 강하게 갖는 상황은 이성을 소개받을 때이다. 이성을 소개받는 자리에서 연상의 남성과 연하의 여성이 만났을 경우 연상의 남성이 식사비를 지불하는 것이 일반적인데, 만일 남성이 식사비를 각자 부담하자고 한다면 이 행위는 장래 친밀한 관계를 지속할 의지가 조금도 없다는 강력한 표시로 받아들여진다. 이런 관찰은 관계와 의미의 구조가 신호 전달의 기제가 된다는 가설 4를 지지해준다.

> 예전에 소개팅을 했었는데 P음식점에서 만났다. 서로 별로 분위기가 안 좋았거든. 그래서 빨리 끝내고 나오려는데 그 남자가 더치페이하자고 하더라. 한마디로 맘에 안 든다는 얘기잖아. 그래서 그러자고 하고 반씩 나눠서 내고 그냥 각자 헤어졌어. 어찌나 어이가 없던지. (여, 20세)

### 관계와 상징의 연결망 구조의 유지와 재생산

행위자들은 관계와 의미의 구조에 순응하고 이를 신호 기제로 이용하면서도 동시에 기존의 구조를 유지하거나 재생산하고 이 과정에서 자신도 모르는 사이에 구조의 유지에 영향을 준다. 이성을 소개받는 자리에서 식사비를 부담하는 것은 대단히 강한 의미를 갖기 때문에 현실적으로는 오히려 내면의 의도를 정직하게 나타내는 데 사용되지 않는다. 규범에서 벗어나는 행동이 갖는 의미가 너무 분명하므로 오히려 각자 부담에 의해 자신의 의도를 전달하는 행동을 꺼리는 경우가 많다. 따라서 상대와 관계를 지속하려는 의지가 없더라도 각자 부담하기보다는 남성이 식사비를 지불한다.

> 아무리 마음에 안 들어도 솔직히 제가(남자가) 내겠죠. 소개해준 사람도 그렇고, 나중에 욕먹잖아요, 하하. 그리고 상대방이 화도 날 것 같구요. (남, 19세)

이성을 소개받을 때 남성이 식사비를 지불하는 것은 단순히 다음 만남을 위한 호감을 사기 위해서만이 아니다. 만남의 지속이라는 이익을 얻지 못하는 경우에도 남성이 식사비를 전부 부담하거나 더 많이 부담하는 것과 같이 금전적인 손실을 감수하게 되는 이유는 크게 다음의 세 가지로 설명할 수 있다.

첫째, 행위자의 행위는 본인뿐 아니라 소개를 중개한 사람에게까지 영향을 미칠 수 있으므로 행위자 자신뿐 아니라 중개자의 입장을 고려해 행동하게 된다. 만약 자신의 행동으로 상대방이 불쾌함을 느끼면 상대방과 중개자의 관계까지 악화시킬 수 있으므로 자신으로 인해 중개자가 기존 연결망에서 손해를 볼 수 있다. 행위자는 행위 시 자신뿐 아니라 자신의 행동으로 인해 영향을 받는 다른 행위자까지 고려한다.

> 원래 남자애들이 내는 거잖아. 맘에 안 들어도 어쩌겠냐, 그냥 내고 말아야지. 소개해준 애 입장도 있고 그런데 잘 해줘야 될 거 아냐. (남, 23세)

둘째, 중개자를 통해 행위자에 대한 부정적인 평판이 확산될 수 있기 때문이다. 소개를 받으러 나온 상대는 중개자와의 연결을 통해 평판을 전달할 수 있고 그 평판은 중개자를 통해 행위자의 기존 연결망으로 확산될 가능성이 있으므로 이를 막고자 한다.

> (상대방이) 끝나고 주선해 준 애한테 이랬네 저랬네 다 말할 거 아니에요. 걔(중개자)한테 욕 먹어요. 그러다가 다음에 소개팅 안 들어올걸요, 하하. (남, 24세)

셋째, 행위자는 체면을 고려해 행동한다. 즉, 행위자는 이성을 소개받을 때 일반적으로 남성이 식사비를 부담한다는 규칙을 따르지 않을 경우 상대방이 본인에 대해 가지게 될 부정적인 인상에 대해 부담을 느낀다. 비록 다시 만나지 않을 것임에도 불구하고 상대방의 반응을 고려한다는 것은 행위자가 타인에게 평가받는 경험 자체를 중요하게 여기는 행위이다.

> 민망하잖아. 만약에 내가 안 내면 여자애가 황당해할 거 아냐. 거기서 걔는 가만 있는데 내가 내라고 말할 수도 없고. 어떻게 내라고 해. 그냥 소개팅하러 나가면 그날은 돈 버리는 셈 치는 거지. (남, 24세)

소개받으러 나온 남자는 주선한 사람과의 사회적 연결망이 갖는 가치와 사회적 연결망을 통한 부정적 평판의 전파, 그리고 체면의 유지를 고려해 자신이 식사비를 부담하는 쪽을 택한다. 여기서 체면도 중요하다. 체면이라고 함은 식사비 부담 행위에 수반되는 가치 판단이나 평판을 의식하는 행동을 가리킨다. 행위자들은 식사비를 부담하는 횟수가 많은 사람을 '대범하다'고 말하고, 다른 사람에게 부담시키는 경우가 많은 사람은 '쩨쩨하다'고 말한다.

각자 부담의 비율이 낮은 현상도 관련된다. 응답자들은 처음 만나는 사람과의 식사에서 각자가 식사비를 부담하는 편을 택하는 비율이 낮다. 친밀도가 낮을수록 각자 부담을 택하는 비율이 높을 것으로 예상했으나 설문 조사 결과 친한 사이인지의 여부와 상관없이 각자 부담을 택한 비율이 비슷하다. 또한 별로 친하지 않은 동갑 친구(이성)와의 식사와 친한 동갑 친구(이성)와의 식사를 비교하면 친하지 않은 친구와의 식사에서 남자 혼자 부담하는 비율이 높다.

> 오히려 덜 친한 여자 (친구)에게는 괜히 제가 돈을 안 내기가 민망해. 친한 (여자) 친구에게는 편하게 더치페이하자고 말하는데. (남, 24세)

응답자들은 식사비를 각자 부담하자고 제안하는 것이 자신의 체면에 악영향을 끼치는 것으로 인식하는데, 각자 부담한다는 행위 자체보다는 각자 부담을 하자는 의사를 상대방에게 전달하는 것에 더 어려움을 느낀다. 이런 상황은 친밀도가 낮은 관계에서 더 두드러진다. 처음 만났을 경우 사람들은 상대에 대한 정보를 가지고 있지 못하다. 그러한 상태에서 비용을 지불하는 행위는 상대방의 인격을 평가하는 데 있어 큰 비중을 차지한다. 이런 행위는 결국 기존의 관계 및 범주별 행위 규칙을 준수하고 재생산하는 행위가 된다.

행위자들은 식사비를 지불할 때 상황에 따라 지배적인 지불 방식을 가지고 있다. 이는 사람들 사이에 일반적으로 받아들여지는 행위 방식이 있다는 것을 의미한다. 특정 상황에서 지불 행위의 규칙이 존재하며 각 행위자가 그 규칙을 이해하고 있다는 점이 사람들 사이에서 공통의 합의를 가능하게 하는 것임을 확인할 수 있다. 행위자들은 사람들과의 관계를 유형으로 구분함으로써 매번 거쳐야 하는 복잡한 계산 과정을 생략한다. 이 과정에서 사람들이 사용하는 기준은 대개 비슷했는데, 나이, 성별, 친밀도라는 기준은 거의 모든 사람이 비슷하게 적용한다. 행위자들은 이런 구조를 이용하기도 하고, 본의 아니게 유지, 재생산 혹은 변형시키기도 한다.

이 장의 연구 결과가 경제 행위에 대해 갖는 함의를 몇 가지로 요약할 수 있다. 첫째, 소비 행위는 고도로 관계적이고 문화적이라는 점이다. 이 장은 소비자들 사이에 긴밀하고 강력하게 형성되는 관계와 상징의 맥락을 보여준다. 둘째, 소비자들의 관계와 상징의 연결 구조는 개인의 행위와 인식을 결정지으면서도 행위와 인식에 의해 유지되거나 재생산 혹은 변형된다. 셋째, 소비를 둘러싼 관계와 상징의 연결 구조는 개별 행위자의 행동을 제약하면서 동시에 행위자들에 의해 전략적으로 동원 혹은 이용된다. 넷째, 관계와 상징의 연결 구조는 전략적 동원의 대상이 되면서 동시에 사회적 구성의 대상이 된다. 이는 연결망 동원 구조의 불확정성을 시사하면서 동시에 사회적으로 구성되는 사회적 실체가 불완전함에도 불구하고 행위자들에 의해 시시각각 동원과 이용의 대상이 됨을 보여준다. 이런 점은 소비의 관계적·문화적 맥락을 보여줄 뿐 아니라, 현대 사회학 이론이 관심을 두는 행위와 구조, 관계와 상징, 그리고 주관과 객관의 대비 및 융합을 보여준다는 점에서 이론적 함의를 갖는다.

# 제8장 | 쌍대와 등가의 사회구조

## 1. 구조와 기제로서 쌍대와 등가

원래 사회 연결망 분석에서 시작되어 발전된 개념인 쌍대duality(雙對)와 등가equivalence(等價)는 풍부한 이론적 함의로 인해 관심을 받고 있다. 분석 방법에서 시작된 개념이 이론적으로는 중시되지 않을 수 있음에도 불구하고 이 두 개념은 깊은 사회구조적 함의를 가지고 있어서 경제사회학에서 매우 유용하다. 이 장과 다음 장에서는 두 개념이 경제 현상을 구조적으로 이해하는 데 사용될 수 있는 방식을 보이고자 한다.

쌍대와 등가의 개념은 사회 연결망에서 핵심적인 구조이면서 동시에 기제를 내포하고 있어서 연결망 구조의 속성을 규명하는 데 적지 않은 기여를 할 수 있다. 사회 연결망 분석을 넓게 보면 사회적 존재들이 서로 연결 혹은 단절되어 있는 상태에 대한 분석이라고 볼 수 있다. 연결망 분석은 행위자들이 연결 혹은 단절되어 있는 상태가 개별 행위자나 연결망의 일부분, 혹은 연결망 전체에 미치는 영향에 주목하면서 발전해왔기 때문에 처음부터 구성 요소 간의 관계가 갖는 구조적 속성에 관심을 가져왔다(Wasserman and Faust, 1994). 그러나 이러한 관심은 눈에 보이는 연결과 연결의 형태에 초점을 두었다는 이유로 인해 단순한 형태론에 불과한 것이 아니냐는 비판을 받기도 한다. 이런 비판은 가시적인 물리적 구성 요소 간의 형태뿐 아니라, 연결망을 구성하고 연결망에 영향을 주는 문화 및 상징의 흐름을 중시해야 한다고 지적한다. 연결망과 문화와의 관계는 이익과 이념, 하부 구조와 상부 구조 간의 관계, 물적 기초와 상징적 상호작용을 구별하여 논해온 사회이론의 역사에서도 잘 나타나는 주제이다.

사회구조 개념의 역사를 보면 구성 요소 간의 거래나 교환 관계, 혹은 상호 의존을 강조하는 관계적 구조relational structure, 문화와 상징적 흐름을 중시하는 제도적 구조institutional structure, 행위자의 몸과 마음에 각인되어 있는 습관과 기법으로 구성되는 체화된 구조embodied structure들이 혼재되어왔음을 볼 수 있다(López and Scott, 2000). 구조를 이렇게 구별해 볼 때 사회적 연결망의 연구 흐름은 주로 관계적 구조를 중시했다고 할 수 있다. 그러나 연결망의 개념이나 분석 기법을 들여다보면 사회적 연결망 연구는 위의 세 가지 중 적어도 관계적 구조와 제도적 구조를 다룰 수 있다. 이는 두 가지 구조 모두 특정 형태morphism를 가질 수 있기 때문이다. 또한, 연결망에서 관계적 구조를 연구할 때는 특정 형태에서 나타나는 인과적 효과, 기능, 물리적·상징적 연관 관계를 연계시키는데 이런 연계의 방식을 새로운 형태의 구조로 나타낼 수 있기 때문이다.

연결망의 구조와 작용을 규명하는 작업에서 공통적으로 필요한 것은 관계적이건 제도적이건 어떤 유형의 구조를 나타낼 수 있는 도구적 개념을 발전시키는 일이다. 이 장에서는 연결망을 구성하는 틀을 규명하는 데 기여하기 위해 연결망 분석에서 중요한 개념인 쌍대와 등가에 초점을 맞추어, 이 개념이 연결망의 효과 및 연결망의 변형 가능성에 주는 함의를 살펴보고자 한다.

쌍대와 등가 개념이 연결망 구조를 규명하기 위해서는 연결망을 광의의 개념으로 정의하고 분석할 필요가 있다. 우선, 쌍대와 등가 개념은 성격상 다양한 연결망이 중첩되어 있는 경우에도 적용될 수 있기 때문에 이질적인 연결망 간의 관계를 볼 때 유용하다. 다음으로, 사회적 연결망은 좁게는 개인이나 조직과 같은 사회적 행위자들이 연결되어 있는 상태를 지칭하기도 하지만 넓게는 행위자-연결망 이론에서와 같이 행위자와 비행위자 간의 연결을 의미하거나 이념이나 상징 간의 연결을 포함하기도 한다(Ansell, 1997). 상징 간의 연결망을 이론화할 수 있는 가능성은 현상학적 이론, 상징적 상호작용이론 및 피에르 부르디외나 미셸 푸코Michel Foucault와 같은 사회 이론가들의 업적에서 풍부하게 시사되어왔다(Breiger, 2000).

쌍대나 등가를 다루는 많은 연구가 두 개념을 주로 기술적인 것, 도구적인 것, 그리고 방법으로서만 간주하고 있으나 여기서는 이 개념들이 갖는 이론적 함의를 탐색하고자 한다. 분석 방법이 이론적 함의를 갖는다는 사실은 잘 알려져 있는 반면 통계나 연결망 분석 기법이 실제 사회 현상이나 사회적 기제를 반영할 수 있다는 점은 널리 알려져 있지 않다. 그러나 이 가능성에 주목하는 연구자들이 있다. 모어와 뒤켄(Mohr and Duquenne, 1997), 해리슨 화이트, 제임스 콜만, 피에르 부르디외 등이 이에 해당된다. 등가에 대한 연구는 구조적 등가와 이에 기초한 블록 모형을 중심으로 많이 이루어져왔다. 쌍대에 대한 연구는 많지 않다가 최근에 들어와 그 의미를 탐구하는 연구가 늘고 있으나 쌍대의 이론적 함의에 대한 연구는 그리 많지 않다. 이 장에서는 기존의 연구 흐름에 몇 가지 면에서 기여하고자 한다.

첫째, 쌍대와 등가가 사회구조와 사회 기제로서 갖는 성격을 규명한다. 둘째, 쌍대와 등가 간의 관계를 탐구한다. 보다 구체적으로는 쌍대와 등가의 주요 형태와 이들이 조합되는 방식에 따라 사회 연결망의 구성 방식과 구성 결과가 달라지는 점에 주목하고, 이런 조합이 사회조직의 변화 가능성을 설명하는 데 사용될 수 있는 가능성을 타진한다. 셋째, 쌍대가 갖는 사회 기제로서의 성격과 관련해 기존 연구에서 다루지 않은 현상을 다룬다. 구체적으로 쌍대 관계에서 나타나는 상호 반영의 문제, 쌍대를 이루는 두 연결망 간 효과 증폭의 문제, 그리고 쌍대 클래스dual class의 동질성/이질성 여부가 사회적 구성에 대해 갖는 이론적 함의를 살펴본다.

duality의 번역어로 쌍대나 쌍대성 대신 대칭성이나 이중성을 고려할 수도 있다. '이중성'은 의미가 너무 포괄적이고 서로 'dual' 관계에 있는 객체를 다른 객체와 관련지어 지적하기에 부적합하다. dual 관계에 있는 연결망 A, B에 대해 'A는 B의 dual network'라고 표현하는데 '이중'으로는 이를 표현하기 어렵다. '대칭'도 좋지만 여기에서는 둘이라는 의미와 대칭이라는 의미를 동시에 가지고 있으면서 다른 학문에서도 사용하는 '쌍대'라는 용어를 시험적으로 사용하고자 한다.

dual, 혹은 duality는 이원성, 혹은 이중성이라고 번역하기에 좋은 속성을 지칭하기도 한다. 전통 부문과 근대 부문의 공존, 빛이 입자의 성질과 파동의 성질을 동시에 갖지만 입자의 성질과 파동의 성질이 서로 결정 관계에 있지 않은 상태, 두 개의 전기회로가 단순히 나란히 존재하는 상태 등에서는 두 존재나 특성이 대칭 혹은 쌍대 관계에 있지 않는다. 이런 duality는 단순히 두 속성이 동시에 존재하는 것을 가리키기 때문에 두 속성이 서로 상대에 의해 구성되거나 결정되는 특징까지 가질 필요는 없다. 이 장에서는 이런 의미에서의 duality는 다루지 않는다.

## 2. 쌍대와 등가의 개념과 확장

쌍대와 등가는 사회 연결망뿐 아니라 보다 일반적인 사회구조의 연구에서 매우 중요한 개념이 될 수 있다. 쌍대는 한 종류의 연결 관계가 다른 종류의 연결 관계와 대칭을 이룬다는 의미인데, 사회구조에서는 상징 세계에서의 연결과 비상징 세계에서의 연결 간의 관계, 행위 간 연결과 사회조직 간 연결 간의 관계, 복합적인 연결망 간의 관계 등에서 핵심적인 기제를 이룬다. 한편, 등가 역시 쌍대와 마찬가지로 사회적 연결망 분석에서의 도구적·기술적 개념으로만 여겨질 수 있으나 사회 현상에 적용되는 양적 방법들이 대개 그러하듯 이론적 함의를 갖고 있다.

### 쌍대

#### 사회적 구성 기제로서의 특성

쌍대는 특정 구조나 객체가 다른 구조나 객체에 의해 기술되고, 그 구조나 객체는 다시 특정 구조나 객체에 의해 기술되면서 기술의 형식이 대칭을 이루는 성질을 가리킨다. duality는 물리학, 전자공학, 철학, 종교학 등에서 이중성이나 이원성, 혹은 대칭성 등으로 다양하게 번역되기도 하는데, 이 용어는 번역어가 다른 만큼 정확한 의미도 달라진다. 가장 일반적인 쌍대 원리는 '다른 문장의 두 단어를 단순히 교환해 하나의 참 명제를 얻을 수 있다'는 것을 가리킨다. 예를 들어, '두 점은 한 직선을 결정한다'와 '두 선은 한 점을 결정한다'는 명제는 서로가 서로에 대해 쌍대 명제dual proposition가 된다. 쌍대는 두 개체 간의 관계에 주목하기 때문에 개체 간의 관계적 특성, 그리고 그것이 갖는 규정력에 주목하는 전통에서 잘 나타난다.

수학의 그래프이론이나 컴퓨터 관련 이론, 혹은 이를 응용한 연결망 분석에서 찾아보면, 하이퍼그래프hypergraph와 쌍대 하이퍼그래프dual hypergraph 간의 관계, 그리고 노드와 사건 간의 관계를 보여주는 대응 분석correspondence analysis이 쌍대의 특징을 살리고 있다(Berge, 1989; Breiger, 2000; Faust, 2005; Le Roux and Rouanet, 2004; Wasserman and Faust, 1994). 연결망의 중심성 척도 중 다른 노드에 의해 선택되는 노드만 고려하지 않고 다른 노드에 대해 선택을 행하는 노드도 중시하는 HITS 방식 역시 양자 간의 상호 규정성을 보여준다(Kleinberg, 1998). 쌍대는 개체 간 상호 결정성과 기술 형태의 동일성을 토대로 복잡한 관계를 단순한 형태로 기술하기 때문에 강력한 설명력을 가질 수 있다.

기존 사회학 연구에서 분명한 형태로 기술된 쌍대는 행위자와 집단 (또는 사건) 간 쌍대이다(Breiger, 1974). 행위자들이 복수의 집단들에 속하거나 활동을 할 경우 행위자 간의 연결망과 집단 혹은 활동 간의 연결망 사이에는 쌍대 관계가 존재한다. 행위자들은 집단 소속을 통해 연결되고, 집단들은 참여하는 행위자들에 의해 연결된다. 두 존재 사이에 쌍대가 형성된다는 것은 한 존재가 다른 존재에 의해 결정되는 방식으로 대칭적으로 기술될 수 있음을 의미한다. 대칭적 기술 가능성은 대칭적 생산 가능성을 의미한다. 소속 연결망의 경우 행위자와 단체 간의 관계를 기술하는 방식에서 나타나듯 행위자 간 연결망과 단체 간 연결망의 관계는 상호 대칭적이다. 행위자 간 연결망을 나타내는 행렬 **P**와 집단 간 연결망을 나타내는 행렬 **G**가 행위자와 소속 집단을 연결시키는 행렬 **A**를 매개하여 상호 대칭 관계에 있음을 보여주는 식에 의하면(Breiger, 1974), **P**는 **A**를 매개하여 **G**에 의해 기술되고, **G**는 **A**를 매개하여 **P**에 의해 기술되는데 기술 방식은 식 (8.1)과 (8.2)가 보여주듯 상호 대칭 관계에 있다(Breiger, 1974).

$$\mathbf{P} = \mathbf{A}(\mathbf{A}^{T}) \qquad \mathbf{G} = (\mathbf{A}^{T})\mathbf{A} \tag{8.1}$$

$$\mathbf{P}^{n} = \mathbf{A}(\mathbf{G}^{n-1})\mathbf{A}^{T} \qquad \mathbf{G}^{n} = \mathbf{A}^{T}(\mathbf{P}^{n-1})\mathbf{A} \tag{8.2}$$

기술 형태가 동일하므로 두 존재는 상호 구성 관계에 있다는 점에서나 관계의 기술 형태가 같다는 점에서 거울에 비친 영상과 같은 관계를 이룬다. 많은 경우 행위자나 집단이 상대에 의해 기술될 수 있는 것은 양자 사이에 인과적 관계가 있기 때문이다. 행위자와 사건 간 쌍대 개념을 보다 일반화해 다른 분야에 적용할 수 있는데, 문화인류학의 구조주의적 분석 중 두 개념적 범주가 서로 구별되면서 동시에 서로를 구성하는 관계, 예를 들어 클로드 레비-스트로스Claude Lévi-Strauss의 구조 분석이나 한국 전통 문화의 특징으로 간주되는 대대對待 문법, 선후배 및 친구 관계 연결망과 식사비 부담의 연결망의 관계, 혹은 대상의 속성과 대상 간 관계의 속성이 만드는 대칭 관계, 관계적 혹은 물질적 속성과 상징적 속성 간의 상호 구성 관계가 이에 해당된다(김은영·김우식, 2006; 강신표, 2001/2005; Friedland and Alford, 1991; Yeung, 2005). 조지 허버트 미드George Herbert Mead나 허버트 블루머Herbert Blumer의 상징적 상호작용이론에서는 행위자들이 서로 상대에게 투사하는 상으로서의 자아 구조 사이에 복합적인 다차원적 상호 구성 관계가 나타난다(Blumer, 1998; Mead, 1967). 의례 과정이나 텍스트의 내러티브 구조에서 행위자나 지위 간의 위계적 관계가 뒤바뀌는 현상을 개념화한 구조와 반구조anti-structure는 서로 구성 관계에 있다(Petersen, 1985; Turner, 1995). 부르디외의 장field 분석이나 콜만의 교환시장모형도 이와 비슷하게 볼 수 있다(Bourdieu, 1983; Breiger, 2000). 쌍대 관계에 있는 두 연결망은 상호 구성 관계에 있기 때문에 쌍대는 연결망 구조가 사회적으로 구성되는 방식을 기술한다고 볼 수 있다(Mohr and Duquenne, 1997).

쌍대는 세 가지 양식의 노드들 사이에도 존재할 수 있다. 사회운동 조직들이 다양한 프로젝트들을 갖고 여러 사건에 관여한다면 조직, 프로젝트, 사건이라는 세 가지 양식의 연결망이 등장한다. 개인들이 어떤 특정 집단에 속하고 이 집단은 다시 어떤 특정 조직에 속한다면 개인, 집단, 조직 간의 관계가 생성된다. 또한 행위자, 사회체계, 문화체계 간의 관계도 이와 유하게 볼 수 있다. 두 양식 간 쌍대에서는 이분 연결망bipartite network이 형성되는데 반해 여기서 예를 든 세 양식 간 쌍대에서는 삼분 연결망tripartite network이 구성된다(Fararo and Doreian, 1984; Mische and Pattison, 2000). 삼분 연결망에서는 한 양식의 노드 간 연결망이 다른 두 양식의 노드 간 연결망에 의해 구성된다고 볼 수 있다.

쌍대의 다양한 방식을 논하기 전에 쌍대 개념을 일반적인 사회조직의 기제로 사용하기 위해서는 일반화 작업이 필요하다. 쌍대 개념을 단일 모드1-mode나 이중 모드2-mode에서 공히 사용할 수 있어야 하기 때문이다. 쌍대 개념은 원래 이중 모드 연결망에서 나온 것이고 최근에는 셋 이상의 모드에서도 다루어지지만, 관계의 속성을 다양하게 보면 단일 모드에서도 적용 가능하다. 이중 모드의 개념을 확장하면, 단일 모드 연결망일 때의 쌍대에서는 노드 외에 노드를 이어주는 연결의 성격을 고려해 유사 이중 모드quasi 2-mode로 볼 수 있다. 단일 모드에서건 이중 모드에서건 쌍대가 의미하는 바는, 노드 사이의 관계가 연결 사이의 관계와 서로 대칭을 이루는 것이기 때문에 쌍대는 한 가지 노드의 연결망이 어떤 매개체를 통해 이루어지는지, 그리고 동시에 그 매개체는 다시 어떤 방식으로 연결망에 의해 구성되는지를 기술해준다.

### 쌍대에서 사회적 기제의 반사와 이행

쌍대를 이루는 두 연결망 중 한쪽 연결망 내에 있는 노드 간의 관계는,

쌍대를 이루는 다른 연결망에 의해 연속적으로 반사되는 과정에서 이행되어 형태가 변하거나 강도가 점진적으로 강화 혹은 약화될 수 있다. 이런 현상은 두 연결망 A, B가 상호 구성 관계에 있기 때문에 나타난다. 연결망 A에서 두 노드 $a_1$과 $a_2$의 관계는 이 두 노드가 연결망 B의 노드들과 맺는 관계에 의해 나타나는데, 반대로 연결망 B의 노드들 간의 관계는 다시 연결망 A의 노드들 간의 관계에 의해 구성된다. 따라서 $a_1$과 $a_2$의 관계는, 예를 들어 연결망 B에 있는 $b_1$, $b_2$, $b_3$ 간의 관계에 영향을 주고 동시에 $b_1$, $b_2$, $b_3$ 간의 관계는 $a_1$과 $a_2$의 관계를 구성하기 때문에 결과적으로 $a_1$과 $a_2$의 관계는 연결망 B라는 거울에 의해 반사된다. 이때 반사되는 영상은 두 연결망 사이의 인터페이스를 거치면서 변형되고 강도도 달라진다.

연결망의 노드 간 관계에서는 반사reflection와 이행transition 효과가 나타난다. 두 행위자 간의 관계는 그들이 어느 집단에 속해 있느냐에 따라 구성되지만, 이러한 두 행위자 간의 관계는 그들이 속한 집단 간 관계에 영향을 주고, 집단 간 관계는 두 행위자 간의 관계에 영향을 줄 것이다. 또는 사회운동 조직 간의 관계는 그들이 관여한 사건 간 관계와 서로 영향을 주고, 영향의 형태는 상대방 연결망에 의해 정해지는 관계에 있게 되어 행위자 간 관계와 사건 간 관계는 서로 영향을 반사하는 효과를 갖는다. 마치 두 거울 사이에 놓인 촛불이 거울에 무한히 많은 모습으로 나타나듯, 반사도 여러 번 일어나 연결망 노드 간의 관계는 복합적으로 구성, 재구성된다. 반사 효과는 이와 같이 한 연결망의 노드 간 관계가 다른 연결망에 영향을 주고 다시 그 연결망의 영향을 받아 되돌아오는 현상을 가리킨다.

반사가 거듭되면 한 연결망의 형태가 점진적으로 변화해가는 이행 효과를 초래한다. 여기서 이행 효과란 반사를 거치면서 관계가 점진적으로 이행되는 것을 가리킨다. 관계의 강도는 승수 효과multiplier effect를 고려하는 모형에서와 같이 가속적으로 강화 혹은 약화될 수 있다(Bonacich, 1972/1987; Hubbell, 1965; Katz, 1953). 사회구조를 구성하는 조직에서 효과의 반사 현상에 따라 사회적 기제도 달라지는 과정을 이론화한 예로는 화이트의 생산시장이론을 들 수 있다. 소비자군과 생산자군은 서로 마주 보면서 소비자들의 선택 가능성과 생산자들의 역할 구조를 구성한다. 생산자들 사이에서의 직접적인 상호작용도 중요하지만 소비자들에 의해 동일하게 선택될 수 있는 가능성은 생산자들을 동일한 특징을 갖는 조직으로 묶어준다. 이런 점에서 균형 상태에서의 시장스케줄은 생산자와 소비자라는 두 행위자군 간의 반사와 이행에 의해 구성된 사회적 현상으로 기술될 수 있다. 문화적 차원에서도 생명보험이나 장기 거래와 같이 세속적인 금전의 세계와, 생명의 상실이나 사체의 변형과 같이 성스럽게 다루어야 할 사건이 인위적인 의례를 통해 가까워져 결국 한편의 특성이 다른 편에 반영되고 반영된 모습이 다시 원래의 반대편에 반영되는 기제가 나타난다(Healy, 2004; Zelizer, 1992). 상호작용의 결과 부정적 연결성negative connectivity으로 인해 인접 노드 사이에 권력의 차이가 커지는 경우와 같이 상호작용하는 두 집단을 보다 뚜렷하게 구별시키는 경우도 반사와 이행의 기제로 볼 수 있다(Cook, Emerson, Gilmore, and Yamagishi, 1983; Petersen, 1985).

### 완전 쌍대와 불완전 쌍대

이 장에서는 쌍대가 요소들 간의 구성 원리를 내포한다는 점에 주목한다. 쌍대는 두 연결망, 혹은 두 구조가 상호 구성하는 원리이기 때문에 구성의 내용과 구성의 정도, 그리고 구성의 동질성이 변수가 된다. 쌍대의 첫 번째 변수라고 할 수 있는 구성의 내용은 두 연결망이 서로 상대를 구성할 때 매개가 되는 기제의 특성을 가리킨다. 행위자들이 여러 단체에 속함으로써 행위자와 단체 연결망 사이에 형성되는 쌍대의 경우 구성의 내용은 '소속'이 된다. 그러나 쌍대의 매개 기제로는 이외에도 행위자의 이념 지향, 행위자 간의 경쟁이나 대립, 행위자의 역할 수행 등 여러 가지가 있을 수 있다.

쌍대의 두 번째 변수는 구성의 정도인데, 이는 상호 구성의 정도가 완전한가 아니면 불완전한가를 나타낸다. 완전한 구성은 한 연결망이 다른 연결망에 의해 100% 결정되는 것을 가리키고, 불완전한 구성은 한 연결망이 다른 연결망을 결정하는 정도가 100%에 미치지 못하는 것을 가리킨다. 쌍대가 완전한가 불완전한가에 따라 사회적 구성의 방식이 달라진다고 할 수 있기 때문에 완전 쌍대perfect duality과 불완전 쌍대imperfect duality의 두 가지로 구별할 수 있다.

완전 쌍대는 양자 간 쌍대 관계의 완결성을 특징으로 하기 때문에 기제상 닫혀 있고 더 이상의 확장이나 변화 가능성이 제한된다. 외부와의 노드 및 링크의 교환이 없기 때문에 시간이 경과하면서 구성 요소가 순수해지고 노드 간 연결과 링크 간 연결은 완벽하게 상호 규정의 관계에 놓이게 된다.

불완전 쌍대에서는, 연결망 A와 B가 서로 상대를 구성한다고 할 때 연결망 A는 연결망 B의 연결 구조 중 일부에 의해서만 구성되고 연결망 A의 나머지 일부는 이질적인 다른 연결망에 의해 구성되거나, 무엇에 의해서도 구성되지 않고 무작위적으로 주어지는 형태가 된다. 불완전 쌍대에서는 외부와의 노드 및 링크의 교환이 활발하므로 시간이 경과해도 구성 요소가 통일되기보다는 이질적으로 남기 때문에 쌍대는 불완전하다. 따라서 노드 간 연결과 링크 간 연결은 완전하게 상대를 구속하지 못한다. 이렇듯 불완전 쌍대는 두 종류의 연결망 간의 쌍대가 불완전해서 확장과 변화의 여지를 남겨두기 때문에 연결망의 영향력이 시간적·공간적으로 확장될 수 있다.

노동조합과 국가, 혹은 노동조합과 자본가 집단과 같이 사회운동에서 대립하는 두 집단은 상대의 전략에 영향을 주고 영향을 받기도 하면서 상호 구성 관계에 있을 수 있는데 이때 두 집단은 쌍대 관계에 있게 된다. 예를 들어, 노동조합의 전략이나 구성이 자본가 집단의 그것에 의해 완전하게 설명 가능하고, 반대로 자본가 집단의 전략이나 구성 역시 노동조합의 전략이나 구성에 의해 완전하게 설명 가능하면 자본과 노동의 두 조직은 완전 쌍대 관계에 있는 것이 된다. 반면 노동운동 조직이나 전략이 자본의 조직과 전략에 의해 완전하게 구성되지 않고, 일부는 국가에 의해서나 혹은 내부의 이질적 요인에 의해 구성된다면 노동운동 조직과 자본가 조직은 불완전 쌍대 관계에 놓이게 된다.

쌍대가 완전한지 불완전한지의 여부에 따라 두 연결망 간 통제 효과와 정보 효과가 달라진다. 우선 통제 효과를 보면, 두 연결망 A와 B 사이의 쌍대가 완전하면 두 연결망 사이의 효과는 상대 연결망에 의해 반사되기 때문에 승수 효과에서처럼 가속적으로 강화 혹은 약화될 수 있지만 (Bonacich, 1972/1987), 두 연결망 사이에 쌍대가 불완전하면 이 두 연결망 간의 상호 구성 효과는 100% 반사되지 않는다. 둘째, 쌍대가 완전한지 불완전한지의 여부는 정보에도 차별적인 영향을 준다. 완전 쌍대에서 한쪽 연결망의 정보는 다른 연결망에 의해 규정되고 영향을 받는다. 그러나 불완전 쌍대에서는 정보 역시 상호 반사 및 강화되는 정도가 약하고 불완전해진다.

### 동질적 쌍대와 이질적 쌍대

쌍대의 세 번째 변수는 구성의 동질성이다. 쌍대는 구성의 동질성 여부에 따라 동질적 쌍대homogeneous duality와 이질적 쌍대heterogeneous duality로 나누어볼 수 있다. 동질적 쌍대는 쌍대의 관계가 한 가지 특성을 가지고 있고 쌍대 클래스[1]dual class가 동질적인 노드들로 구성되는 경우이다. 이와 반대로 이질적 쌍대는 쌍대 클래스가 서로 다른 성격의 노드들로 구성되는 경우이다. 동질적 노드로 구성된 연결망이 이질적 노드로 구성된 다른 연결망과 쌍대 관계를 이룰 수 있고, 이질적 노드로 구성된 두 연결망이 서로 쌍대 관계를 이룰 수도 있다. 노드의 동질성 여부를 결정짓는 특성은 다양할 수 있다. 예를 들어, 노드들의 속성에서 차이가 날 수 있고, 노드의 관계적 특징에서 차이가 날 수도 있다. 노드의 동질성 기준은 여러 가지가 있을 수 있지만 여기에서는 연결망에서 중요한 특성인 등가 기준을 적용해 쌍대 클래스를 구성하는 노드들이 모두 등가인지의 여부를 기준으로 삼는다.

동질적 쌍대나 이질적 쌍대는 모두 완전 쌍대를 구성할 수도 있고 불완전 쌍대를 구성할 수도 있다. 쌍대의 완전성 여부는 상호 구성 관계의 완전성에 따른 것이지 쌍대 클래스의 동질성 여부를 기준으로 나누지 않기 때문에 완전성 여부와 동질성 여부는 서로 다른 기준이 된다. 이 장에서는 불완전 쌍대하에서의 동질적 쌍대나 이질적 쌍대의 문제는 다루지 않고 완전 쌍대하에서의 동질적 쌍대와 이질적 쌍대의 특징만을 다룰 것이다. 또한 완전 쌍대하에서 등가 기준으로 볼 때 동질적인지 이질적인지의 여부만 고찰하며, 불완전 쌍대나 등가 외의 다른 기준에서의 동질성 여부는 고려하지 않는다. 비교적 단순한 형태에서도 쌍대의 특징이 잘 나타날 것이다. 이와 같이 쌍대는 다양한 등가와 유사하기도 하지만 분명히

1 클래스class는 추상대수abstract algebra에서의 등가 클래스 개념과 같이 특정 성질을 공유하는 집단을 가리킨다. 추상대수에서의 등가 클래스에 대해서는 동치류라는 번역어가 있으나 의미가 쉽게 와 닿지 않으므로 이렇게 표기한다.

구별되는 구조적 특성을 가지면서 사회 현상에 큰 영향을 미칠 수 있기 때문에 독특한 사회적 기제를 이룬다.

## 등가

### 사회적 구성 기제로서의 특성

등가는 연결망을 구성하는 항목들이 이들을 연결해주는 매체의 분포를 기준으로 했을 때 동등한 비중을 갖는 것을 가리킨다. 두 행위자가 구조적으로 등가라면 이 둘은 공통의 제3자와의 관계가 동일하다. 동일한 제3자가 아닌 다른 행위자들과의 관계 유형이 동일한 행위자들은 보형 등가 automorphic equivalence를 갖는다. 구조적 등가나 보형 등가 등은 두 노드가 특정 구조의 관점에서 볼 때 동일한 값을 갖는다. 노드가 아니라 복수의 관계들이 등가를 이룬다면 그 관계들은 그들이 이어주는 노드들의 집합을 기준으로 했을 때 동일하다는 의미이다. 등가는 한 사회의 구조와 맞물려 있기 때문에 등가의 종류와 분포, 그리고 변화는 바로 사회구조의 구성과 변화에 해당된다고 할 수 있다.

등가는 어디서 오는 것일까? 두 노드가 등가가 되는 것은 아무 공통점이 없었는데도 우연에 의해 동일한 연결망 구조를 이루게 되었기 때문일 수도 있고, 노드가 가진 독특한 특성으로 인해 다른 노드들과의 관계에 있어서 일정한 형태를 가지기 때문일 수도 있다. 한국의 어떤 회사의 사장과 브라질의 군 지휘관은 개인으로서 공통점이 없지만 동일한 연결망 구조 속에 있게 되어 보형 등가를 이룰 수 있고, 한국과 미국의 성직자는 성직자에게 요구되는 기대와 이를 충족시킨다는 특징 면에서 공통점이 있기 때문에 등가를 이룰 수도 있다. 연결망 구조 개념으로서의 등가가 매력적인 것은, 우연에 의해서건 특정 원인에 의해서건 일단 등가 관계를 이룬 행위자들은 등가로 인해 행위나 생각 등이 비슷해진다는 점 때문이다. 개인에게 요구되는 특성이 같아서 등가 관계에 놓였을 때는, 등가 때문에 나타나는 공통점이 관계의 특성이 아니라 개인의 특성으로 환원될 수도 있지만, 개인의 특성으로 환원되기 어려운 새로운 구조적 특성일 수도 있다.

등가에 주목하는 이유는 등가가 환원되기 어려운 특성을 갖기 때문이다. 만약 등가가 다른 행위 원리, 예를 들어 행위자들의 합리적 선택이나 문화적 내면화에 의해 그들의 행위가 완벽하게 결정되고, 이 행위는 역으로 공리주의적 동기나 문화적 코드에 의해 완벽하게 환원될 수 있다면, 결과적으로 나타나는 등가나 쌍대 등과 같은 구조적 특징은 별로 큰 비중을 차지하지 못할 것이다. 여기에서는 사회적 구성의 관점을 중시한다. 사회적 구성의 시각에서는 조지 허버트 미드의 행동주의적 관점이나 알프레드 슈츠Alfred Schutz의 현상학적 관점 공히 행위자들이 특정 형태의 등가를 이루면 등가의 특징으로 인해 주체의 정체성과 대상의 특징이 영향을 받게 되고(Mead, 1967; Schutz, 1970), 이런 작용이 제도화 과정을 거치면서 결정화된다고 본다(Berger and Luckmann, 1967).

등가가 사회적 구성의 기제에서 갖는 비환원적인 특징은 무엇인가? 첫째, 등가는 동일한 값을 두 행위자에게 부여하기 때문에 등가인 두 행위자는 이로 인해 동일한 특성을 가질 수 있고, 이런 특성은 한 번 구성된 후에는 쉽게 변하지 않는다. 여러 연구는 등가인 행위자들이 비슷한 세계관을 갖거나 비슷한 행위 유형을 가진다는 것을 보여준다. 따라서 등가는 그 자체가 유의미한 사회적 존재가 된다. 둘째, 등가는 다른 사회적 기제를 전달해주는 기능도 한다. 구조적으로, 혹은 다른 방식으로 등가인 행위자들이 동일한 세계관을 갖거나 동일한 해석 방식을 가짐으로써 구조적 신호를 주고받는 당사자들이 될 수 있다(김우식, 2002). 이 두 가지 특징이 합쳐져서 사회적 기제를 전달하는 기능을 할 수도 있는데, 두 행위자가 등가로 인해 동일한 특성을 갖게 되면 이들 행위자 사이에 특정 사회적 기제가 전파되는 것이 이에 해당한다.

### 노드 등가과 관계 등가

등가 중 여기에서는 두 가지 구별에 주목한다. 첫째, 등가라는 용어는 행위자 혹은 일반적으로 노드 간의 등가와 관계 간의 등가의 두 가지로 사용되는데 양자는 다르다. 따라서 노드 등가와 관계 등가를 구분해야 한다. 둘째, 일반적으로 많이 사용되는 노드 간의 다양한 등가를 보면 노드들이 서로 연결되어 있는 연결망에서 나타나는 등가가 있고 노드들이 다 연결되어 있지 않은 상태에서 나타나는 등가가 있다. 노드 등가라고 해도 연결된 등가와 연결되어 있지 않은 등가는 이론적 함의가 다르다.

두 노드가 다른 노드들과 맺는 관계의 유사성 정도를 기반으로 노드들의 사회적 위치를 정의하는 구조적 등가structural equivalence, 보형保型 혹은 동형同型 등가automorphic equivalence, 정규 등가regular equivalence, 국지적 역할 등가local role equivalence는 사회구조와 그 구조를 형성하는 기제를 연구하는 데 매우 중요하다. 이런 등가는 노드 간 연결 관계의 유사성을 기준으로 개별 노드의 위치를 정해주므로 위치 등가, 혹은 등위等位라고 부를 수도 있다. 이 개념에서 등가 점수가 높은 두 노드는 유사한 위치에 있다고 할 수 있다. 여기서의 등가는 노드들을 묶어주는 등가이므로 노드 등가라고 부르겠다. 정확하게는 '노드 간 등가'이지만 '노드 등가'로도 이 의미를 나타낼 수 있다.

노드 간 관계가 여러 가지일 때는 개별의 원시 관계primitive relation나 발생자 관계generator relation 혹은 개별 관계를 중첩시켰을 때 나타나는 복합 관계compound relation 간의 유사성 정도를 고려할 수 있다. 관계 간의 유사성 정도를 고려할 때는 관계들이 동일한 노드 집합을 묶어주는 정도에 따라 판단할 수 있는데 관계대수는 이런 방법을 따른다(Boorman and White, 1976; Pattison, 1993; Wasserman and Faust, 1994; White, Boorman, and Breiger, 1976). 연결망 연구에서 다수의 관계를 다루거나 단일 관계를 다루더라도 그 관계가 복합될 때 나타나는 연결망의 형태를 다루기 위해서는 관계들 간의 유사성에 대한 고려가 필수적이다. 이와 같이 관계들 사이에서 나타나는 등가는 관계들이 노드들을 연결시켜주는 형태의 유사성을 기반으로 정의되므로 여기에서는 관계 등가라고 부를 수 있다. 이 등가는 관계 간 등가라고도 부를 수 있으나 관계 등가라는 용어로도 이런 의미를 나타낼 수 있다. 따라서 노드 등가에서 등가 클래스의 구성 요소는 동일한 위치를 차지하는 노드들이지만 관계 등가에서 등가 클래스의 구성 요소는 관계들이다. 여기에서는 이 중 노드 등가에 주목해서 살펴보고자 한다.

### 연결된 등가와 분리된 등가

노드 등가 혹은 줄여서 등가는 연결된 등가와 분리된 등가로 구별할 수 있다. 연결된 등가connected equivalence는 구조적 등가를 가리킨다. 구조적 등가에서는 행위자들이 등가가 되려면 공통의 제3자와 연결되어야 하므로 등가인 행위자들이 서로 연결되어 있다. 여기서는 행위자 사이에 직접적인 의사소통이나 정보의 전달이 가능하다. 〈그림 8.1〉에서 구조적으로 등가인 행위자는 작은 타원으로 묶여 있는 3과 4, 그리고 5와 6이다. 이들은 1과 2라는 공통의 제3자에 의해 각각 서로 연결되어 있다.

분리된 등가separated equivalence는 구조적 등가를 제외한 보형 등가, 정규 등가, 역할 등가와 같이 등가인 행위자들이 모두 연결되어 있지 않은 경우를 가리킨다. 〈그림 8.1〉에서 큰 타원으로 묶여 있는 노드 1과 2

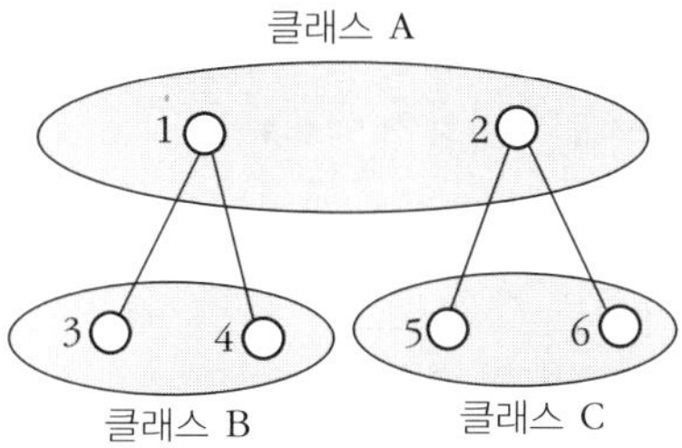


그림 8.1 연결된 등가와 분리된 등가

는 동일한 제3의 노드에 의해 서로 연결되어 있지 않으면서도 등가를 이룬다. 엄격한 조건을 요구하는 구조적 등가는 기준이 완화되어 있는 보형 등가의 한 특수한 경우이기 때문에 보형 등가 중에서도 구조적 등가는 분리된 등가에 해당되지 않는다. 현실에서는 공통의 제3자 노드와 서로 다른 제3자 노드들에 의해 보형 등가가 생겨날 수도 있다. 이때는 혼합 형태로 볼 수 있다. 예를 들어, 한 회사에서 근무하는 두 과장은 서로 다른 과원들과 형태가 같은 관계를 갖지만 동일한 부장에 의해 연결될 수도 있다. 여기서는 순수한 기제를 보기 위해 공통의 제3자는 없는 경우만 고려한다.

연결된 등가와 분리된 등가는 연결망에서 전달되는 정보와 노드들 사이의 경쟁의 정도에 다른 영향을 준다. 정보 전달의 문제를 보면, 다수의 노드가 서로 연결되어야 가능한 연결된 등가, 즉 구조적 등가에 비해 소규모 연결망이 난립할 때 나타날 수 있는 분리된 등가 구조에서는 공통의 제3자가 없기 때문에 정보의 전달은 직접 전달보다는 신호에 의한 전달이 더 많다. 반대로 연결된 등가에서는 공통의 제3자가 있기 때문에 이들을 매개로 하여 직접적으로 정보를 전달할 수 있다. 경쟁의 차원에서 보면, 연결된 등가 구조에서 등가인 행위자는 쉽게 경쟁 관계에 들어갈 수 있지만 분리된 등가 구조에서 등가인 행위자는 직접 경쟁하는 관계에 놓이지 않는다. 유대감의 차원에서 보면, 직접 경쟁은 없는 대신 동일한 구조적 위치에 놓이기 때문에 비슷한 세계관을 가질 수 있어서 분리된 등가 정도가 큰 두 행위자는 유대감을 가질 가능성이 크다. 그러나 연결된 등가 정도가 큰 행위자들은 경쟁 관계에 서기 때문에 유대감을 갖기 어렵다. 이 장에서는 연결된 등가만 다룰 것이다.

## 3. 쌍대와 등가의 복합 구조

쌍대와 등가는 개념적으로 다름에도 불구하고 상황에 따라서는 유사한 속성을 갖기도 하고 동일 노드를 내포하기도 하기 때문에 두 개념을 구별할 필요가 있다. 앞에서 밝힌 것과 같이 쌍대는 한 연결망을 구성하는 노드들 간의 연결이 그 노드들이 다른 연결망의 노드들과 맺는 관계에 의해 결정되거나 영향을 받는 것을 가리킨다. 구조적 등가는 일군의 노드들이 동일한 제3의 다른 노드들과의 관계가 같을 때 원래의 노드들 사이에 형성된다. 구조적 등가이면서 동시에 쌍대 클래스 속에 있는 노드들이 존재할 수 있지만, 구조적 등가가 아닌 행위자들도 하나의 쌍대 클래스를 구성할 수 있다. 이렇게 본다면 등가 클래스equivalence class는 쌍대 클래스의 부분 집합이다.

등가 클래스를 이루는 노드들이 쌍대 클래스를 구성하지 않을 수도 있다. 쌍대 클래스는 소속 노드들이 등가가 아니더라도 다른 연결망과 상호 구성 관계에 들어가면 성립 가능하다. 여기서 상호 구성 관계는 연결망의 연결 형태로 결정할 수 없게 된다. 이런 의미에서 구성 관계의 기준이 등가 여부가 아닌 다른 것이 된다면 등가 클래스를 이루는 노드들은 동일한 쌍대 클래스에 속하지 않는 경우가 생긴다. 그렇다면 여기서 생각해야 할 점은 어떤 기준으로 두 노드군을 상호 구성적인 쌍대 관계로 볼 수 있는가이다. 이 기준은 다양할 수 있기 때문에 연결망 노드들이 갖는 의미는 불가피하게 연결망의 순수 형태만으로 규명될 수 없고 문화적 차원 및 제도적 차원과 결합되게 된다. 이는 디마지오가 말한 나델의 역설Nadel's paradox과 같이 연결 형태만으로는 연결망의 정체를 확정할 수 없는 현상이 된다(DiMaggio, 1992).

소속 연결망의 구성원이 행위자와 집단과 같은 두 범주로 구별되듯 노드들이 이질적인 범주로 나누어질 때는 쌍대 클래스를 구별해내기 쉽지만, 쌍대 개념을 사회적 구성 기제로 일반화해 단일 모드 연결망에서 사용하려고 할 때는 쌍대 관계를 이루는 두 연결망을 한 가지 형태로 확정할 수 없다. 이럴 경우에는 쌍대 클래스가 등가 클래스의 부분 집합이 될 수 있다. 두 경우를 같이 고려하면 일련의 노드군을 쌍대 클래스면서 등가 클래스인 경우, 쌍대 클래스지만 등가 클래스는 아닌 경우, 등가 클래스이지만 쌍대 클래스가 아닌 경우, 쌍대 클래스도 등가 클래스도 아닌 경우로 나눌 수 있다.

### 연결된 등가와 동질적 쌍대

쌍대와 등가의 조합 중 가장 명료한 경우는 연결된 등가와 동질적 쌍대가 결합하는 것이다. 〈그림 8.2〉는 연결된 등가인 구조적 등가가 동질적 쌍대와 일치하는 경우를 보여준다. 구조적으로 등가인 노드 1, 2, 3이 하나의 등가 클래스를 이루고, 역시 구조적으로 등가인 행위자 4, 5, 6이 하나의 등가 클래스를 이룬다. 1, 2, 3은 제3자인 4, 5, 6과의 연결 방식이 동일하기 때문에 등가이고 4, 5, 6은 제3자인 1, 2, 3과의 연결 방식이 동일하기 때문에 구조적으로 등가를 이룬다. 두 개의 큰 원은 등가 클래스

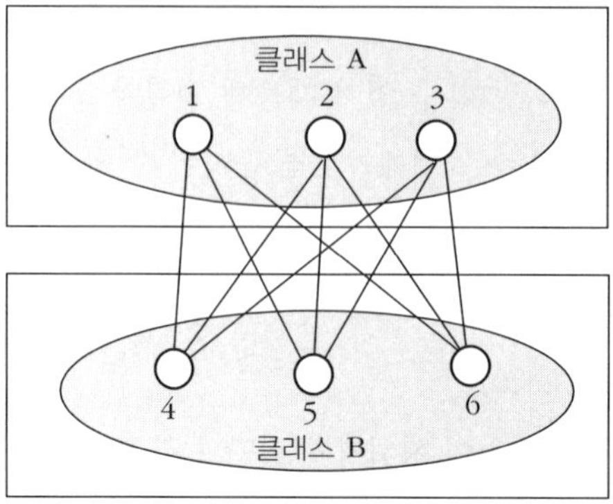


그림 8.2 연결된 등가와 동질적 쌍대

를 이루는 노드들을 묶어준다.

〈그림 8.2〉는 두 클래스가 각각 등가이어서 동질적인 쌍대를 보여준다. 두 클래스가 다 연결된 등가를 이루기 위해서는 전체 연결망은 완전한 이분 연결망 형태가 되어야 한다. 노드 1, 2, 3 간의 관계는 노드 4, 5, 6 간의 연결망에 의해 기술되고 4, 5, 6 간의 관계는 역으로 노드 1, 2, 3 간의 연결망에 의해 기술된다. 즉, 등가 클래스를 이루는 두 집단은 서로 쌍대 관계에 있어서 한 집단이 상대 집단의 구조를 구성해주고 상대 집단의 구조에 의해 구성된다. 이때 두 연결망은 모든 노드를 다 포괄한다. 그림에서 큰 사각형은 쌍대 관계를 이루는 연결망을 나타낸다. 다른 노드들과 연결되지 않은 자유노드가 없기 때문에 두 연결망은 완전하게 상대 연결망과 대칭 혹은 쌍대 관계를 이루고, 현재의 전체 구조는 더 이상의 변화 가능성이 없다는 의미에서 균형을 이루므로 변화에 대해 닫혀 있다.[2]

---

2 사회과학 중 균형 개념을 활용하는 분야는 경제학이다. 그러나 경제학의 균형 개념은 좁은 의미로 정의된다. 경제학에서는 한 체계의 변화 가능성이 행위자의 이익 추구에 달려 있다고 보기 때문에 보수 구조payoff structure에 의해 균형을 정의한다(Schelling, 1978: 25-27). 그러나 실제 변화의 원천은 다양하기 때문에 보다 일반적으로는 행위자의

연결된 등가와 동질적 쌍대가 함께 있는 구조에서 반사와 이행은 어떻게 나타나는가? 두 클래스는 서로 상대에게 이미지를 반사해주는 거울의 역할을 한다. 이를 다음과 같이 나타낼 수 있다. 특정 노드군을 기준으로 할 때 등가인 상대편 노드들을 소괄호 ( ) 안에 넣고, 쌍대 클래스를 구성하는 노드들을 중괄호 { } 안에 넣은 후 연결된 상태를 +, 단절된 상태를 −로 표시하면 두 경우 노드군 {1, 2, 3}이 직면하는 쌍대의 내용은 다음과 같이 달라진다. 이 모습은 노드 1, 2, 3으로 구성된 클래스에서 바라본 상대편 쌍대 클래스의 모습이다. 노드 1, 2, 3이 바라본 쌍대 클래스의 모습은 식 (8.3)과 같다. 노드 1, 2, 3이 바라보는 노드 4, 5, 6의 모습을 $I_{\{1, 2, 3\}}\{4, 5, 6\}$으로 표기하자면 다음과 같다.

$$I_{\{1, 2, 3\}}\{4, 5, 6\} = \{+(4, 5, 6)\} \tag{8.3}$$

반사 문제를 보면, 식 (8.3)은 노드 1, 2, 3이 바라보는 모습이다. 그런데 노드 4, 5, 6이 등가인 것은 다시 자신들인 노드 1, 2, 3 때문이다. 따라서 노드 등가이며 쌍대 클래스를 이루는 4, 5, 6에는 노드 1, 2, 3 자신들의 모습이 숨어 있다. 이를 단계적으로 보기 위해 노드 4, 5, 6의 관점을 고려하자면 식 (8.4)와 같은 모습이 나타난다. 노드 4, 5, 6이 바라본 쌍대 클래스의 모습은 다음과 같다.

$$I_{\{4, 5, 6\}}\{1, 2, 3\} = \{+(1, 2, 3)\} \tag{8.4}$$

클래스 4, 5, 6은 노드 1, 2, 3의 영향을 반영하면서 동시에 반사하므로

---

이익이건 에너지나 구조적 힘 간의 상호 견제에 의한 영향이건 상관없이 더 이상 변화할 가능성이 없는 상태로 균형을 정의할 수 있다.

노드 1, 2, 3이 바라보는 모습에는 자신들의 모습이 나타나게 된다. 이를 다음과 같이 나타낼 수 있다. 노드 1, 2, 3이 바라본 쌍대 클래스의 자세한 모습은 식 (8.5)와 같다. 여기서 노드 1, 2, 3은 자신들의 모습이 상대편에 선 쌍대 클래스에 반사되는 모습을 보게 된다.

$$I_{\{1,\ 2,\ 3\}}\{4,\ 5,\ 6\}=I_{\{1,\ 2,\ 3\}}\{I_{\{4,\ 5,\ 6\}}\{1,\ 2,\ 3\}\}=\{+(\{+(1,\ 2,\ 3)\})\} \tag{8.5}$$

노드 4, 5, 6의 입장에서 보면 식 (8.5)와 대칭되는 모습이 나타나고, 이런 반사 관계는 계속 확장된다. 이 관계에서 두 클래스를 구성하는 노드 간 연결의 강도는 이제 마주보는 다른 클래스의 전체 연결망 구조 내에서의 상호 영향과 클래스 간 이행의 강도에 따라 결정된다. 예를 들어, 클래스 A의 두 노드 1, 2 간의 연결 여부와 강도는 첫째, 두 노드가 클래스 B의 노드 4, 5, 6과 맺는 연결 관계와 둘째, 클래스 B의 노드 4, 5, 6 간의 연결 관계의 형태와 강도에 의해 결정된다. 그러나 클래스 B의 노드 4, 5, 6 간의 연결 관계와 강도는 다시 클래스 A의 노드 1, 2와의 연결 구조 및 강도에 의해 결정된다. 따라서 두 클래스는 상대의 이미지를 반사한다. 계속되는 반사 과정에서 두 클래스는 이미지를 상대에게 투사 및 이행시켜 나아간다. 이 과정은 무한히 진행될 수 있으나 반사 강도의 증폭비multiplicative ratio는 1보다 작기 때문에 무한급수 형태의 승수 효과에서 나타나듯 총 효과는 일정한 한도 내에서 제한된다.

〈그림 8.2〉에서 타원으로 나타낸 등가 클래스와 직사각형으로 나타낸 쌍대 클래스는 서로 완전하게 일치하는데, 여기에 해당되는 예로는 근처에 다른 천체가 없을 때 한쪽의 궤도가 다른 쪽의 운동량과 궤도에 의해 결정되는 쌍성binary stars을 들 수 있다. 사회적인 예로는 완벽한 귀족-노

예 사회를 들 수 있다. 귀족들은 노예들과의 관계로 인해 등가를 이루고 노예들도 귀족들과의 관계를 바탕으로 등가를 이룬다. 또한 귀족들의 관계는 노예들의 관계에 의해 기술될 수 있고 노예들의 관계는 귀족들의 관계에 의해 기술될 수 있다. 한국의 학벌서열주의 구조도 예로 들 수 있다. 출신 학교의 사회적 지위와 동일 학교 출신이 형성하는 파벌, 그리고 학벌 서열에서 하위에 위치하는 집단이 물적 부담과 신분제에의 복종을 통해 상위 집단을 지원하는 자원 이동 방식이 중층적으로 결합된 학벌 서열은 현대 한국 사회 특유의 신분제를 형성하고 있다. 스스로를 지배층 혹은 엘리트라고 생각하는 상위권 학벌 구성원들과 하위권 학벌 구성원 간의 관계는 많은 경우 쌍대적이면서 자신들끼리는 등가를 이룬다(김동훈, 2002; 정진상, 2004). 고대 노예제이건 현대의 신분 구조이건 변화 가능성은 관계적 구조에서는 존재하기 어려워 연결망의 외부에서 오거나 아니면 노드나 각 연결망 자체의 변화에서 온다.

### 연결된 등가와 이질적 쌍대

쌍대와 등가의 두 번째 조합은 일군의 노드들이 연결된 등가를 이루지만 등가 클래스는 쌍대에서의 연결망과 일치하지 않는 경우이다. 〈그림 8.3〉에서 노드 6은 다른 노드와 연결이 없기 때문에 잠재적으로는 두 집단 중 어느 집단에건 속할 수 있다. 이런 의미에서 노드 6은 자유노드이다.[3] 만약 이 자유노드가 소속 연결망에서와 같이 범주적 특성으로 인해

---

3 자유노드 개념은 '구조적 가용성structural availability' 개념과 상통한다. 사회운동 연구에서 "연결망으로 인해 반복되었던 기존의 행위 방식을 따르지 않고 자신의 이익이나 생각에 따라 독자적으로 행동"하는 행위자들의 상태를 의미하는 이 개념(Smilde, 2005; Snow, David, Louis A. Zurcher, Jr., and Sheldon Ekland-Olson, 1980)에 비해 단순히 자유노드라고 지칭하는 것이 보다 일반적으로 보인다.

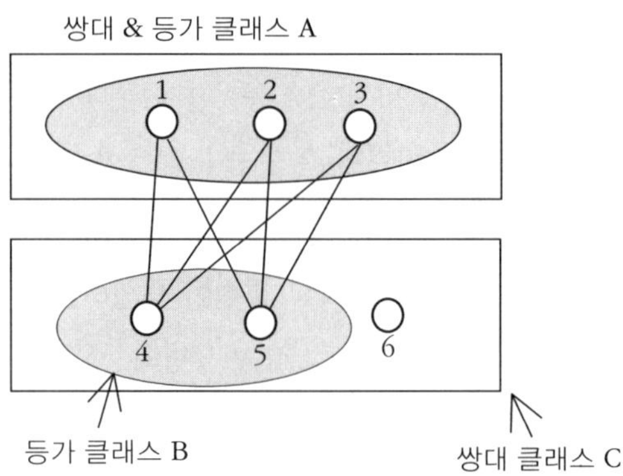


그림 8.3 연결된 등가와 이질적 쌍대

한 집단에 속할 수밖에 없다면 그림이 보여주듯 등가인 노드 집합과 쌍대의 한쪽을 이루는 연결망은 서로 일치하지 않게 된다. 행위자 4, 5는 서로 등가이지만 자유노드인 6은 나머지 노드와 등가 관계를 이루지 않는다. 그럼에도 불구하고 노드 4, 5, 6은 모두 1, 2, 3 노드들 간의 연결 여부를 결정짓는 데 참여한다는 점에서 하나의 쌍대 클래스를 이룬다. 즉, 쌍대의 의미에서 볼 때 한 클래스를 이루는 것이다. 이때 등가 클래스는 쌍대 클래스와 일치하지 않게 된다. 이런 불균형은 등가 여부만으로는 특별한 의미를 갖지 않지만 쌍대를 같이 고려하면 구조적인 차이가 드러난다.

노드 1, 2, 3은 공통의 제3자인 4, 5, 6과 동일한 관계를 맺기 때문에 자신들끼리는 구조적 등가를 이루지만, 자신들을 등가로 만들어주는 노드 4, 5, 6은 서로 등가가 아닌 상황에 놓인다. 1, 2, 3의 등가 이미지로 보면 서로 등가가 아닌 노드들에 의한 등가가 형성되는 것이다. 노드 6은 연결이 없는 자유노드이므로 4, 5와 같이 1, 2, 3 간의 등가를 형성하는 데 기능할 수도 있고, 1, 2, 3과 같이 4, 5 간의 등가를 형성하는 데 기여할 수도 있다. 〈그림 8.3〉에서는 자유노드 6이 4, 5와 같이 묶여서 노드 1, 2, 3 간 등가를 형성하는 경우를 상정한다.

이런 상황에서 쌍대는 두 클래스 {1, 2, 3}과 {4, 5, 6} 사이에 형성되는 것으로 볼 수 있다. 노드 1, 2, 3 간의 연결은 4, 5, 6과의 연결 혹은 연결의 부재에 의해 정해지고, 반대로 4, 5, 6 간의 연결 혹은 연결의 부재는 1, 2, 3과의 연결 혹은 연결의 부재에 의해 정해진다. 이렇게 보면 쌍대를 이루는 두 연결망은 {1, 2, 3}과 {4, 5, 6}이다. 쌍대 클래스를 나누는 방식은 유일하게 결정되지 않아서, 자유노드 6을 1, 2, 3과 같이 묶어서 {1, 2, 3, 6}과 {4, 5} 사이에 쌍대가 형성되는 것으로 볼 수도 있다. 자유노드가 존재하면 쌍대 클래스를 분할하는 방식이 하나로 결정되지 않는다.

서로 거울을 이루는 두 클래스는 상대에 대해 쌍대가 되기 때문에, 노드 1, 2, 3 간의 관계는 등가인 4, 5와 같이 연결된다는 점과 동시에 등가가 아닌 노드 6과의 연결 부재에 의해 구성된다. 소속 연결망 분석에서 자주 나타나듯 '최소한 한 집단에의 동시 소속'과 같은 최소의 기준을 사용하는 대신 소속의 지형까지 고려하면 1, 2, 3 간의 관계는 단지 4, 5 중 어느 하나와 동시에 연결된다는 점이 아니라 이제는 4, 5, 6이 갖는 성질이 중요해진다. 즉, 4와 5는 서로 등가를 이루고 6은 아니라는 사실이 1, 2, 3 간의 연결에서 중요해지는 것이다. 앞에서와 같이 쌍대 클래스가 하나의 등가 클래스와 동일할 때와 여기서와 같이 쌍대 클래스가 등가 클래스 이상을 포함할 때는 클래스 A의 노드들이 클래스 B를 통해 상호 연결되는 내용이 달라진다.

$$I_{\{1,2,3\}}\{4, 5, 6\} = \{+(4, 5), -(6)\} \tag{8.6}$$

식 (8.3)과 달리 여기서는 대면하는 상대편 집단, 즉 쌍대 클래스 중 4, 5만 자신들로 인해 등가가 되고 6은 자유노드가 되면 이를 바라보는 1, 2, 3의 입장이 달라진다. 자유노드 6은 관계를 교란하는 존재가 된다.

반사 문제를 보면, 식 (8.6)은 노드 1, 2, 3에서 바라본 모습이다. 그런데 노드 4, 5가 등가인 것은 노드 1, 2, 3 때문이다. 따라서 4, 5가 바라보는 모습을 대입하면 노드 1, 2, 3이 바라보는 모습은 식 (8.7)과 같다. 이들은 자신의 모습을 바라보게 된다. 이는 앞의 식 (8.5)에 비해 자유노드 6이 추가된 형태이다.

$$I_{\{1,\ 2,\ 3\}}\{4,\ 5,\ 6\} = \{+(\{+(1,\ 2,\ 3)\}),\ -(6)\} \tag{8.7}$$

관점을 바꾸어서 노드 4, 5의 관점을 고려해본다. 노드 4, 5가 보는 모습은 다음과 같다.

$$I_{\{4,\ 5\}}\{1,\ 2,\ 3\} = \{+(1,\ 2,\ 3)\} \tag{8.8}$$

여기에 식 (8.6)을 대입하면 식 (8.9)와 같다.

$$\begin{aligned} I_{\{1\ ,2,\ 3\}}\{4,\ 5,\ 6\} &= I_{\{1,\ 2,\ 3\}}\{I_{\{4,\ 5\}}\{1,\ 2,\ 3\},\ 6\} \\ &= \{+(\{+(\{+(4,\ 5),\ -(6)\})\}),\ -(6)\} \end{aligned} \tag{8.9}$$

여기서 새로운 구조가 나타난다. 처음에는 노드 4, 5와 아무 관계가 없었던 자유노드 6이 노드 4와 노드 5에도 영향을 미치게 된다. 이제 노드 4, 5는 자신들의 모습을 보게 될 뿐 아니라, 자신과 아무 관련이 없어 보였던 자유노드 6의 모습을 마주하게 된다. 이는 반사 기제를 보여준다.

또 한 가지 주목할 점은 이질적 쌍대에서는 한 클래스가 다른 클래스의 내용, 즉 노드 간의 관계를 그대로 반사하지 않고 자신의 클래스 내부 노드 간 연결망의 형태에 따라 이미지를 변형시킨다는 점이다. 식 (8.8)은 클래스 {4, 5, 6}을 그대로 보여주지 않고 노드 6이라는 이질적 노드로 인해 변형된 모습을 나타낸다. 노드 4, 5의 관점에서 고려해보면 식 (8.8)은 노드 1, 2, 3, 6 사이에 형성되는 복합적인 형태로 나타난다. 이는 노드 4, 5가 바라보는 노드 1, 2, 3의 모습에 자유노드 6의 모습이 나타난다는 것을 의미한다. 이 점을 살펴보기 위해 식 (8.9)를 식 (8.8)에 대입하면 식 (8.10)이 된다.

$$\begin{aligned} I_{\{4,5\}}\{1,\ 2,\ 3\} &= \{+(1,\ 2,\ 3)\} = \{+(I_{\{1,\ 2,\ 3\}}\{4,\ 5,\ 6\})\} \\ &= I_{\{1,\ 2,\ 3\}}\{I_{\{4,\ 5\}}\{1,\ 2,\ 3\},\ 6\})\} \\ &= \{+(\{+(\{+(\{+(4,\ 5),\ -(6)\})\}),\ -(6)\})\} \end{aligned} \tag{8.10}$$

식 (8.10)이 의미하는 바는 클래스 간 이미지 혹은 효과의 이행 과정은 동질적이지 않게 된다는 점이다. 두 클래스 사이에서 이행을 거듭할수록 이미지의 내용은 점점 더 달라진다.

이런 구조와 기제를 보여주는 예로는 앞에서와 같이 귀족과 노예로 구성된 사회를 들 수 있다. 동질적 쌍대와 달리 만약 귀족들 중 하나 혹은 일부가 노예를 거느리는 것을 거부한다면 이제 그 귀족은 다른 귀족과 실질적인 노예 소유를 매개로 하여 연결되지는 않는다. 노예 소유를 매개로 한 관계를 기준으로 할 때 그 귀족은 자유노드가 된 셈이다. 이런 자유노드의 존재는 반사와 이행을 거듭하면 곧 귀족들이 노예를 대면하는 사회적 현실이나 노예들이 귀족을 대면하는 사회적 현실에서 나타나게 된다. 노예 간의 관계는 자신들을 소유한 귀족들에 의해 등가일지라도 이질적 쌍대를 통해 반사와 이행을 거듭하면 구조적으로 새로운 형태가 된다. 한국의 학벌서열주의에서도, 학벌 서열로부터 자유롭고자 하는 사람들이 나타나 자신의 학벌 지위에 충실하고자 하는 사람들과 공존하면 〈그림 8.3〉과 같은 구조적 상황이 나타난다.

### 연결된 등가와 등가 분할 쌍대

연결된 등가와 쌍대 간의 조합 방식에서 마지막으로 검토할 유형은 등가 분할 쌍대equivalence partitioning duality이다. 이 유형에서는 하나의 등가 클래스가 둘 이상의 쌍대 클래스로 분할된다. 즉, 서로 등가를 이루는 노드들을 반드시 하나의 쌍대 클래스로 간주하지는 않는다. 쌍대 클래스가 등가 클래스의 부분 집합이 된다. 따라서 상호 구성적 의미가 강한 쌍대가 등가인 노드 사이에서 어떻게 형성되는가는 연결의 형태만으로 결정되지 않는다. 쌍대 클래스는 등가인 노드를 임의로 분할할 수 있게 된다(그림 8.4).

이런 관계에서 긴장이 발생한다. 쌍대 클래스는 인지 혹은 기타 다른 방식에 의한 사회적 구성의 범위를 의미하는데 그 경계가 등가 클래스 내에 포함되기 때문에 비교적 쉽게 등가 클래스를 따라 확장될 수 있다. 따라서 쌍대 클래스는 현재의 형태와 범위를 지키려는 압력과 등가 클래스에 맞게 확장되고자 하는 압력 사이에서 긴장 관계에 놓일 수 있다. 특히 등가인 행위자들 사이에서 이질성의 단초로서 여러 개의 쌍대 클래스가 나타날 수 있는 가능성은 사회구조의 변동 잠재력이 된다.

이 장의 목표는 사회적 연결망 현상에서 중요한 개념인 쌍대와 등가가 사회 구성에서 갖는 구조적 의미와 사회적 기제로서의 기능을 밝히는 것이다. 쌍대나 등가는 연결망에 대한 수학적 정의에서 형식적인 논의에 한정되는 경향이 있어왔다. 등가의 경우에는 그것이 갖는 사회구조, 사회 기제로서의 가능성이 비교적 많은 주목을 받았다. 그러나 쌍대의 경우에는 소속 연결망에의 적용을 넘어 조금 더 진전된 개념과 상황에 적용되기

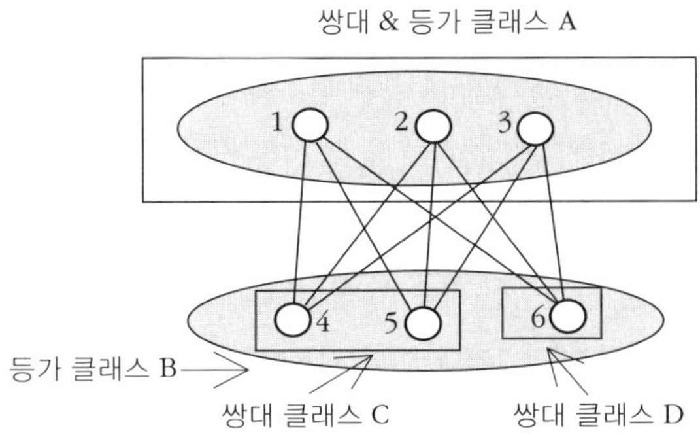


그림 8.4 연결된 등가와 등가 분할 쌍대

는 했으나 그것이 갖는 구조적 함의에 대한 인식은 약했다고 할 수 있다. 여기서 한 걸음 더 나아가 양자가 갖는 관계 혹은 양자를 조합할 때 나타나는 경우에 대한 논의는 거의 없었다.

이 장에서는 지금까지 쌍대와 등가가 사회구조나 사회적 연결망 연구에서 등한시되었던 점에 주목하여, 첫째는 쌍대와 등가가 사회이론의 관점에서 볼 때 어떤 함의를 갖는지를 논했으며, 둘째로는 연결된 등가와 쌍대가 결합하는 상황에서 사회조직 간 반사와 이행의 기제를 중심으로 한 특성을 논의했다. 이 장의 논의는 아직 추상적 수준에 머물러 있으나 그 결과는 몇 가지 경험적 사례에서 논의한 바와 같이 현실에서도 적용 가능한 기제를 보여준다. 이상의 논의는 질문에 대한 답을 제시한 것보다 더 많은 연구 주제를 제기하고 있다. 이들 주제는 미래의 연구 방향에 대해 다음과 같은 시사점을 주고 있다.

첫째, 이 장에서 논의한 쌍대와 등가의 특성이 반연결망anti-network의 형성과 기제를 밝히는 데 도움이 될 수 있다는 점이다(경향신문, 2005; 김우식, 2004a; 임재광, 2005). 기본적으로, 쌍대와 등가는 결합하는 방식에 따라서 구조와 반구조, 혹은 보다 구체적으로 새로운 연결망과 그에 반하는 반연결망을 생성할 수 있기 때문이다. 연결망과 반연결망은 서로 쌍대 관계에 설 수 있고 내용상 각자 등가 관계에 의해 대비될 수 있다.

둘째, 관계적 쌍대relational duality와 기능적 쌍대functional duality가 구별된다는 점이다. 쌍대는 관계의 유형에 따라 정해질 수 있다. 현재 연결망 연구에서 가장 보편적인 것은 이분 연결망이 형성되는 방식에 따라 쌍대를 결정하는 것이다. 그러나 이와 같은 관계적 정의 외에 기능에 따라 쌍대를 정의할 수 있다. 즉, 일군의 행위자나 사회적 대상들이 모여서 다른 일군의 행위자나 사회적 대상들을 구성하거나 그들의 특성을 결정한다면, 비록 이들 사이에 엄밀한 이분 연결망과 다른 연결이 존재하더라도 이들을 보다 포괄적인 쌍대 개념에 포함시킬 수 있다.

# 제9장 | 생산시장에서의 쌍대와 등가

## 1. 쌍대에 의해 구성되는 시장

쌍대duality라는 개념은 중요한 사회구조이면서 동시에 사회적 기제가 될 수 있다. 쌍대는 한 가지 연결 관계가 다른 연결 관계와 마주 보면서 대칭을 이룬다는 의미이며, 구체적으로는 특정 구조나 객체가 다른 구조나 객체에 의해 기술되고 상대편 구조나 객체는 다시 특정 구조나 객체에 의해 기술되면서 기술의 형식이 대칭을 이루는 특성이다. 쌍대에서는 두 객체가 서로 마주하면서 영향을 주기 때문에 영향의 규칙이나 자원이 반복적으로 서로 영향을 준다. 따라서 쌍대 관계에 선 두 객체는 서로를 형성하는 위치에 서게 된다. 구조를 반복적으로 발생하는 체계로 보는 관점이나 실천의 재생산을 만들어내는 규칙과 자원의 배열로서 보는 관점 모두에서 쌍대는 구조 이해에 중요한 요소가 된다. 연결망 분석의 도구로 시작된 이 개념은 체계와 규칙 두 가지를 동시에 갖추는 구조 개념을 내포한다. 쌍대와 등가를 연결시켜 논할 수도 있으나 이 장에서는 쌍대에 주목하고 등가는 다양한 동질성 중 하나로 본다. 쌍대와 마찬가지로 연결 방식에 따라 정의되는 등가 기제에 초점을 두고 살펴보면 관계적으로 홍

미로운 결과가 나오지만 이론의 적용 범위가 제약될 수 있다.[1]

그렇다면 이런 사회구조나 혹은 구조와 기제의 구체적 표현 형태인 쌍대는 현실에서 어떤 방식으로 나타나서 사회 현상에 영향을 미치는가? 쌍대가 중요하다면, 이것이 현실에서 어떻게 나타나는가를 규명하는 작업이 필요하다. 이 장에서는 사회구조나 그 구조의 구성 요소로서 핵심적 기제의 하나인 쌍대를 보다 특정적 상황인 생산시장의 사회구조와 기제에 대한 연구에 접목시켜서 쌍대가 시장의 구성과 작동에 어떻게 작용하는가를 설명하고자 한다.

이 장의 목적은 기본적으로는 앞에서 살펴본 쌍대와 등가 개념을 생산시장에 적용하는 것인데 보다 구체적으로는 다음의 두 가지이다. 하나는 생산시장에 대한 함의를 중심으로 하는 것이고, 다른 하나는 쌍대 개념의 정교화와 관련된 것이다. 이 장에서는 쌍대가 생산시장에서 나타나는 방식을 보이고자 하는데 이런 작업은 생산시장의 기제를 설명하는 데 도움이 될 수 있다. 이러한 작업은 또한 쌍대 개념을 현실에 적용함으로써 개념의 유용성을 보여줄 수 있다. 이런 점에서 이 장의 논의는 쌍대의 주요 형태와 이들이 상호 조합되는 방식에 따라 사회 연결망의 구성 방식과 구성 결과가 달라질 수 있다는 기존의 연구를 발전시킨다. 종합하면, 이 장에서는 쌍대가 갖는 사회 기제로서의 성격과 관련해 구체적으로 생산시장에서의 쌍대 관계에서 나타나는 상호 반영, 쌍대를 이루는 두 클래스 간 효과 이행과 증폭의 문제, 이질적 쌍대 관계가 두드러지는 생산시장의 구조와 기제를 살펴볼 것이다.

1 이 점을 지적해준 김병수 교수(한양대학교)에게 감사드린다.

## 쌍대 개념과 확장

쌍대는 한 종류의 연결 관계가 다른 종류의 연결 관계와 대칭을 이룬다는 의미인데, 사회구조에서는 상징 세계에서의 연결과 비상징 세계에서의 연결 간의 관계, 행위 간 연결과 사회조직 간 연결 사이의 관계, 복합적인 연결망 간의 관계 등에서 핵심적인 기제를 이룬다(Breiger, 1974; Mohr and Duquenne, 1997). 쌍대는 특정 구조나 객체가 다른 구조나 객체에 의해 기술되고 그 구조나 객체는 다시 특정 구조나 객체에 의해 기술되면서 기술의 형식이 대칭을 이루는 성질을 가리키는데, 사회학 연구에서 고전적인 형태의 쌍대는 행위자와 집단(또는 사건) 간 쌍대이다(Breiger, 1974; Wasserman and Faust, 1994). 행위자들이 여러 범주나 집단, 혹은 사건과 연계될 경우 행위자 간의 연결망과 집단 혹은 활동 간 연결망 사이에는 쌍대가 존재한다. 행위자들은 사건 연계를 통해 연결되고, 사건들은 이에 참가하는 행위자들에 의해 연결된다. 이때 'duality'의 의미는 쌍대 혹은 대칭과 유사하다. 두 존재 사이에 쌍대 관계가 형성된다는 것은 한 존재가 다른 존재에 의해 결정되는 방식으로 대칭적으로 기술될 수 있음을 의미한다.

쌍대라는 용어는 원래 행위자가 여러 집단에 동시에 속할 경우 행위자 간 연결망 행렬과 집단 간 연결망 행렬, 그리고 행위와 집단 간 연결망 행렬 사이의 관계에서 행위자 연결망과 집단 연결망 사이에 대칭적인 관계가 존재하는 특성을 지칭했다(Breiger, 1974). 이 개념을 살펴보면 두 연결망 사이에 존재하는 대칭적 형태, 즉 대칭적 기술 가능성이 대칭적 생산 혹은 구성 가능성을 의미한다고 볼 수 있다(김우식, 2006). 개인 연결망과 집단 연결망 간의 관계를 나타내는 기술의 추상적 형태가 동일하므로 두 연결망은 상호 구성 관계가 있다는 점에서나 관계의 기술 형태가 유사하다는 점에서 특정 대상과 그 대상이 거울에 비친 영상과 같은 관계를 이룬다. 행위자나 집단이 상대에 의해 기술될 때 양자 사이에 인과적인 관계나 구성적인 관계가 존재할 수 있다.

생산시장이 갖는 쌍대 관계의 현상을 제대로 보고 이를 근거로 집단 간 상호 구성의 측면을 다루기 위해서는 로널드 브레이저Ronald Breiger가 개인과 집단 간 연결에서 사용했던 것보다 쌍대 개념을 확장시킬 필요가 있다. 그는 두 개인이 동일한 집단에 속하면 두 개인 사이에 연결이 있고, 두 집단에 동일한 개인이 회원으로 있으면 두 집단 사이에 연결이 있다고 보았다. 쌍대 개념은 두 집단이나 객체가 서로 대칭적으로 기술되는 것을 가리키기 때문에 현실에 적용할 때는 개념을 확장시켜서 특정 노드와의 동시 연결뿐 아니라 동질적인 노드 집단과의 동시 연결도 쌍대의 기준으로 삼을 수 있다. 이렇게 개념을 확장하면 두 사람은 반드시 동일한 개체와 직접 연결되어야만 자신들끼리도 연결되는 것이 아니라 여러 노드가 모여서 고유한 개체를 이루는 집단에 동시에 연결되어 있어도 그 두 사람은 연결되는 것으로 볼 수 있다. 즉, 두 개인이 동일한 제3자와 연결되지 않고 어떤 기준에서건 동질적인 사람들과 각각 연결된다면 그들은 서로 연결되는 것으로 보는 것이다.

기존의 쌍대 개념에서 또 한 가지 부족한 점은 상징적 범주의 무시이다. 연결망 연구가 범주와 상관없이 작동하는 내적 구조를 밝혀줄 수도 있으리라 기대를 한 적이 있지만, 실제의 연결망 연구를 보면 문화적·상징적 범주는 항상 당연하게 전제되고 있다. 고전적인 쌍대 연구에서도 개인이나 집단 등을 정의해주는 것은 인지적 범주이지 사회적 관계가 아니다. 연결망 연구가 보다 풍부해지기 위해서는 관계의 형태를 기반으로 하여 속성 혹은 범주를 대체하려 하기보다는 서로 결합시킬 필요가 있다. 그렇다면 이런 쌍대 기제는 시장에서 어떻게 나타나는가?

해리슨 화이트의 생산시장이론과 모형은 많은 장점을 가지고 있음에도 불구하고 중요한 사회적 현실을 몇 가지 다루지 않고 있는데, 이 장에서는 생산시장이론에 중요한 시장 구성 기제로 쌍대 개념을 도입함으로써 소비자 집단, 그리고 소비자 분화의 영향을 다루고자 한다. 화이트는 생산자에게 초점을 두었기 때문에, 무정형의 소비자 집단과 직면하고 있는 생산자 간의 구조를 다루었지만 소비자들이 상품의 선택 및 소비와 관련해 형성하는 구조는 다루지 않았다. 이런 점은 피에르 부르디외가 소비자 집단 간의 관계를 분석한 것이나 장 보드리야르Jean Baudrillard가 소비자들이 다양한 생산물 앞에 섰을 때의 인지와 행동을 다룬 것과 대조된다(Baudrillard, 1988; Bourdieu, 1984). 사회학, 경영학, 심리학, 경제학이 발전시켜온 소비자 연구의 성과를 반영하고 시장이론이 생산에서 소비에 이르는 전 과정을 포괄하기 위해서는 소비자에 대한 분석을 포함시켜야 한다.

## 생산시장에서의 쌍대

### 생산자와 소비자

화이트는 시장을 쌍대 개념으로 설명하는 것에 주목하지 않았지만, 동일한 시장 내에서 생산자들이 구성하는 쌍대는 화이트가 이론 전개에서 사용한 수식으로 나타낼 수 있다. 이를 위해 1장에서 논한 그의 모형을 보면 생산자와 소비자들이 만나는 쌍대 구조가 나타난다. 동질적인 소비자 집단을 마주한 생산자들은 소비자들이 자신들의 상품을 선택할 가능성이 서로 동일하다는 점에서 구조적 등가를 이룬다. 각 생산자를 고유한 품질지수 $n_i$로 나타내면 $i$ 생산자의 가치와 매출은 아래와 같이 표시된다. 이 식은 생산자에 지수를 부여한 것 외에는 식 (1.5)와 동일하다.

$$S(y[n_i], n_i) = \theta W(y[n_i]) \tag{9.1}$$

동일한 선택 가능성에 의한 구조적 등가는 품질 대비 가격의 비율도 동일해지도록 한다. 따라서 식 (9.1)은 생산자들이 소비자들을 만족시켜야 하는 부담과 소비자들로부터 오는 수입 간의 균형을 나타낸다. 한 시장 내 생산자 전체의 수를 $N$이라고 하고 이 중 동일한 비용 대비 만족도를 이루는 생산자의 수를 $k$라고 하면 이들 사이에는 다음의 관계가 성립된다.

$$\theta = \frac{S(y[n_i], n_i)}{W(y[n_i])} \qquad i = 1, \ldots\ldots, k \tag{9.2}$$

식 (9.1)이나 (9.2)는 마주 보는 두 집단인 생산자군과 소비자군이 각각의 집단 내에서는 동질적이면서 상대에 대해서는 균등한 방식으로 연결되기 때문에 각 집단이 구조적 등가를 이룸을 나타낸다. 이런 정의는 생산이론을 발전시키는 데 있어서 다음의 두 가지 함의를 갖는다.

첫째, 두 식이 화이트의 생산시장이론에서 미처 주목하지 않았던 면, 즉 생산자군과 소비자군이 서로 대칭적으로 마주하면서 서로 구성하는 관계에 있음을 보여준다는 점이다. 다음 절에서 이 부분에 대해 보다 자세히 논의하겠지만 이에 앞서 여기서 간략하게 밝히자면, 일군의 소비자들은 생산자들에게 동등한 상품을 제시하도록 제약을 가하고 그 과정에서 동질적인 집단을 형성한다. 생산자들의 동질성은 소비자들과의 관계에 의해 나타나고, 소비자들의 동질성 역시 생산자들과의 관계에 의해 나타난다. 따라서 생산자들 간의 관계는 소비자들과의 관계에 의해 결정되고 소비자들 간의 관계 역시 생산자들과의 관계에 의해 결정된다. 생산자군과 소비자군은 상호 대칭적 기술 가능성을 통해 쌍대 관계에 있으면서 동시에 서로 구성하고 제약하는 관계에 있다. 행위자들은 개별적인 행위를 통해 시장 구조를 만들어내고, 이와 동시에 구성되는 시장 구조에 의해 행위가 제약되며 자신의 행위가 의도하지 않은 결과를 낳는 것을 경험하게 된다.

둘째, 위 두 식은 또한 기존의 생산시장이론에서 무시해온 소비자들을 논의의 중심으로 가져온다. 기존의 이론에서는 소비자들을 배경으로 놓거나 생산자들에게 경쟁과 노력을 강요하는 심판자나 외적인 존재로 간주했으나, 이제 소비자들은 더 이상 익명의 추상적 존재가 아니라 구체적으로 분화되는 취향과 아이덴티티를 갖는 행위자로 간주되어야 한다. 취향이나 아비투스habitus에 관한 부르디외의 연구, 혹은 기타 소비자 행위 연구들이 보여주듯 시장 연구에서 소비자들의 정체성은 묶어서 보거나 무시해서는 안 되는 주요 특성이 된다. 여기에서는 소비자들의 존재 방식을 좀 더 자세히 정의하기로 한다.

소비자 $j$의 지불 규모를 $E$로, 소비의 양을 $x_j$로, 취향을 $t_j$로 표시하고, 소비가 취향의 함수라는 점에서 $x_j = x(t_j)$로 나타내면 특정 소비자의 지불 규모를 $E(x[t_j], t_j)$로 표시할 수 있다. 또한 생산자 편에서 나타난 만족함수의 상대역으로서 소비자의 만족함수를 표시한다면 $F(x[t_j], t_j)$로 표시할 수 있다. 아래 첨자 $i$는 생산자를 구별하고 $j$는 소비자를 구별한다. 두 함수의 구체적 형태는 생산자 편에서의 함수와 같은 형태로 표시할 수 있다. 이때 시장이 균형을 이루기 위해 다음의 세 가지 조건이 추가로 필요하다. 먼저 생산자들의 매출 총액은 소비자들의 지불 총액과 동일해야 한다.

$$\sum_i W(y[n_i], n_i) = \sum_j E(x[t_j], t_j) \tag{9.3}$$

다음으로, 생산자들이 생산하는 가치의 총량은 소비자들이 느끼는 만족의 총량과 동일해야 한다. $S$와 $F$는 개념적으로 동일한 대상을 측정하지만 각각 생산자와 소비자에 대해 정의하는 것이기 때문에 형태와 값이 다르다.

$$\sum_i S(y[n_i], n_i) = \sum_j F(x[t_j], t_j) \tag{9.4}$$

마지막으로, 지출 대비 만족의 비가 동일한 소비자군을 정의할 수 있다. 두 소비자가 동일한 집단에 속한다면 이들은 동일한 규모를 지출했을 때 동일한 정도로 만족해야 한다. 총 $M$명의 소비자 중 $m$명의 소비자들이 동일한 집단을 형성한다면 이 소비자들은 지출 대비 만족의 정도가 같기를 요구한다. 소비자들이 주관적으로 느끼는 화폐의 가치는 다를 수 있기 때문에 동일한 정도의 만족에 대해 다른 정도의 지출을 할 수도 있다. 이와 같이 지출 대비 만족 비율이 서로 다른 소비자들은 동일한 집단으로 분류할 수 없다.

$$E(x[t_j], t_j) = \lambda F(x[t_j], t_j) \qquad j = 1, \ldots\ldots, m \tag{9.5}$$

소비자들의 특성에 대해 이렇게 정의하면 생산자와 소비자들이 다양하게 묶이는 방식을 다룰 수 있다. 생산자나 소비자들을 세분했으므로 이제는 특정 기준에서 동일한 특성을 갖는 일군의 생산자와 소비자들을 묶어서 표시할 수 있다. 생산자들이 각각 $k$명과 $N-k$명의 두 집단으로 나누어지고, 소비자들이 $h$명, $q-h$명, $M-h-q$명의 세 집단으로 나누어진다면 다음과 같은 표시가 가능하다.

생산자: $\{p_1, \ldots, p_k\}$, $\{p_{k+1}, \ldots, p_N\}$

소비자: $\{c_1, \ldots, c_h\}$, $\{c_{h+1}, \ldots, c_{h+q}\}$, $\{c_{h+q+1}, \ldots, c_M\}$

시장 구조 중 가장 단순한 형태로부터 시작하기 위해, 일군의 생산자와 소비자들이 각각 동질적인 집단을 형성해 시장을 형성하면 〈그림 9.1〉과 같이 나타낼 수 있다.

〈그림 9.1〉에서는 동일한 종류의 생산품 거래가 일어나는 시장에서 생산자 모두와 소비자 모두가 각각 구조적으로 등가인 집단을 형성한다. $N$명의 생산자와 $M$명의 소비자 전원이 완전한 선택 가능성에 의해 각각 단일한 구조적 등가 집단을 형성한다. 여기서 생산자나 소비자는 상호 관계적인 측면에서나 생산자와 소비자라는 인지적 범주의 양자 기준에서 서로 구별되면서 내적으로는 분화되지 않는 집단을 이룬다.

생산자들은 생산량과 품질이 서로 다르지만 동질적인 소비자들이 다양한 품질의 상품들을 선택하는 한 구조적 등가 관계를 이룬다. 생산자들은 자신의 상품의 품질과 생산량을 재생산하면서 고유한 역할을 재생산하게 된다. 개별 생산자는 저가 상품의 대량 생산에서 고가 상품의 소량 생산에 이르는 여러 위치 중 하나를 지키면서 상호 기대를 충족시키고 자신의 역할을 수행한다. 이런 역할들이 〈그림 9.1〉과 같이 포도송이처럼, 혹은 원자들처럼 하나로 모여 역할 구조를 만든다. 동일한 시장에 참여하는 생산자들은 서로 역할은 다르지만 소비자들과의 관계를 기준으로 한 구조적 등가를 이룬다. 이런 소비 행위에서 상품과 소비자들의 정체성은 단일하게 나타나는데, 맥주를 생산하는 생산자가 여럿이고 각 생산자는 서로 다른 생산량과 품질을 유지하면서 구별되는 역할을 수행하지만, 소비자들은 품질과 가격이 다른 이들 맥주를 차별하지 않고 소비하는 경우가 이에 해당된다.

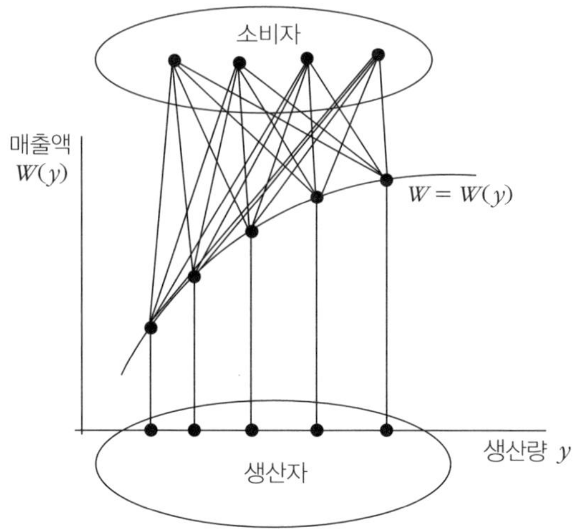


그림 9.1 동질적 시장모형

### 생산자-소비자 연계와 상호 구성

여기에서는 새로운 상품이나 서비스, 소비 집단은 계속해서 상호 관계 속에서 새롭게 태어나고 변형된다는 점을 중시해 생산자나 상품들의 고유성, 정체성이 소비자군의 분화와 동시에 상호 구성적으로 이루어지는 기제를 살펴본다. 상호 구성 기제의 출발점은 생산자와 소비자가 연계되는 방식이다.

생산자와 소비자들은 상품 선택이라는 연결을 통해 연결망을 형성한다. 다양한 취향을 가진 소비자들은 생산자들이 생산하는 상품을 선택하는 과정에서 유사한 집단으로 묶인다. 소비자들은 생산자나 상품들과 맺는 관계의 유사성과 인지적 범주를 기초로 하여 추상대수나 연결망에의 적용에서 나타나듯 클래스class를 형성한다.

분석을 위해 우선 두 가지 종류의 클래스를 구별해보면, 구조적 등가structural equivalence나 정규 등가regular equivalence와 같이 순수하게 제3

자 노드들과의 연결 방식이 동일한지의 여부에 의해 정의되는 클래스가 있고, 인지적 범주와 상징적 상황 정의에 의해 동일하다고 여겨지는 클래스가 있다. 전자의 클래스는 연결망의 연결 구조를 기준으로 하여 구조적 등가 등 다양한 관계적 등가의 정의에 기초하기 때문에 관계적 등가 클래스relational equivalence class라고 명명한다. 관계적 등가 클래스라는 용어를 사용하는 이유는 단순히 등가 클래스라고 명명하면 추상대수에서의 등가 클래스와 혼동될 수 있어서이다. 앞으로의 논의에서 이를 줄여서 등가 클래스라고 표기해도 실제로는 관계적 등가 클래스를 가리킨다.

후자의 클래스는 인지적 범주와 상징적 상황 정의에 의해 동일하게 간주되는 노드들의 집합을 가리킨다. 여기에서는 생산자와 소비자는 인지적·상징적 기준에 의해 서로 마주하는 집단으로서 서로가 서로를 규정하고 정의하는 관계에 있다는 의미에서 쌍대 관계에 있으므로 상징적 쌍대 클래스symbolic dual class 혹은 줄여서 쌍대 클래스dual class라고 명명한다.

이렇게 구별되는 클래스 개념을 생산시장에 적용해 생산자와 소비자들이 서로 구성하는 기제를 볼 수 있다. 소비자 전체는 하나의 균질한 집단을 이룰 수도 있고 내적으로 분화될 수도 있는데 가장 단순한 구조를 보면 〈그림 9.1〉과 같다. 마주 보는 소비자와 생산자들은 소비자의 선택 가능성과 생산자의 판매 가능성을 기반으로 묶이면서 관계적 등가 클래스를 형성하고, 동시에 인지적·상징적 범주 면에서 각각 동일하고 상대에 대해 특정 역할을 부과하는 쌍대 클래스를 형성한다.

생산자와 소비자들은 관계적 등가 클래스와 상징적 쌍대 클래스를 기초로 하여 서로 묶이면서 시장에서 구조적 특징을 만들고 상대 집단과 자신의 집단을 구성, 재구성한다. 이 과정을 생산자와 소비자로 나누어서 볼 수 있다.

생산자들을 묶는 것은 소비자 편에서의 압력과 생산자들 사이의 관계 조정이다. 소비자들은 특정 부류의 생산자들을 동일하게 보고 이 생산자들 사이에서는 여러 상품의 만족 대 가격의 비율이 $\theta$로 동일하기를 요구한다. 생산자들은 소비자가 동일하다고 여기는 다른 생산자들과 이 비율이 같아지도록 해야 한다. 따라서 소비자군은 특정 생산자군의 경계를 정해준다. 또한 생산자들은 일차적으로 같은 시장에서 경쟁한다고 여겨지는 다른 생산자들을 의식하고 그들이 생산하는 것과 유사한 종류의 상품을 만들어 상품의 가치 대 가격 비율이 비슷해지도록 함으로써 소비자들에게 자신들이 동질적인 생산자군임을 보여준다.

소비자들도 지출 대비 만족 혹은 가치의 비율이 동일하게 됨을 경험한다. 이 기제 역시 생산자들 사이에서 나타난 것과 유사하게 생산자들이 소비자들에게 영향을 주는 방식과 소비자들이 상호작용에 의해 만들어가는 방식으로 이루어진다. 소비자들은 서로 유사하다고 느끼는 다른 소비자들과 특정 상품을 소비하면서 지출 대비 만족이 람다($\lambda$)로 같기를 요구한다. 이 소비자 집단 내에서는 어느 누구도 다른 소비자에 비해 지출-만족 비율이 다르지 않게 된다. 이러한 균질화의 압력은 생산자가 실행하기도 하고 소비자들 사이에서도 발생한다. 현상학적 사회학이론이나 효용이론에서의 논쟁에서 나타나듯(Coleman, 1990; Fishburn, 1970), 타인의 만족이나 가치를 자신의 것과 객관적으로 비교할 수 없고 더 나아가 서로 다른 집단의 담론이 서로 소통하기란 매우 어렵지만 시장이론에서는 소비자들 사이의 상징적 상호작용으로 인해 이 비율을 추정할 수 있는 것으로 본다. 상징적 상호작용이론에서의 정신과 자아의 형성 과정에 대한 논의와 현상학적 사회학은 다른 모습을 예측하지만 두 이론이 공히 강조하듯 상징과 사회적 지식을 매개로 하여 거래 질서를 이루는 점은 시장 기제에서 핵심적인 과정이다(Mead, 1967; Schutz, 1970).

생산자와 소비자들은 개별적으로 의도하지 않더라도 이런 기제를 통해 서로 상대를 동질적인 집단 혹은 클래스로 묶는 과정에 참여한다. 생산자나 소비자들은 자신도 모르게 구조의 형성에 참여하고 동시에 구조적 압력을 받게 된다. 따라서 생산자 혹은 상품군과 소비자군은 서로 쌍대 관계를 이룬다. 여기서 쌍대 관계는 상호 구성의 관계가 된다. 많은 경우 쌍대는 등가 관계에 기반을 두기 때문에 일군의 상품들은 소비자와의 연계 방식에 의해 등가로 묶이고, 복수의 소비자들은 동등한 상품군과의 연계 방식에 의해 구조적 등가나 정규 등가로 묶인다(Doreian, Batagelj, and Ferligoj, 2005). 두 집단 간에 나타나는 상호 구성은 집단 간 영향력 교환에 의해 강화 혹은 약화된다. 이 과정은 상품과 소비자들을 동시에 분화시키면서 재결합시킨다.

생산자와 소비자들이 상호 구성하는 기제를 더 간결하게 나타내기 위해 〈그림 9.1〉을 보다 추상적인 형태로 나타낸 것이 〈그림 9.2〉이다. 두 연결망으로 표시된 상품군과 소비자군은 각각 클래스로서 상호 구성 관계를 갖는다. 이 그림에서 클래스 A는 소비자군이고 클래스 B는 생산자군이다. 소비자 노드 1, 2, 3, 4는 동일한 특성을 갖는데, 왜냐하면 동질적 생산자인 노드 5, 6, 7, 8, 9의 상품을 동일한 방식으로 선택하기 때문이다. 여기서 노드 1~4를 동질적이라고 판정하는 기준은 노드들이 제3자들과 동일한 방식으로 연결되어 구조적 등가를 이룬다는 점과 인지적으로 생산자와 소비자로 구별되게 기능한다는 점이다. 이런 조건에서 노드 1~4 간의 관계나 그들이 직면하는 현실은 노드 5~9와의 연계에 의해 정해지고, 노드 5~9 간의 관계는 역으로 노드 1~4 간의 연결망에 의해 기술된다. 소비자 간 연결망 A에서 노드들 간의 관계는 이들이 생산자 간 연결망 B의 노드들과 맺는 관계에 의해 나타나는데, 반대로 연결망 B의 노드들 간의 관계는 다시 연결망 A의 노드들 간의 관계에 의해

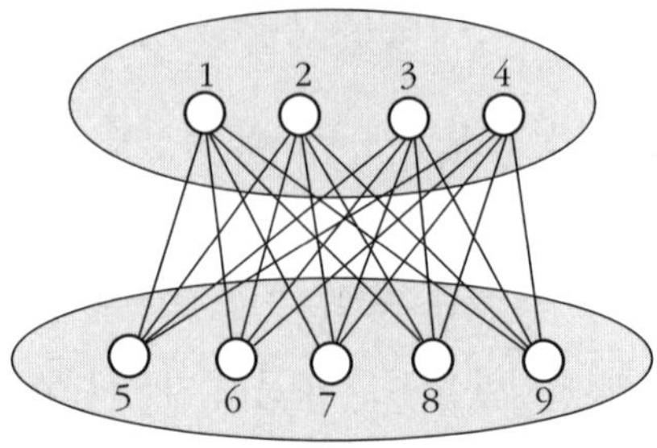


그림 9.2 동질적 쌍대 클래스

구성된다.

이런 단순한 시장 구조에서는 등가 클래스와 쌍대 클래스가 일치한다. 등가 클래스를 이루는 두 집단은 서로 쌍대 관계에 있어서 한 집단이 상대 집단의 구조를 구성해주고 상대 집단의 구조에 의해 구성된다.

여행사의 관광 상품을 소비해본 사람들에 의하면 동일한 종류의 상품 다발로 이루어진 패키지 관광 상품의 소비(예: 호주 오지 여행 ㅇ박 ㅇ일)가 소비자들을 집단으로 묶어준다. 직접 만나지 않는 소비자들도 소비 행위에 의해 동일한 집단으로 묶인다. 문화예술 시장에서 고전음악과 추상 미술, 외국의 도시 관광을 선호하는 여가 집단이 나타난다면 세 상품은 등가를 이루게 된다. 이 세 상품을 선호하는 행위자들은 본인들의 의도와는 상관없이 하나로 묶여 등가 집단을 형성한다. 이때 세 상품으로 이루어진 상품 집단은 소비자 집단과 쌍대 관계를 이룬다.

여행 경험이 많은 관광객들 중에는 다른 사람들과 같이 행동하는 것을 피하고 개별적으로 행동하는 사람들이 생겨난다. 오지 탐방이나 정글 속 원주민 마을 방문, 사막 횡단, 극지 탐방 등 소규모 인원이 행하는 여행은 대량의 단체 관광과는 구별되지만 이런 형태 역시 특정 부류의 사람들이 일반적으로 선호하는 전형적인 관광 상품이 될 수 있다. 인적이 드문 오스트레일리아의 해안, 노르웨이령 스발바르 제도나 덴마크령 그린랜드 섬, 알프스의 샬레, 캐나다 북부의 개썰매 경험은 카리브해 크루즈 관광이나 동남아시아의 해변 리조트에 비하면 덜 대중적이지만 그래도 관광객들은 자신들이 서로 유사하다는 공통점을 느끼고, 많은 경우 이런 상품들도 팀별로 소비되기도 한다. 이런 관광들은 이용자 입장에서 보면 세속을 피해 자연 속에 홀로 있다는 느낌을 줄 수 있지만 객관적으로 볼 때 수많은 고객을 상대로 서비스를 제공하는 하나의 산업을 이루고 있다.

## 2. 동질적 시장에서의 구조적 기제

행위자들이 쌍대에 의해 묶이면 집단적으로 고유한 특성(identity)을 획득하게 된다. 여기서 'identity'라는 용어는 심리적 자기 동일시뿐 아니라 객관적으로 남과 구별되는 고유한 특징을 갖는 것을 가리킨다.[2] 보통 객관적 고유성을 획득하는 과정은 집단 구성원들이 주관적 자기 정체감을 획득하는 과정과 동시에 발생한다. 일단의 행위자들이 객관적·주관적 고유성을 획득하면 이들은 집단적으로 영향력 혹은 통제력을 갖게 된다. 집단들이 서로 상대를 구성하는 관계에서 고유성이 나타나는데, 한 집단의 고유성은 다른 집단의 고유성에 영향을 주기도 하고 영향을 받기도 한다. 이런 점에서 시장의 생산자군과 소비자군은 서로 영향력을 이행시키고

2 identity라는 용어에는 '정체성'이라는 번역어가 통상적으로 사용되지만 이 번역어가 주로 주관적 자기 동일시를 가리키기 때문에 '고유성'이라고 번역하기도 한다.

반사하는 기제에 들어가게 된다. 반사와 이행 기제는 시장의 다양한 구조를 설명하는 데 핵심적인 역할을 한다.

### 시장 아이덴티티의 형성

생산자와 소비자들은 상호 구성 과정을 통해서 그들이 참여하는 시장과 집단에 대해 고유의 범주, 고유성 혹은 아이덴티티를 부여한다. 행위자 간의 상징적 상호작용에 의한 조건 균등화는 이들이 집합적으로 규정하는 공통의 세계가 형성됨을 의미한다. 공통의 세계를 규정하는 일군의 생산자와 소비자들에 의해 구성된 시장은 피자 시장, 자동차 시장, 미술품 시장과 같이 무슨 무슨 시장이라는 하나의 이름으로 묶이면서 다른 범주와 구별되는 정체성을 갖추게 된다.

관광 상품의 경우를 다시 보면, 동일한 묶음의 상품들을 집단 소비한 소비자들이 비슷한 취향을 발전시키고 여행을 계기로 연결망을 발전시키며 공통의 기억을 형성함에 따라, 그 관광 상품을 구성하는 요소들은 하나로 묶여서 더 강한 아이덴티티를 획득한다. 이제 특정 관광 상품은 어떠어떠한 소비자들이 주로 소비한다는 고유한 특성 혹은 이미지를 갖게 된다. 동시에 특정 소비자군은 어떠어떠한 상품을 소비하는 집단이라는 고유한 이미지 혹은 고유성을 갖게 된다.

한번 형성된 관광 상품이나 관광지의 고유성은 그 상품이나 관광지에 처음 가보는 사람에게도 쉽게 관찰되고, 나아가 대상을 구성하는 영향력을 가져서 새 관광객을 이전 관광객들과 동일한 모습으로 바꿀 수도 있다. 동남아시아의 어느 국가를 처음 방문한 관광객은 현지 어린이들이 다가와서 한국어로 말을 걸고 판에 박힌 칭찬을 한 후 물건 구매를 요청하는 행동에서 그 이전에 그곳을 방문한 한국인 관광객들의 모습을 볼 수 있었다. 일부 관광객들은 현지 어린이들의 접근을 자연스럽게 받아들이고 동화되는데, 이전 관광객들이 했던 것과 동일한 행위를 하게 되면서 관광객과 현지인 간의 상호작용 구조를 재생산하기도 한다.[3]

상품들이 동일한 고유성을 유지함에 따라 가격의 균등화 현상이 발생한다. 가격은 특정 상품군의 정체성, 고유성을 보여주는 신호로서의 지위를 획득한다. 상품군의 정체성에 맞지 않는 가격은 부적절하다는 평가를 받는다. 따라서 서로 다른 상품들도 이들이 다른 행위자나 객체에 의해 하나로 묶임에 따라 동일한 정체성이나 지위를 갖는다. 특정 가격대의 와인은 이국적 레스토랑 경험과 연관되다가 여러 상품과의 교차 결합에 따라 대학가나 공연예술장 근처에서 특정 생맥주나 외국 맥주 상품군과 등가를 획득하게 된다. 와인과 맥주를 소비하는 소비자들은 이런 경험에 의해 등가를 이루게 된다. 이 과정은 쌍대 구조에서 복합적이고 동적인 역할 구조가 형성되면서 영향력이 한 집단에서 다른 집단으로 이행되고 효과가 반사되는 기제가 일어남을 보여준다. 이러한 반사와 이행 기제에 대해서는 다음 절에서 살펴볼 것이다.

### 동질적 시장모형에서의 반사와 이행

동질적 시장모형homogeneous market model은 쌍대 클래스가 동질적인 요소로 구성되어 있는 경우를 다룬다. 쌍대를 이루는 두 구조가 서로 구성 관계에 있다면 구성은 반사와 이행에 의해 구체적으로 나타나고, 쌍대 관계를 이루는 생산시장에서도 반사와 이행 혹은 전이 효과가 나타난다. 쌍대를 이루는 두 연결망 중 한쪽 연결망에서 노드 간의 관계 혹

3 서희정(이화여자대학교 사회학 학사)과의 대화.

은 한 노드가 다른 노드에 미치는 영향은 쌍대를 이루는 다른 연결망에 의해 연속적으로 반사되는 과정에서 이행해 형태가 변하거나 강도가 점진적으로 강화 혹은 약화될 수 있다.

### 반사

〈그림 9.1〉이나 〈그림 9.2〉는 구조가 단순한 동질적 시장을 보여준다. 노드 1~4 간의 관계가 노드 5~9 간의 관계를 구성하고 동시에 노드 5~9 간의 관계가 노드 1~4 관계를 구성한다면, 노드 1~4의 영향은 노드 5~9에서 반사되어 다시 원래의 노드들에게 돌아온다. 이런 기제는 상징적 상호작용 이론가들이 사용한 거울의 비유를 빌려 반사라고 명명할 수 있다(예: 찰스 호튼 쿨리의 거울 자아). 결과적으로 소비자 노드 1~4 간의 관계는 생산자 노드 5~9로 구성된 집단이라는 거울에 의해 반사되게 된다. 반사되는 영상은 두 연결망 사이의 인터페이스를 거치면서 변형되고 강도도 달라진다.

생산시장에서 반사는 어떤 모습인가? 반사 효과는 한 연결망의 노드 간 관계가 다른 연결망에 영향을 주고 다시 그 연결망의 영향을 받아 되돌아오는 현상을 가리킨다. 특정 상품군의 고유한 이미지가 특정 소비자군과의 연계에 의해 정해지면, 쌍대에 의한 구성 기제에 의해 그 소비자군은 다시 그들이 연계된(즉, 소비하는) 상품군에 의해 고유성과 이미지가 결정되는 것을 경험한다. 이때 상품군이 해당 소비자군에게 비춰지는 이미지는 바로 그 소비자군과의 연계에 기초한다. 따라서 영향을 주는 방향은 소비자 → 상품 → 소비자의 순으로 연결되고, 소비자로부터 상품으로 가는 연계(여기서는 고유성의 형성 기제 제공)는 상품에서 소비자로 되돌아오는 연계로 연결된다. 이 모습은 소비자군의 모습이 상품군에 반영되고 그 반영된 이미지가 다시 소비자군에게 가기 때문에 소비자군이 상품군을 거울로 삼는 형태가 된다. 가장 단순한 구조에서 소비자군은 자신들과의 연계에 의해 고유한 이미지를 갖게 된 특정 상품군을 마주하면서 그 상품군에서 바로 자신들의 모습을 보게 된다.

한국 소비자들이 한정식만을 소비한다면 한정식이라는 상품은 한국인이라는 집단의 특성 때문에 '한국인들이 소비하는 음식'이라는 고유성을 갖게 된다. 따라서 한정식을 소비하고자 하는 한국 소비자들은 자신들의 이미지가 이 상품에 들어가 있음을 보게 된다. 이때 한국 소비자들의 특징은 한정식이라는 상품에 반사되어 소비자들에게 되돌아오는 셈이 된다. 반사는 여러 번 나타나므로 마치 두 거울 사이에 놓인 촛불이 거울에 무수히 많은 모습으로 나타나듯 반사도 여러 번 일어나 연결망 노드 간의 관계는 복합적으로 구성, 재구성된다.

이 과정을 형식적으로 나타내면 다음과 같다. 소비자와 상품이라는 두 클래스는 서로 상대에게 이미지를 반사해주는 거울의 역할을 한다. 특정 노드군을 기준으로 할 때 동질적인 상대편 노드들을 소괄호 ( ) 안에 넣고, 쌍대 클래스를 구성하는 노드들을 중괄호 { } 안에 넣으면 노드군 {1, 2, 3, 4}이 직면하는 쌍대의 내용은 달라진다. 이 모습은 노드 1, 2, 3, 4로 구성된 쌍대 클래스에서 바라본 상대편 집단, 즉 쌍대 클래스의 모습이다. 〈그림 9.2〉에서 노드 1~4가 바라본 쌍대 클래스의 모습은 아래와 같다. 노드 1~4가 바라보는 노드 5, 6, 7, 8, 9의 모습을 $I_{\{1,2,3,4\}}\{5, 6, 7, 8, 9\}$으로 표기하면 식 (9.6)과 같다.

$$I_{\{1,2,3,4\}}\{5, 6, 7, 8, 9\} = \{(5, 6, 7, 8, 9)\} \tag{9.6}$$

이 식은 노드 1~4에서 바라본 모습으로서 상대 집단의 모습이 보인다. 이는 특정 소비자들이 특정 상품군을 바라보는 모습, 혹은 특정 상품군에 들어 있는 소비자들의 고유성을 마주하는 모습이다. 그런데 노드 5~9가 등가인 것은 다시 노드 1~4 때문이다. 따라서 등가이며 쌍대 클래스를 이루는 노드 5~9에는 노드 1~4 자신들의 모습이 숨어 있다. 이를 단계적으로 보기 위해 노드 5~9의 관점을 고려하면 노드 5~9 집단이 바라본 쌍대 클래스의 모습은 다음과 같다.

$$I_{\{5,6,7,8,9\}}\{1,2,3,4\} = \{(1,2,3,4)\} \tag{9.7}$$

소비자 1~4는 자신들이 소비하는 상품군에서 자신들의 모습을 보게 된다. 클래스 {5, 6, 7, 8, 9}는 소비자 1~4의 영향을 반사하므로 노드 1~4가 바라보는 모습에는 자신들의 모습이 나타나게 된다. 이를 식으로 나타내면, 소비자 1~4가 바라본 쌍대 클래스의 자세한 모습은 아래와 같다. 소비자 1~4는 자신들의 모습이 상대편에 선 생산자 혹은 상품 쌍대 클래스에 반사되는 이미지를 보게 된다. 특정 상품군을 선호하는 소비자군은 그 상품군의 모습 속에서 자신들의 특징을 보게 된다.

$$\begin{aligned} &I_{\{1,2,3,4\}}\{5,6,7,8,9\} \\ &= I_{\{1,2,3,4\}}\{I_{\{5,6,7,8,9\}}\{1,2,3,4\}\} \\ &= \{(\{(1,2,3,4)\})\} \end{aligned} \tag{9.8}$$

생산자인 노드 5~9에서 보면 소비자 노드들이 보는 것과 대칭되는 모습이 나타나고, 이런 반사 관계는 계속 확장될 수 있다. 이런 관계에서 두 클래스를 구성하는 노드 간 연결의 강도는 이제 마주 보는 다른 클래스의 전체 연결망 구조 내에서의 상호 영향과 클래스 간 이행의 강도에 따라 결정된다. 즉, 소비자 클래스의 노드 1~4 간 연결 여부와 강도는 첫째, 이들 노드가 생산자 클래스의 노드 5~9와 맺는 연결 관계와, 둘째, 생산자 클래스의 노드 5~9 간의 연결 관계의 형태와 강도에 의해 결정된다. 그러나 노드 5~9 간의 연결 관계와 강도는 다시 노드 1~4와의 연결 구조 및 강도에 의해 결정된다. 따라서 두 클래스는 상대의 이미지를 계속해서 반사한다.

### 이행

두 클래스 혹은 두 집단이 이미지를 상대에게 반사하는 과정에서 반사, 혹은 사회적 구성의 강도가 달라지는 현상이 나타난다. 특정 상품군이 특정 소비자군의 모습을 다 반영할 수도 있지만, 부분적으로 반영할 수도 있다. 두 경우에 반사의 강도, 혹은 반사의 효율은 달라진다. 따라서 여러 차례의 반사는 한 연결망의 형태가 점진적으로 변화해가는 이행 효과transition effect를 초래한다. 여기서 이행 효과는 반사의 결과 관계가 점진적으로 이행되는 것을 가리킨다. 관계의 강도는 승수 효과를 고려하는 모형에서와 같이 가속적으로 강화 혹은 약화될 수 있다.

생산시장에서 소비자군과 생산자군은 마주 보면서 소비자들의 선택 가능성과 생산자들의 역할 구조를 구성한다. 생산자들 사이에서의 직접적인 상호작용도 중요하지만 소비자들에 의해 선택될 가능성이 동일하다는 점은 생산자들을 동일한 특성을 갖는 조직으로 묶어준다. 이렇게 보면 균형 상태에서의 시장스케줄은 생산자와 소비자라는 두 행위자군 간의 반사와 이행에 의해 구성된 사회적 현상이다.

알프스 관광은 유럽인들이 소비하는 것이라는 인식이 있던 시절에 알프스를 관광했던 유럽인들은 관광 상품에 의해 유럽적인 이미지가 반사되고 강화되는 것을 느꼈을 것이다. 즉, 유럽인들은 유럽적인 고유성을 갖는 상품인 알프스 관광을 하면서 자신들의 모습이 상품에서 반사되는 것을 느낄 수 있었을 것이다. 알프스의 관광지 역시 유럽 관광객들을 맞으면서 이들에 의해 특성이 규정되었을 것이다. 그러다가 유럽 소비자들이 알프스 외의 다른 지역으로 관광 여행을 하게 되고, 비유럽인들이 알프스를 관광하게 됨에 따라 반사와 이행의 내용이 바뀌었다.

현재 알프스 관광이 갖는 고유성은 서구 관광객들의 전유물이라는 내용이 아니다. 과거 일본인들이 유럽 관광을 하기 시작하던 초기에 일본인 관광객들을 박대했던 스위스 관광 산업계는 이제 일본, 한국, 중국 관광객에 크게 의존하고 있다. 알프스의 봉우리들 중에서 잘 알려진 마터호른 관광의 근거지 마을 체르마트Zermatt는 일본의 한 도시와 자매결연을 맺고 있다.[4] 일본인들에게 체르마트 여행은 더 이상 드물고 신기한 관광이 아니고 (Kirby, 2001) 이제는 이 지역의 주요 관광객으로 한국인이나 중국인이 일본인들을 대체해가고 있다. 티벳, 네팔, 몽고, 캄차카 등 새롭게 관광 상품으로 개발되고 있는 중앙아시아, 동북아시아도 이런 과정을 거칠 가능성이 크다. 이와 같이 상품군은 소비자군의 특성과 유형을 만들어내고 소비자군은 이들이 소비하는 상품군의 특성과 유형을 만들어낸다.

## 3. 이질적 시장에서의 구조적 기제

### 이질적 시장모형에서의 반사와 이행

이질적 시장모형heterogeneous market model은 쌍대 클래스 내에 이질적인 요소들이 공존하는 경우를 다룬다. 앞의 예에서는 쌍대 클래스를 이루는 소비자나 생산자군 내에서 분화가 없기 때문에 모든 소비자는 모든

4 http://www.snowjapan.com/e/spotlight/mt-6.html

생산자와 연결될 수 있었다. 즉, 모든 소비자는 모든 상품을 소비한다. 그러나 시장에 관한 연구들은 동일한 종류의 상품을 파는 시장일지라도 소비자의 계층, 지위, 연결망에 따라 소비하는 상품이 분화됨을 보여준다(DiMaggio, 1987; Podolny, 1993). 부르디외의 구별짓기 개념을 따서 구별짓기 시장모형distinction market model이라고 명명할 수 있는 모형에서는 소비자나 생산자 클래스 모두 내부 분화를 겪는다(Bourdieu, 1984). 소비자군은 계급적으로 분화되고, 생산자군 혹은 상품군도 분화되어 상류 계급이 소비하는 상품과 노동 계급이 소비하는 상품이 다르게 나타난다.

상품과 소비자의 분화는 수직적으로만 나타나지 않고 수평적으로 나타날 수도 있다. 소비자의 계급이나 지위 대신 연결망에 주목하는 것이 이런 생각을 반영한다(DiMaggio, 1987). 여기에서는 공간의 제약상 수직적 분화만을 다루지만 내용은 수평적 분화에 대해서도 비슷하게 적용 가능하다. 수직적으로 분화된 시장을 생산시장에서의 스케줄에 나타낸 것이 〈그림 9.3〉이다.

이질적 시장모형에서는 동질적 시장모형에서와 달리 쌍대 클래스가 구조적 등가와 일치하지 않게 된다. 이질적 시장모형에서 쌍대 클래스는 인지적 범주나 상징적 상황 정의에 의해 결정된다. 〈그림 9.3〉은 동일한 종류의 상품이 거래되지만 상품들은 품질이나 혹은 수준에 의해 분화되어 있고 소비자들도 분화되어 있어서 한 집단은 고가의 소량 생산 상품을 소비하고 다른 집단은 저가의 대량 생산 상품을 소비하는 시장을 보여준다. 소비자군이 서로 다른 소집단으로 분화되고, 이들이 소비하는 상품도 두 가지의 소집단으로 나누어짐에도 불구하고 이 시장은 하나의 시장으로 분류될 수 있다.

이 시장에서도 소비자와 생산자는 상대편과의 관계에 의해 기술된다는 점에서 서로 쌍대 관계에 있고, 상대편의 가격 조건을 제약하고 고유

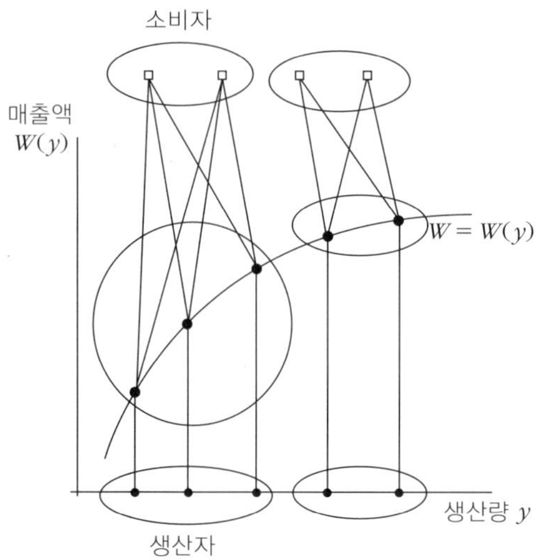


그림 9.3 이질적 시장모형: 구별짓기에 의한 수직적 분화

성을 구성한다는 점에서 상호 구성 관계에 있다. 그러나 여기서 쌍대 클래스의 경계는 구조적 등가에 의해 주어지지 않는다. 분화된 소집단들과 소집단에 따른 배타적 소비로 인해 소비자군이나 생산자군 전체는 서로 구조적으로 등가가 되지 못한다. 그럼에도 불구하고 두 개의 소집단으로 분화된 소비자군이나 생산자군은 쌍대 클래스로 정의되는데 그렇게 보는 기준은 인지적 범주와 대칭적 기술 가능성이다.

와인 시장에서 상류층 소비자군과 하류층 소비자군이 소비하는 와인의 종류가 중복되지 않고 완전히 다르다면 상류층 소비자들과 하류층 소비자들은 서로 구조적으로 등가 관계에 있지 않게 된다. 그럼에도 불구하고 이들이 와인 시장이라는 공통의 인지적 범주 속에 있다고 보면, 동일한 범주의 상품을 소비하는 집단이 되기 때문에 쌍대 클래스를 이룬다고 볼 수 있다. 분화된 와인 상품군은 분화된 소비자군을 구성하고 분화된 소비자군은 분화된 와인 상품군을 구성한다. 여기서도 반사와 이행 기제는 쌍대와 구성의 모습을 보다 구체적으로 보여준다.

동질적 시장이냐 이질적 시장이냐의 여부는 쌍대의 동질성 여부와도 직결된다. 따라서 쌍대 개념을 구성의 동질성 여부에 따라 동질적 쌍대 homogeneous duality와 이질적 쌍대heterogeneous duality로 나누어볼 수 있다. 동질적 쌍대는 쌍대 관계가 한 가지 특성에 의해 구성되고 쌍대 클래스는 동질적인 노드들로 구성되는 경우이다. 반대로 이질적 쌍대는 쌍대 클래스가 서로 다른 성격의 노드들로 구성되는 경우이다. 동질적 노드로 구성된 연결망이 이질적 노드로 구성된 다른 연결망과 쌍대 관계를 이룰 수 있고, 이질적 노드로 구성된 두 연결망이 서로 쌍대 관계를 이룰 수도 있다. 동질성 여부를 결정짓는 특성은 다양해서 노드들의 속성이나 노드의 관계적 특징이 될 수도 있다. 이에 대한 논의를 위해 〈그림 9.3〉 대신 보다 단순하고 명료한 형태인 〈그림 9.4〉를 고려한다.

### 반사

〈그림 9.4〉에서 고가의 소량 생산 상품을 소비하는 소비자 1, 2에서부터 반사에 대한 논의를 시작한다. 이 두 노드는 다른 소비자 3, 4와 교류나 중복이 없기 때문에 이들 입장에서 볼 때 소비자 3, 4와는 구별되는 집단을 형성한다. 그러나 반사의 기제는 이들이 결국은 다른 소비자 3, 4의 모습 혹은 고유성과 직면하게 됨을 보여준다.

노드 1, 2는 상품 5, 6, 7을 소비하는 반면 상품 8, 9는 소비하지 않는다. 그러나 저가 상품 8, 9는 고가 상품 5, 6, 7과 마찬가지로 동일한 인지적 범주에 포함되기 때문에 소비자 노드 1, 2의 고유성을 구성하는 데 기여한다. 따라서 노드 1, 2는 고가 상품만을 소비할 뿐 저가 상품인 8, 9는 절대로 소비하지 않는다는 내용의 고유성을 갖게 된다. 예를 들어, 영화 〈타이타닉〉은 상류층과 하류층이 소비하는 음식뿐 아니라 휴식과 숙박의

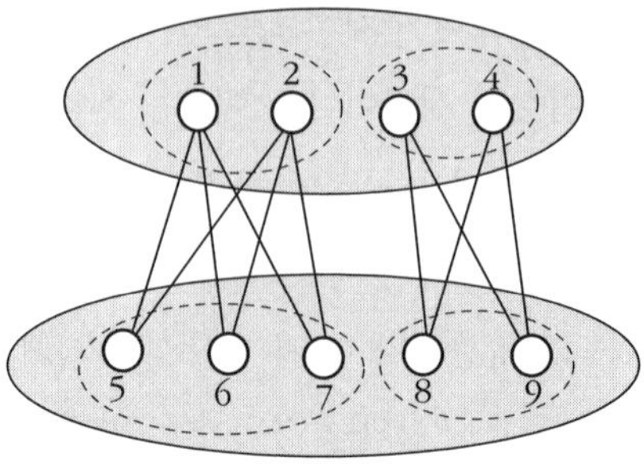


그림 9.4 이질적 쌍대 클래스: 구별짓기

공간에서도 완벽하게 구별됨을 보여준다. 여기서 상류층은 특정 음식과 공간을 소비하는 것뿐 아니라 다른 종류의 음식이나 공간에는 절대 접근하지 않는다는 특징을 갖는다.

노드 1, 2가 직면하는 상품의 세계는 다음과 같이 표시된다. 소괄호 ( ) 앞의 + 기호는 소비나 연결을, − 기호는 배제나 비연결을 의미한다.

$$I_{\{1,\,2\}}\{5, 6, 7, 8, 9\} = \{+(5, 6, 7),\ -(8, 9)\} \tag{9.9}$$

여기서 상품 8, 9는 소비자 3, 4와 배타적으로 연결되기 때문에 상품 8, 9를 결코 소비하지 않는 소비자 1, 2와 부정적인 방식으로 만나게 된다. 이를 식으로 나타내면 다음과 같다.

$$I_{\{3,\,4\}}\{5 \sim 9\} = \{-(5, 6, 7),\ +(8, 9)\} \tag{9.10}$$

식 (9.9)와 식 (9.10)은 완벽하게 서로 반대되는 관계를 보여준다. 양자를 연결시키기 위해 영향력의 방향 혹은 비유적으로 보고 보이는 방향을 바꾸면 식 (9.10)은 다음과 같이 변형된다.

$$I_{\{+(5,6,7),\,-(8,9)\}}\{1\sim4\} = \{+(1, 2),\ -(3, 4)\} \tag{9.11}$$

식 (9.11)을 식 (9.9)에 대입하면 다음과 같다.

$$\begin{aligned} I_{\{1,2\}}\{5\sim9\} &= I_{\{1,2\}}\{I_{\{+(5,6,7),\,-(8,9)\}}\{1\sim4\}\} \\ &= \{\{+(1, 2),\ -(3, 4)\}\} \end{aligned} \tag{9.12}$$

여기서 새로운 모습이 나타난다. 처음에는 노드 1, 2와 아무 관계가 없었던 노드 3, 4가 나타난다. 노드 1, 2는 자신들이 소비하는 상품군으로부터 자신들의 고유성을 보게 될 뿐 아니라, 자신과 아무 관련이 없어보였던 노드 3, 4의 고유성과 마주하게 된다. 이때 노드 3, 4의 모습은 노드 1, 2와는 배타적이고 부정적인 방식으로 나타난다.

한 가지 주목할 점은 한 클래스가 다른 클래스의 내용, 즉 노드들 간의 관계를 그대로 반사하지 않고 자신의 클래스 내부 노드 간 연결망의 형태와 반사의 반복에 따라 이미지를 변형시킨다는 점이다. 식 (9.9)는 클래스 {5, 6, 7, 8, 9}를 그대로 보여주지 않고 분화 혹은 분열된 모습을 보여주었다. 이와 같이 분화된 방식에 의한 반사가 반복되어 소비자-상품-소비자-상품……과 같이 연쇄 반복적인 반사recursive reflection가 계속되면 식 (9.12)에서 나타난 노드 간 분화는 더욱 심화된 형태로 나타난다. 이를 보기 위해서는 식 (9.12)에서 (1, 2)가 바라보는 모습을 반복해서 대입하면 된다. 그 결과는 (1, 2)와 (3, 4)가 분열된 형태로 계속 나타나며 식 (9.12)에 비해 중괄호 { }가 중복해서 나타난다. 그리고 (1, 2)와 (3, 4) 간의 거리가 커지기 때문에, 반사가 반복됨에 따라 노드 간 분열은 더 심해짐을 보여준다.

### 이행

이질적 시장모형, 특히 구별짓기 시장모형에서 이행 역시 동질적 시장모형에서와 마찬가지로 생산자군과 소비자군 사이에 영향력이 전달되는 정도가 달라질 수 있다. 위의 반사 기제에서는 영향력이 100% 전달된다고 가정하고 있지만 실제로는 반사가 반복될수록 영향력 전달의 효율은 점점 약해질 수 있다.

### 다른 이질적 시장모형

이질적 시장모형에는 구별짓기 시장모형 외에도 다른 방식도 있는데, 한 예로서 구별짓기와는 반대인 모방의 시장모형을 생각할 수 있다. 모방의 시장모형에서는 노드 간 연결망이 〈그림 9.4〉에서와 같이 소비자와 상품이 각각 분할되는 대신, 한 부류의 소비자군이 다른 소비자군의 소비 상품군을 소비하는 방식으로 나타날 수 있다.

〈그림 9.5〉는 소비자 3, 4가 전에는 소비하지 않던 5, 6, 7을 소비하는 모습을 나타낸다. 노드 3, 4는 원래 소비하던 상품인 8, 9를 계속 소비할 수도 있고 소비를 중단할 수도 있다. 반면 노드 1, 2는 노드 3, 4가 소비하던 상품 8, 9에 대해 아무 관심도 갖지 않는다.

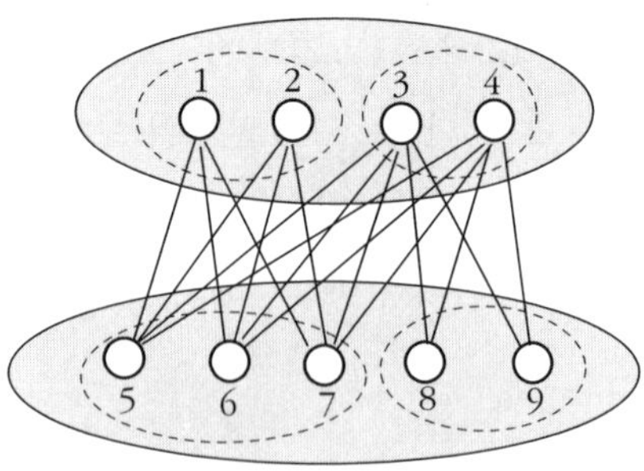


그림 9.5 이질적 쌍대 클래스: 모방

이질적 시장모형은 또한 동적인 변화를 다루는 모형도 포괄할 수 있다. 국제 관광 시장이나 미국 부동산 시장에 일본 자본이 진출하는 경우나 중국의 미술 시장에 한국 자본이 진출하는 경우와 같이 서로 다른 집단이 동일한 상품을 소비하게 될 때 생기는 동형화와 분화의 압력 역시 구조적 등가와 쌍대의 개념으로 모형화할 수 있다. 동적 모형은 앞에서 이미 다룬 모형에서도 보인다. 〈그림 9.5〉의 상황에서 노드 1, 2는 노드 3, 4의 진출에 직면해 노드 3, 4를 동질적 집단으로 받아들일 수도 있고 아니면 새로운 상품을 찾아 떠날 수도 있다.

이 장에서는 쌍대 개념을 사회적 구성의 기제로 해석해 생산시장의 생산자와 소비자 간의 관계에 적용했다. 여기서 더 나아가 동질적 시장과 이질적 시장을 각각 동질적 쌍대 클래스와 이질적 쌍대 클래스 개념과 연결시켜 상호 구성 기제가 반사와 이행을 통해 나타나는 방식을 검토했다. 현실에서는 이질적 쌍대가 특징인 이질적 시장이 많은데, 이질적 시장에서는 반사와 이행에 의한 구성 기제가 다양하게 나타날 수 있다. 여기에서는 이질적 시장모형으로 구별짓기 모형만 다루었지만 모방모형이나 연결망에 의한 복합적 모형도 쌍대, 반사, 이행에 의해 설명할 수 있는 것으로 보인다.

# 제10장 사회학적 시장 구조 연구의 두 경향: 제임스 콜만과 해리슨 화이트의 시장이론

## 1. 제도 분석에서 행위-구조 이론까지

### 사회학적 시장이론과 모형

이 장에서는 제임스 콜만James Coleman의 합리적 선택하에서 선행행위체계모형linear system of action model과 사회 연결망 분석 개념, 특히 해리슨 화이트Harrison White가 발전시켜온 사회 연결망 분석의 개념을 연결시켜 논의하고자 한다. 그리고 이 논의를 시장에서의 제도 분석 가능성과 연결시킴으로써 합리적 선택모형, 제도 분석, 사회적 연결망 분석을 연결시키는 한 가지 방식을 검토하고자 한다. 이를 위해 사회학적 분석에서 중요한 개념인 (1) 제도institution, (2) 구조적 등가structural equivalence, (3) 불확실성uncertainty과 불확정성 indeterminacy, (4) 사회적 연합 및 연결망 형성, (5) 개인의 이익 분포라는 다섯 가지 주제를 콜만의 선형행위체계모형과 화이트의 구조적 시장모형 및 구조적 등가 분석을 매개로 하여 연결시킬 것이다.

구체적으로 이 장에서는, (1) 시장이나 법, 계약과 같은 사회경제적 제도를 사회 연결망 분석에서 중요한 개념인 구조적 등가와 연결시키고, 화이트의 생산시장모형에서의 시장스케줄 $W(y)$를 구조적 등가의 한 형태로 보며, 콜만의 선형행위체계에서 구조적 등가의 위치를 찾아내고, (2) 구조적 등가로서의 제도가 어느 정도의 불확실성을 해소하지만 여전히 불확실성과 불확정성이 남아 있음을 보이고, (3) 불확실성과 불확정성에 대해 행위자들은 연합 형성과 연결망 이용이라는 전략으로 대응할 수 있으며, (4) 사회적 집단 형성 전략으로 인해 개인의 이익이 달라짐을 보인다. 이 작업은 선형행위체계에서의 일반적 교환모형과 생산시장모형이 만나는 부분을 찾고 이들의 논의를 구조적 등가 분석과 제도 논의, 그리고 연합 및 연결망 형성에 관한 논의와 연관시킴으로써 제도와 구조를 새롭게 보는 방식을 제시하고자 한다.

경험적인 사회학적 시장 연구는 많이 있으나 포괄적이고 통합적인 이론과 모형을 제시한 사회학자는 필자가 아는 한 제임스 콜만과 해리슨 화이트 외에는 없다. 두 사람은 특정 형태의 제도하에서 시장이 구성되고 운용되는 방식을 규명했다. 콜만은 행위자들의 관심, 자원, 통제를 기본 변수로 삼아 행위자 간의 거래가 단순하지 않은 결과를 초래함을 보여준다(Coleman, 1990). 반면 화이트의 생산시장이론은 불확실성의 존재, 구조의 영향력, 신호signal를 중요한 설명 기제로 삼고 있다.

콜만의 분석틀은 일반화가 쉬운 교환행위체계를 정립한다는 장점이 있는 반면 화이트의 이론은 불확실성과 사회구조, 구조에 의한 신호를 고려한다는 점에서 현실적이다. 화이트의 이론에서는 소비자들이 집합적 행위자로서 완전한 정보에 근거해 합리적 선택을 하는 것으로 가정하지만 이론의 주요 등장인물인 생산자들 사이에서는 구조적으로 제한되는 합리성이 작용하는 점에 주목한다. 반면 콜만의 이론에서는 도구합리성이 뛰어난 개인을 상정하는 대신 거래에 참여하는 개인이 부담하는 비용과 이익을 정확하게 계산할 수 있게 해주고, 개별 행위자가 행동을 통일했을 때 비용과 이익이 달라질 수 있음을 보여주며, 특정 제도가 미치는 영향을 알 수 있게 해준다. 두 이론은 사회학 이론적으로 보았을 때 행위자들에게 가용한 정보의 세밀함과 구조적 기제의 존재 여부에서 중요한 차이가 난다.

두 이론은 이론적 지향 면에서 차이가 있음에도 불구하고 시장 거래를 모형으로 제시하고 있어서 제도가 구성되는 방식이나 제도의 결과를 다룰 수 있는 여지를 제공해준다는 공통점을 갖는다. 그 공통점은 구체적으로 다음과 같다.

첫째, 화이트의 이론에서는 생산자와 소비자가 만나 구조적 등가로서 이루어내는 시장 인터페이스가 제도의 특징을 반영한다. 콜만의 모형에서는 한 행위자와 다른 행위자 사이를 매개하는 자원, 관심, 통제의 차원을 별도로 다루기 때문에 자원과 관심과 통제가 복합적으로 구성되고 결합된 존재로서 제도의 특징을 나타낼 수 있게 해준다. 두 이론은 공히 제도를 다루는 방식을 제시한다.

둘째, 화이트의 이론과 콜만의 이론은 시장 제도로 인해 혹은 시장 제도에서 개인의 이익이 실현되는 방식을 보여준다. 시장은 일반화된 사회적 행위자들의 행위가 서로 만나 정형화된 경쟁 및 교환 구조를 만들어내는 곳이지만(Swedberg, 1994), 교환 구조가 성립되는 근저에는 정당한 것으로 채택되고 인위적으로 유지되기까지 하는, 규칙이라는 의미에서 제도로 정착된 시장이 있다. 행위자들의 행동을 규정하는 상당 부분은 규칙으로서의 제도이다. 따라서 두 이론 모두 특정 제도에서 행위자들이 상호작용하는 과정과 결과를 보여준다.

두 이론 모두 일반화를 지향하다보니 구체적인 사회 현상들 중 미처 다루지 못했으나 이론적으로 중요한 매개변수들이 있다. 이 장에서 주목하는 매개변수는 사회적 연합 형성social coalition formation에 의한 분할partition, 그리고 연결망 형성network formation이다. 신제도주의 경제학에서 발전시켜온 정교한 제도 분석의 이론들은 행위자들이 특정한 제도적 기회나 제약 앞에서 여러 명으로 구성된 연합 및 집단을 형성하거나 기존의, 또는 인위적으로 새로 구성하는 연결망을 통해 문제를 해결하려 한다는 점을 고려하지 않았다. 대부분의 모형은 분석의 편의 때문에 2인 사이의 상호작용으로 되어 있어서 2인 이상의 행위자들이 모여 행동할 때의 사회적 역학을 다 다루지 못했다(송현호, 1998). 다자간 상호작용을 다루게 되면 분석적인 해를 구할 수 없기 때문이었다. 그러나 반드시 분석적인 해를 구해야 한다는 생각에서 벗어나 연역적 연구와 경험적 연구를 병행하고자 한다면 주제를 제한할 필요가 없다. 또한 현실에서 다수가 행하는 행동들은 대부분 집단이나 연결망을 형성하기 때문에 개인별 분석적 해를 구할 수 없어도 제도하에서의 행위자들의 행동 기제를 연합과 연결망 형성이라는 매개변수를 고려해 검토할 가치는 있다.

두 이론은 경쟁적이면서도 상호 보완적이기도 해서 한 이론의 장점은 다른 이론의 단점이 된다. 이런 점을 살려 콜만의 교환모형에 인지, 통제, 행위의 구조를 도입하고 화이트의 시장모형에 보다 일반적인 교환 기제를 도입해 연결시키고 이를 더욱 발전시키면 언젠가는 '콜만-화이트 행위구조체계Coleman-White System of Action and Structure'라고 부를 수 있는 모형이 가능하지 않을까 하는 것이 이 장의 논의를 진행하는 필자의 희망이다.

### 제도하에서 연합 및 연결망의 형성

이러한 이론적 작업은 제도가 미치는 영향력을 새로운 시각에서 분석할 수 있게 해준다. 지금까지 신제도주의 경제학이나 법경제학은 특정 제도하에서 합리적인 행위자들이 어떻게 개별적인 행동을 하는가를 분석해 왔고 이는 제도의 영향력 분석이라는 분야로 자리 잡고 있다. 이런 연구는 특정 제도의 효율성이나 장단점을 분석하는 데 기여할 수 있으며 정책이나 운동에서 적지 않은 실천적 의미를 갖는다. 그러나 지금까지 이들 분석은 두 행위자 사이의 관계를 분석하는 데 치중한 나머지 현실에서 다수의 행위자들이 집단 형성, 연결망 구성, 구별짓기와 동형성 등 다양한 사회적 형태로 상호작용하는 점을 주목하지 않았다.

다수 행위자들의 사회적 상호작용을 다루는 분석은 공공재, 외부성, 거래비용, 정보의 왜곡 등의 개념을 토대로 하여 국가의 실패와 시장의 실패를 분석하는 정치경제학 또는 공공경제학에 대해서도 사회구조적 행동 양식이라는 매개변수를 제공함으로써 기여할 수 있다. 개별 행위자의 합리적 선택에 입각한 정치경제학은 제도 분석의 영역에서 불확실성의 발생과 그 구조적 해소, 연합이나 집단 또는 연결망 구성에 의한 문제 해결, 문화적 대응의 차원을 무시함으로써 현실과 유리되는 단점을 갖고 있다. 지금까지 정치경제학에서의 제도의 영향력 분석은 다음과 같은 구조를 가지고 있었다. 이는 분석의 미시, 거시 수준까지 고려하면 콜만의 유명한 보트boat 형태 모형이 되기도 한다.

$$\text{제도} \rightarrow \text{개인의 효용} \rightarrow \text{개인적 행위} \rightarrow \text{제도} \tag{10.1}$$

이 장에서는 콜만의 행위체계에서 행위자들의 통제, 자원, 관심이 서로 만나는 영역에 규칙과 제도로서의 인터페이스가 형성되거나 작동하고 있고, 이는 곧 화이트의 시장스케줄 그리고 연결망 분석에서의 구조적 등가 또는 역할 등가성과도 같은 것임을 보이고자 한다. 이런 작업은 제도를 연결망 분석 및 콜만과 화이트의 시장 분석 속에 위치 지우는 한 방법이 된다.

구조적 등가 속에서 행위자들의 행동 가능성은 사회적 연합 형성에 의한 새로운 구조적 등가의 형성도 포함한다. 행위자들이 선택할 수 있는 선택이 단지 개인적 행위가 아니라 사회적 연합 및 연결망 형성과 같은 사회적 행위까지 포함하는 점을 감안하면 위의 분석틀은 다음과 같이 확장될 수 있다.

제도 → 개인의 효용과 불확실성 → 사회적 행위(연합, 연결망)
→ 제도 (10.2)

제도의 영향력 분석은 행위자들이 연합하고 연결망을 구성하는 사회적 행동을 고려하지 않고서는 불가능해지며 이 점이 경제사회학이 정치경제학이나 법경제학에 기여할 수 있는 부분이 된다. 이 연구는 제도, 특히 시장이나 재산권, 계약과 같은 경제 제도와 선물 교환의 관습이나 친인척 관계 등 사회 제도의 특징이 연합과 연결망 형성에 어떤 영향을 미치는가를 분석하는 틀을 개발함으로써 유리되어 발전되어왔던 사회구조, 특히 연결망 구조 분석과 제도 분석을 연결시키고 나아가 제도의 영향력 분석에 기여하고자 한다. 지금까지 제도와 관련해서는 특정 제도하에서 합리적 행위자들이 어떻게 행동하며 나아가 이러한 결과가 어떤 제도를 형성하는지(Schotter, 1981), 아니면 행위자들의 지극히 제한된 합리성이 어떠한 제도를 형성하거나 인정하는지에 대한 사회학적 신제도주의에 입각한 분석(Powell and DiMaggio, 1991)이 주류를 이루었다. 그러나 특정 제도하에서 행위자들이 명시적이거나 암묵적인 연결망 혹은 연합을 구성함으로써 문제를 해소하려 했는지에 대한 분석은 체계적인 방식으로 이루어지지 못했다.

다수의 행위자들로 구성된 시스템은 분석적인 해의 도출이 어렵거나 종종 불가능하기 때문에 컴퓨터 시뮬레이션에 의존하는 경우가 많다. 이런 난점에도 불구하고 집단 형성과 연결망 구성의 문제를 연구해볼 필요는 있다. 행위자들이 연합이나 연결망을 구성하면 개개인에게 돌아오는 이익은 달라질 것이다. 장기적으로 제도 자체가 행위자들의 행위에 의해 변화한다면 행위자들의 이익은 그 후에 나타나는 제도의 특성에도 영향을 줄 것이다. 그렇다면 제도, 행위, 사회적 연합이나 연결망 형성을 서로 연결시킴으로써 보다 현실적인 제도의 영향력을 분석할 수 있을 것이다.

## 2. 시장 제도하에서 행위와 구조

이 장의 내용은 두 가지로 대별된다. 하나는 콜만과 화이트의 시장모형을 통합하는 일이고, 다른 하나는 구조적 등가를 이용하여 제도에 대해 논의하는 일이다. 제도와 구조적 등가에 대한 논의는 콜만과 화이트의 시장이론을 바탕으로 하기 때문에 이 두 사람의 시장이론에 대해 먼저 논의할 것이다.

### 콜만의 선형행위체계: 행위자, 자원, 통제, 관심

콜만은 교환 연결망에서 행위자, 관심, 자원, 통제 간의 관계를 선형 방정식으로 나타내는 모형을 발전시켰다(Coleman, 1990: 667-949). 이 모형은 기본적으로 합리적 선택이론에 근거한 것이기 때문에 시작 부분에서는 미시경제학과 유사하지만 자원, 관심, 통제라는 변수를 도입하고 여기서 신뢰, 불신, 규범의 문제를 논할 수 있게 함으로써 사회적 거래 일반에 적용되는 틀이 되었다. 선형행위체계이론에서 행위자들은 보유 자원resource, 특정 자원에의 이해 관심interest, 자원에 대한 통제control라는 변수들을 매개로 하여 다른 행위자들과 최적의 거래를 행한다. 이 이론은 기본틀을 바탕으로 하여 자원이나 사건들이 상호 의존하는 상황, 외부성과 규범 발생, 행위체계의 분할, 자원이나 권력의 분화, 거래비용, 신뢰와 불신이 존재하는 상황을 다룬다. 이 이론에서 행위자는 자신이 통제하고 있는 자원과 그 자원에 대한 타인의 관심을 매개로 하여 다른 행위자들과 연결된다.

$$\text{행위자} \rightarrow \text{통제} \rightarrow \text{자원과 사건} \rightarrow \text{관심} \rightarrow \text{행위자} \quad (10.3)$$

행위자는 다수이므로 각 행위자가 실제로 갖게 되는 자원의 양은 직관적으로 알아낼 수 없는데, 콜만의 모형은 이 부분을 정확히 보여주며, 특정 상품 거래에 의한 부분 균형과 모든 종류의 상품 거래에 대한 일반 균형모형을 다 같이 제시할 수 있다.

개인이 주어진 제도와 구조적 틀 내에서 이익을 최대화한다고 본 점은 화이트와 콜만의 이론 모두 동일하지만 제도와 구조적 틀의 내용에 있어서는 차이를 보이는데, 이 장에서 연결시키고자 하는 것이 바로 이 부분이다. 콜만의 모형에서 행위자는 다음과 같은 효용함수를 갖는다.

$$U_i = U_i(c_{i1}, c_{i2}, \ldots, c_{ij}, \ldots c_{im}) \quad (10.4)$$

$U_i$는 개인 $i$의 효용이고 $c_{ij}$는 개인 $i$가 가지고 있는 재화 $j$의 양을 나타낸다. 재화의 양이 늘수록 효용은 증가하지만 증가율은 점점 둔화된다.

$$\partial U_i / \partial c_{ij} > 0, \qquad j = 1, \ldots\ldots m \tag{10.5}$$

$$\partial^2 U_i / \partial c_{ij}^2 < 0 \qquad j = 1, \ldots\ldots m \tag{10.6}$$

효용함수의 형태는 콥-더글라스 생산함수 형태가 일반적인데 이는 여러 가지 장점을 갖는다.

$$U_i = c_{i1}^{x_{1i}} c_{i2}^{x_{2i}} \ldots\ldots c_{im}^{x_{mi}} \tag{10.7}$$

이 함수 형태는 몇 가지 의미를 지닌다. 첫째, 소비와 가치 만족도 함수의 구체적인 행동에 최대한의 자유를 부여한다. 이들 지수 파라미터의 구체적인 값들이 1보다 큰가, 1과 0사이에 있는가, 0보다도 작은가에 따라 함수의 행동 양식은 달라진다. 둘째, 사회구조적 관점에서 보았을 때 시장에서 중요한 것은 특정 변수의 평균값이 아니라 특정 변수의 분포 범위와 그 형태라는 점이다. 이들 지수값이 1보다 더 커질수록 밑수인 $c_{ij}$의 변화폭에 비해 비용이나 가치 만족도의 분포 범위는 훨씬 넓어진다. 이 분포 또는 분산은 구조 내에서 불균등이나 변화 가능성의 정도를 설명할 때 중요하며 시장의 기본적인 형태를 간편하게 기술해준다. 셋째, 이는 여러 분야에서 많이 사용되는 콥-더글라스 생산함수 형태이며 로그 형태로 변환하면 일반적인 형태의 선형함수로 변환되기 때문에 수학적으로 다루기 쉽고 그 의미도 명료하다는 점이다.

$x$는 그 재화가 행위자의 효용에 기여하는 정도를 나타낸다. 화폐의 효용이 사람마다 다르듯이 동일한 양의 재화라고 해도 행위자에 따라서는 그 효용이 다를 수 있다. 해석하기에 따라서 $c$는 재화에 대한 행위자의 통제, $x$는 그 재화에 대한 행위자의 관심 정도를 나타낸다고 볼 수도 있다. 여기에 시장에서 평가되는 가치와 각 행위자가 가진 자원의 총가치를 도입한다. 시장에서 평가되는 가치를 $v_j$로 나타내고, 자원의 총가치를 $r_i$

로 나타내면 다음과 같은 관계가 성립한다.

$$r_i = \sum v_j c_{ij} \tag{10.8}$$

행위자는 다음과 같이 제약하에서 효용을 극대화한다(식 10.6).

$$\max U_i(c_{i1}, c_{i2}, \ldots\ldots c_{im}) \quad \text{조건(Subject to)} \quad r_i = v_j c_{ij} \tag{10.9}$$

이 식을 풀면 다음과 같다.

$$c^*_{ik} = x_{ki} r_i / v_k \tag{10.10}$$

콜만의 선형행위체계는 일반화된 거래 분석의 틀이어서 경험적 현실에 대한 가정은 최소화하고 있기 때문에 구조적인 특성들 역시 자원, 관심, 통제를 나타내는 행렬 속에 가정하고 있다. 여기서는 구조적 특징, 규범, 신뢰에 의해 자원이나 관심 등을 다양하게 표현할 수 있으나 구조의 형태나 규범 또는 신뢰의 근원지를 보여주지는 못하는 단점이 있다. 콜만의 선형행위체계에서는 (1) 행위자들이 불확실성을 해소하는 방식으로서 기존의 구조나 제도에 의존하는 점, (2) 구조적 신호 보내기, (3) 불확실성의 문제가 분명하게 다루어지지 않고, (4) 연합 또는 연결망 형성의 기제가 부재하거나 단순한 형태로 가정되어 있다. 이러한 점에 대해서는 화이트의 연구가 도움이 될 수 있다. 그러나 콜만의 선행행위체계는 개별 행위자가 다른 행위자들과의 관계에서 얻는 이익이나 권력은 당사자가 아닌 다른 행위자들의 자원, 관심, 통제에 의해서도 달라짐을 잘 보여준다는 장점을 갖는다. 이는 또한 구조, 불확실성, 규범 등이 행위체계에 미치는 효과를 기술할 수 있게 해준다.

## 화이트의 구조-준거틀: 불확실성과 신호

화이트의 연구가 사회학적 시장이론에 기여하는 점은, 우선 행위자들이 직면하는 불확실성을 주어진 구조적 질서에 의해 해결하는 점과 특정 구조에서 가능한 신호, 합리적인 선택과 효용 최대화가 가능한 소비자들, 그리고 정보의 불충분으로 인해 그것이 불가능한 생산자들이 만났을 때 나타나는 사회적 질서를 다룬 점이다.

화이트의 시장스케줄 $W(y)$는 기존의 거래 구조가 특정 방향으로 형성되는 방식과 그것이 행위자들에게 특정 형태의 정보를 제공하는 기제를 나타낸다는 점에서 인식, 이익, 행위가 틀 지워지는 방식에 해당되고, 따라서 구조적 인식이나 이익의 구조적 배열에 대한 고려가 없는 콜만의 모형에 도움을 줄 수 있다.

1장에서 논의한 바와 같이 각 생산자는 생산량 $y$와 품질 $n$에 따라 만족함수와 비용함수를 갖는다. 1장의 식 일부를 가져오면 다음과 같다. 여기서 $y$는 콜만의 경우에서는 $c$에 해당하지만 나중에 두 모형을 통합할 때 표기를 통일하기로 한다.

$$S(y, n) = ry^{a} n^{b} \tag{10.11}$$

$$C(y, n) = qy^{c} n^{d} \tag{10.12}$$

위의 식에서 $a$, $b$, $c$, $d$ 네 가지 지수는 생산자 간에 존재하는 생산량 $y$와 품질 $n$의 값이 생산자들의 비용($C$)과 소비자들이 느끼는 만족($S$)을 증폭시키거나(지수들이 1보다 클 때) 혹은 축소시키는(지수들이 1보다 작을 때) 정도를 나타낸다.

소비자들은 특정 상품으로부터 얻는 만족의 정도와 이를 위해 지불하

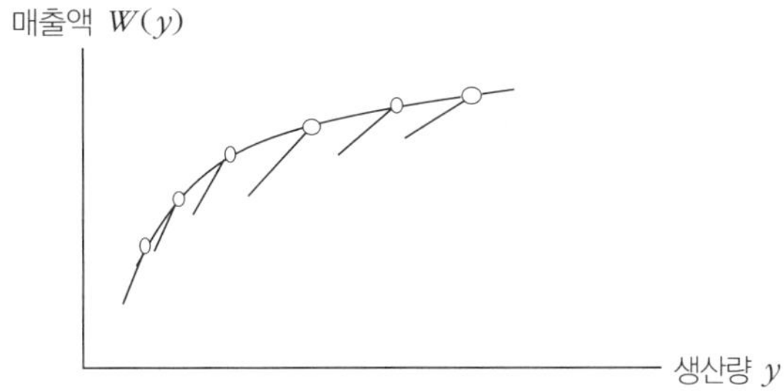


그림 10.1 화이트 생산시장의 시장스케줄

는 지출 간의 관계를 정확히 평가하기 때문에 생산자들에게 동일한 효율성을 요구하며 다른 생산자의 제품에 비해 만족도가 떨어지는 생산자의 제품은 구입하지 않는다. 즉, 생산자에게는 매출액이자 소비자에게는 지출액인 $W(y)$에 대해 소비자들은 동일한 비율의 만족도 $S(y, n)$를 요구한다. 모든 생산자 또는 모든 $n$에 대해 다음과 같은 관계가 성립한다.

$$\theta W(y[n]) = S(y[n], n) \tag{10.13}$$

각 생산자는 주어진 위치에서 매출액으로부터 비용을 뺀 이익을 최대화한다. 따라서 다음의 관계가 성립되어야 한다. 이익함수를 $Pt(y)$로 나타내면 다음과 같다.

$$Pt(y) = W(y) - C(y) \tag{10.14}$$

이를 최대화하는 $y$를 구하기 위해서는 아래와 같이 1차 도함수가 0이 되어야 한다.

$$\frac{dPt(y)}{dy} = \frac{d[W(y) - C(y)]}{dy} = 0 \tag{10.15}$$

$W(y)$가 최대값을 갖기 위해서는 2차 도함수가 마이너스가 되어야 한다.

$$\frac{d^2P(t)}{dy^2} = \frac{d^2[W(y) - C(y)]}{dy^2} < 0 \qquad (10.16)$$

이 조건들을 만족시키는 $y$가 주어졌을 때 매출함수는 다음과 같다. 이 식은 구조화된 사회 현상인 $W(y)$를 생산자의 생산량 $y$와 연결해준다. $k$는 적분상수인데 화이트는 이 값을 역사상수로 보았다(1장 참조).

$$W(y) = [q(\theta/r)^{d/b}[(1 - d/b)/(1 - ad/bc)] \\ y^{a(c/a - d/b)} + k]^{1/(1-d/b)} \qquad (10.17)$$

### 통합: 선형행위체계에 내재하는 구조적 불확실성

이상의 논의는 효용, 거래에 사용되는 재화의 양, 그리고 시장스케줄과 같은 구조 사이에 존재하는 관계를 보여줄 수 있는데 그 전에 두 모형을 하나의 공통적인 모형으로 통합할 필요가 있다. 화이트의 생산시장모형은 독특한 제약하에서 이익을 최대화하는 행위에 대한 모형이다. 즉, 소비자들은 콜만 체계의 행위자들과 같이 완전한 정보, 분명한 선호와 자원을 가지고 있다. 생산시장이론에서 분석의 초점이 되는 생산자들은 인식과 행동 면에서 제약되는데, 제약의 구조는 특정 형태로 주어지므로 행위자들의 관계는 구조적 질서와 과정에 의해 매개된다. 콜만의 체계에서 중요한 자원, 통제, 관심 역시 어떤 형태의 구조적 질서에 따라 달라진다고 볼 수 있다. 따라서 두 틀을 통합하는 작업은 자원, 통제, 관심의 관계를 나타내는 행렬을 시장스케줄을 이루는 매출함수 $W(y)$과 같은 구조로 나타내는 것이다. 구조적 과정은 자원, 통제, 관심을 구조화할 뿐 아니라 이들의 관계는 기존 행위자들의 관계에 의해 결정된다.

$$\text{행위자 1} \leftrightarrow \text{구조적 과정(통제}-\text{자원, 사건}-\text{관심)} \leftrightarrow \text{행위자 2} \tag{10.18}$$

두 모형을 통합하기 위해 우선 생산시장에서 생산량 혹은 재화의 양 $y$를 콜만의 모형에서와 같이 $c$로 바꾼다. 이렇게 되면 매출함수 $W(y)$는 $W(c)$로 표기가 바뀐다. 식 (10.17)에 의하면 $W$는 생산량과 생산량의 영향력을 나타내는 지수에 의해 결정된다. 콜만의 체계에서 지수는 $x$에 해당한다(식 10.7). 편의상 지수 $i$, $j$를 무시하고 표기하자면 효용과 시장 스케줄을 다음과 같이 나타낼 수 있다.

$$U = U(c, x) \tag{10.19}$$

$$W = W(c, x) \tag{10.20}$$

이 식을 다시 표시하면 $U$는 $W$로 나타난다.

$$U = U(W) \tag{10.21}$$

식 (10.7)에 의하면 경쟁적 균형에서 최적의 $c$는 $x$, $r$, $v$로 표시되는데 $c$나 $x$는 동시에 $W$를 구성하므로 역으로 $c$ 역시 $W$로 표시된다.

$$c = c(W) \tag{10.22}$$

식 (10.21)이나 (10.22)가 의미하는 바는 효용이나 최적 재화의 양은 시장스케줄과 같은 구조적 변수의 함수로 나타나므로 미리 형성되어 있는 구조의 영향을 받는다는 것이다.

시장스케줄에는 불확실성이 내재하고 있다. 시장스케줄은 소비자와 생산자에게 정보를 제공하므로 불확실성을 어느 정도 해소하지만 모든 불확실성을 없앤 것은 아니다. 생산시장에서 생산자들이 다른 생산자들의 비용 함수를 모른다는 것은, 콜만의 틀에 의하면 개별 행위자가 볼 때 다른 행위자들의 자원 보유 상황을 모른다는 것과 같은 의미이다. 따라서 다른 행위자가 가진 $c$ 중 일부는 값이 알려지지 않는다. 불확실성이 없다면 모든 $c$가 개별적으로 기술되지만 불확실성이 존재한다면 특정 범위의 $c$에서는 개별적인 값이 첨부되지 않는다. 그러나 만약 이 값이 확률로 존재한다면 상황은 프랭크 나이트가 말하는 리스크의 문제가 되어 비교적 용이해진다. 확률을 $p$로 나타내면 다음과 같이 표시할 수 있다. 여기서는 자원의 개별적인 값이 알려지는 대신 확률로만 나타난다.

$$c_{ij} = p_{ij} \sum_i \sum_j c_{ij} \tag{10.23}$$

자원에 대한 관심, 또는 자원에 의한 만족에 그 재화가 기여하는 정도를 나타내는 $x$에도 불확실성을 부과하면 불확실성의 양은 더욱 커진다. 이 논의는 콜만의 체계에서도 화이트의 모형에서와 같은 구조와 불확실성을 도입할 수 있음을 보여준다.

## 3. 제도와 구조: 제도로서의 구조적 등가, 구조화된 불확실성, 분할과 이해관계

두 이론과 모형을 통합할 때의 장점은 크게 두 가지인데, 첫째는 위에서 본 바와 같이 서로 다른 모습으로 나타나는 두 모형을 연결해 새로운 방식으로 기술할 수 있다는 점이고, 둘째는 새로운 사회적 과정을 추가할 수 있다는 점이다. 보다 구체적으로는 두 이론을 연결시킴으로써 사회적 연합이나 연결망의 형성과 거래의 구조적 등가로부터 제도 구성의 문제를 다룰 수 있게 된다. 화이트 모형에서 주어진 구조에 속박되어 있던 행위자들은 콜만 체계의 행위자들과 같이 다수의 행위자들로 구성된 사회적 공간에서 구조적인 행동을 할 수 있게 된다. 이러한 행위를 통해 그들은 특정 형태의 불확실성을 해소할 수 있다. 행위자들의 방식은 여러 가지가 있으나 여기에서는 구조적 등가하에서 연합과 연결망이 형성되는 점을 다룬다.

우선, 제도를 구조적 등가로서 이해할 필요가 있다. 콜만의 선형행위체계모형이나 화이트의 시장모형은 모두 구조적 등가하에서의 행동으로 치환할 수 있다. 먼저 제도와 구조적 등가의 관계에 주목하고자 한다.

### 제도와 구조적 등가: 규칙과 시장 인터페이스에의 함의

이 장에서는 제도, 제도의 규칙, 관습과 규범, 시장 인터페이스, 시장 스케줄을 모두 행위와 거래의 구조적 등가와 연관 지어본다. 구조적 등가, 등가인 위치나 클래스, 그리고 클래스 간의 관계를 보여주는 등식 개념을 가장 먼저, 그리고 가장 명료하고도 일반적으로 정의한 이들이 해리슨 화이트와 그의 동료들이다(Bonacich and McConaghy, 1980; Boorman and White, 1976; Lorrain and White, 1971). 이들은 연결망 내에서 행위자 간의 단위 관계들을 복합시켰을 때 나타나는 복합적 관계의 특성을 이용해 복잡한 관계들의 수를 줄여서 사회관계를 단순하게 기술하는 방법을 개발했다.

이들은 지크프리트 나델Siegfried Frederick Nadel과 같은 인류학자들의 연구를 기초로 하여, 다양한 등가 관계를 나타내기 위해 단위 관계와 단위 관계들이 복합되었을 때 형성되는 복합 관계compound relation를 도입했다. 행위자 $a$가 $b$에 대해 갖는 관계(edge 또는 morphism)를 $R$이라고 하면 이를 $aRb$로 표기한다. 이때 관계를 역전시키면 $b$의 $a$에 대한 관계가 되고 이를 $R^{-1}$로 표기한다. 즉, $aRb$이면 $bR^{-1}a$이다. 이를 바탕으로 복합 관계를 정의하자면 $M$과 $N$이라는 관계가 있어서 $aMb$, $bNc$가 동시에 성립할 경우 $MN$은 행위자 $a$와 $c$를 연결시키는 복합 관계가 된다. 구체적인 예로 부모자녀 관계를 나타내는 단위 관계 $C$와 배우자 관계를 의미하는 단위 관계 $P$를 들 수 있다. $I$는 수학적 의미의 아이덴티티인 동일성의 관계로서 $aIa$와 같이 자기 자신과 연결시키는 관계, 또는 자신에게 돌아오는 관계이다. 다음과 같은 세 가지 관계를 생각해볼 수 있다. 등호는 하나의 연결망을 구성하는 일군의 노드들에 복합 관계들을 적용했을 때 노드 간 관계가 동일하다는 것을 가리킨다.

$$CC^{-1} = C^{-1}C = I \tag{10.24}$$

$$PP^{-1} = P^{-1}P = I \tag{10.25}$$

$$CP = PC \tag{10.26}$$

식 (10.24)는 특정 부모의 자녀가 되는 관계와 자녀의 부모가 되는 관계를 복합시키면 다시 원래의 행위자로 돌아감을 의미한다. 그러므로 이 대수 방정식이 성립하는 집단에서는 자녀의 부모 되는 관계와 부모의 자녀 되는 관계를 중첩시키면 다시 원래의 행위자로 돌아간다. 여기서는 구조적으로 등가인 형제자매 집단이 정의된다. 이 사회는 구조적으로 동질적인 부모와 자녀들의 클래스로 구성된다. 만약 부모-자녀 관계와 자녀-부모 관계를 연결했을 때 아이덴티티가 되지 않으면 특정 부모의 자녀가 볼 때 자신의 부모는 반드시 한 사람이 아닐 수 있다는 의미가 되므로 여러 부모가 자녀들을 공유하는 사회가 된다.

식 (10.25)는 결혼 제도가 일부일처제로 안정되게 정의되어 있는 사회의 특징을 기술한다. 이때에도 남편-부인 관계와 부인-남편 관계를 복합시켰을 때 아이덴티티가 되지 않으면 특정 남자 A의 배우자인 여자 B의 입장에서 볼 때 자신의 남편은 반드시 A일 필요가 없다는 의미가 되고 이는 다부다처제를 표시해준다. 식 (10.26)은 자녀의 배우자 되는 관계가 배우자의 자녀 되는 관계와 동일하다는 것으로서 근친혼이나 사촌 간 결혼을 나타낸다. 관계를 좁혀 아버지-자녀, 남편-부인의 관계로 정의하면 복합적 관계의 의미나 방정식도 달라진다.

다른 예로 "친구($F$)의 적($E$)은 적이고 적의 친구는 적이다" 의 복합 관계 방정식도 $FE = EF = E$ 로 나타낼 수 있다. 각 관계를 나타내는 $C$, $P$, $CP$, $PC$, $F$, $E$, $FE$, $EF$ 등은 모두 구조적 등가 클래스 간의 관계를 기술해준다. $CPC$, $PP = P^2$, $PCP^2$ 등 복합 관계는 확장될 수 있고 여러 복합 관계 중 진리값이 동일한 것들을 클래스로 묶으면 복합 관계의 수는 줄어들고 이들로 나타나는 복합적인 사회적 관계들은 단순한 것들로 축소, 환원되어 한 사회를 간결한 대수 방정식으로 기술할 수 있다.

등가 개념을 구조적 등가에서 역할 등가로 완화하고(Winship and Mandel, 1983-1984) 화이트 등이 도입한 이상의 작업을 확장시키면 다음과 같은 추론이 가능하다. 위에서 도입한 단위 관계나 복합 관계들이 인위적인 규칙이나 역사적인 규범, 사회적 관습 등에 의한 거래 관계라면 이들 관계는 모두 복수의 집단들 간의 거래를 규제 또는 기술하는 규칙, 관습, 규범이 되고, 이는 제도에 해당된다. 생산시장에서 나타난 시장스케줄인 $W(y)$ 역시 이 관계에 나타난 결과로서 이 관계가 나타나게 된 기제의 총체적 표현이다(그림 10.2).

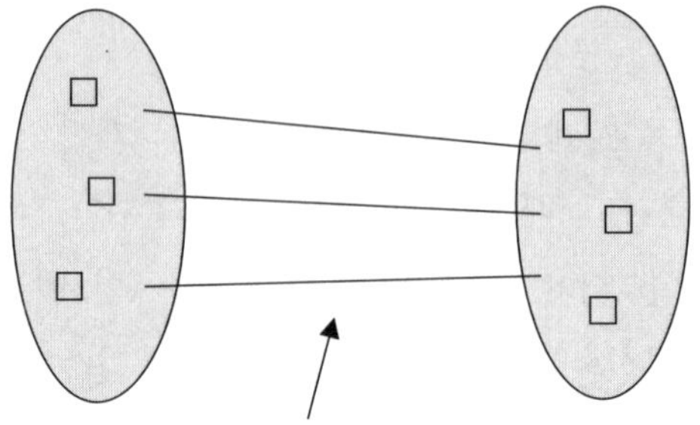


그림 10.2 관계, 규칙, 제도로서 두 등가 클래스 간의 관계

이는 넓은 의미의 인터페이스가 된다. 생산자와 소비자는 구조적으로 등가적인 집단으로서 시장 인터페이스를 사이에 두고 만난다. 이때 시장 인터페이스는 두 집단이나 사회적 위치 사이의 관계를 규정하는 대수식의 사회적 실현이다. 이렇게 보면 구조적 등가, 사회적 제도, 시장이나 재산법과 같은 경제 제도, 시장 인터페이스는 모두 동일한 의미를 지녀 사회학 이론의 개념 공간에서 구조적 등가 또는 역할 등가성을 갖는다고 할 수 있다.

대수식은 연결망 분석에서는 구조적으로 등가인 클래스 사이의 관계의 형태, 또는 역할을 나타내고, 제도 분석에서는 제도적 규칙, 또는 그것에 의한 관계적 결과를 나타낸다. 다음은 이상의 논의를 생산시장에 보다 구체적으로 적용하고자 한다.

### 구조적 등가로서의 시장스케줄과 불확실성/불확정성

시장스케줄 $W(y)$는 자신의 선호와 제품의 시장 가치를 잘 아는 소비자와 생산시장의 다른 행위자들에 대해 불확실성을 갖고 있는 생산자 사이를 연결시켜주는 관계이면서 동시에 역사적으로 형성되어온 구조적 등가라고 할 수 있다. 이 스케줄 속에는 생산자들의 차별적 불확실성, 교환의 기술적 측면 및 문화적 측면, 시장의 가치 생산에 대한 소비자들의 평가와 생산자들의 반응이 융합되어 있다. 시장스케줄은 구조적 등가 일반의 개념과 마찬가지로 생산자와 소비자를 독특한 방식으로 연결시켜주면서 동시에 역사적인 과정을 거쳐 형성되는 사회적 구성물이다.

그러므로 생산자로부터 소비자로 가는 거래 혹은 연결 관계 $W$를 생각할 수 있다. 그러면 역관계 $W^{-1}$은 소비자에서 생산자로 가는 관계이다. 만약 시장이 소비자군과 생산자군으로 이분되어 있고 생산자들 사이에서나 소비자들 사이에서 구별 혹은 분할이 존재하지 않는다면 다음 식이 성립한다.

$$WW^{-1} = W^{-1}W = I \tag{10.27}$$

시장스케줄은 생산자들에게 불완전하나마 시장에 대한 정보를 제공해주고 신호의 원천이 된다는 점에서 생산자들의 가지고 있는 불확실성의 문제를 어느 정도 해결해준다. 그럼에도 불구하고 생산자들은 여전히 불확실성을 갖는다. 그들은 다른 생산자에 대한 개별적 정보를 갖지 못하기 때문에 구조적으로 등가인 생산자의 전체적 분포나 전체 값을 기준으로 삼을 수밖에 없다.

콜만의 선형행위체계에서는 행위자와 행위자를 연결하는 자원과 관심 및 통제 부분이 구조화된 불확실성과 불확정성의 전면에 분포되어 있다고 볼 수 있다. 콜만의 모형에서는 각 행위자의 자원의 양, 관심과 통제의 정도에 대한 정보가 모두 제공된다. 그러나 화이트의 모형을 콜만의 모형에 연결시키면 행위자들은 자원, 관심, 통제의 측면에서 불완전한 정보와 가능성 속에 있게 되어 자원, 관심, 통제의 관계를 나타내는 행렬은 곧 생산시장에서의 인터페이스, 구조적 등가 또는 시장스케줄에 해당하게 된다.

콜만과 화이트의 모형을 통합한 논의에 따르면 행위자들은 구조에 의존하는 효용과 최적 자원량을 가지며 이는 확률로 나타날 수 있다(식 10.21, 10.22, 10.23). 이렇게 확률로 나타나는 자원 보유량, 또는 자원의 통제량은 행위자와 행위자를 연결하는 중요한 매개변수가 되고, 연결망 분석에서도 행위자와 자원의 통제량의 관계는 행위자와 사건을 연결하는 접속 행렬incidence matrix이 되어 행위자와 행위자 관계의 매개체가 된다. 행위자 사이의 관계를 나타내는 인접 행렬adjacency matrix에서 구조적 등가를 고려할 때 매개가 되는 연결은 이렇게 불확실한 자원 통제량이 된다. 시장스케줄 역시 불확실한 함수가 되고, 이는 곧 고도의 불확실성을 내포한 구조적 등가로 연결된다.

구조적 등가를 이루는 행위자들은 불확정성도 갖는다. 불확실성이라는 용어의 의미는 다양하지만 프랭크 나이트의 개념에 따르면 불확실성이란 분명한 대상에 대해 완전하지 못한 정보를 가지고 있는 상태를 의미한다. 또한 불확정성이란 대상 자체가 아직 완전하게 형성되지 않은 상태를 의미한다. 따라서 행위자들은 확정적인 대상에 대해 불확실성을 가질 수 있다. 이렇게 본다면 불확실성은 한 생산자가 다른 위치를 차지할 경우 어떤 이익을 누릴 것인가에 대한 정확한 정보가 없어서 생기고, 불확정성은 한 생산자가 다른 생산자와 연합해 새로운 아이덴티티와 새로운 위치를 구성할 때 시장 상황이 어떻게 바뀌고 개인의 이익은 어떻게 될 것인가가 결정되지 않았기 때문에 생기는 것이다. 이런 상황에서 생산자의 불확실성과 불확정성은 시장스케줄과 병행해 형성되어 있다고 볼 수 있다.

시장스케줄이 갖는 등가 구조에서는 행위자 개별적으로 자원, 관심, 통제를 인식, 구별할 수 없다. 이 구조는 행위자들 전체나 일부 하위 집단의 전체적 값에 대해서만 정보가 알려지거나 개인에 대해서는 확률만 알려지거나 정보 집합 또는 구조화된 무차별 영역으로 구성될 것이다. 이러한 불확실한 환경에서는 연합이나 연결망에 의해 불확실성을 줄이고자 하는 인센티브가 나타난다.

## 구조 분할에 의한 통제: 구조적 등가하에서 연합과 연결망의 형성

### 분할에 의한 불확실성 통제

행위자들은 제도에 반응하기 위해 명시적이거나 암묵적인 연합이나 연결망을 구성한다. 이런 행동에서는 화이트의 생산시장이론에서보다 더 복잡한 형태의 구조적 신호를 이용하게 되는데 그것이 곧 연합 형성의 가능성으로 연결된다. 연합이나 연결망 형성은 특정의 구조적 신호를 제공해 불확실성을 줄여주고 행위자들로 하여금 새로운 역할을 맡게 해줌으로써 관련된 개인들의 이익에 영향을 미친다.

불확실성이 존재하는 세계에서 행위자들이 집단을 형성하면 내부적으로는 불확실성이 줄어들 수 있다(김우식, 2000b). 다른 행위자들이 중요한 불확실성의 원천이고 자원 공간이 될 때 정밀한 정보가 존재하지 않으면 공간 내에서는 구별이 불가능해진다. 이 상황은 구조적으로 등가인 경우에 특별히 해당될 수 있다. 구조적으로 등가이지만 그 안에 분할이 없을 경우 구조적으로 등가인 클래스 내부에서는 불확실성이 높게 나타난다.

### 새 아이덴티티 창출에 의한 불확정성 통제

구조적 등가를 이루는 행위자의 불확실성은 단지 정보의 부족에 의한 것만이 아니라 통제 불가능성에 의해서도 나타난다. 행위자들 사이에 구조적 자율성이 형성되는 경우 구조적으로 주변적 위치에 있는 행위자는 항상 상대의 기회주의적 행동의 가능성에 직면하게 된다. 따라서 주변적 행위자는 항상 자신과 구조적으로 동일한 위치에 있으면서 공동의 상대에 의해 통제받고 있는 다른 동료와 연합하고자 하는 인센티브를 갖게 될 것이다. 이런 유인이 가장 큰 것은 중요한 물자를 교환하고 있는 거래 상대와의 관계에서일 것이다(소수의 소비자와 직면한 여러 생산자의 경우). 이런 유인의 결과는 관련된 행위자 간에 가능한 모든 관계가 다 발현되는 것으로 실현된다. 만약 구조적으로 주변적이거나 비자율적인 위치에 있는 것이 불리함을 안다면 당연히 중심적이거나 자율적인 위치로 들어가려 할 것이다. 이와 같은 구조적 자율성의 문제는 구조적으로 등가인 위치에서 가장 잘 나타날 것이다.

따라서 불확정성은 구조적 등가에 직면한 행위자들이 연합이나 연결망을 형성함으로써 시장 인터페이스 저편에 있는 행위자들에 대해 유리한 위치를 차지하는 새로운 전략적 상황을 만들 수도 있는 상황을 가리킨다. 생산자들은 제품을 재분할하거나 생산자로서의 위치를 재구조화함으로써 소비자들에 대한 협상력을 강화할 수 있고 그럴 경우 연결망 및 연합 구성은 중요한 전략으로서 기능할 수 있다(김우식, 2000b).

### 새로운 공간 분할과 복합적인 구조적 등가 관계 성립

집단 형성과 연결망 구성에 의해 분할되는 행위자군은 복합적인 대수식으로 표시될 수 있다. 구조적 등가 클래스 내에 분할이나 아이덴티티 재조정이 없을 때는 $WW^{-1} = W^{-1}W = I$로 기술할 수 있었으나 이제는 상황이 달라졌다. 분할된 소비자들이 부르디외의 구별짓기에서처럼 분할 또는 연결망으로 구성된 생산자들과 직면할 때는 대수식이 달라진다. 거래 관계가 달라지기 때문에 이제 구조적 등가 클래스도 분할되어 대수식도 복잡해진다. 예를 들어, 이제는 $W$ 하나가 아니라 $W_1$, $W_2$, $W_3$ 등과 같이 클래스가 분할됨에 따라 인터페이스 저편에 있는 행위자와의 관계도 여러 가지로 표시되어야 한다. 이럴 경우 복합적으로 분할된 시장 하나에 대해서는 다음과 같은 대수식들이 성립할 수 있다. 분할된 집단 간 관계를 $P$로 나타내기로 한다.

$$WW^{-1} \neq I, \qquad W_1 W_1^{-1} = I$$
$$W_2 W_2^{-1} = I, \qquad W_1 W_2^{-1} \neq I$$
$$W_1 P_1 W_1^{-1} P_2^{-1} = I \qquad (10.28)$$

이 장에서는 신제도주의 경제학이나 실증주의 정치경제학에서 행해왔던 제도 분석에 제임스 콜만의 선형행위체계나 해리슨 화이트의 이론을 통합할 수 있음을 제시하고, 기존의 분석이 행위자들에 의한 연합 및 연결망 형성이나 조정의 차원을 고려하지 못했음을 지적했다. 사회적 행동이 분석에 포함되면 제도의 영향력을 보다 정확하게 분석할 수 있다. 설명 체계에 연합이나 연결망 형성이 도입되면 설명의 불확정성이 커진다. 또한 실제 행위자들도 이제는 연합이나 연결망을 통해 상황을 통제해나가는 것이 보다 현실적이고 중요한 일이 되고 전통적인 모형에서처럼 비용 지불에 의한 효율성 증대를 도모하기는 어려울 것이다. 이런 점에서 행위의 지배 구조에 통제의 차원을 포함시킬 수 있다. 법학이 정의를 기준으로, 경제학이 비용 조절에 의한 효용극대화를 판단의 준거로 삼았다면 사회학은 연합 형성과 조정 과정에서 상호 통제의 조화를 중시할 수 있다.

코스 정리는 보통 2인 사이에서 경우에 따라 양자의 이익이 어떻게 달라지는가를 분석하지만 현실적으로 오염과 같은 공공재, 외부성의 문제가 생기면 행위자들에 의한 집단 행동이 발생한다. 행위자들은 사회적 연합이나 네트워크를 형성해 행동하기 쉽다. 그렇게 되면 보수 행렬이 분명히 나타나지 않고 불확정성이 발생하게 되는데 이럴 때는 집단의 통제 가능성, 상황의 통제 가능성이 중요해진다. 통제를 기준으로 사용하면 종래의 정의나 효율성과는 다소 다른 상황이 될 수 있다. 예를 들어, 법경제학에서 과실의 기준을 이익과 비용 간의 차이로 본다면 법에 대한 경제사회학적 분석에서는 통제와 비용 사이의 차이로 볼 수 있을 것이다. 이런 점은 개별 행위에 주목하는 합리적 선택이론이 구조적 분석이나 연결망 분석과 조화될 수 있음을 시사한다.

# 제 3 부

# 소비자 취향과 상품의 특성

# 제11장 | 시장에서의 연결망, 신호, 상징적 장

## 1. 생산시장이론의 확장

구조적 차원과 상징적 차원, 혹은 구조적 차원과 문화적 차원을 포괄하는 복합적 관계는 사회이론이나 경험적 연구에서 중요한 관심의 대상이 되어왔다. 이론과 경험적 연구에서 사회구조를 구성하는 상징적 차원과 비상징적 차원의 연계 구조는 지적 도전의 대상이 되고 있다. 두 차원을 포괄하는 이론의 구성은 시장에 대한 경제사회학 연구에서도 중요한 주제로 등장하고 있으나, 시장에 대한 사회학적 연구는 비상징적 요소에 의한 설명이나 반대로 상징적 요소에 의한 설명 중 한쪽만 택하거나 한쪽을 환원시킨다는 비판을 받고 있다. 거래 일반에 대한 연구에서는 문화적 배태성이 갖는 구속력에 대한 연구가 많은 반면(DiMaggio, 1994), 시장 구조에 대한 연구에서는 상징적 차원에 대한 고려가 부족하다(Brint, 1992; Krippner, 2001). 이 장에서는 생산시장에 대한 사회학적 연구가 상징적 차원을 다루지 못하는 점을 지적하고, 생산시장이론을 발전시키기 위해 문화적 장cultural field 혹은 상징적 장symbolic field을 추가해야 함을 보이고자 한다.

보다 구체적으로 이 장에서는 화이트가 발전시킨 생산시장이론이 소비자들을 직접 다루지 않는 점, 상품 공간을 의미와 상징의 복합적 공간으로 확장할 필요성, 구조적인 신호 기제의 필요성의 세 가지 문제를 다룬다. 각 문제를 구체적으로 살펴보면 다음과 같다.

첫째, 기존의 생산시장이론은 생산자 중심으로 되어 있어서 소비자를 무시하는 경향이 있었다(Cetina, 2004; 김우식·김효선, 2005). 많은 경험적 연구는 생산자와 소비자 간 연결망을 강조하고 배태성 시각도 주로 생산자나 판매자와 소비자나 구매자 사이의 관계를 다룬다(Baker, 1984; Burt, 1992; DiMaggio and Louch, 1998; Uzzi, 2004). 연결망이 시장을 대체한다는 관점도 생산자와 소비자 간의 긴밀한 거래 관계를 기초로 하고 있어서 생산시장이론이 생산자와 소비자 간 거래 관계나 소비자들의 인식과 태도를 다루지 않는 점은 경험적인 연구에서 소비자들을 중시하는 것과는 배치된다. 소비자들이 계급, 연결망, 집단에 따라 특정 상품을 더 선호함을 보여주는 연구를 고려해 화이트의 모형에 소비자 변수를 도입하는 방안이 제시된 적은 있으나(김우식, 2007), 소비자들이 특정 상품을 선호하게 만드는 요인은 포함시키지 않았다.

둘째, 상품의 특성을 의미와 상징의 복합적 공간으로 확장하는 문제이다. 화이트의 이론에서는 동일한 종류로 인지되는 상품들이 품질에서만 수직적으로 구별되는 동질적 시장만 다루지만 상품 공간은 수평적으로 분화되기도 한다. 일군의 상품들이 동일한 종류로 인지되어 다른 상품들과 구별될 때는 품질에 의한 수직적 분화만 다루는 접근이 옳지만 상품이 수평적으로 분화된 상태에서 영향을 미칠 때는 하나로 묶어서 시장을 형성하는 것으로 보아야 한다. 예를 들어 음악과 미술이 서로 구별되는 음악 시장과 미술 시장을 구성하는 것으로 보아서는 안 되는 경우가 있다. 고전음악과 미술은 장르가 달라도 작품이나 소비자 특성이 유사하지만,

고전음악과 힙합은 둘 다 음악이지만 인지적 특성이나 소비자가 다르다. 따라서 문화예술 시장을 음악 시장과 미술 시장으로 구별하기보다는 이들을 하나의 시장으로 묶어서 상품들이 수평적으로 분화된 상태에서 서로 영향을 주는 것으로 볼 수도 있다. 프랑스 와인은 생산지별로 수직적 서열을 이루지만 미국 캘리포니아 와인은 포도 품종에 따라 수평적으로 분화되는 현상도 상품 시장이 수평적 공간을 갖는 예이다(Zhao, 2005). 화이트 와인, 레드 와인, 로제 와인도 각 종류 내부에 품질의 차이가 있지만 각각이 별도의 시장을 형성한다기보다는 세 종류의 와인이 하나의 시장을 형성하는 것으로도 볼 수 있다. 상품들이 복합적인 공간에서 위치를 갖는 현상은 포지셔닝positioning이라는 개념으로 연구되어왔다(Ries and Trout, 1986; 장세진, 1999). 〈그림 11.1〉은 상품들이 수평적으로 분화되는 한 예를 보여준다.

시장을 복합적 공간으로 보기 위해서는 의미와 상징들로 구성되는 공간을 주목해야 한다(Brint, 1992). 생산자들이 상호 규정을 통해 상대를 경쟁 상대로 인식하거나 시장에 대해 소속감을 갖는다는 것은 분명하지만, 소비자들이 상품에 의미를 부여하거나 의미를 구성하거나 해석을 통해 상품을 선택하는 과정은 화이트의 이론에서 잘 나타나지 않는다. 화이트는 시장에서의 담론 형성이나 연결망과 담론 혹은 스토리story의 결합을 통해 이론을 발전시키고 있지만 충분하지 않다(White, 1992a/1995/1998/2000/2002c).

조엘 포돌니Joel Podolny는 화이트의 모형이 품질의 배열을 통해 불확실성 문제를 해결해주는 점을 다루기 때문에 생산시장뿐 아니라 관객이나 고객 앞에 선 예술가나 전문직 종사자에게도 적용될 수 있다고 보았다(Podolny and Hsu, 2003). 그는 예술작품 시장의 경우에는 품질의 정의가 복잡하다는 점에서 품질이 분명하게 정의되는 시장과 다르다고 지적했

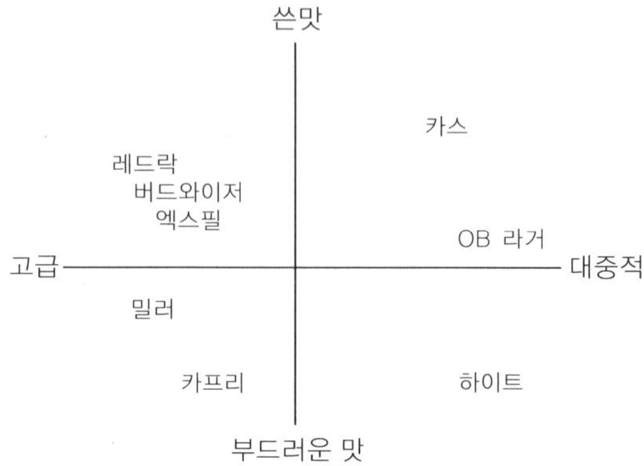


**그림 11.1 한국 맥주 시장 상품 위치의 예**(1997년)

출처: 장세진(1999: 332)

다. 포돌니 등의 연구는 화이트의 모형의 범위를 확장하면서 품질 규정이 복잡할 수 있다고 지적하지만 그 내용을 다루지 않아서, 다차원 공간에서 상품들이 복합적 배열을 이루는 것을 다루지 못한다.

품질의 서열만 중시하는 이론에서는 범주나 장르를 넘나드는 소비를 다룰 수 없다. 미술 시장을 보면 장르 간 차이가 중요함을 알 수 있는데 장르 간 차이를 볼 때는 품질 개념을 사용하기 어렵다. 소비자들은 품질과 상관없이 범주 혹은 장르를 넘나들면서 다양하게 의미를 부여하고 소비하기 때문에 품질과 다른 의미의 공간 개념이 필요하다. 상징적으로 구성되는 공간의 구조에 대한 이해 없이는 취향이나 의미에 의해 가치가 구성되는 상품 시장을 규명할 수 없다. 반면 이 장에서는 객관적 정보와 해석적 상징의 구별(Sassen, 2005)에 근거하여 해석에 의해 형성되고 유지되는 상징적 공간이나 장의 개념을 도입한다. 시장이 복합적으로 구성된다는 것은 상품들이 의미와 해석의 상징적 공간으로 분화됨을 의미한다.

셋째, 생산시장을 가능하게 해주는 신호의 발신과 수신signaling을 복합적·구조적 관점에서 볼 필요가 있다는 점이다. 앤드루 마이클 스펜스는 노동 시장에서 구직자의 교육 수준이 고용주에게는 구직자의 능력에 대한 정보가 되는 기제를 제시했는데(Spence, 1973), 화이트는 이 개념을 생산시장으로 가져오면서 사회구조적 의미를 갖는 신호 개념으로 구성했다. 화이트는 개인에 대한 신호 기제를 시장의 조직과 구조에 대한 신호 기제로 바꾸면서, 행위자가 구조나 조직에 대한 숨은 특징을 알 수 있게 해주는 신호로 설정했다(White, 2002a). 이 작업은 개인적 신호를 조직과 구조의 신호로 변환시킨다는 점에서 획기적이지만 생산자 중심 시각에서 소비자들을 단일한 존재로 다루다보니 생산자 간 신호 기제만 다루었고 소비자까지 고려한 신호를 다루지 못했다. 그러나 현실의 생산자들은 소비자 집단의 구성과 분화를 관찰하기 때문에 소비자들로부터도 신호를 받는다.

소비자들을 적극 고려하는 작업과 복합적 상품 공간에서 나타나는 신호 기제를 규명하고 의미와 상징의 공간을 다루는 작업은 하나의 틀에서 통합될 수 있다. 소비자들의 선택을 결정짓는 요인이 상품에 대한 객관적 정보가 될 수도 있지만(Mas-Colell, Green, and Whinston, 1995), 소비자들이 집합적으로 구성하는 취향이나 의미의 공간이 될 수도 있다(DiMaggio, 1977). 이에 대한 연구들에 의하면 소비자들은 상품군을 마주할 때 하위문화와 상징적 공간 속에서 상품에 가치를 부여하고 해석하는 과정을 통해 상품을 선택한다. 독일 작가 간의 상호 인지 관계, 스코틀랜드 니트웨어 산업, 프랑스와 미국의 와인 산업, 바로크 음악과 록 음악 및 랩 음악, 프랑스 미식 산업, 뉴욕과 암스테르담의 미술 시장에서 보이듯 의미의 공간을 구성하는 것은 소비자, 생산자, 여론 집단, 매체 등으로 다양하다(Anheir, Gerhards, and Romo, 1995; Hennion, 1997; Lena, 2006; Porac et al., 1995; Rosa et al., 1999; Velthuis, 2003; Zhao, 2005). 의미와 상징의 복합적 공간은 문화사회학, 종교사회학, 조직사회학에서도 주요 연구 주제가 되고 있어서 이런 풍부한 연구를 생산시장모형과 결합시킬 필요가 있다.

소비자와 생산자들이 상호작용하면서 구성하거나 혹은 이미 구성되어 있는 상징적 공간에서의 해석은 신호 발신과 수신 기제를 밝히는 데 풍부한 함의를 갖는다. 행위자들은 생산자들의 생산 규모와 품질 배열을 읽는 것뿐 아니라 시장 전체나 시장의 하위 영역에서 형성되는 의미와 상징의 세계를 해석하고 수용함으로써 경제 행위를 조정한다. 따라서 시장에서의 구조적 신호 기제는 상징적 차원을 핵심적인 요인으로 설정해야 현실적이 될 수 있다. 이 장에서는 화이트의 연구에서 결여되어 있는 소비자 문제와 상징적 공간 구성을 하나의 틀로 종합한다.

## 2. 상징적 상호작용과 시장 공간의 구조

### 상징적 장과 거래 연결망의 복합적 구조

생산자와 소비자들은 객관적 가치나 도구적 효용이 확정되지 않은 상품을 마주할 때 적극적인 해석 작업을 하고 의미를 부여한다. 행위자들의 해석은 객관적 정보가 결여된 부분을 채우는 소극적 기능뿐 아니라 객관적 정보가 있을 때 그 정보의 가치를 결정해주는 적극적 기능도 한다. 이런 관점에 따르면 객관적 정보와 해석적 상징, 혹은 객관적 정보와 감정이 다 중요하고 도구적 이성과 해석적 이성도 함께 고려해야 한다(Favereau, Biencourt, and Eymard-Duvernay, 2002; Lawler, 2001; Lazega and Favereau, 2002; Sassen, 2005; Vaughan, 2002).

해석과 의미 부여가 모여 상징적 공간을 형성하는데 상징적 공간의 형성은 상징적 상호작용이론, 현상학적 이론, 다양한 장이론field theory들을 통해 검토해볼 수 있다. 상징적 상호작용이론은 일반적 상황에서 상징을 사용한 상호작용에 따른 정신과 자아, 사회의 생성뿐 아니라 구조적인 환경에서 상징적 지식, 정체성, 그리고 위치 구조에 대한 앎의 성립을 다루고 있다. 현상학적 이론에서는 의미의 내면화와 외화를 통한 사회적 현실의 구성을 다룬다. 이에 의하면 사회적 공간에 대한 앎은 행위자들이 상징을 통해 상호작용하는 방식에 따라 달라진다. 상징적 상호작용이론과 현상학적 이론은 행위자들이 상징을 사용하면서 사회와 사회에 대한 지식을 성립시키는 과정을 이론화함으로써 행위자들의 행동과 상징적 공간의 성립 간의 관계를 보여준다면 상징적 공간의 구조를 보여주는 데는 장이론이 유용하다.

장의 개념은 물리학, 심리학, 사회학, 조직 연구 등에서 쿠르트 레빈Kurt Lewin과 피에르 부르디외, 조직장이론organizational field theory을 통해 사회과학에 소개되었다(Bourdieu, 1983; DiMaggio and Powell, 1983; Fligstein, 1990; Lewin, 1948; Martin, 2003). 장 개념의 공통적인 특징은 다음과 같다.

첫째, 장은 행위자에게 특정 방향과 내용의 힘 혹은 영향력을 미치는 공간이다. 행위자actor나 행위 수행자agent가 장에서 행동하면 특정 방향의 힘을 받는데 행위자는 그 힘을 느끼고, 비록 불완전하지만 영향력의 내용과 논리를 인지한다(김우식, 2003a).

둘째, 장은 행위자들에 의해 구성되지만 동시에 행위자들에게 영향을 미치기 때문에 행위 수행과 불가분의 관계를 갖는다. 시장에서도 상품이나 상품의 종류와 품질에 대한 해석의 체계가 존재해서 시장 행위자들에게 영향을 주고, 동시에 이들로부터 영향을 받는다.

셋째, 장 속에 있는 행위자들은 다른 장과는 구별되는 규칙과 세계관을 공유한다(DiMaggio and Powell, 1983; Kennedy, 2005). 이때 규칙은 해석과 행위의 규칙이다. 시장에서도 행위자들은 상품의 해석 방식이나 상품의 분류, 상품군 내 품질의 위계 등과 관련해 합의를 이룬다. 규칙의 공유가 전적으로 자발적이지는 않아서 권력이나 이데올로기에 의해 구성될 수도 있다(Fligstein, 1990).

넷째, 장에서 공유되는 규칙과 세계관은 인지적 요소, 평가적 요소, 감정적인 요소를 포함한다(Lewin, 1948). 이는 막스 베버Max Weber와 탈코트 파슨스Talcott Parsons가 합리성의 세 차원을 구성하면서 인지적 차원, 평가적 차원, 표출적 차원을 설정한 것과 상통한다. 상품의 생산이나 소비는 고도로 감정적이거나 평가적인 함의를 갖는다(Hennion, 1997; Ferguson, 1998; Velthuis, 2003; Zelizer, 1979; 김우식·김효선, 2005; 김은영·김우식, 2006). 고객들은 가격이나 상품의 구성 요소와 같이 객관적 정보뿐 아니라 해석과 의미 때문에 상품을 소비한다. 예를 들어 온라인 오디오 중고시장에서는 상품의 특성에 대해 객관화된 정보가 중요하지만, 판매자와 고객이 상품 소비에 대한 의미 부여를 공유하는 커피 전문점에서는 행위자들의 감성적 몰입이 중요하다(김우식·김효선, 2005; 박찬웅, 2003). 따라서 행위자들이 부여하는 의미는 상품의 가격에도 영향을 준다(Velthuis, 2003).

다섯째, 장에서의 상호작용은 갈등과 투쟁을 포함한다(Bourdieu, 1983; Fligstein, 1990). 이런 점에서 장은 '조직화된 투쟁organized striving의 장'이다(Martin, 2003). 시장에서는 소비자 간의 지위 경쟁이나 상품 간의 매출 경쟁으로 나타난다(Mark, 2003).

장은 인식과 상호작용 행위의 구조를 갖기 때문에 시장 구조를 거래 연결망과 상징적 장이 융합되어 있는 복합체로 볼 수 있다. 기업 간 제휴의 연결망은 정보와 지식을 담고 있는데(Kogut, 2000), 상황을 해석하고 의미를 부여하는 행위자들 사이에서 성립되는 거래 연결망은 해석과 의미

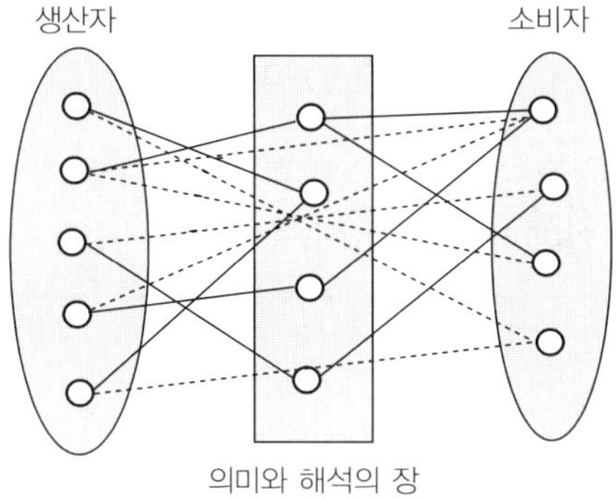


실선은 생산자와 소비자가 상징적 공간을 선택하는 것을 가리키고 점선은 그 결과 나타나는 거래 연결망을 나타낸다. 생산자 혹은 상품과 소비자의 결합은 의미와 해석의 공간을 통해 매개된다.

**그림 11.2 생산자군, 상징적 공간, 소비자군 간의 관계**

를 담는다. 이는 관계 형성과 정보가 융합되는 것에서 더 나아가 관계 형성과 해석이 혼연일체가 됨을 가리킨다(White, 1992a). 관계나 구조에 따라 해석과 의미가 나타나기도 하지만 반대로 해석과 의미 부여, 취향의 공유가 관계 형성을 가져오기도 한다(Erickson, 1996; Lizardo, 2006; Rosa et al., 1999). 따라서 거래 관계와 상징적 장은 서로 구성하는 쌍대 관계나 대대對待 관계에 설 수 있다(강신표, 2005; Breiger, 1974; Mohr and Duquenne, 1997).

생산자와 소비자들은 시장에서 의미와 해석의 상징적 장을 통해 만난다〈그림 11.2〉. 의미와 해석의 상징적 장은 생산자와 소비자들이 공유하는 공간으로서 거래를 매개하는 필터가 된다. 시장 인터페이스에 있는 행위자는 시장 구조에 배태되어 있기 때문에 배태의 구조도 다차원적이고 복합적이다. 따라서 배태의 복합성에 대한 연구(Baum and Dutton, 1996)는 의미와 해석의 공간을 고려해야 한다. 이렇게 구성되는 상징적 장은 무정형이 아니라 특정 형태로 조직화되어 구성 요소 간에 권력, 자원, 행위가 분포되기 때문에 신호를 발산한다(Martin, 2003; White, 2000). 의미와 해석의 상징적 장은 행위자들에게 신호를 제공하는데 상징적 장이 신호를 발산하고 행위자들이 수신하는 기제를 보기 위해서는 상징적 장의 구조를 고찰해볼 필요가 있다.

### 상징적 장의 구조

상징적 장은 구성 요소들의 총체적 집합으로, 장의 구조는 구성 요소들과 이들 간의 관계로 구성된다. 상품 정체성을 구성하는 장의 구성 요소들은 매우 다양하다. 상품의 의미에 관한 여러 연구에 따르면 성스러운 것과 속된 것, 혹은 이를 일반화시켜 개인에게 특별한 중요성을 갖는 것과 그렇지 않은 것으로 구분할 수 있다(Douglas, 1979; Zelizer, 1979). 따라서 여러 상품은 행위자들에게 서로 다른 방식으로 중요성을 갖는다. 그러나 어떤 특징이 성스럽고 어떤 특징이 속된 것으로 여겨지느냐는 간단하게 정의하기 어렵다. 생명보험, 장기나 혈액 기증과 같이 생명과 관련되면 분명하지만(Healy, 2004; Zelizer, 1979) 일반적으로 확정하기는 어렵다. 이 장에서는 의미의 내용을 지적하기보다는 의미가 갖는 추상적 특징을 기준으로 상징적 장의 구성 요소들을 검토한다. 기존의 주요 연구들을 토대로 볼 때 상징적 장의 구성 요소들이 갖는 특성의 예는 다음과 같다.

첫째, 절제형과 비절제형moderated vs. non-moderated의 구별이다. 절제형의 의미는 행위자가 그 의미에 대한 감각과 감정을 절제하기에 적합한 경우를, 비절제형의 의미는 행위자가 감각과 감정을 절제하지 않고 표출하는 것이 적절한 경우를 가리킨다. 부르디외는 칸트적 취향과 반칸트적 취향을 구별했는데(Bourdieu, 1984), 칸트적 취향은 세련되고 추상적이며 이해 지향적이기 때문에 절제형이고, 반칸트적 취향은 즉각적인 쾌락을 추구하고 구체적이며 감각 지향적이기 때문에 비절제형이다. 감각적으로 쉽게 이해하기 어려운 추상파 회화나 사진, 음악을 인상주의 회화와 같이 감각에 쉽게 호소하는 작품과 대비할 수 있다. 바로크 음악과 같이 음원과 소비자 사이에 거리가 있고 현장 감상보다는 녹음이 중요한 경우와 록 음악과 같이 현장 연주가 중요한 경우를 비교하면 바로크 음악은 절제형이고 록 음악은 비절제형이다(Hennion, 1997). 여기서 절제형 의미가 고급 문화를 이루어 상류층의 소비 대상이 되는 반면 비절제형 의미는 대중적 문화를 이루어 하류층의 소비 대상이 된다고 획일적으로 볼 수는 없다.

둘째, 제한형과 일반형restricted vs. generalized의 구별이다. 바실 번스타인Basil Bernstein의 제한적 어법restricted code와 정교한 어법elaborated code의 구별을 의미 공간에 적용할 수 있다(Bernstein, 1971). 이 분류는 학생들의 언어 양식과 세계관, 사회운동, 개념의 구조를 분석하는 데 유용한데(Ansell, 1997; Bernstein, 1971; Yeung, 2005) 상품이 갖는 의미에 적용할 수도 있다. '사랑'의 개념을 구성하는 의미 요소가 다른 요소와 구별되는 경우와 다양한 요소와 연결되는 경우로 나눌 수 있듯이(Yeung, 2005), 의미 요소의 특정 영역이 다른 영역과 잘 구별되는 경우와 대외적으로 다양한 요소와 결합하는 경우로 나눌 수 있다. 제한된 의미는 그 의미를 선호하는 행위자들이 동일한 성격의 집단을 이루기 쉽고, 일반적 의미를 선호하는 행위자는 이질적인 집단과 교류하기 쉽다(Lizardo, 2006). 재즈나 힙합 마니아들이 선호하는 순수 힙합 음악이 전자라면 발라드 가수와의 피처링이나 발라드 요소가 가미된 힙합이 후자이다(김효선, 2008).

셋째, 단일한 의미 요소와 다양한 의미 요소를 구별할 수 있다. 의미 요소들은 단일한 특성 혹은 아이덴티티를 갖기도 하고 복수의 특성을 갖기도 한다. 한 상품이 단일한 개성을 가질 수도 있고, 여러 개성을 가질 수도 있다. 영화 노동 시장에서 강한 아이덴티티 한 가지를 갖는 배우와 여러 아이덴티티를 갖는 배우는 시장 경쟁력이 다르다(Zuckerman et al., 2003).

넷째, 개인 지향형과 관계 지향형의 구별이다. 의미 중에는 개인을 지향하는 것이 있고 관계를 지향하는 것이 있다. 개인 지향적 상품은 단일 소비자의 소비를 목적으로 하는 것으로서 개인주의적 사회에서는 흔한 반면 집단주의 사회에서는 드물다. 관계 지향적 소비나 관계에 배태된 소비도 흔하다. 선물수수 여부나 선물의 내용을 결정짓는 가장 큰 요인은 선물을 주는 사람과 선물을 받는 사람이 갖는 관계의 종류이다(김우식·김효선·손영진·주정민·홍은숙, 2004). 여러 사람이 같이 소비했을 때 비용을 누가 부담하느냐가 문제 되는 현실도 관계에 배태된 소비 행태를 보여준다(김은영·김우식, 2006).

다섯째, 수평 지향형과 수직 지향형의 구별이다. 의미 요소 중에는 수평 지향적인 것과 수직 지향적인 것이 있다(Hofstede and Hofstede, 2005). 상품의 주 용도가 수평적 인간관계와 연동될 수도 있고 수직적 인간관계와 연동될 수도 있다. 전자의 예로는 대중문화를 들 수 있고 후자의 예로는 공식 행사용 음악, 의전용 의상이나 전통 혼례에 사용되는 물품, 사회적 지위나 가격에 따른 차이가 분명한 서비스나 관광 상품을 들 수 있다.

여섯째, 역사 지향형과 현재 지향형의 구별이다. 의미 요소 중에는 역사와의 연속성을 강조하는 것과 현재 지향적인 것이 있다. 관광에서 서비스 지향 관광과 역사 지향 관광 혹은 문화 지향 관광이 이런 점에서 구별된다. 휴양지는 현재 지향적이지만 세계문화유산이나 자연유산은 과거와의 연속성을 강조한다.

이 분류들은 상호 독립적이다. 이들 여섯 차원은 경험적으로 상관관계가 있는 것으로 나타날 수 있으나 개념적으로 볼 때는 서로 다르다. 상징적 장은 이들 차원에서 상품의 의미 요소들이 이루는 총체적·복합적 공간이 된다. 상징적으로 구성된 복합적 공간은 일차원적 품질 공간에 비해 행위자들에게 더 큰 불확실성을 주지만 행위자들이 상징적 장에서의 상호작용을 통해 구조적 신호들을 이해할 수 있게 하므로 불확실성을 감소시키기도 한다.

## 3. 상징 구조적 신호와 시장스케줄

소비자들은 의미와 해석의 상징적 장 속에 있기 때문에 장으로부터 구조적 신호를 얻을 수 있다. 스펜스 이후 사회과학에서 신호의 개념은 행위자와 행위자, 혹은 행위자와 비행위자 사이에 부분적으로 정보가 전달되는 기제를 가리킨다(Spence, 1973). 교육 수준은 쉽게 드러나지 않는 내적 능력을 신호해주고 짝짓기에서 자신을 경쟁에 불리한 위치에 놓는 행위는 능력을 나타내는 신호가 된다.

신호는 개체의 특성뿐 아니라 행위자 간의 관계에 대한 정보를 전달하기 때문에 관계적 신호가 되기도 하고(Lindenberg, 2003) 구조에 대한 정보를 주기 때문에 구조적 신호가 되기도 한다. 시장이나 연결망과 같은 복합적 구조에서 나오는 신호는 구조에 대한 정보를 담고 있어서 구조적 신호가 된다. 그에 대한 예로는 투자자를 들 수 있다. 주식 가격의 등락은 시장 전체나 시장을 구성하는 행위자들의 집합적 동향과 관련해 투자자에게 신호로 작용한다. 객관적 정보를 전달하는 구조적 신호에 비해 상징적 장에서 나타나는 구조적 신호는 내용이 다르다. 행위자들이 의미를 부여하고 해석 활동에 참여하는 상징적 장에서 신호는 도구적·인지적 내용보다는 평가적이고 표출적 내용을 갖는다.

사회적 관계나 관계의 구조는 그 속에 지식이나 원리를 담는다(Kogut,

2000). 그렇기 때문에 연결망의 형태와 작동 방식은 연결망 내부나 외부에 있는 행위자들에게 연결망의 전체 구조에 대해 신호를 보낸다. 이는 관계나 구조가 정보나 지식과 융합되어 있기 때문인데, 관계나 구조가 의미나 해석과 융합된 영역에서는 사회조직이 의미와 해석의 규칙을 담기 때문에 행위자들에게 의미와 해석의 규칙에 관한 신호를 보낼 수 있다. 따라서 시장 행위자들은 거래 연결망과 상징적 장이 융합되어 있는 시장 공간에서 신호를 읽을 수 있다.

소비자의 시장 불확실성은 효용과 상품과의 연계 결여에서 비롯된다. 효용은 기능적 효용functional utility, 심미적 효용aesthetic utility, 관계적 효용relational utility으로 구별할 수 있다. 기능적 효용은 기능적 필요를 충족시키는 것으로 의미 영역에서는 두드러지지 않는다. 심미적 효용은 심미적 취향에 호소하는 것을 가리키고, 관계적 효용은 사회적 관계를 맺는 데 유용한 정도를 가리킨다(Bourdieu, 1984; Corrigan, 1997; Douglas, 1996). 소비자의 시장 불확실성은 최적의 심미적 효용이나 관계적 효용을 얻는 방법이 불분명하다는 점에 있다.

상징적 장을 구성하는 의미 요소들의 여섯 가지 특징은 심미적 효용과 관계적 효용에 연결되는 것으로 구별할 수 있다. 심미적 차원으로 연결되는 구별은 절제형 대 비절제형, 단일 요소 대 복수 요소, 역사 지향형 대 현재 지향형이고, 관계적 차원으로 연결되는 구별은 제한형 대 일반형, 개인 지향형 대 관계 지향형, 수평 지향형 대 수직 지향형이다. 상품의 의미 요소는 심미적 차원과 관계적 차원에서의 효용에 관한 신호를 보낸다. 소비자들은 상품의 효용을 상상해야 하는데 상징적 장은 여섯 측면에서 상품이 갖는 의미의 성격을 짐작하게 해준다. 예를 들면, 혼자나 소수가 가는 오지 탐험 여행이 갖는 의미 요소는 여러 사람이 팀을 이루어 휴양지로 가는 관광 상품의 의미 요소와 다르다. 소비자들은 여섯 측면에서

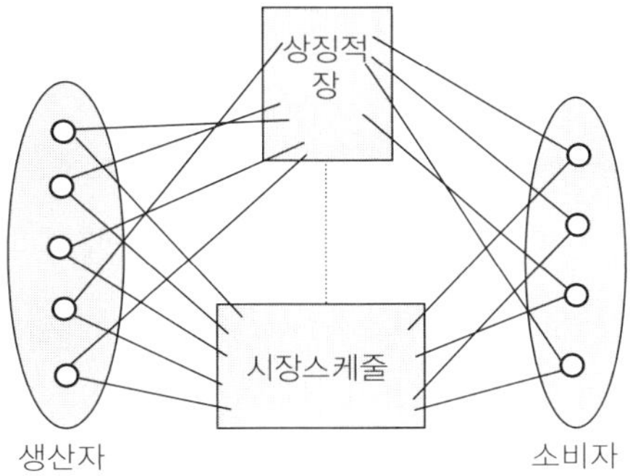


생산자와 소비자들은 상징적 장과 시장스케줄을 마주하고 있다. 두 집단이 형성하는 공통의 상징 구조와 시장스케줄로 인해 상징적 장과 시장스케줄은 등가나 동형 구조를 가질 수 있다.

그림 11.3 상징적 장과 시장스케줄 간 등가

갖는 상품의 특성과 위치를 상상해 판단할 수 있다.

상징적 차원에서의 구조적 신호가 불확실성을 줄여줌에 따라 소비자들은 안정적으로 소비를 지속하고 시장스케줄을 형성한다. 시장스케줄이 담는 정보는 상품 유형과 각 유형 내 품질의 분포, 각 유형과 품질별 생산량, 매출액, 평균 가격으로서 주요 경제지표를 포괄한다. 소비자들은 상품들의 의미 요소에 반응하면서 생산자들의 상품에 차등적으로 반응한다. 따라서 생산자와 소비자가 상징적 장의 구조에 반응함에 따라 상징적 장의 구조와 시장스케줄의 구조가 유사해진다. 〈그림 11.3〉은 생산자와 소비자 사이에 시장스케줄이 상징적 장과 등가적인 관계로 존재함을 보여준다. 따라서 생산자와 소비자들은 상호 배태된 상징적 장과 시장스케줄을 사이에 두고 만난다.

시장스케줄이 상징적 장을 반영하면, 시장스케줄은 생산량과 매출액, 평균 가격의 경제지표 이상의 의미를 갖는다. 시장스케줄은 이제 의미와 해석의 공간인 상징적 장을 반영한다. 상품이 어떤 유형, 혹은 어떤 고유한 특성을 갖고 그 특성 내에서, 혹은 유사한 위치에서 어떤 품질을 갖느냐에 따라 생산량과 매출액은 다르게 분포한다. 따라서 생산량, 매출액, 가격과 같은 경제지표는 의미와 해석을 내포한다. 시장 거래가 의미와 해석의 상징적 장에서 이루어지므로 경쟁과 가격도 의미 함축적이 된다. 상품 가격은 거래자들이 부여하는 의미를 담기 때문에 가격과 상품에 대한 해석은 일체가 된다(김우식·김효선, 2005; Velthuis, 2003). 관광객이 관광지에 부여하는 시선과 의미는 고유한 특징을 갖는데(Urry, 1990), 이런 의미 부여는 관광지의 가격 수준과 융합된다. 화이트도 상품 가격과 품질에 따라 고유한 하위 문화가 있다고 지적하면서 시장 영역과 의미 부여가 융합된다고 보았다(White, 2002a). 따라서 가격 변동은 수요와 공급이 아니라 상품과 상황에 대한 해석과 의미 부여에 경로의존path dependent한다.

상징적 시장 구조를 화이트와 유사한 식으로 나타내려면 상품 유형이나 고유한 특성을 나타내고 각 유형 내에서 품질을 나타내야 하기 때문에 2차원에 비해 차원이 하나 더 필요하다. 상징적 장이 갖는 의미 공간을 표시하기 위해 $k$ 유형에서 서열 $i_k$번째인 상품에 대해 형성되는 의미 공간을 식 (11.1)과 같이 나타낼 수 있다고 가정한다.

$$M(i_k, k) \tag{11.1}$$

식 (11.1)은 예를 들어 와인 소비자가 $k$ 유형의 와인 중 $i_k$번째에 속하는 상품에 대해 느끼는 의미 $M(k, i_k)$를 나타내므로 세 차원이 필요하다. 이 의미 공간이 소비자의 만족이나 생산자의 비용에 영향을 미친다면 시장스케줄에 의미 공간이 나타난다. 상징적 장과의 관계를 볼 때 품질에 대한 인식이 의미 공간 혹은 상징적 장에서 특정 상품이 갖는 의미 위치에 의해 완전히 결정된다면 품질 $n(i_k, k)$ 공간 대신 $M(i_k, k)$을 사용해 표기할 수 있다(식 11.2, 식 11.3).

$$S(y, n) = ry(i_k, k)^a n(i_k, k)^b \tag{11.2}$$

$$C(y, n) = qy(i_k, k)^c n(i_k, k)^d \tag{11.3}$$

〈그림 11.4〉는 매출량과 품질, 그리고 상품의 유형별로 매출액이 달라지는 시장스케줄을 표시한다. 이 그림처럼 표면이 물결치는 형태로 나타난다면 파도가 높은 곳에서 지정되는 의미와 해석을 갖는 상품에 대한 수요가 많다.

기존의 시장이론이 상징적 차원에 주목하지 않았던 반면, 경험적 연구들은 의미와 상징의 차원이 갖는 영향을 보여준다. 시장이론과 개별 연구 사이에서 나타나는 거리를 줄이는 한 방법은 시장모형에 의미와 해석의 상징적 장을 도입하는 것이다. 상징적 장을 도입해 상품이나 소비에 대해 행위자들이 부여하는 의미의 구조를 시장의 맥락에서 다룰 수 있게 되면 상징적 장이 갖는 경제적 함의 또한 다룰 수 있게 된다.

앞으로 이론적으로 발전시킬 점을 몇 가지 밝히자면 다음과 같다. 첫째는 의미 요소가 갖는 차원과 특성을 구조적 신호의 내용과 명료하게 연결시키는 작업이다. 불확실성이 다양한 신호에 의해 줄어든다고 볼 수 있지만 의미와 신호의 내용을 보다 긴밀하게 연결시키는 작업이 필요하다.

둘째는 구조적 신호의 수신에 영향을 주는 구조적 요인에 대한 규명이다. 상징적 장이 신호를 발신한다고 해도 시장 내 행위자들이 동일하게 신호를 감지하고 해석하지는 못한다. 행위자의 특성이 수신과 해석에 개입할 수도 있고 행위자의 시장 내 위치가 수신과 해석의 정확성에 영향을 줄 수도 있다.

셋째는 시장모형이 일반적인 사회학적 시장이론이 되기 위해서는 연결망 현상을 포괄해야 한다. 생산자와 소비자 사이에 상징적 의미 부여를

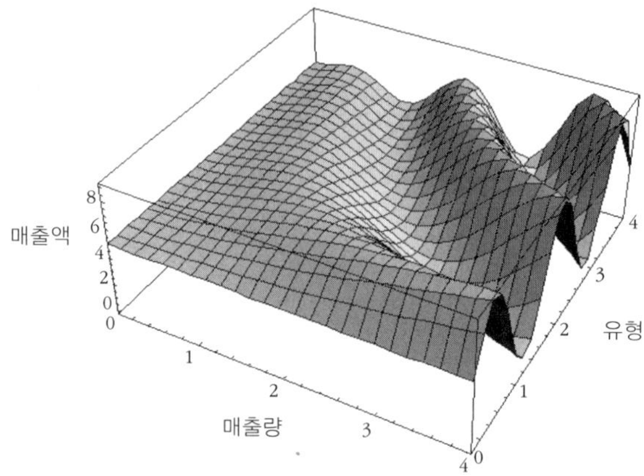


그래프의 바닥을 이루는 평면의 한 차원은 상품의 매출량과 품질이고 다른 차원은 유형이다. 매출량, 품질, 유형의 결합에 따라 세로축에서의 높이로 나타나는 매출액이 달라진다. 화이트 모형에서와 같이 매출량과 품질이 같이 결정된다고 보았기 때문에 두 변수는 같은 차원에 나타난다.

**그림 11.4 3차원에서의 시장스케줄의 예**

매개해 형성되는 연계는 이 연구에서 나타나지만 생산자 간 연결망이나 소비자 간 연결망이 거래에 영향을 주는 점은 다루어지지 않는다. 행위자 간 연결망은 의미와 해석과 영향을 주고받기 때문에 상징적 장의 구조를 보기 위해서도 필요하다.

넷째는 집단 간 권력과 지배, 갈등을 시장모형에 포함시키는 것이다. 시장은 많은 경우 권력과 지배, 갈등의 요소를 내포하고 있다. 국가마다 공정거래위원회나 기타 거래를 규제하는 기구를 가지고 있는 점, 대기업과 중소기업 사이에 나타나는 지배와 착취, 소비에서의 계층 갈등과 같이 시장 내 권력과 갈등은 현대 사회의 현실이다.

마지막으로는 역사적 관점에서 시장의 형성과 변형, 소멸을 보는 것이다. 시장은 표준적인 상품을 대량 생산하던 과거와 달리 구별과 의미가 중요한 상품을 소량 생산하는 형태로 바뀌고 있다. 상품과 소비의 의미가 표준화되고 전형화되어 객관적인 정보라는 형태로 존재하기도 하고 고유한 형태로 계속 생산되기도 한다. 시장이론은 행위자들이 상품과 소비 행위에 부여하는 의미와 해석의 내용, 그리고 존재 방식이 달라지는 역사적 과정을 설명할 수 있어야 한다.

# 제12장 | 문화, 정보, 연결망의 시장 구조

## 1. 생산시장모형의 확장: 문화, 정보, 연결망이 존재할 때

이 장에서는 생산시장모형을 현실과 더 부합시키기 위해 상품 특성을 나타내는 공간을 모형에 추가하는 방법을 검토한다. 사회학적 생산시장 연구가 경제학에 비해 특히 중시하는 점은 사회 현실을 잘 보여주어야 한다는 것이다. 현실의 행위자는 합리적 행위를 하기보다는 사회문화적으로 배태되기 때문에 시장이론이 이런 특성을 반영해야 한다는 점은 일부 경제학자들 사이에서도 인정되고 있다(Eccles and White, 1987; Kirman, 2001). 시장이론을 발전시키는 한 가지 방법은 문화, 정보, 연결망을 포괄하는 것인데 화이트의 생산시장이론이 좋은 출발점이 된다. 사회적 관계, 역할 구조, 정보 신호에 근거해 생산시장이 사회구조로 작용함을 보여주는 그의 이론과 모형은 새 차원을 추가하기에 적합한 형태를 갖고 있기 때문에 장field, 정보, 문화, 연결망이 작용하는 모형을 발전시킬 수 있다.

화이트의 생산시장이론은 다음의 두 가지 면에서 더 발전시킬 여지가 있다. 첫째, 화이트의 이론이 행위자들 사이에 존재하는 직접 연결망을 다루지 않는다는 점이다. 현실에서 생산자들은 협력과 제휴의 연결망을 통해 다른 생산자나 소비자들과 안정된 거래를 하는 경우가 많아서(김효선, 2008; 박찬웅, 2003), 시장이론은 행위자 간 연결망을 다룰 수 있어야 한다.

둘째, 화이트의 이론은 시장스케줄이 품질에 의해 우열이 나누어지는 수직적 분화만 다루기 때문에 상품의 특성, 행위자들의 취향 및 의미 부여에 따라 상품이 수평적으로 분화되는 측면을 다루지 못한다. 상품은 품질의 우열에 의해서도 나누어지지만 상품의 특성이나 소비자들의 취향과 의미 부여에 의해 수평적으로 나누어지기도 한다(Zhao, 2005; Zuckerman, 1999). 예술 장르들은 수평적인 차원에서 취향이나 장르의 특성에 따라 나누어진다(DiMaggio, 1987; Kennedy, 2005). 이런 특성 때문에 연극 시장, 고전음악 시장, 미술 시장은 품질의 우열을 가릴 수 없는 종류의 차이로 분화된다. 따라서 동일한 종류의 상품 내에서의 수평적 분화가 소비자나 생산자에게 중요하다. 자본주의에서의 경제 발전은 혁신을 동반하는데 상품의 혁신은 상품 특성의 분화로 나타난다.

이상 언급한 두 가지 문제는 서로 연관된다. 소비자들이 특정 생산자들과 지속적인 거래 연결망을 갖는 것은 여러 이유가 있을 수 있는데 그 중 하나는 특정 생산자들의 상품이 갖는 특성이 소비자들의 취향에 잘 맞기 때문이다. 이런 점을 고려해 시장의 현실과 이론의 격차를 좁히기 위해 이 장에서는 상품의 특성 공간을 시장모형에 추가해 의미와 해석이 작동하는 문화적 장, 정보의 분포, 그리고 사회 연결망이 같이 존재할 때 시장의 구조를 검토하고자 한다.

또한 이 장에서는 상품의 수평적 분화와 시장 내 연결망을 반영하기 위해 상품의 수평적 특성을 포함하는 생산시장모형을 구성하면서 매출액의 결정 요인으로 생산량과 품질에 상품 특성을 변수로 추가한다. 상품의 수평적 특성을 추가하면 시장스케줄의 차원을 확대하게 된다. 공연 극장을 대상으로 한 경험적 연구는 동일한 종류의 생산자들이 시장 영역에서 복수로 분포한다고 보아 시장스케줄의 확장 가능성을 인정한다(Biencourt and Urrutiaguer, 2002). 연결망 외부성network externality을 다루기 위해 시장스케줄을 확장시킨 연구들도 있는데 이 연구들은 상품들이 다른 특징에 의해 분화될 수 있음을 함축한다(임동균, 2005).

생산량과 품질의 두 변수만 있는 매출액 함수에 상품 특성을 도입하면 화이트의 모형이 갖는 한계를 극복할 수 있다. 그 가능성을 보자면 첫째, 상품의 특성이 만드는 공간은 소비자들이 상품에 부여하는 의미와 가치의 공간이 될 수 있어서 상품의 공간 내 위치에 따라 상품 가치가 달라진다. 사회적 공간 속에 있는 행위자들은 대상과 관계에 대한 의미 부여와 해석에서 기본적인 합의에 도달한 후 행동한다(Bourdieu, 1983; Ferguson, 1998; Sallach, 2008; Sassen, 2005). 이런 공간은 생산자들의 비용에도 영향을 미친다.

둘째, 시장스케줄에 상품 특성을 나타내는 공간을 추가하면 행위자들 사이에 형성되는 연결망이나 집단을 모형화할 수 있다. 시장과 관련된 연결망을 볼 수 있는 한 예는 상품의 특성 공간에서 생산자와 소비자들이 공간의 특정 위치에 집중되는 경우이다. 선물 및 기념을 위한 소비, 가치를 부여하는 소비 행위, 의미를 부여하는 관광, 음악이나 영화 마니아 등에서 볼 수 있듯이(Rojek, 1997; Urry, 2002) 소비자들은 특정 생산자와의 거래를 지속하면서 거래에 의미를 부여하는데, 이들이 부여하는 의미는 새로운 선호를 구성하면서 상품을 특별한 소비 대상으로 만든다(Velthuis, 2003). 생산자들도 의미가 담긴 특별한 가격을 책정하는 경우가 많다(김우식·김효선, 2005; DiMaggio and Louch, 1998; Zelizer, 1992). 이와 같이 상품의 위치는 문화적 코드를 매개로 상품과 행위자들 사이에 형성되는 관계에 의해 구성되기 때문에 상품의 위치는 소비자들의 위치와 쌍대 관계를 이룬다. 문화예술 상품의 위치가 소비자들의 사회적 위치에 의해 구성되면서 동시에 역으로 소비자들의 사회적 위치를 만든다(김우식, 2007; Breiger, 1974).

## 2. 시장모형의 설정

여기에서는 상품의 특성을 고려하는 모형을 설정하기 위해 몇 가지 가정을 도입하기로 한다. 기존 모형에서 만족과 비용이 생산량의 함수와 품질의 함수의 곱에 의해 결정된다고 본 것과 같이 여기서 상품 특성을 도입할 때 상품 특성에 의해 정해지는 함수도 곱의 형태로 추가된다고 가정한다. 곱의 형태로 추가되는 것은 특성이 생산량이나 품질과 상호작용하지 않고 독립적으로 영향을 준다고 보는 것이다. 여기에서는 생산량이나 품질의 영향이 상품 특성의 영향과 독립적인 것으로 보고 만족과 비용을 생산량의 함수, 품질의 함수, 특성변수의 함수 간의 곱으로 설정한다. $k$번째 상품 특성을 연속 변수 $x_k$로 보면 만족함수와 비용함수는 아래와 같이 나타낼 수 있다. 식 (1.1), (1.2)와 비교하면 상품의 속성에 따른 영향이 추가되었음을 알 수 있다.

$$S(y, n, x_k) = ry^a n^b F(x_k) \tag{12.1}$$

$$C(y, n, x_k) = qy^c n^d G(x_k) \tag{12.2}$$

이 장에서는 특성변수를 $k$차원이 아니라 1차원으로 보고 $k$를 1로 가정하므로 $x_k$를 $x$로 표기할 수 있다. 그러면 특성변수 $x$가 가치나 비용, 혹은 생산량 변화에 따른 가치나 비용의 변화 정도에 미치는 영향 $F(x_k)$와 $G(x_k)$를 $x$의 함수 $F(x)$와 $G(x)$로 표현할 수 있다. $x$는 1차원적 특징인데, 예를 들면 와인이 쓰거나 단맛을 내는 정도, 맥주가 흑맥주 특유의 쓴맛을 내거나 반대로 밀 맥주와 같이 부드러운 맛을 내는 정도, 영화가 폭력적인 정도가 될 수 있다.[1] 상품 특성이 무수히 많다고 볼 수도 있지만 행위자들이 상품을 인식할 때 해당 상품의 전형적인 특징 몇 가지에 근거하는 경우가 많기 때문에 특성의 수를 많지 않게 하는 것도 의의를 갖는다.

생산자가 생산하는 상품으로부터 소비자가 얻는 만족과 생산자가 들이는 비용은 매출액, 품질, 특성에 의해 결정된다. 품질지수가 $n$이고 상품 특성이 $x$인 생산자의 생산량이 변할 때 만족과 비용이 변하는데 변화율은 품질의 멱함수와 특성함수에 따라 달라진다. $x$라는 특성이 증가함에 따라 만족이나 비용이 변화하는 방향이 바뀐다면 식 (12.3), (12.4)와 같이 2차식의 지수함수로 나타낼 수 있다.

$$S(y, n, x) = ry^a n^b [\exp\{-(x-h)^2\}]^f \quad (12.3)$$

$$C(y, n, x) = qy^c n^d [\exp\{-(x-l)^2\}]^g \quad (12.4)$$

$a$, $b$, $c$는 양이고 $d$는 양이 될 수도, 음도 될 수 있다. 생산량 $y$는 0 이상이어야 한다. 상품의 품질지수가 $n$이고 특성이 $x$인 생산자가 $y$만큼 상품을 생산할 때 소비자 집단이 얻는 가치는 $y^a$에 비례한다. 생산량과 만족의 관계는 $y$의 멱함수로 표시되는데, 이 멱함수의 기울기, 즉 생산량의 증가에 따라 만족도가 증가하는 정도나 속도는 $n^b$와 $[\exp\{-(x-h)^2\}]^f$의 곱에 비례한다. 또한 생산자의 비용이 생산량에 따라 증가하는 정도 역시 $n^d$와 $[\exp\{-(x-l)^2\}]^g$의 곱에 비례한다. $a, b, c, d, f, g, h, l$은

---

1 다차원적 특성을 도입하면 벡터 함수 $F(\boldsymbol{x})$나 $F(\vec{x})$로 표시할 수 있다. $\boldsymbol{x}$ 벡터($x_1$, …, $x_k$)의 요소들은 연속변수일 수도 있고 장르처럼 이산변수일 수도 있다.

시장 전체의 특성인데 생산량이나 품질지수, 특성함수의 값이 생산자에 따라 다를 때 가치나 비용의 차이를 확대하거나 축소하는 정도가 된다. $a$, $b$, $c$, $d$, $f$, $g$가 1보다 작으면 함수가 아래로 오목해서 여러 생산자 사이에서 생산량이나 품질, 특성값이 달라질 때 가치나 비용이 증가하는 정도인 변화율은 줄어들고, 파라미터가 1보다 크면 독립변수가 증가할 때 가치나 비용은 더 빠른 정도로 증가해 변화율이 커진다. 이 값이 1이면 변화율은 일정하다.

$c$가 1보다 큰 시장에서는 생산량 증가에 비해 비용이 빠르게 증가하므로 수확체감이 되고, 1보다 작으면 생산량이 늘어날수록 비용은 덜 증가하는 수확체증이 된다. $a$가 1보다 크면 생산이나 소비 증가에 따라 가치는 가속적으로 커지기 때문에 한계효용 증가와 관련되고, $a$가 1보다 작으면 한계효용 감소와 관련된다.

생산자 품질지수가 1부터 2까지 0.2 간격으로 분포되어 있다면 $b$값이 큰 시장에서는 $b$값이 작은 시장에 비해 동일한 품질 차이가 소비자의 만족에서는 더 큰 차이로 나타난다. $a$값이 큰 시장에서는 $a$값이 작은 시장에 비해 동일한 생산량 차이가 만족에서는 더 큰 차이로 나타난다. 다른 파라미터들도 효과 차이의 증가, 감소와 관련해 동일하게 해석된다.

특성함수는 통계나 확률이론에서 등장하는 가우스함수와 유사하다. $f$나 $g$는 양이 될 수도 있고 음이 될 수도 있다. $f$와 $g$는 곡률curvature과 관련되는데 이 값의 절대값이 크면 $x$에 따른 특성함수의 증감이 커서 그래프가 가파르게 변하고, 작으면 특성함수의 증감이 작아서 그래프는 완만해진다. $h$와 $l$은 가치 특성함수와 비용 특성함수가 최대나 최저가 되는 지점의 $x$값을 나타낸다. 화이트는 생산량과 품질이 영향을 주는 함수의 형태를 값이 증가하기만 하는 단조증가나 감소하기만 하는 단조감소로 설정했다. 생산량이나 품질에서는 고저 구분이 분명하므로 변수 증감이

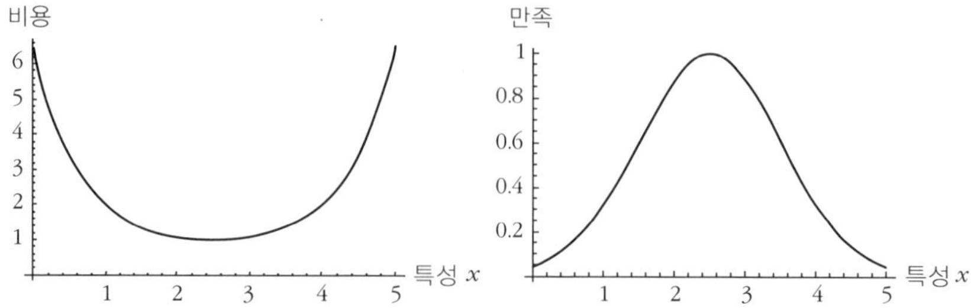


그림 12.1 비용 특성함수와 만족 특성함수의 전형적인 형태

가치나 비용에 미치는 영향은 단조변화한다. 그러나 상품 특성의 영향은 수평적 차원에서 나타나므로 단조변화한다고 볼 수 없다. 여기서는 특성함수의 증가와 감소가 교차할 수 있는 것으로 본다.

집합적 소비자들이 특정한 특성을 가장 선호할 수 있기 때문에 만족 특성함수나 비용 특성함수는 특정 $x$값에서 가장 클 수 있다. 여기서는 극값을 하나만 설정했지만 여러 지점에서 극값을 설정할 수도 있다.

특성함수가 볼록한가convex 오목한가concave에 따라 분화된 특성을 다르게 나타낼 수 있다. 〈그림 12.1〉의 왼쪽 그래프는 특성값 변화에 따른 비용의 변화를 나타내는데 비용 특성함수에서 $g$값이 음인 경우이다. 그러나 생산자 비용 구조가 독특해서 특성치가 가장 작거나 클 때 비용이 감소하는 형태라면 $g$를 양으로 나타낼 수 있다. 이때는 오른쪽의 그래프와 유사하다. 오른쪽 그래프가 비용 특성함수를 나타낸다면 생산자는 그 특성을 극단적으로 낮추거나 높여서 비용을 줄일 수 있다.

만족 특성함수가 오른쪽 그래프의 형태라면 특정한 특성에서 만족이 최대가 되지만, 왼쪽 그래프의 형태라면 특성값이 가장 작거나 가장 큰 경우에 만족도가 가장 크다. 소비자 취향이 양극화되면 이런 형태가 나타날 수 있다. 특성이 와인의 단맛을 나타낸다면 소비자군은 가장 단 와인을 좋아하는 집단과 가장 씁쓸한 와인을 선호하는 집단으로 나누어져 있다. 이 차이는 문화자본이 양극화되어 있어서 그럴 수도 있고 단순히 수평적 차원에서 취향이 달라서 그럴 수도 있다.

생산자들은 매출액에서 비용을 뺀 이익이 최대가 되는 지점에서 생산하고자 하고, 소비자들은 모든 생산자의 상품이 제시하는 비용 대비 만족의 비율이 동일할 것을 요구한다. 전자의 조건을 위해서는 매출액에서 비용을 뺀 이익을 생산량으로 미분한 값이 0이 되고 2차 도함수는 0보다 작아야 한다. 매출에서 비용을 뺀 이익함수의 1차 도함수가 0이 된다는 조건, 즉 $n$과 $x$의 특정 값이 주어진 생산자의 경우 $y$에 대해 미분한 조건은 아래와 같다.

$$\frac{dW(y)}{dy} = \frac{dC(y, n, x)}{dy} = cqy^{c-1} n^{d} \exp\{-(x-l)^2\}^{g} \qquad (12.5)$$

소비자들의 요구 조건은 다음과 같다. 소비자들은 모든 생산자가 생산하는 상품에 대해 지출 대비 만족이 동일할 것을 요구한다. 한 상품의 지출 대비 만족이 다른 상품에 비해 떨어지면 소비자들은 그 상품을 구입하지 않는다. 상품의 품질지수 $n$과 상품 특성 $x$를 유지하는 생산자가 선택한 생산량을 $y(n, x)$로, 소비자가 얻는 만족을 $S(y[n, x], n, x)$로, 매출액 함수의 전체 영역 중 이 생산자가 선택한 품질과 특성에 따른 값을 $W(y[n, x])$로 표시하면 모든 $n$, 즉 모든 생산자에 대해 아래와 같은 관계가 성립해야 한다.

$$\frac{S(y[n, x], n, x)}{W(y[n, x])} = \theta \qquad (12.6)$$

소비자 조건을 만족함수와 연결시키기 위해 식을 재정리하되 식

(12.3)과 (12.6)을 적용하고 함수에서 변수 표기를 생략하면 다음과 같다.

$$\theta W = S = ry^a n^b \exp\{-(x-h)^2 f\} \tag{12.7}$$

위의 식을 실수實數로 가정하는 품질지수 $n$에 대해 다음과 같이 정리한다.

$$n = \left[\frac{\theta W}{ry^a \exp\{-(x-h)^2 f\}}\right]^{1/b} \tag{12.8}$$

한편, 비용함수와 매출함수의 관계를 소비자 조건과 연결시키기 위해 시장스케줄을 $y$에 대해 미분한다. 식 (12.8)을 대입하면 $n$이 사라지고 식 (12.5)로부터 아래와 같은 관계가 나타난다.

$$\begin{aligned} dW/dy = dC/dy &= cqy^{c-1} n^d \exp\{-(x-l)^2 g\} \\ &= cqy^{c-1}[\theta W/[ry^a \exp\{-(x-h)^2 f\}]]^{d/b} \\ &\quad \exp\{-(x-l)^2 g\} \end{aligned} \tag{12.9}$$

식 (12.9)는 $n$을 숨기고 매출액이 $y$와 $x$의 두 변수와 파라미터들로 표시되게 하는 과정을 보여준다. $n$이나 $x$를 고정하고 $y$의 변화를 허용하면 개별 생산자의 스케줄을 나타내기 때문에 한 생산자가 생산량을 변화시키는 것을 나타내지만, $n$이나 $x$가 변하는 경우를 일반적으로 표시하면 $n$이나 $x$는 다른 여러 생산자의 매출함수를 일반적으로 표시한다. 이 모형에서는 상품 특성까지 다루기 때문에 $n$과 $x$를 다 소거해 매출액을 생산량만의 함수 형태로 나타낼 수 없다.[2] 이 점을 고려하여 $x$가 주어

2 상품특성 변수를 추가하면, 화이트의 식과 비교할 때 조건의 수에 비해 미지수의 수가

질 때 $n$이 달라지는 여러 경우를 일반적으로 표시하기 위해 $x$를 두고 $n$을 소거한 후 정리하고 생산량 $y$에 대해 적분한다. 이렇게 하면 $x$가 주어질 때 품질지수 $n$이 다른 여러 생산자의 경우를 포괄해 적분함으로써 일반적으로 표시할 수 있다.

$$W^{-d/b}dW = cq(\theta/r)^{d/b}\, y^{c-ad/b-1}[\exp\{-(x-h)^2 f\}]^{-d/b} \exp\{-(x-l)^2 g\}dy \tag{12.10}$$

$$W(y,\ x) = [q(\theta/r)^{d/b}\{(1-d/b)/(1-ad/bc)\}\, y^{c-ad/b} \exp\{(x-h)^2 df/b\}\exp\{-(x-l)^2 g\} + k]^{1/(1-d/b)} \tag{12.11}$$

적분상수 $k$에 대해서는, 생산량 $y$가 0이면 매출액 $W(y)$도 0이라는 경계 조건을 적용해 $k$를 0으로 놓는다. 역사적으로 생산 요소, 사회적 관계, 상품과 지불의 흐름에 배태되는 생산시장에서, 생산과 판매의 시기를 구별하는 방식에 따라 $k$는 0이 아닐 수 있다. 여기서는 이전 시기의 상품이 모두 팔리고 생산 요소의 거래 및 지불도 완료된 것으로 가정해 $k=0$으로 설정했으나 생산과 판매가 지속적으로 이루어지는 현실에서는 $k$가 0이 아닐 수 있다. 생산자들의 생산량 $y$와 특성 $x$에 의해 매출액이 결정되는 매출함수는 아래와 같다.

$$W(y,\ x) = [q(\theta/r)^{d/b}\{(1-d/b)/(1-ad/bc)\}\, y^{c-ad/b} \exp\{(x-b)^2 df/h\}\exp\{-(x-l)^2 g\}]^{1/(1-d/b)} \tag{12.12}$$

---

하나 더 많아지기 때문에 품질과 특성을 소거하고 매출액과 생산량만의 관계를 표시할 수 없다. 조건이 추가되면 가능할 수 있지만 그렇지 않으면 이는 생산시장의 재생산 과정에서 나타나는 불확정성을 나타낸다.

최적생산량 $y^*$을 구하기 위해서는 식 (12.7)에 (12.12)를 대입한 후 $y$를 구하는데 품질지수 $n$을 $y$에 대해 풀어 최적생산량 $y^*$을 구한다.

$$n = [(\theta q/r)\{(1-d/b)/(1-ad/bc)\}$$
$$[\exp\{(x-h)^2 f\}\exp\{-(x-l)^2 g\}] y^{-(a-c)}]^{1/(b-d)} \qquad (12.13)$$

$$y^* = [(\theta q/r)\{(1-d/b)/(1-ad/bc)\}$$
$$[\exp\{(x-h)^2 f\}\exp\{-(x-l)^2 g\}] n^{-(b-d)}]^{1/(a-c)}$$
$$= [(\theta q/r)\{(1-d/h)/(1-ad/bc)\}$$
$$\exp\{f(x-h)^2 - g(x-l)^2\} n^{-(b-d)}]^{1/(a-c)} \qquad (12.14)$$

매출함수의 속성을 알아보기 위해 특성함수 이외의 항들에서 시장스케줄의 증감 방향과 오목-볼록의 방향에 주목한다. $y$의 지수 부호는 $y$의 증가에 따라 시장스케줄이 증가하는가 감소하는가를 결정한다. 이 값이 0보다 작아서 $bc$가 $ad$보다 작으면 생산이 늘수록 매출은 줄어든다. 이와 반대이면 매출함수는 $y$의 증가함수이다. $bc$가 $ad$보다 작다는 것은 $a$에 대한 $c$의 비가 $b$에 대한 $d$의 비보다 작다는 것, 즉 $c/a < d/b$라는 의미이다. 이는 생산량이 가치를 증가시키는 효과에 비해 비용을 증가시키는 효과의 비ratio가, 그리고 품질의 향상이 가치를 증가시키는 효과에 비해 비용을 증가시키는 효과의 비가 작다는 것인데 상대적으로 품질 향상이 비용을 증가시키는 경향이 큰 것을 가리킨다.

$y$의 지수가 1보다 크면 매출함수는 아래로 볼록하고 지수가 1보다 작으면 아래로 오목하다. 아래로 오목한 매출함수는 소량 생산되는 고가 상품과 대량 생산되는 저가 상품을 보여준다. 대중음식점에서 패밀리 레스토랑, 고급 레스토랑으로 갈수록 음식 가격은 더 비싸고 생산량은 적다. 아래로 볼록한 매출함수에서는 생산이 증가하는 비율보다 매출액이 증가

하는 비율이 더 커서 비싼 상품일수록 더 많이 생산되는데, 유명 브랜드의 주스나 우유가 더 비싸도 할인매장 브랜드의 저가 주스나 우유보다 더 많이 팔리는 것을 예로 들 수 있다.

매출함수의 속성을 알아보는 데는 앞에서 살펴본 것으로 충분하지만 시장이 성립되는 영역을 검토하기 위해 조건을 추가하면, 생산자들의 이익 최대화 조건 두 가지 중 두 번째 식과 이익이 양이어야 한다는 조건이 더 필요하다. 즉, 생산자들의 이익 최대화 조건 중 하나인 2차 도함수가 음이 된다는 것과, 생산자들이 손해를 보려 하지 않으므로 매출액에서 비용을 뺀 이익이 0보다 크다는 것이다(White, 1981a/1981b/2002a).

$$W - C > 0 \tag{12.15}$$

$$\frac{d^2(W - C)}{dy^2} < 0 \tag{12.16}$$

두 식을 풀면 식 (12.17), (12.18)과 같은데, 특성함수들은 영향을 미치지 않는다. 두 조건을 동시에 만족시키는 영역에서만 생산자는 생산을 지속하면서 이익을 극대화하고, 품질과 특성이 다양한 모든 상품에 대해 동일한 비용 대비 가치를 원하는 소비자의 요구가 충족된다.

$$d(a - c)/(bc - ad) > 0 \tag{12.17}$$

$$d(a - c)(bc - ad - b + d) < 0 \tag{12.18}$$

두 조건을 만족시키는 파라미터와 생산량의 범위 내에서만 시장이 성립되는데, 여기서는 특성의 효과가 나타나지 않지만 특정 품질과 특성을 가진 생산자가 올리는 매출액 규모는 식 (12.12)에서 보여주듯 특성 효과에 의해 결정된다. 적분상수 $k$가 0일 때는 $y$항과 특성함수 항이 없어지나 $k$가 0이 아니면 이들은 살아남는다. 식 (12.17)과 (12.18)은 시장이 존재할 수 있는 파라미터 범위를 결정한다. $q$, $\theta$, $r$의 값은 모두 양이므로 식 (12.17)을 만족시키는 영역은 $d$가 양이면 $(a-c)(bc-ad)>0$, $d$가 0보다 작으면 부등호가 반대이다. 식 (12.18)에서는 $d$가 0보다 크면 $(a-c)(bc-ad-b+d)<0$, $d$가 0보다 작으면 부등호가 반대로 된다.

## 3. 특성 공간의 문화, 연결망, 정보 특성

### 특성 공간의 문화적 특성

특성함수로 표현되는 공간은 문화, 정보, 연결망의 존재를 보여준다. 이 공간은 생산자의 비용 구조와 소비자의 가치 구조에 의해 결정되는데 비용 구조나 가치 구조는 문화적 특성을 반영하는 경우가 많다. 어떤 특성을 갖는 상품의 생산비용은 생산자의 문화자본과 사회의 문화적 의미 구조에 의해 달라진다. 바이올린이나 피아노와 같은 악기를 만드는 능력은 생산자나 그 사회가 가진 문화자본에 의해 달라진다. 미국의 공상과학 영화, 한국의 범죄 영화, 일본의 애니메이션, 스코틀랜드의 위스키, 프랑스의 와인과 음식, 이탈리아의 관광 등은 문화자본과 취향에 의해 비용 구조가 다른 예이다. 특별한 문화자본을 가진 생산자는 저비용으로 이런 상품을 만들 수 있다.

소비자가 상품에서 얻는 만족도 상품의 생산자에 따라 달라진다. 어떤 문화자본이나 취향을 가진 생산자가 상품을 만드는지에 따라 소비자의 만족이 달라진다. 생산자와 소비자가 동일한 취향, 세계관 혹은 문화자본

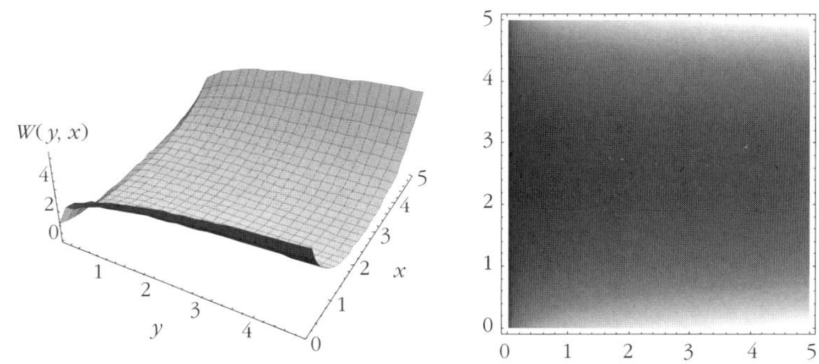


매출함수의 표면 그래프와 밀도 그래프. $q=104$, $r=104$, $\theta=1.5$, $a=0.8$, $b=0.76$, $c=0.9$, $d=0.9$, $f=0.3$, $g=0.4$, $h=2.5$, $l=2.5$. 오른편 밀도 그래프에서 밝은 색으로 표시된 부분은 매출함수의 값이 커서 매출과 소비가 많은 지점을 나타낸다.

그림 12.2 아래로 볼록한 시장스케줄 곡면과 밀도

을 가지고 있으면 소비자가 그 생산자의 상품에서만 특별한 만족을 느낄 수 있다(김우식·김효선, 2005).

문화자본과 취향을 나타내는 특성 공간을 보기 위해, 매출함수에서 특성 공간의 형태를 살펴본다. 특성 $x$가 증가해 가치 특성함수와 비용 특성함수에서 각각 $h$와 $l$에 도달하면 함수값은 1이 되므로 시장스케줄에 영향을 주지 않는다. $x$가 $h$나 $l$보다 크거나 작으면 두 함수는 파라미터에 따라 감소 혹은 증가한다. 이에 따라 시장스케줄을 구성하는 매출함수의 곡면은 아래로 볼록할 수도 있고 오목할 수도 있다(그림 12.2).[3]

$x$의 변화에 따른 매출함수의 변화는 특성함수에서 곡률의 상대적 크기에 따라 다르다. $f$와 $g$의 상대적 크기에 따라 매출함수 곡면의 오목-볼록의 방향이 달라진다. 〈그림 12.2〉는 비용 특성함수의 곡률이 가치 특성함수의 곡률보다 상대적으로 큰 경우이고 〈그림 12.3〉은 그 반대의

3 시뮬레이션과 그래프 작업은 소프트웨어 Netlogo 4.0.4와 Mathematica 5.2를 이용해 이루어졌다(Wilensky, 2005; Wolfram Research, Inc., 2005).

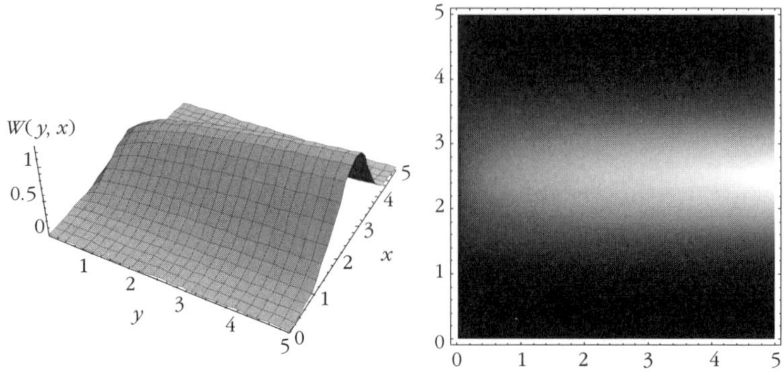


매출함수의 표면 그래프와 밀도 그래프. $f = 0.4$, $g = 0.3$. $f$가 $g$보다 값이 더 크게 바뀌었고 나머지 파라미터는 〈그림 12.2〉에서와 동일하다.

그림 12.3 아래로 오목한 시장스케줄 곡면과 밀도

경우를 보여준다. 두 경우 모두 특성함수를 극대 혹은 극소로 하는 특성값이 동일하다($h = l$)고 가정했다.

특성 공간에 집중하기 위해서는 이 공간의 행동 특성을 별도로 구분해 검토한다. 특성함수 외의 항을 $W_0$로 나타낸 후, 특성함수로 나타나는 공간이 시장스케줄의 매출함수에 미치는 효과를 살펴보기 위해 $W$를 $W_0$로 나눈 값을 구한다.

$$W_0 = [q(\theta/r)^{d/b}\{(1 - d/b)/(1 - ad/bc)\}\, y^{c - ad/b}]^{1/(1 - d/b)} \tag{12.19}$$

$$W = W_0[\exp\{(x - h)^2 df/b\}\exp\{-(x - l)^2 g\}]^{1/(1 - d/b)} \tag{12.20}$$

$$\begin{aligned}\frac{W}{W_0} &= z = [\exp\{(x - h)^2 df/b\}\exp\{-(x - l)^2 g\}]^{1/(1 - d/b)}\\ &= \exp[(x - h)^2 df/(b - d) - (x - l)^2 bg/(b - d)]\end{aligned} \tag{12.21}$$

$h$와 $l$이 동일하고 $df/b = g$, 혹은 $d/b = g/f$ 라는 관계가 성립하면 $x$ 값과 상관없이 지수가 0이 되어 상품 특성이 시장스케줄에 영향을 미치지 않는다. $h$와 $l$이 동일하면 상품의 가치를 극대화시키는 특성값과 비용을 극소화시키는 특성값이 동일하다. 따라서 이 특성값에서 생산자는 최소의 비용을 들여 소비자들에게 가장 큰 만족을 줄 수 있게 된다. 이때 $d/b = g/f$ 라는 조건은 품질 향상이 만족도를 높이기보다는 비용을 증가시키는 비가 상품 특성이 만족도를 높이기보다는 비용을 증가시키는 비와 동일하다는 의미이다.

다음으로, 특성 공간이 시장스케줄에 최대 영향을 미칠 때 $x$의 값을 $h$와 $l$과의 관계를 고려해 구한다. 식 (12.21)을 $x$에 대해 미분한다.

$$\frac{dz}{dx} = \frac{2}{b-d}\{(df - bg)x - (dfh - bgl)\} \exp\{(x-h)^2 df/(b-d) - (x-l)^2 bg/(b-d)\} \quad (12.22)$$

이 도함수를 0으로 하는 $x = x^*$는 $(dfh - bgl)/(df - bg)$이다. 만약 $h$와 $l$이 동일하다고 가정하면 $x = h = l$이다. $x$가 $x^*$일 때 2차 도함수가 양이 되어 $x = x^*$이 최소값을 산출하는지 음이 되어 최대값을 산출하는지를 보기 위해 2차 도함수 값이 양인지 음인지를 검토한다. $x$에 대한 $z$의 2차 도함수는 다음과 같다.

$$\frac{d^2z}{dx^2} = \left[\frac{2}{b-d}(df-bg) + \frac{4}{(b-g)^2}\{(df-bg)x-(dfh-bgl)\}^2\right] \exp\{(x-h)^2 df/b - (x-l)^2 g\} \quad (12.23)$$

이 식에 1차 도함수를 0으로 만든 값 $x^*$를 대입한다. 지수 부분은 2차 도함수의 음양 부호에 영향을 미치지 않으므로 그대로 둔다.

$$\left.\frac{d^2 z}{dx^2}\right|_{x=x^*} = \frac{2(df - bg)}{b-d} \exp\{(x^* - h)^2 df/b - (x^* - l)^2 g\} \tag{12.24}$$

2차 도함수의 음양 여부는 $(df - bg)/(b - d)$의 음양 여부에 따라 달라진다.

## 다초점-다차원 공간 시뮬레이션

앞에서 본 바와 같이 특성 공간의 차원을 하나로 놓고 보는 것보다는, 특성 공간의 차원이 둘 이상인 공간에서 특정 위치가 소비자들에게 특별한 가치를 부여하는 경우를 보는 것이 더 현실적이다. 그러나 이 경우는 분석적으로 다루기 어려우므로 컴퓨터 시뮬레이션을 사용한다(Macy and Willer, 2002). 여기서 시뮬레이션의 목표는 소비자들이 2차원 특성 공간에 위치한 상품 특성을 소비하는 행위가 상품 특성 간 상대적 위치에 따라 달라지는 모습을 보는 것이다.

시뮬레이션 규칙을 보면 우선, 상품 특성은 2차원 평면에 분포한다. 쓴맛과 고급스러운 이미지의 두 차원으로 형성되는 공간에 위치한 맥주 중 소비자들이 특정 맥주를 선호하는 것이 그 예이다(장세진, 1999). 특성 공간의 특정 위치에 초점이 나타나는데, 이러한 초점은 특정 상품의 특성이 소비자들에게 가장 강한 인력을 행사하는 지점이다. 맥주의 예에서는 소비자들에게 집중적으로 선호되는 맛과 이미지의 조합이 초점이 된다.

다음으로, 상품 특성의 인력은 초점으로부터의 유클리드 거리의 제곱에 반비례한다. 여기서 인력의 개념은 피터 블라우(Blau, 1964)에 따른다. 행위자들은 특성 공간 속을 움직이다가 초점을 향하게 되는데 이는 소비자들이 초점에 위치한 상품 특성을 소비하는 것을 나타낸다. 소비가 반복

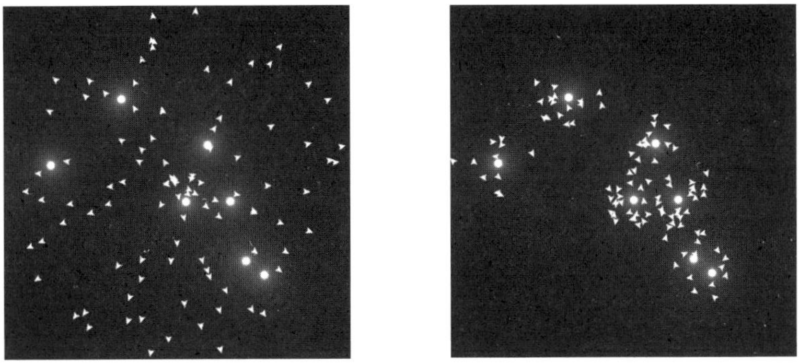

그림 12.4 상품 특성의 초점과 소비자 행동

되면 만족도가 약해지므로 소비자는 현재 상품 특성과 다른 상품 특성의 인력을 비교해 현재 상품 특성의 인력에 비해 다른 상품 특성의 인력이 더 강하면 그쪽을 선택한다. 여기서는 특성 공간이 안정적으로 생성되는 점과 특성 공간에서 초점의 분포와 소비자 집중 간의 관계에 주목한다.[4]

〈그림 12.4〉는 2차원 평면에서 상품 특성의 초점이 여러 개 있을 때 소비자들의 행동을 보여준다. 왼쪽 그림은 7개의 상품 특성 초점이 분포할 때 소비자 100명이 무작위로 행동하는 모습을 보여준다. 소비자들은 상품 특성의 초점을 이루는 맛이나 이미지에 상관하지 않는다. 오른쪽 그림은 소비자들이 특성 초점을 중심으로 소비하는 모습을 보여준다. 소비자들은 특정한 정도의 쓴맛과 이미지를 선호하는 것으로 수렴한다. 소비자들은 초점 사이의 거리가 멀면 하나의 초점에 머무르지만 다수의 초점이 서로 가까이 위치하면 여러 초점 사이를 이동한다. 이 시뮬레이션은 단순한 행위 규칙에서 안정된 특성 공간과 시장스케줄이 형성될 수 있음을 보여준다.

4 시뮬레이션에서는 넷로고Netlogo의 나방모델Moths Model을 참고했다(Wilensky, 2005).

### 특성 공간의 연결망과 정보적 특성

시장모형에 특성 공간을 추가하면 행위자 간 연결망을 분석할 수 있다. 특성 공간이 연결망의 모습을 보여줄 수 있기 때문이다. 특성 공간의 특징을 살펴보면 다음과 같다.

첫째, 특성 공간은 생산자와 소비자 간 연결망을 반영한다. 생산자와 소비자들은 중장기적인 신뢰나 취향 및 세계관의 일치를 근거로 하여 지속적인 거래 관계를 유지하는 경우가 있다(김우식·김효선·손영진·주정민·홍은숙, 2004; 박찬웅, 2003; DiMaggio and Louch, 1998; Kirman, 2001; Uzzi, 1996). 생산자와 소비자 사이에 형성되는 연결망은 소비자가 특정 생산자의 상품에서 느끼는 만족과 생산자의 낮은 비용에 근거할 수 있다. 따라서 생산자와 소비자는 동일한 특성 초점을 통해 연결된다(김우식·김효선, 2005; 김효선, 2008).

둘째, 특성 공간은 생산자와 생산자, 혹은 소비자와 소비자와 같이 동종의 시장 행위자 사이에 형성되는 연결망을 보여준다. 특성 공간 내에서 생산자들의 위치가 가까우면 서로 경쟁 관계에 있거나 유사한 세계관을 갖는다(Crane, 1992; Porac et al., 1995). 또한 일군의 소비자들이 특성 공간 내에서 선호하는 위치가 서로 가까우면 이 소비자들은 비슷한 취향이나 소비 행위를 통해 서로 신뢰할 가능성이 크다(Lizardo, 2006a/2006b; Mark, 2003).

셋째, 특성 공간은 상품 간 연계를 보여준다. 상품 간 연계 중 가장 기본적인 것은 두 상품의 특성이 비슷하게 인지되는 것에 따른 연계이다. 두 상품의 특성 초점이 가까우면 특성이 비슷한데 대체와 경쟁의 관계에 있을 수도 있지만, 반대로 다른 특징을 가진 상품들과 가시성을 놓고 경합하는 제휴 관계에 있을 수도 있다. 상품 연계는 행위자들의 선택에 의해 실현되므로 행위자 연계와 상품 연계는 서로 규정하는 쌍대 관계를 이룬다(김우식, 2007; Mohr, 1998).

특성 공간의 문화적 특성과 연결망 특성은 시장에서 행동하는 행위자들에게 신호를 보낸다. 생산자들은 특성 공간으로부터 오는 구조적 신호를 읽고 정보를 얻는다. 이들은 다른 생산자들의 비용 특성이나 가치 특성의 값을 몰라도 시장스케줄이 재생산되는 것을 보고 안정된 위치를 확인할 수 있다. 소비자들도 특성 공간을 관찰함으로써 가능한 소비의 유형을 알 수 있다. 소비자들이 시장에서 경험하는 불확실성 중에는 상품의 특성과 종류에 대한 것도 많은데 이런 정보를 시장스케줄에서 얻을 수 있다(김우식, 2008). 생산자나 소비자들이 얻는 신호는 품질뿐 아니라 상품의 특성이 시장에서 이루는 균형에서 나오기 때문에 더 많은 종류의 정보를 제공한다.

제13장 | 결속형 연결망과 의미 부여에 의한 시장의 형성*

## 1. 의미에 의한 결속형 시장의 형성

시장 조직과 상품 가격의 구성 방식은 경제사회학의 중요한 질문이자 연구 주제이다. 경제사회학에서 시장 구조에 대한 연구는 흔히 사회적 연결망, 제도, 그리고 문화적 설명을 기반으로 하면서, 시장의 사회조직이나 시장 행위자들의 행위와 의미 부여, 그리고 가격의 형성을 연구 대상으로 삼아왔다. 시장의 사회적 연결망은 다양한 사회적 위치에 속한 행위자들 간의 연결과 단절의 구조를 통해 자원과 정보를 유통시키면서 사회조직으로서의 시장을 형성하고 해당 시장 내에서 가격을 안정시킨다(Baker, 1984; DiMaggio and Louch, 1998; Haunschild, 1994; Uzzi, 1999; White, 2002; 김우식, 2000a/2002; 박찬웅, 2003/2004). 문화와 상징의 다양한 구조들은 인지와 의미의 구성을 통해 시장 조직을 만들고 작동 방식을 형성한다(Shrum, 1991; Smith, 1989; Velthuis, 2003; Wuthnow, 1987; Zuckerman, 1999). 또한 행위자들이 암묵적·명시적으로 합의한 상황 정의와 절차, 규칙은 시장의

---

* 이 장은 김효선(한국여성정책연구원)과 공저한 연구를 발전시켰다(김우식 · 김효선, 2005).

범위, 규칙 및 규제의 방식을 결정한다(Abolafia, 1998; Dobbin, 2004c).

이 장에서는 연결망, 문화, 제도의 세 차원을 중시하되 각 차원에서 지금까지 많이 연구되지 않은 방식의 시장과 가격 형성 기제를 제시하고자 한다. 지금까지 시장에 대한 많은 연구는 조직, 문화, 제도라는 세 차원을 기준으로 할 때 조직의 측면에서는 연결망에서 구조적 등가, 문화의 측면에서는 안정된 정보, 제도의 측면에서는 당연시된 기존의 관행 답습에 의해 형성되는 시장 기제에 주목하는 경향이 있었다. 현실의 시장을 보면 대체로 구조적 등가에 따른 비교 가능성, 안정된 의미나 정보에 따른 불확실성 해소, 그리고 기존 관행의 답습에 따른 안정성 확보를 중요한 특징으로 삼고 있다. 그럼에도 불구하고 연결망, 문화, 제도의 세 차원에서 다른 위치에 있는 시장을 연구할 필요가 있는 이유는, 현대 사회에서는 상품의 개별성이 두드러지고 행위자들의 의미 부여가 중요해지는 새로운 형태의 상품이나 상품 거래가 나타나고 있을 뿐 아니라, 미래에는 상품의 다양화, 소비 경험의 다양화와 질적 심화, 문화 상품의 비중 증대 추세가 가속화됨에 따라 시장 조직과 가격의 구성 방식도 과거와는 더욱 달라질 것으로 보이기 때문이다.

현대 경제의 첫 번째 특징은 시장 조직의 형태가 다양하다는 점이다. 생산자나 판매자들이 소규모일 때나 새로운 상품을 개척할 때는 처음부터 구조적 등가에 의한 시장을 형성하지 않고 특정 고객들과 밀접한 관계를 맺는 결속형 시장을 형성한다. 소비자 집단의 분할이 나타날 때는 소비자 집단이 특정 생산물을 주로 소비하는 결속형 시장이 나타날 수 있다. 두 번째 특징은 의미 구성이 소비의 주요 요인으로 등장했다는 점이다. 오늘날 상품이나 시장의 범주 혹은 정체성은 생산자나 소비자들의 차별적인 의미 부여에 따라 끊임없이 생성되고 변화한다(Zelizer, 1985). 또한 미술품 시장에서는 오래전부터 미술품 가격이 단순한 신호나 정보가 아니라 의미를 전달하는 매체로 기능해왔다(Velthuis, 2003). 따라서 이미 내용이 확정된 정보 못지않게 새로운 의미의 구성이 중요하다. 세 번째 특징은 상품이나 시장의 범주 혹은 정체성이 정지되어 있기보다는 계속해서 생성, 변화, 소멸한다는 점이다.

경제사회학에서 중요한 시장이론은 해리슨 화이트Harrison White의 생산시장이론이다. 린튼 프리먼Linton Freeman의 지적대로(Freeman, 2004) 연결망 연구의 역사에서 매우 중요한 위치를 차지하고 있는, 화이트가 만들어낸 생산시장이론은 구조적 등가와 시장 인터페이스로 형성되는 시장 내에서 역할 구조와 신호 교환이 형성, 유지, 변형되는 기제를 통해 시장의 사회적 구조와 행위자의 자율적 행동을 동시에 설명한다(White, 1981/2002). 이 이론은 개별 시장의 구조와 과정뿐 아니라 시장과 시장 간 관계도 다루고 있어서 시장, 산업, 조직에 대한 이론으로서 강점을 갖는다. 그러나 이 이론은 연결망의 형태와 정보의 성격 면에서 제한되는 경우만 다룬다는 한계를 갖는다. 화이트의 시장이론은 연결망의 형태로 보면 구조적 등가에 의해 형성되는 인터페이스를 다루고 있고 신호 기제를 다룰 때에도 객관적으로 형성되는 정보의 신호를 위주로 하기 때문에 행위자들이 의미 교환에 의해 조직과 가격을 구성하는 구성적 의미의 측면을 소홀히 할 수 있다. 또한 화이트의 시장이론은 주로 균형에 도달한 상태의 정적인 시장을 다루고 있어서 시장이 형성되는 방식까지 주목하지 못했다.

이 장에서의 연구는 서울 시내에 있는 한 커피 전문점에 대한 심층적인 참여 관찰과 인터뷰를 토대로, 경제학이나 화이트의 생산시장이론에서 발견되는 범위를 확장해 첫째, 구조적 등가형 시장 외에 결속형 시장이 존재하는 점, 둘째, 시장에서 정보뿐 아니라 의미의 구성도 가격을 결정하는 데 핵심적인 역할을 하는 점, 셋째, 결속형 연결망과 의미 부여가 고유한 가격 결정 기제와 직결되어 있는 점을 보인다.

## 구조적 등가형 시장과 결속형 시장

6장에서 논한 바와 같이 생산자와 소비자의 관계에 따라 생산시장을 구조적 등가형 시장과 결속형 시장으로 나누어볼 수 있다. 대표적인 생산시장이론인 해리슨 화이트의 이론은 주로 구조적 등가형 시장에 초점을 두고 있다. 이런 시장에서 시장 참여자들은 거래하는 다른 산업의 참여자들을 매개로 하는 구조적 등가를 이룬다. 구조적 등가에 의한 시장의 특징은, 생산자나 소비자는 다수의 상대를 비교할 수 있으며 다수의 상대 중 특정 상대를 선택할 수 있다는 점이다. 이러한 비교 및 선택 가능성은 생산자들이 취하는 서로 다른 위치나 역할에도 불구하고 여전히 작용하기 때문에 특정 생산자와 특정 소비자가 특별한 관계를 맺을 이유는 없다. 개별 생산자가 생산하는 상품의 품질이 달라서 생산자들 사이에 어느 정도의 구별이 생기는 독점적 경쟁이 나타남에도 불구하고 소비자는 특정 생산자를 선택해 헌신하지는 않는다. 생산자는 자신의 생산 위치를 지켜가지만 소비자는 그럴 필요가 없다. 이와 같이 구조적 등가에 의해 형성되는 시장을 앞의 6장에서 '구조적 등가형 시장'으로 부르기로 했다. 구조적 등가형 시장에서는 여러 행위자 간의 비교 가능성에 기초하기 때문에 시장 가격의 형성도 객관적으로 안정된 상태로 분포되어 있는 정보가 수렴되는 현상에 기초한다.

행위자들의 구조적 등가에 기반을 둔 이런 시장이 현실에서 많이 있지만 이와는 다른 형태의 시장도 다수 존재한다. 즉, 화이트의 시장이론은 생산자 간의 이질성과 동질성 사이에서 균형을 취하고 있음에도 불구하고 현실에서는 이 이론이 보여주는 것보다 생산자나 소비자의 개성이 더 강하게 작용하는 사례들이 존재한다. 다음 절에서는 생산자와 소비자가 독특한 방식으로 연결되는 시장 형태를 살펴볼 것이다.

## 결속형 연결망에서 정보 대 의미

경제사회학이나 경제학에서는 생산자와 소비자 간의 구조적 등가뿐 아니라 특정 생산자와 소비자 간에 특별한 직접적 관계가 존재하는 경우를 많이 다루고 있으나 설명변수로는 도구적인 의미를 갖는 안정된 정보에 주목하는 경우가 많다. 경제학에서는 거래비용 경제학이 자산 특수성을 주요 요인으로 들어 양자 간에 특별한 관계가 존재함을 강조하고 있다. 경제사회학에서는 이런 현상에 대한 관심이 더욱 많아서 다수 대 다수 간에 존재하는 시장보다는 오히려 특정 개인 간에 존재하는 연결망이 시장을 대체할 수도 있음을 보여준다. 이런 방식의 거래에서는 시장 행위자들이 서로 단골이 되어 반복적으로 거래한다. 이와 같이 거래자들 사이에 형성되는 연결망은 대개 불확실성의 해소를 목적으로 한다. 대표적인 예가 동일한 대상과 반복해서 거래하는 단골화 현상이다. 거래자들 사이에 단골화clientalization가 나타나는 것은 주로 시장의 불확실성이 높은 경우이다. 이에 따라 시장에서는 거래자 간에 높은 결속감과 신뢰를 형성하는 하위 집단들이 나타난다(박찬웅, 2004; DiMaggio and Louch, 1998; Kirman, 2001; Kollock, 1994; Geertz, 1978; Uzzi, 1999). 이러한 방식의 연결망 형태를 구조적 등가와 구별하는 의미에서 '결속형'이라고 부르고, 행위자 사이에 안정적으로 거래하는 방식이 두드러지는 시장을 '결속형 시장'이라고 부를 수 있다.

이와 같이 결속형 시장에 대한 연구가 많이 있는데 이 장에서 주목하는 것은 객관적 정보의 필요성 때문이 아니라 주관적 의미의 구성 때문에 결속형 시장이 생기는 경우이다. 의미 구성 때문에 생기는 결속형 거래에서는 불확실성을 해소할 뿐 아니라 거래나 소비 행위 자체에 대해 특별한 감정적 의미를 부여하게 된다. 따라서 결속형 시장이라고 해도 시장의 거

표 13.1 시장 구성의 유형

| | 결속형 시장 | 구조적 등가형 시장 |
|---|---|---|
| 객관적 정보 | 정보 획득을 통해 불확실성을 해소하기 위한 단골 거래 | 객관적 정보에 기초한 거래와 가격 형성 |
| 의미 | 상호 주관적 의미 구성에 기초한 거래와 가격 형성 | 일반화되고 제도화된 의미 부여 방식에 따라 거래 |

래 관계와 가격을 결정하는 기본 요인은 객관적 정보일 수도 있고 구성적 의미일 수도 있다(김우식 외, 2004).

객관적 정보는 구성적 의미와 구별된다. 정보는 내용이 이미 정해져 있는 소비자의 선호 체계에서 선택에 도구적으로 영향을 줄 수 있는 추가적인 내용을 제공하는 반면, 의미는 선호 자체에 영향을 주면서 소비의 대상을 만들어간다. 가격이나 품질에 대한 내용은 정보가 되고 새로운 상품을 소비해야 하는 이유를 근원적인 선호의 차원에서 제시해주는 것은 의미가 된다.

소비자의 입장에서 볼 때 시장 거래에서 중요한 정보는, 여러 상품의 가격, 확정된 기준에서 보았을 때 각 상품의 품질, 그리고 생산자가 기회주의적 행동을 하는지의 여부이다. 생산자의 입장에서 볼 때 중요한 정보는, 잠재적 소비자들이 가진 선호 체계와 예산 혹은 구매력, 그리고 경쟁 관계에 있는 다른 생산자들에 대한 것들이다. 이런 정보는 소비자나 생산자의 의사 결정에서 핵심적인 수단이 된다. 생산자의 입장에서 중요한 의사 결정은 어떤 종류의 상품을 어떤 가격에 제시함으로써 스스로를 다른 생산자들과 구별시켜 소비자를 확보하느냐인데, 이를 위해서는 소비자의 선호, 예산, 그리고 경쟁자들의 상품과 그 가격을 아는 것이 핵심적이다. 소비자의 입장에서는 상품의 품질과 가격을 비교할 수 있어야 하기 때문에 그에 관한 정보를 가장 중시하게 된다. 따라서 중요한 것은 비교 가능성과 정보 원천의 투명성이다.

이러한 정보는 거래에서 도구적으로 매우 중요하기는 하지만 소비나 거래의 대상이 되는 상품의 품질이나 행위의 주체가 되는 소비자의 선호 자체를 결정, 혹은 변경하지는 않는다. 이런 정보는 상품의 품질이나 선호가 이미 결정되어 있는 상태에서 가용한 것들이다. 반면, 의미의 차원은 이와는 구별된다. 소비 대상이나 맥락에 감정적인 특별한 의미를 부여하는 행위는 상품의 종류나 가격에 대한 도구적 정보를 제공하는 것과는 달리 소비의 이유나 소비의 대상, 그리고 선호 체계 자체를 결정한다는 점에서 도구적이라기보다는 본질적이라고 할 수 있다. 의미에 따르는 소비의 예로는 중요하다고 여기는 사람에 대한 선물 구매, 가족들과 함께 어떤 것을 기념하기 위해 하는 특정한 소비, 예술적·종교적·개인적 가치를 부여하는 소비 행위, 여행에 대해 나름대로의 의미나 환상을 부여하는 관광 행위 등을 들 수 있다(Rojek, 1997; Urry, 2002). 성탄절이나 연말연시와 같이 명절이나 기념일과 연관된 소비, 패션에서 개성 있는 취향의 추구, 현대 대중음악의 장르 분화 과정에서 볼 수 있듯이 오늘날 의미부여에 따른 소비는 규모가 점점 증가하고 있다(Crane, 2000; Hesmondhalgh, 1998). 소비 대상이 갖는 상징적 고유성이나 복합적 해석틀의 구성이 중요해지는 소비에서는 의미, 혹은 의미로 구성되는 특정 세계관이 소비의 이유가 되어 구매 행위와 구매 상품의 종류와 수량을 결정한다(Shrum, 1991).

의미를 바탕으로 하는 시장은 거래 관계의 유형에서 볼 때는 주로 결속형이 된다. 의미-결속형 시장에서는 단골이나 이른바 마니아가 중요해지는데, 여기서는 개별적 거래가 특별한 의미를 갖기 때문에 구조적 등가형 시장에서와 같이 다른 생산자나 제품과 비교하는 것이 어려워진다. 객관적 정보는 주로 구조적 등가형 시장의 특징이고 의미는 주로 결속형 시장의 특징이지만 단골과의 거래에 의해 상대나 상품 품질에 대한 정보를 얻고자 하는 형태는 결속형이면서도 객관적 정보를 기반으로 하기 때문에 결속형 시장은 정보나 의미 양자를 다 기반으로 할 수 있다.

칼 폴라니Karl Polanyi를 비롯한 경제인류학자 및 경제사회학자들의 연구에 따르면, 특정 상대와의 배타적 거래는 시장과는 별도로 교환으로 분류되므로 다른 거래 상대자와의 비교가 전무하다면 시장보다는 교환이 될 것이다. 현실의 거래에는 보편적 비교와 상대에 특수한 거래의 요소가 서로 섞여 있다. 거래 쌍방의 한쪽만을 본다면 독점의 요소와 경쟁의 요소가 섞여 있다는 점에서 독점적 경쟁과도 유사하다. 마찬가지로 결속형 시장이라고 해도 완전히 배타적인 거래를 의미하지는 않는다.

### 객체-의미 결합의 경로 의존성과 불확정성의 문제

거래 상대의 선택이나 상품의 가격 설정 및 소비와 같은 경제적 행위가 의미를 바탕으로 구성되면 행위와 의미가 결합해 움직이기 때문에 사회적 현실의 구성 과정은 고유한 경로 의존성path dependence과 불확정성의 문제를 갖게 된다. 이 장에서 다루는 상황에서는 상품의 가격이 의미와 밀접한 경로 의존성을 갖게 되고 이로 인해 가격과 의미 간에 불확정성이 존재할 수 있다. 여기에서는 불확정성의 두 모습을 논하고자 한다.

하나는 대상의 특성이 결정되어 있지 않고 행위자의 행위에 의해 구성되는 점이다. 상품의 질과 관련된 문제는 많은 경우 고정된 취향이나 품질에 대한 정보의 문제이기보다는 소비자를 상대로 한 생산자의 설득, 혹은 생산자와 소비자 간에 독특하게 형성되는 의미 구성의 문제이다. 이런 현상은 소비자들이 시장 경험이나 소비 활동을 통해 새로운 선호를 형성하는 현상과 가까운데 생산자와 소비자들이 상호작용하면서 소비의 의미를 새롭게 구성할 때 두드러지게 나타난다. 문화 산업에서 흔히 나타나듯 소비자뿐 아니라 생산자 역시 자신의 생산 활동이나 생산물에 주관적 중요성이나 의미를 부여한다(Caves, 2000). 행위자 간의 의미의 공유는 해당 집단이나 연결망을 물리적으로 유지할 뿐 아니라 특성을 보존하는 데 핵심적이다(Becker, 1982; Crane, 1987).

다른 하나는 시장 거래 과정에서도 경로 의존성이 존재하기 때문에 어떤 상품의 가격을 정확히 지적 혹은 설명하기 위해서는 의미의 내용에 따라 그 가격에 이르게 된 경로를 알아야 한다. 상품의 가격이 보편적인 기준에 의해 정해지기보다는 거래자들이 부여하는 감정적 의미에 의해 정해질 경우, 상품의 최종 가격은 거래자들이 시간의 경과에 따라 여러 의미를 순차적으로 부여하고 그에 따라 가격도 순차적으로 결정되어가는 과정을 거쳐 형성된다. 이는 한 사회에 존재하는 특정 제도나 관행을 이해하기 위해서는 그런 제도나 관행이 나타나서 고착된 역사적 과정을 알아야 하는 것과 유사하다. 다시 말해서 가격은 보편적으로 적용되는 법칙에 의해 정해지기보다는 특정 맥락에 선 거래자들이 의미와 해석을 동원하여 구성해내는 어떤 것이고, 그렇기 때문에 의미와 해석의 내용을 알지 않고서는 가격을 알 수 없게 된다. 생산자 입장에서 볼 때 소비자들의 취향이 미리 결정되어 존재하기보다는 의미를 바탕으로 생산자와 상호작용하는 방식에 의해 형성된다면, 이는 소비자 선호의 불확정성이라고 할 수도 있다.

## 2. 연구의 대상과 방법

이 연구는 서울 시내 S대학교 앞에 있는 D커피점을 연구 대상으로 실시되었다. 연구진은 이 커피점을 1년 이상의 기간 동안 관찰하면서 사회조직적 특성과 정보 및 의미 구성의 차원에 관한 자료를 수집했다.[1] 여기에서 다루는 시장에서는 소비 품목이나 소비 행위가 갖는 독특한 의미가 중요하기 때문에 커피점에서 이루어지는 커피 소비의 특징과 맥락에 대한 이해가 필요하다. D커피점과 스타벅스Starbucks 커피점에서 커피를 만드는 과정은 로스팅roasting과 드립drip에서 차이가 난다. 몇몇 독립 커피점들은 자가 로스팅과 핸드드립 방식으로 스타벅스와 차별화한다. 자가 로스팅은 직접 원두를 볶는 것이다. 반면 스타벅스는 미국에서 기계로 로스팅을 한 후 진공 포장해 한국에 보내는 방식을 택한다. 독립 커피점들은 직접 생산자의 취향대로 로스팅을 하며, 바로 판매한다. 문제는 원두가 로스팅하는 즉시 산화하기 시작한다는 점이다. 따라서 로스팅 방식과 기간 때문에 커피 맛의 미묘한 차이가 발생한다. 또한 볶은 원두로 커피를 만드는 과정에서 스타벅스는 기계, 즉 에스프레소 머신을 사용해 원액을 축출하는 반면, D커피점은 종이 필터에 직접 물을 내려 원액을 걸러낸다. 이 방식을 '핸드드립'이라고 하는데 드립은 로스팅 못지않게 커피 맛에 영향을 미친다.

이 장에서 주목하는 시장은 소규모 생산자들이 직접 생산한 상품을 가지고 소비자들과 직접 만나는 형태에서 나타난다. 최근 많이 등장하는 이런 유형의 예로는 디자이너들이 직접 운영하는 소규모 옷가게나 액세서리 가게, 혹은 직접 제품을 생산하여 판매하는 초콜릿 가게나 커피점 등을 들 수 있다. 이런 방식은 소수의 소비자들을 대상으로 하는 부티크나 이른바 '명품' 매장의 형태에서 볼 수 있었으나 최근에 새롭게 등장하는 방식은 소량 생산 체제이면서도 가격은 대량 생산 상품에 비해 크게 비싸

1 관찰은 김효선에 의해 이루어졌다.

지 않은 점이 이례적이다. 여기에서의 연구는 이런 소규모 시장의 연결망에 주목해, 연결망의 형성 기제와 기능을 살펴보고자 한다.

## 3. 연결망, 의미 부여, 가격의 상호작용

D커피점에서는 소비자와 생산자 사이에 강한 연결망이 나타나 단골화 현상이 두드러진다. 단골화 현상의 기제에는 다양한 요소들이 존재하나, 여기에서는 소비를 결정하는 주요 요소인 (1) 거래 상대의 안정화, (2) 거래 특유의 의미 구성, (3) 고유한 상품 가격이라는 세 가지 현상에 집중한다. 거래 상대의 안정화는 소비자가 특정 생산자와의 거래를 지속하는 것을 가리키고, 고유한 의미 구성은 앞에서 설명한 것과 같이 특정 거래 행위에 행위자 고유의 의미를 부여하는 것을 가리킨다. 또한 상품 가격에서의 단골화는 생산자가 소비자에게 제시하는 가격이 단골 거래를 전제로 하는 점을 가리킨다. 여기에서는 생산자가 어떤 수준의 가격을 제시하고, 소비자는 이를 어떻게 받아들이는지의 여부가 핵심이다.

### 결속형 연결망의 형성

D커피점을 관찰해보면 구조적 등가에 바탕을 둔 기존 시장이론을 적용할 수 없다. 우선 D커피점은 화이트의 생산시장이론이나 경제학의 경쟁시장이론에서와 달리, 경쟁 상대가 될 만한 동질적인 다른 커피점이 없었다. 물론 이는 생산자가 경쟁이 극심한 표준화된 커피 시장을 피해 고유의 독특한 적소를 찾으려고 노력했기 때문이다. 새로운 적소의 발견은 경쟁을 피하게 해주지만 동시에 사업모형이 될 만한 경쟁자나 기존 업계

를 찾을 수 없어 사업모형을 스스로 만들어내야 한다는 부담을 안겨준다. 이런 모형에 따른 시장에서는 해당 적소를 인정하고 헌신하는 고객들과 생산자는 상호 결속형 거래 연결망을 형성하는 경우가 많다.

D커피점의 고객들은 두 가지로 분류되는데 한 부류는 단골 고객으로서 인근 S대학교의 학생들이다. 이들은 비교적 개업 초기부터 D커피점의 단골이 되어 꾸준히 이 커피점을 애용하고 있으며 친구들을 데리고 와서 D커피점을 애용하는 고객 연결망을 형성했다. 이렇게 형성된 고객 연결망은 고객들이 생산자, 혹은 가게 주인과도 친근한 사이가 됨으로써 지속성을 갖게 되었다. 또 다른 부류는 단골이 아니고 어쩌다 들르는 손님들인데 이들은 D커피점의 간판격인 커피뿐 아니라 단맛을 내는 다른 커피 제품이나 생과일 주스 등 커피점의 대표적인 정체성과는 별 관계가 없는 다른 상품들도 소비한다. 이 커피점에서의 소비의 핵심을 이루는 것은 이 커피점의 상징이 되는 커피를 소비하는 단골 고객들이다. D커피점 주인의 말에서 이 점이 잘 나타난다.

> 우리 집에 자주 오는 애들, 그러니까 일주일에 서너 번은 들르는 아이들은 다 커피를 마시지. 근데 정기적이지만 자주 오지는 않는 애들, 한 일이주일에 한 번 혹은 한 달에 한 번, 그리고 가끔 오는 사람들은 (카페)라떼나 생과일 주스를 주로 마시고. 양측으로 나눴을 때, 비슷하지만 아무래도 전체 수입에서 커피가 차지하는 비중이 더 크지. 우리 집은 단골들 위주로 운영되니까, 단골들이 먹는 커피가 주요 수입원이지.

이런 단골 고객들은 D커피점에서의 결속형 거래를 통해 생산자가 적절한 가격을 형성할 수 있게 해주었다. 주인은 신뢰를 토대로 한 단골 손님들에게 가격의 타당성 여부를 문의한 후 가격 인상에 대한 그들의 대답에 따라 가격을 인상하거나 혹은 그대로 유지했다. 따라서 결속형 연결망이 가격 형성에 도움을 준 것은 생산자가 가격 인상 문제를 고객들에게 상의했을 때 고객들이 적절한 가격 인상에 대해 동의함으로써 가격 용인 정도에 대한 정보를 제공할 뿐 아니라 가격 인상 후에도 계속 고객으로 남겠다는 헌신을 보여주는 방식을 통해서였다. 따라서 생산자 입장에서 볼 때 결속형 거래 연결망은 소비자들의 허용 가능한 가격대를 제공해주고, 연결망에 속한 행위자들의 지속적 거래까지 예측할 수 있게 해주면서 일종의 상호 의무를 준 셈이다. 특히 몇몇 오래된 단골들은 '사외 이사'라고 불리는데 이들은 초창기 D커피점의 가격 결정 과정에 적극 참여했고, 그 후에도 계속 연결망을 유지하면서 메뉴 선정과 인테리어 등 커피점 경영에 대한 새로운 정보들을 지속적으로 제공했다.

### 의미의 부여

D커피점의 생산자와 소비자가 거래에 부여하는 의미의 내용은 특정 소비 행위의 신성화, 세계관 공유, 그리고 심미적 발견과 심화의 세 가지로 볼 수 있다.

첫째, 생산자나 소비자들이 자신들의 거래 행위가 다른 거래와는 구별되는, 혹은 종교적 의미에서와 같이 성별되는 것으로 간주하는 경향이 있음이 관찰되었다. D커피점의 생산자와 소비자들 사이에 공통적인 의미 부여가 나타났는데, 소비자들이 부여하는 의미의 내용은 비인격적인 경제적 교환에 비판적이며 자신들의 소비 행위는 인격적 행위라고 보는 것이다. 생산자가 부여한 의미는 D커피점 주인이 커피에 대한 자신의 열정을 이해해주는 손님과 지속적인 거래를 하고 싶다는 생각을 가지고 있다고 말한 데서 드러난다.

둘째, 결속형 거래 과정에서 생산자와 소비자들은 특유의 세계관을 형성하여 공유한다. D커피점의 주인은 자신의 생산 활동을 단기적인 이익 추구뿐 아니라 "진정한 커피 문화의 성숙"에 기여하려는 것으로 인식했다. 생산자나 소비자들은 취향의 세분화, 전문화, 그리고 이들의 안정적인 공존을 취향의 성숙으로 보고 있으며 반대로 획일적인 맛의 인스턴트커피에 대해서는 덜 성숙한 것으로 보았다. 생산자는 인스턴트커피 중심에서 원두커피나 수제커피 중심으로의 커피 문화 변화라는 명확한 목표의식이 있음을 보여주었다. 커피점 주인은 이 점을 분명히 했다.

> 이 장사는 돈 벌기 위한 것도 있지만, 애들에게 커피 맛을 가르친다는 것도 중요해. 이렇게 좋은 맛을 모르니. 단순히 돈 벌기 위한 게 아니고. 여기 와서 커피 맛을 하나하나 배워가는 걸 보면, 보람도 느끼지. 뿌듯하고.

D커피점 주인은 이에 따라 고객들에게 커피에 대한 상세한 정보를 제공하거나 적극적으로 메뉴를 추천하는 등의 태도를 보였고, 그 결과 D커피점의 생산자와 소비자 간 연결망 형성은 더욱 용이해졌다. 생산자와 소비자, 그리고 소비자들 사이에 형성되는 담론은 문화적 장과 소비 방식의 형성에서 중요한 경우가 많은데(Caves, 2000; Ferguson, 1998), D커피점에서도 커피 맛에 대한 의사소통과 담론은 단골 고객의 형성에 중요한 기능을 발휘했다.

마지막으로, 소비자들은 소비를 통한 심미적 발견과 심화의 경험을 중시했다. D커피점의 고객들은 커피의 맛을 알아가는 경험을 중시한다. 결속형 거래 과정이 소비자 취향의 세분화·전문화를 가져왔는데, 소비자들은 긴 기간 동안 정보와 경험을 축적하면서 미묘한 커피 맛의 차이를 발견하고, 자신의 명확한 선호를 인지하게 되는 취향의 세분화와 전문화를 경험했다. 주요 단골 고객들은 커피에 대한 정보와 감각을 오랜 기간 훈련받았다. 이들은 D커피점에 오기 전에는 커피 맛에 대한 뚜렷한 취향을 갖지 않았으나 D커피점과의 지속적인 거래 행위를 통해 원산지나 조리법별로 미묘한 차이가 나는 원두의 맛을 분간하며, 자신이 선호하는 취향을 알아가고 심화시키는 경험을 했다. 한 소비자가 이 점을 지적했다.

> 처음엔 그냥 수제커피란 말에 신기해서 갔었죠. 전에는 커피 별로 안 마셨어요. 무슨 맛인지도 몰랐고요. 개점할 때부터 지금껏 계속 오는데 사장님이랑 친해지면서 그간 원두 종류별로 다 먹어보고, 설명도 많이 들었어요. 전 주로 하라나 예멘 모카를 즐겨 먹어요. 진한 맛은 좀 부담스러워서 평소에는 부드러운 하라를 마시고, 가끔 진하고 깊은 맛이 생각나면 예멘 모카를 마셔요.

취향의 세분화와 전문화는 새로운 맛의 세계에 눈을 뜬 소비자에게는 놀랍고 새로운 경험이 되기 때문에 소비자 편에서는 그 생산자와의 거래에 대한 충성심을 강화한다. 단골들은 D커피점 이외에서는 커피를 소비하지 않기도 했다. 아래는 연구자와 D커피점 소비자와의 인터뷰 내용이다.

> 연구자: 요즘은 주로 어디서 커피를 마시나요?
> 소비자: D커피점에서 우선 마시고요. 가끔 다른 곳에 있을 땐 스타벅스나 커피빈도 가요. 거기선 아메리카노도 마시지만 별로 맛은 없어요. 그래서 과일 주스나 차를 주로 마시지요.

거래에 고유한transaction-specific 의미의 부여와 충성은 생산자와 소비자로 하여금 상대와의 거래에 더욱더 헌신하게 해주기 때문에 결속형 연결망 거래는 더 강화되는 경향이 있다. 결속형 연결망과 고유의 의미 부여는 D커피점의 이름을 특별한 것으로 만들게 된다. D커피점은 커피 소비자들 사이에서 고유한 위치를 차지하고 자신의 이름을 알리게 되며 생산자 역시 이렇게 형성되는 연결망-의미 복합체에 헌신하게 되기 때문에 이 과정은 D커피점으로서는 아이덴티티 형성의 과정이 되기도 한다. 단지 D커피점의 상호만 알려지는 것이 아니라 연결망-의미 복합체를 통해 생산자와 소비자가 단골 관계로 만나고 헌신하게 되므로 이 과정은 단순히 브랜드가 형성된다기보다는 행위와 의미의 장 속에서 고유한 아이덴티티가 형성된다고 보는 것이 더 적합하다.

### 연결망, 의미, 가격의 결합

연결망 현상과 의미의 구성을 통해 고유한 위치와 아이덴티티를 형성하는 과정은 가격의 형성과 밀접하게 연관된다. 결속형 연결망과 의미 부여는 그에 맞는 가격 구조를 초래하고 이 가격 구조는 결속형 연결망과 의미를 유지하거나 강화하기도 하고 반대로 약화시킬 수도 있다. 비교의 대상이 존재하지 않고 풍부한 의미 부여가 행해지는 상황에서의 상품 가격은 고정된 선호와 예산 제약, 그리고 경쟁자의 규모와 수에 의해 일방적으로 정해지는 것으로 볼 수 없다. 그보다는 상호작용의 참가자들이 그 상황에 대해 풍부한 의미와 해석의 체계를 부여하고 서로 교환하는 상징적 상호작용에 의해 가격을 형성하는 것으로 보아야 한다. 즉, 가격은 의미를 내포하게 되고 생산자는 이 의미를 신호로 삼아 소비자들에게 전달한다.

여기서 가격과 관련해 생산자가 소비자들에게 의미를 신호하는 방식에는 두 가지가 있다는 점에 주목할 필요가 있다. 하나는 다른 생산자의 제품에 비해 전반적인 가격을 어느 정도로 설정하느냐이고 다른 하나는 자신이 판매하는 상품군에서 특별히 의미를 두는 상품 가격을 어떻게 설정하느냐이다. 이는 생산자가 소비자들에게 보내는 신호로서의 이미지 혹은 정체성은 그가 어떤 제품군을 소비자들에게 제시하느냐 뿐 아니라, 제품군 중에서 어떤 제품에 중점을 두느냐에 의해서도 결정되기 때문이다. 따라서 한 생산자의 이미지를 결정하는 상품 구조는 여러 생산자 간의 가격 구조를 보여주는 시장스케줄뿐 아니라 각 생산자의 상품 구조 내에서 중요하게 여겨지는 특정 상품의 위치, 두 가지로 구성된다고 할 수 있다. 따라서 한 생산자가 여러 가지 상품을 제시하는 상황을 고려해보면 시장스케줄은 사실상 복합적 시장스케줄이라고 할 수 있다.

그렇기 때문에 특정 생산자의 상품 가격을 평가할 때 비교의 기준이 되는 준거 집단은 두 가지로 나눠볼 수 있다. 하나는 다른 생산자가 생산하는 유사한 상품들이다. 예를 들어, KFC의 치즈버거 가격을 평가하기 위해 다른 패스트푸드점의 치즈버거 가격들을 나열해 비교할 수 있다. 다른 하나는 특정 생산자의 전체 상품 가격의 분포 속에서 중요하게 부각되는 특정 상품의 가격이다. 예를 들면, KFC의 모든 버거 가격을 배열한 후 거기에서 치즈버거 가격의 위치를 보는 것이다. KFC의 경우, 치즈버거의 가격은 제일 낮은 위치에 있으므로 저렴하다고 평가내릴 수 있다. D커피점의 가격 구조를 보면 두 가지 준거 집단이 다 중요하다.

### 생산자별 전체 상품의 전반적 가격 수준

D커피점은 우선 전반적인 상품 가격을 다른 커피점에 비해 낮게 유지했다. D커피점의 커피가 소비자들에게 독특한 의미를 준다고 해도 다른 커피점의 커피와 동일한 이름으로 불리고 소비자들은 어느 경우이건 예산의 제약 속에 있으므로 커피 가격에 대해서는 다른 커피점에 대한 것과 동일한 부담을 느낀다. 이런 상황에서 D커피점이 책정하는 커피 가격은

소비자들에게 특별한 의미를 가질 수 있다. D커피점은 상점의 규모와 상품의 질에 차이가 있음에도 불구하고, 일차적으로 주변 '테이크아웃' 형태의 커피점을 고려해 가격을 책정하려 하지만 운영 비용 등의 이유로 그러한 커피점들에 비해 커피 가격을 다소 높게 책정했다. 그러나 전체 커피 시장 내에서 유사한 품질의 커피를 판매하는 커피점들을 기준으로 하면 낮은 가격을 책정했다. 2004년 가을을 기준으로 D커피점의 중간 사이즈 아메리카노의 가격은 2,800원이었다. D커피점과 같은 용량인 스타벅스의 중간 사이즈 아메리카노의 가격은 3,000원이었고, 그보다 작은 스몰 사이즈 가격은 2,500원이었다.

D커피점이 저렴한 가격을 유지한 핵심적 원인은 연결망 유지 혹은 강화에 있다. 실제 저렴한 가격의 수혜자는 단연 D커피점의 주요 단골들이기 때문이다. 커피 맛에 대한 민감한 판별 능력이 없는 소비자가 커피 가격을 평가할 경우, 소비자는 쉽게 비교 가능한 가격에 기초해 생산자의 전반적인 제품 가격 수준을 평가한다. 이는 커피점 주인에게는 중요한 고려 사항이 된다.

연구자: 커피 가격을 올려보는 건 어떨까요? 너무 저렴하지 않나요?

커피점 주인: 음, 그건 안 돼. 요즘 경기도 어렵고, 애들도 어려운데. 이런 상황에서 가격을 올리면 정말 부담스러워할 거야.

D커피점의 커피 가격은 다른 커피점의 커피보다 저렴하다는 평가를 받고, 단골들은 저렴한 가격의 수혜자가 되었다.

### 생산자별 대표 상품의 가격 수준

생산자의 판매 상품들 중 대표 상품이 차지하는 위치도 그 생산자의 이미지와 아이덴티티를 결정한다. 대부분의 생산자들은 대표 상품과 전형적 상품, 그리고 고급 상품을 판매한다. 전형적 상품은 타 상점에서도 소비 가능하고, 상점 사이에 큰 차이가 없는 품목을 말한다. 대표 상품(혹은 대표 상품군)은 판매자가 특별히 강조하거나 소비자들의 호응이 가장 큰 단일 상품이나 상품군을 가리킨다. 예를 들어, 스타벅스 매장 카운터 옆에는 'best menu five'라는 제목의 홍보물이 비치되어 있다. 여기에 나와 있는 메뉴들은 단순히 소비자들에게 인기 있는 품목이 아니라 회사가 소비자들에게 특별히 홍보하려는 품목을 보여준다. 대표 상품과 고급 상품은 모두 한 상점의 특화된 기술을 반영하지만, 상점의 일반적 이미지를 반영하는 것은 대표 상품이다. 대표 상품은 브랜드와 동일한 기능을 한다. 대표 상품의 인지도에 따라 시장 내 상점의 영향력이 달라지므로 대표 상품의 가격은 생산자의 이미지 형성에 결정적이다. 그리고 대표 상품의 가격에 따라 시장 내 생산자의 위치와 이미지가 정해지기 때문에 한 생산자가 전반적으로 저가 상품을 판매해도 해당 상점의 대표 상품이 고가에 속한다면 그 상점은 고급 상점으로 인식된다.

D커피점에서는 아메리카노 커피가 대표 상품이기 때문에 여러 상품 중 아메리카노 커피의 가격에 특별히 유의해서 이 커피의 질을 높이고 가격은 낮게 유지하고자 노력했다. 상품 가격의 전반적 분포를 보면 스타벅스와 D커피점 모두 아메리카노 커피의 가격을 가장 낮게 책정했다. 그런데도 스타벅스가 비싼 커피로 알려진 반면 D커피점이 저렴한 커피점이라는 이미지를 가지게 된 것은 대표 상품인 아메리카노 커피의 낮은 가격 때문이었다.

스타벅스 커피점에는 다양한 커피 메뉴가 있음에도 불구하고 스타벅스 커피는 비싸다는 의미에서 '5,000원짜리 커피'라고 흔히 불리는데 이는 대표 상품이 비싸기 때문이다.[2] 스타벅스의 대표 상품은 브루드 커피

brewed coffee라고도 하는 이른바 '원두커피'도 포함되지만 단맛이 나는 카페라떼, 카푸치노, 카페모카, 그리고 여름 음료인 프라푸치노가 주요 품목으로 꼽혔다(경향신문, 2004; http://www.istarbucks.co.kr/). 2004년 가을을 기준으로 카페라떼와 카페모카, 카푸치노 스몰 사이즈의 가격은 각각 3,000원, 3,500원이고, 여기에 카라멜과 헤이즐넛 향 시럽, 초콜릿 등을 첨가한 커피 가격은 4,500원에서 5,500원 사이에 분포했다. 얼음을 갈아 만든 음료로서 대표 상품군에 속하는 프라푸치노의 가격 또한 5,000원대이었다(월간식당, 2004; 한국경제, 2002). 이에 따라 스타벅스 대표 상품의 가격은 5,000원 내외로 인식되고 스타벅스의 전체 상품도 비싸다는 인상을 주었다(이향휘, 2004; 한경비지니스, 2004).

D커피점은 스타벅스와는 반대의 가격 구조로 인해 저렴한 커피점이라고 평가받았다. D커피점에서는 대표 상품인 아메리카노 커피가 2,800원이며, 전형적 상품인 카페라떼와 카페모카는 3,200원, 고급 상품인 생귤주스는 4,000원이었다. 다른 커피점에서 대표 상품을 중간 가격대에 놓는 것과 달리, D커피점에서는 대표 상품 가격이 가장 낮았다. 보통 대표 상품은 고급 상품과 전형적 상품의 중간 가격대에 집중해 있는 경우가 많다. 맥도날드의 경우에도 2004년 가을 기준으로 전형적인 버거들은 1,700원에서 2,000원대에, 대표 상품인 빅맥은 2,500원, 그리고 맥휘스트 버거 등은 3,600원으로 분포해 있었다. 스타벅스에서도 아메리카노는 2,500원, 대표 상품인 라떼와 모카 커피 종류는 3,000원에서 4,500원, 프라푸치노는 5,500원이었다. 따라서 커피 시장에서 D커피점은 스타벅스

2 "커피 전문점 시장에서도 매스티지 열풍이 거세다. 대표적인 사례로 꼽히는 것이 스타벅스다. 이 업체는 '누가 5,000원짜리 커피를 마시겠느냐'는 초기의 우려를 잠재우고 매출이 매년 20% 이상 오르는 등 성장을 거듭한 결과 지난 7월 100호점을 열기에 이르렀다" (한경비지니스, 2004).

보다 저렴한 커피점으로 평가받았다. 개별 상품의 실제 차이는 크지 않은데도 불구하고 대표 상품 가격의 영향으로 D커피점의 커피가 스타벅스의 커피보다 더 저렴하게 인식된 것이다.

소비자들은 연결망의 강도에 따라 선택하는 상품에도 차이를 보인다. D커피점은 커피 전문점이지만 판매하는 상품은 다양한데, 이를 분류하면 원두커피와 단맛이 나는 커피인 카페라떼와 카페모카, 그리고 생과일주스이다. 이 중에서 생산자와 약한 연결망을 유지하는 고객들은 주로 단맛이 나는 커피나 생과일 주스를 선호하는 반면, 단골 소비자들은 압도적으로 원두커피를 선호했다. 따라서 단골에게 차별적인 가격 할인을 제공하지 않더라도, 커피를 저렴한 메뉴에 둠으로써 자연히 단골과의 연결망 유지가 수월하다. 생산자는 연결망 유지를 통해 안정적인 수입을 기대할 수 있다. 동시에 다른 상품의 가격을 올림으로써 가끔씩 들르는 고객들로부터 상대적으로 높은 수익을 올릴 수 있다. 이런 이유로 인해 D커피점에서는 다른 상품의 가격은 쉽게 정하면서도 원두커피의 가격을 결정하는 데 있어서는 매우 신중을 기했다.

> 연구자: (원두커피 가격을 올릴 수 없다면 그 대신) (카페)라떼나 모카 (커피) 가격을 올리는 건 어때요? 300원 정도 올려도 괜찮을 것 같아요.
>
> 커피점 주인: 나도 그건 생각 중이야. 싸다는 생각은 지금까지 안했지만 괜찮을 것 같기도 해.

D커피점이 가격을 낮게 유지한 또 다른 이유는 학습과 의미 공유 때문이었다. 우리나라의 커피 문화는 인스턴트커피 혹은 일명 '자판기커피'를 중심으로 한다. '프림'과 설탕이 섞인 단맛에 익숙한 사람들에게 원두커피는 그저 쓴맛을 낼 뿐이기 때문에 이들은 원두커피의 미묘한 맛의 차

이를 음미하기 어렵다. 최근 커피 전문점의 증가는 마치 커피 문화의 변화를 상징하는 것 같지만 실제로는 카페라떼나 카푸치노와 같이 단맛이 나는 커피가 주로 소비된다. 단맛 위주의 커피 문화에 속한 사람이 원두커피의 맛이나 맛의 미세한 차이를 느끼려면 시간, 노력, 경험이 필요하다. 따라서 D커피점에서는 '원두커피'의 가격이 비싸다면 소비자가 다양한 커피 맛을 시도할 가능성이 줄 것으로 보고 가격을 올리지 못했다.

D커피점에서 '원두커피'는 생산자나 소비자의 의미 부여나 소비자들의 주요 소비 품목, 생산자의 주요 판매 수입원 면에서 볼 때 생산자와 소비자들이 공유하는 의미의 중심 위치를 차지했다. D커피점의 다양한 메뉴 중 '원두커피'를 마시는 소비자는 주로 단골들에 한정되었다. 또한 단골 소비자들은 D커피점의 다양한 상품들이 개별적으로 볼 때 스타벅스에 비해 크게 저렴하지 않음에도 불구하고 D커피점이 스타벅스에 비해 싸면서도 "커피의 맛과 문화를 알게 해주는"[3] 전문 커피점이라는 의미를 부여했다. 이는 결속형 연결망을 강화하는 결과를 낳았다.

이 장에서는 한 커피 전문점에 대한 관찰과 인터뷰를 토대로, 구조적 등가형 시장 외에 결속형 연결망에 기초한 결속형 시장이 존재하고, 이런 시장에서는 정보보다 의미의 구성이 가격을 결정하는 데 핵심적이며, 결속형 연결망 시장에서의 의미 부여가 고유한 가격 결정 기제와 직결되어 있음을 보였다. 따라서 이 연구는 전통적으로 구조적 등가 혹은 비교 가능성과 객관화된 정보의 비교에 기초한 시장 기제와는 다른 유형의 시장이 가능함을 보여주었다는 점에서 의의를 갖는다.

3 한 단골 소비자의 표현.

이론의 전통에서 보자면, 이 연구는 행위자들이 타인을 향하는 행위 방식이 행위자의 주관적 의미 부여와 결합하여 독특한 가격 형성 기제와 시장을 만들어낸다는 점을 밝힘으로써 막스 베버가 정의한 사회적 행위가 경제 현상의 기초가 됨을 보였다는 의의를 갖는다. 또한 사회적 관계의 구조는 구성원들의 의미 부여의 방식과 상응한다는 점에서 이 연구는 에밀 뒤르켐의 통찰력과도 통한다고 할 수 있다. 이는 지금까지 시장에 대한 이론화가 주로 합리적 선택이론의 시각에 기초하던 것과 달리 상징적 상호작용이론이나 현상학적 이론, 그리고 구조주의 이론에 기초할 수 있음을 의미한다.

시장의 구조와 역할과 관련해 이 연구는 새로운 질문을 제기하기도 한다. 첫째는 결속형 시장이 갖는 사회적 기능이다. 이 질문은 고유의 의미 부여와 결속형 연결망에 기초한 시장이 구조적 등가형 시장에 비해 시장의 평준화 현상과 반대되는 기제를 보여주지만, 동시에 취향이나 의미와 같은 사적 영역이 시장으로 편입되는 기제, 더 나아가 성스러움의 논리가 효율과 편의성의 논리로 대체되는 기제를 보여준다고 할 수 있느냐 하는 문제이다. 마르크스나 베버를 비롯한 사회이론가들은 비상품의 상품화 경향, 비시장 영역의 시장화, 정체성의 상품화 등을 자본주의나 근대 사회의 주요 현상으로 지적한 바 있다. 두 번째 질문은 결속형 시장이 자체의 특성과 지속성을 갖는 별도의 조직 형태인지, 아니면 구조적 등가형 시장이 다른 형태의 시장으로 분화되어가는 과정에서 일시적으로 나타나는 조직 형태인지의 여부이다.

D커피점의 연결망은 관찰이 이루어진 이후의 시기에는 여기서 소개한 것보다 더 풍부한 모습을 보여주었다. 이 장에서는 결속형 연결망이 고유의 의미 부여에 의해 통합, 유지 혹은 강화되는 점에 집중하고 있으나 관찰의 범위와 시기를 확장하면 연결망이 분화되는 측면도 관찰할 수 있다.

현실에서 존재하는 연결망은 많은 경우 한편으로는 통합을 유지, 혹은 강화하면서 동시에 일부 연결망 구성 요소의 분화로 인해 변화할 수 있다. 결속형 연결망에 기초한 거래가 일반화되면 정보 유입의 단절이나 변화 유인의 결여 등으로 인해 연결망의 장점이 상쇄되는 경우도 있는데(Uzzi, 1999), D커피점의 단골 고객들도 다른 커피점의 커피를 소비하지 않음에 따라 취향의 폭이 좁아질 수 있다. 또한 D커피점의 결속형 연결망은 통합을 유지하면서도 부분적으로는 분화되는 현상을 보여주었는데, 감정과 의미 부여에 기초한 결속의 특징으로 인해 단골 고객들 중 일부가 서로 갈등을 빚어 이탈하는 현상과 고객들 중 일부가 친구들을 데리고 와서 자신의 고급 커피 취향을 과시하자 다른 고객들이 이런 행위를 단골들 사이에서 공유되는 의미의 세계를 훼손하는 것으로 보고 반발하는 현상이 그것이다.

# 제14장 | 첨단 기술 산업과 소비자의 취향*

## 1. 문화소비의 사회적 맥락

행위자의 문화적 취향을 반영하는 문화소비cultural consumption는 직업이나 일상생활이 점점 첨단 기술의 영향력을 받고 있는 현대 사회에서 어떻게 변화하고 있는가? 이런 질문은 기술의 진보가 빠르고 특히 지식 기반 기술이나 새로운 고급 기술이 산업 성장과 사회 분화를 선도하고 있는 현대 사회에서는 특별한 현실적합성을 가질 수 있다. 오늘날 많은 소비자가 일상생활에서뿐만 아니라 자신들이 속한 산업과 직업의 영역에서 첨단 기술의 영향을 받고 있다. 이에 따라 첨단 기술을 기반으로 하는 산업에 종사하는 행위자들은 전통적인 업종에 종사하는 행위자들에 비해 총체적으로 새로운 환경에 처해 있고, 이에 따라 소비 유형, 특히 문화소비의 유형에서 새로운 특징을 표출할 수 있다. 이 현상을 규명하기 위해서는 현대 사회에서의 문화소비를 새롭게 개념화하고, 이러한 문화소비가 행위자가 속한 직업과 산업의 첨단 기술에 의해 영향을 받는다는 점을 분

---

* 이 장은 김재준(국민대학교 경제학부 교수), 김은정(이화여자대학교 사회학과 박사과정)과 같이 진행한 연구를 발전시켰다(김우식·김재준·김은정, 2009).

석할 수 있어야 한다.

소비에 대해 사회적 접근 방법을 취하는 여러 연구는 소비자들의 취향과 소비 행동을 개인의 합리적 선택이나 기술적 요인보다는 사회적 요인, 즉 타인들과의 사회적 관계, 문화적 지향, 제도화된 실천, 권력과 갈등, 그리고 생활양식이나 생애 주기와 같은 요인에 의해 설명해왔다(김우식·김효선, 2005; 박상준·김현철·정재리, 2003; Corrigan, 1997; DiMaggio, 1987/1994; Mark, 2003). 이 연구들은 상당수의 소비 행위, 특히 문화소비가 행위자 개인의 고립된 선택이라기보다는 행위자 간의 연합과 배제와 같은 역동적인 상호작용, 세대를 넘나드는 과정을 통한 사회문화적 취향 형성, 타인들과의 사회적 관계에서 차지하는 위치, 생애 주기상 각 단계의 변화, 복합적으로 제도화되어온 관습적 행위 등 한 개인이 스스로 선택할 수 없고 타인들과 '연합적으로 형성하고 형성되는jointly constructed and constructing' 행위 양식의 흐름 속에 배태되어 있음을 강조해왔다(김재준, 1997; 박길성·이택면, 2007; Jones, 2007).

기존의 연구들은 문화소비를 결정짓는 사회적 요인을 설득력 있게 보여주어 문화소비 연구의 차원을 넓히고 현실성 있는 결론을 도출했다. 이러한 연구들은 혁혁한 기여 못지않게 향후 연구의 새로운 방향도 동시에 보여주고 있다. 현시점에서 볼 때 기존의 연구들에서 드러나는 몇 가지 아쉬운 점과 이 장에서 발전시킴으로써 이 분야의 연구 흐름에 기여하고자 하는 점을 다음의 몇 가지로 요약해볼 수 있다.

첫째, 기존의 연구들은 문화소비 개념을 주로 전통적 의미의 예술적 요소가 두드러지는 상품의 소비와 대중문화 상품의 소비에 주목했다. 따라서 고전음악, 미술품, 영화, 대중음악, 쇼핑, 광고, 관광 등이 주로 분석 대상이 되었다(Corrigan, 1997). 이에 비해 현대 사회의 일상생활에서 비중이 크고, 문화예술적 요소를 포함하고 있음에도 불구하고 전통적 의미의 문화예술이나 대중문화에 포함되지 않았던 공간인 커피 전문점, 대형 서점, 바는 문화소비 분석에 적극적으로 등장하지 못했다. 그러나 현대 사회에서 문화소비의 장르가 복합적이고 다양해지고 있다는 점을 고려해야 한다. 이를 위해 여기에서는 문화소비의 개념을 확장해, 이 개념을 좁은 의미의 문화예술 혹은 문화상품에 국한하지 않고, 다양한 문화예술적 요소를 다층적으로 동원하고 활용하면서 새롭게 등장하는 재화와 서비스를 포함시킨다.

둘째, 문화소비와 관련된 기존의 연구들 중 상당수는 계급이나 계층과 같은 사회적 불평등과 연관지어 이루어졌다. 불평등이 취향과 소비에 미치는 영향은 분명히 드러나고 있음에도 불구하고, 취향과 소비에 영향을 주는 여타 다양한 사회적 요인은 충분히 드러나지 않았다. 오늘날 문화소비는 사회계층 못지않게 세대나 연령, 생활양식, 사회적 관계에 의해서도 크게 달라진다(장미혜, 2002; DiMaggio, 1987). 이런 점을 고려해 이 장에서는 일차원적 계층화보다는 수평적·다차원적 분화에 주목하고자 한다. 이러한 분화는 특히 현대 사회에서 지식 기반 기술이나 첨단 기술과 관련해 새롭게 나타나는 문화적, 지적 특징과 밀접하게 연관된다.

셋째, 기존의 연구들에서는 지식 기반적 특징이 소비에 미치는 영향을 중시하지 않았다. 그러나 지식 기반 기술이 오늘날 사회적 행위자들의 소비에 미치는 영향은 매우 광범위하다. 첨단 기술은 소비 대상이나 맥락으로서만 작용하는 것이 아니라 행위자들의 직업과 산업 속에 밀접하게 녹아드는 과정을 통해 행위자들의 취향과 소비를 바꾸고 있다(이호영·장미혜, 2006). 따라서 현대 사회에서 새롭게 등장하는 소비의 성격을 규명하기 위해서는 소비자가 속한 산업과 직업이 갖는 기술적 특징을 살펴야 하는데 반해, 소비에 관한 기존의 연구들은 소비자가 갖는 직업이나 소속 조직, 산업의 특성을 충분히 고려하지 않았다. 이 장에서는 현대 사회의 특정 산업군에서 두드러지는 지식 기반적 특성이 소비에 어떤 영향을 미치는지에 주목한다.

넷째, 이 장에서는 산업의 특성을 지리적 입지 및 공간적 상호작용과 연결시킴으로써 분석의 적합성을 높이고 나아가 사회적 요인과 지리적 요인을 동시에 고려하고자 한다. 지리적 분석과 사회적 분석을 종합하는 연구들이 적지 않음에도 불구하고 여전히 지리적 공간의 특징을 전문적으로 분석하는 지리학적 연구와 사회적 변수를 고려하는 사회학적 연구가 동시에 이루어지기보다는 어느 한쪽만 등장하는 경우가 더 많다. 그러나 연구가 현실적합성을 갖기 위해서는 사회적 변수가 공간적으로 분포되어 있는 경우 사회적 분석이 공간적 분포의 특성을 고려해야 한다(Herzog and Schlottmann, 1991). 이 장에서는 지역별 변수를 선택함으로써 변수들의 공간적 특징을 고려한다.

이를 위해 기존의 이론에 대한 비판적 검토와 분석, 그리고 주제 현상의 현실을 종합하여 지역 단위의 문화소비가 해당 지역 산업의 지식 기반적 특징에 따라 달라지는 현상과 관련된 연구틀을 구성하고 연구 가설을 설정한다. 이러한 이론적 틀의 설정에 이어 공간적 자기상관spatial auto-correlation을 명시적으로 고려하는 양적 분석 방법을 통해 이를 모형화한 후, 미국의 전화번호 지역별 문화소비 유형을 산업의 특징에 의해 분석한다. 미국을 연구 대상으로 선택한 이유는 분석 자료를 얻기 쉬워서이다.

문화소비는 상품을 선택하고 소비하는 이유 중 도구적 효용과 달리 자기 완성적 효용, 특히 문화예술적 특성이 중요하게 작용하는 재화와 용역에 대한 소비를 가리키는 용어이다. 전통적으로는 예술에 대한 소비에 국한되어왔지만 현대 사회로 올수록 상품들이 인지적 효용보다는 감정적·표출적 차원에 호소하고, 상품의 복제 여부와 상관없이 일상적 현실을 초월하는 아우라를 가지며, 소비자들이 해당 상품에 고유한 의미를 부여하는 소비를 가리키는 것으로 범위가 넓어지고 있다. 사회학이나 문화경제학에서 현대 사회의 중요한 특징으로 인지하고 있는 문화소비는 따라서 현상학적 세계관의 확장과 심화, 소비자와 생산자가 지닌 해석학적 지평들의 조우와 융합, 내면세계의 변질을 초래할 수 있는 모든 상품의 소비로 정의될 수 있다. 이런 관점에서 문화소비는 고급 문화와 대중문화를 포괄할 수 있으며, 전통적 의미의 예술 작품뿐 아니라 현대적 공간 설계, 관광과 여행, 복합적 요소가 결합된 현대 미술도 문화소비의 중요한 대상이 된다(Urry, 2002). 이런 점에서 문화소비를 정의할 때의 문화 개념은 인류학에서와 같이 삶의 양식 전체를 가리키는 방식이나 특정 집단 고유의 세계관으로 정의되는 방식과 달리 경험의 독특한 양식을 가리키는 것으로 비교적 좁은 의미의 문화 개념에 상응한다고 볼 수 있다(DiMaggio, 1994).

이 장에서는 다양한 체험과 내적 감동을 중시하는 정의에 주목해 문화소비를 광의의 개념으로 이해함으로써 현대 사회의 복합적 공간, 다양한 기호학적 요소를 내포하는 공간의 의미적 소비까지 문화소비의 개념에 포함시키고자 한다. 이에 의하면 관광과 여행, 커피 전문점이나 카페, 와인 바, 또한 미국의 반즈앤노블Barnes & Noble과 보더스Borders, 한국의 교보문고와 반디앤루니스, 영풍문고와 같이 공간의 배치와 디자인을 통해 소비자의 편의와 만족을 추구하는 현대식 서점, 그리고 카페와 도서관을 겸하는 북카페도 문화소비의 중요한 항목에 포함된다(Moran, 2006).

취향과 관련된 소비나 문화소비에 대한 연구에서 두드러지는 특징 중 하나는 소비의 분화에 대한 관심이다. 지금까지 많은 연구에서 소비의 사회적 분화는 주로 수직적 분화를 의미했다. 마르크스 이후 경제 행위와 경제 질서에 대한 비판적 접근의 전통이 살아 있는 상태에서 베블렌이나 특히 부르디외의 연구에 영향을 받은 많은 연구는 소비를 사회적으로 분석할 때 계급이나 계층 등 불평등에 주목하는 경우가 많았다(Bourdieu, 1984). 수직적 분화에 의한 접근은 현실의 중요한 측면을 보여주지만 경우에 따라서는 현실의 다양한 측면을 보여주기 어려울 수 있다. 특히 취향과 소비가 연령과 세대, 사회 연결망, 대중화된 교육 정도, 직업의 종류에 따라 달라지는 경향이 강해지면서 경제적 불평등 및 이와 관련된 문화자본의 차이에 의한 단순한 접근으로는 다루기 어려운 현상이 많아지고 있다(이호영·장미혜, 2008). 고급 문화에서는 계층 불평등에 의한 차이가 존재하지만 대중문화에서는 그렇지 않을 수 있고(Trienekens, 2002), 프랑스와 미국의 와인 분류의 차이에서 나타나듯 제도적 진화에 따라 수직적 분화와 수평적 분화가 공존하는 복합적 분류가 주를 이루기도 한다(Zhao, 2005). 따라서 오늘날 소비가 계급에 따른 수직적 위계 서열을 보이는 측면도 있지만 수평적으로도 차이를 보이면서 다양한 소비문화를 추구한다는 측면에서 사회적 '구별짓기' 시도는 계속된다고 볼 수 있다(Warde, Martens, and Olsen, 2006).

소비의 분화는 다양한 형태를 갖는데, 소비를 결정짓는 주체 및 원인의 분화와 소비 대상의 분화를 생각할 수 있다. 우선 최근에 나타나는 문화소비를 고려하여 소비 대상의 분화를 알아보기 위해 문화소비를 두 가지로 나눌 수 있다. 하나는 미술 작품, 고전음악, 영화와 같은 전통적 문화소비이고, 다른 하나는 도시를 중심으로 현대 문화예술을 변형시켜 소비 공간의 디자인에 활용함으로써 소비자들을 끌어들이고자 하는 새로운 문화소비이다. 후자의 예로는 스타벅스와 같은 커피 전문점, 레스토랑, 코엑스몰과 같은 종합적인 문화쇼핑 공간, 서점, 엔터테인먼트 공원과 같은 시설이다. 새로운 문화소비를 제공하는 장소들이 갖는 특징은 전통적 기준에서 볼 때는 가게, 서점, 커피점, 식당 등 단순히 물질적·도구적인 필요를 충족시키는 곳으로 알려진 장소에서 예상과 달리 새로운 형태의 감성적 효용, 그리고 변형된 형태지만 예술적 효용을 제공한다는 점이다. 예를 들어, 스타벅스에서 사용하는 커피의 품질은 다양하다는 평가를 받는다.[1] 그러나 스타벅스 고객들의 공통점은 비교적 부유한 층으로서 비싼 커피 가격에 개의치 않고, 남에게 방해받지 않는 개인적이면서도 쾌적한 공간을 선호하며,[2] 교육 수준이 비교적 높은 사람들이라는 점이다.[3] 이들을 선별적으로 끌어들이는 요인으로 비싼 커피 가격이 행사하는 차별 기능뿐 아니라 스타벅스가 문화적 체험을 제공하는 능력에 주목할 필요가 있다.

스타벅스는 도구적 효용을 주로 충족시키는 맥도날드나 던킨도너츠와 달리 감성에 호소하는 문화적 체험을 하게 해준다. "서점에 있는 느낌", "김이 나는 따뜻한 커피를 놓고 기분 좋은 대화를 하거나 편안하게 쉴 수 있는 공간", "트렌드에 뒤지지 않는", "듣기 좋은 음악과 보기 좋은 커피잔", "인테리어 디자인", "우아한 공간", "감정적·미적 만족" 등의 표현이 이런 특징을 보여준다.[4] 언어사회학적 관점에서 스타벅스를 분석한 연구에 의하면 이른바 "커피와 함께하는 대화", 혹은 "커피 토크"는 행위자들에게 의미 부여와 감성 표출을 가능하게 해주는 문화적 현상이며 이를 통해 중간 계층의 사회문화적 상호작용이 이루어진다(Gaudio, 2003).

연구진은 최근 시장 내에서 상대적으로 중상급에 속하며, 소비 지향적이면서 지역 중심이라는 특징을 갖는 '새로운 소비 조직new organization of consumption'의 탄생에 주목한 기존 연구를 참고하고 그 범위를 확장해

---

1 http://www.orangecoat.com/why-do-people-like-starbucks

2 http://starbucksgossip.typepad.com/_/2004/12/starbucks_has_b.html

3 http://laughlines.blogs.nytimes.com/2008/07/06/the-most-annoying-people-at-starbucks

4 http://starbucksgossip.typepad.com/_/2004/12/starbucks_has_b.html
http://www.orangecoat.com/why-do-people-like-starbucks

이들 조직을 문화소비 조직cultural consumption organization이라고 명명했다(Zukin, 1990). 문화소비 조직은 소비자들의 취향 및 문화자본과 생산자들의 투자자본 및 문화자본을 결합시키고 지역의 특징들을 살려 재화나 서비스를 제공한다. 이런 문화소비 조직들은 지역이 갖는 분위기와 배경을 이용해 상품을 제공한다는 점에서 지역 배태성을 갖는다. 전통적인 문화소비를 제공하는 조직을 전통적인 문화소비 조직, 새로운 문화소비를 제공하는 조직을 새로운 문화소비 조직이라고 볼 수 있다.

문화소비 조직은 종류에 따라 지리적으로 다르게 분포한다. 현대 경제에서 기업의 지리적 분포는 중요한 특징이 되었다(Porter, 1998). 기업들은 경쟁력을 유지하기 위해 전략적으로 유리한 지역을 택하는 데 많은 노력을 기울인다. 예를 들어, 생명과학에서 지식 산업의 공간적 효과가 도시의 메가센터들을 불러왔고(Cooke, 2004), 영국의 런던이 유럽 금융 시장에서 가진 지리적 이점이 금융 산업의 발전에서 중요한 요인이 되었다(Clark, 2002). 이런 논의에 따라, 새로운 소비 취향이나 소비자들이 새로운 문화소비 조직을 창출할 것으로 보면 새로운 문화소비가 전통적인 문화소비와는 다른 지역적 분포를 보이리라는 가설을 세울 수 있다.

가설 1. 전통적인 문화소비 조직의 지역 분포는 새로운 문화소비 조직의 지역 분포와 일치하지 않는다.

소비 행위에는 연관되는 배경과 관련 행위가 있고 또한 수반되는 의미가 있다. 행위와 그것에 수반되는 의미까지 동시에 고려하는 방식은 두터운 기술thick description로 클리포드 기어츠Clifford Geertz에 의해 알려져 있으며, 특정 행위가 발생하는 여타 관련 행위–제도적 맥락은 사회학의 행위이론에서 나타나는데, 현대의 경제사회학은 이를 배태성, 피구속성, 혹은 자리매김의 개념으로 보고 있다(박길성·이택면, 2007; Geertz, 1973).

이러한 시각에 의하면 소비 행위는 다른 행위와 마찬가지로 사회적 맥락을 갖는다. 사회적 맥락은 문화적 차원과 사회관계적 차원으로 나누어볼 수 있다.

문화적 차원은 행위자들의 세계관, 의미 부여, 상징 사용이 소비 행위에 영향을 주는 점을 가리킨다. 소비의 복합적 분화는 소비 행위나 소비의 대상인 상품이 갖는 의미와 상징성 때문에 나타나는 것으로 이해된다. 이러한 관점에 따르면 소비는 기본적인 필요뿐 아니라 소비자들의 사회적 관계나 소비자들이 갖는 세계관과 의미 부여에 의해 이루어진다 (Bourdieu, 1984; Douglas and Isherwood, 1996). 따라서 문화예술 시장이나 여가 서비스 시장에서 상품이나 소비의 내재적 가치에 대한 믿음이 작용해 상품이나 소비에 대한 의미 규정이 가격 설정에도 영향을 준다(O'Neil, 2008; Velthuis, 2003). 예를 들어, 음식을 선택하는 행위도 상징성과 아이덴티티를 갖는다(Jones, 2005). 음식을 섭취하는 행위가 다른 의미의 맥락에서 비유적으로 사용되는 현상을 보면 음식이 갖는 상징성이 잘 나타난다.[5] 음식이나 식사 행위가 다양한 맥락의 의미 부여와 소통에 이용된다는 점은 음식이 사고의 도구로까지 사용될 수 있음을 가리킨다.

미국의 패스트푸드 체인점인 맥도날드가 프랑스에서 받아들여지는 과정에서 프랑스인들은 맥도날드를 인식할 때 '햄버거'라는 특정 종류의 상품으로 인지하기보다는 '미국'이나 '미국화'의 개념으로 이해했다. 프랑스인들은 '맥도날드'를 소비하다보면 미국식으로 장식한 매장의 인테리어가 주는 영향을 느낀다고 보았다(Fantasia, 1995). 스타벅스를 인식하는 방식에서도 행위자들에 의한 문화적 의미의 부여와 소비가 일어나는

---

5 다음 예를 들 수 있다: hunger for, cannibalize, spice it up, sugar coat, hash things out, sink our teeth into, find something difficult to swallow, hard to digest, just desserts (Jones, 2005: 132).

데, 주요 맥락은 공간을 통해 형성되는 기억 혹은 문화적 의미 때문이다(Gaudio, 2003; Moran, 2006; Trigg, 2006).

사회관계적 차원은 소비 행위가 사회적 관계와 맞물려 이루어지는 점을 가리킨다. 소비 행위는 개인적으로 이루어지기도 하고 사회적인 관계나 집단의 맥락에서 이루어지기도 한다. 사회적 관계 유지를 목적으로 선물을 하거나 문화예술을 소비하기도 하고, 동일한 취향을 공유하는 행위자들 사이에 연결망이 형성되고 이 연결망이 다시금 행위자 간의 소비 행위를 촉진시키기도 한다(DiMaggio, 1987; DiMaggio and Mohr, 1985; Lizardo, 2006a). 경제 거래는 불확실성을 줄이기 위해 사회적 관계 속에서 일어나고(DiMaggio and Louch, 1998), 동시에 관계를 창출하고 강화하는 계기가 되기도 한다(Lizardo, 2006a).

경제 행위에서 작동하는 문화와 사회적 관계의 두 차원은 현실에서는 복합적으로 상호작용하면서 나타난다. 특정 집단이나 사회적 관계에서는 특정한 문화적 의미가 공유되기 쉽고 문화적 의미 부여는 독특한 사회적 행위와 사회관계, 사회 집단을 만들어내기 때문이다(DiMaggio, 1987; Erickson, 1996; Mohr and Duquenne, 1997; Peterson and Simkus, 1992; Trienekens, 2002). 문화와 사회적 관계가 복합적으로 작용하는 맥락 중 하나는 조직과 산업이다.

조직과 산업은 고유한 문화와 사회적 관계의 집합체이다. 개별 기업이나 특정 산업에서는 자신에 고유한 사회관계와 조직문화 혹은 산업문화를 키워가는 경향이 있다. 예를 들어, 시장 지향적인 직업이나 산업에서 고급 예술이나 취향을 무시하는 문화가 있다는 발견(Erickson, 1996)은 문화소비에서 조직과 산업의 특성이 결정적일 수 있음을 보여준다. 조직이나 산업 중 창의성이 중요한 자산이 되는 경우에는 창의성과 연관되는 문화가 나타나기 쉽다. 조직 내 창의성의 생산과 관리에 관한 연구들은 창의성이 집합적 맥락 속에 있으면서 의미 세계와 직결됨을 잘 보여준다. 조직이 창의성을 생산하고 관리하는 작업은 곧 조직 내에서 조직화하고 의미의 내용을 만들어내는 일이 된다(Mora, 2006). 따라서 창의성의 생산과 관리는 조직 전체나 혹은 상당한 정도의 하위 조직 차원에서의 변화를 초래하게 되고, 이는 곧 독특한 조직문화를 권장하거나 허용하는 관행으로 연결될 수 있다.

창의성에 관한 연구들은 창의성 생성의 주요 요인으로 사고의 다양성을 든다(Amabile, Barsade, Mueller, and Staw, 2005; Burt, 2004; Powell, Koput, and Smith-Doerr, 1996; Simonton, 2003). 즉, 기존의 지식과 다른 새로운 지식이 나타나려면 다양한 사고 요소들이 있어야 한다. 다양한 사고 요소들이 유용한 것으로 인정받아 채택되면 새로운 생각, 창의적인 아이디어가 된다(Simonton, 2003). 창의성을 높이기 위해서는 구성원들이 다양한 사고 요소를 떠올릴 수 있어야 하고 이들을 자유롭게 재조합할 수 있어야 한다. 다양성과 재조합 모두 사고의 유연성에 의해 가능해진다.

다양성과 유연성을 가능하게 하는 요인은 외부적 요인과 내부적 요인으로 나눌 수 있는데, 외부적 요인으로는 이질적인 사고와의 접촉을 들 수 있고 내부적 요인으로는 유연한 사고를 가능하게 하는 문화자본과 유연한 조직문화를 들 수 있다. 전자의 요인은 다양하고 이질적인 연결망을 통해 새로운 생각을 받아들일 수 있는 구조적 위치이다(Burt, 2004). 이 시각에 따르면 조직이나 개인과 같은 행위자는 이질적인 사고방식이 모이는 위치에 있을 때 다양하고 유연하게 사고할 수 있다. 그러나 외부적으로 정보와 지식이 제공된다고 해도 조직 내부에서 수용을 가능하게 해주는 환경이 필요하다.

삶의 필요에 속박되어 있는 필요의 문화가 지배적인 빈곤한 환경에서는 문화자본이 나타나거나 창의성이 발휘되기 어렵다(Blasius and Friedrichs, 2008). 이에 반해 삶의 필요로부터 자유로운 사치 혹은 여유의 문화가 지배적인 환경에서는 창의성이 발휘되거나 문화자본이 나타나기 쉽다. 조직이나 산업 부문의 경우에도 필요에 속박된 문화보다는 비억압적이고 비통제적인 환경에서 창의성이 나타나기 쉽다(Oldham and Cummings, 1996).

첨단 기술 산업과 문화소비 간의 관계는 도시재개발론에서도 나타난다. 문화 산업이 도시의 낙후 지역 개발에 도움이 된다는 주장은 오래 전부터 정설로 인정되어왔다(Felsenstein, 2002). 이러한 기능은 영화, 음반, 출판과 같이 전통적인 문화 산업뿐 아니라 현대적으로 디자인된 공간을 갖춘 백화점, 카페, 야외 공간에도 해당된다. 이에 의하면, 첨단 기술 산업에 종사하는 사람들이 쾌적하고 문화·오락 시설을 갖춘 지역을 선호하는 경향이 있다(Herzog and Scholottman, 1991; Malecki and Bradbury, 1992). 오페라 극장, 쥬스 바, 박물관, 스타벅스 등으로 대표되는 쾌적함 및 오락성이 우수 인력을 끌어들여 도시의 발전을 자극한다. 사람들은 문화 시설을 따라 이동하기 때문에 문화 시설의 존재가 경제 발전에 기여할 수 있다(Clark, 2003; Gottlieb, 1994). 따라서 첨단 기술 기업이나 산업과 문화소비 간의 관계에 대해 다음과 같은 가설을 설정할 수 있다.

> 가설 2.1 첨단 기술 산업 종사자들은 비첨단 기술 산업 종사자들에 비해 새로운 문화소비 조직을 더 선호한다.

> 가설 2.2 첨단 기술 산업에 의한 매출액의 규모가 큰 지역일수록 새로운 문화 조직이 더 많다.

비첨단 기술, 즉 전통적인 기술을 사용하는 분야에서는 새로운 문화소비 조직에 대해 특별한 선호를 보이지 않는다는 점을 주목할 필요가 있다. 첨단 기술 산업과 비첨단 기술 산업의 변화는 서로 다른 현상이기 때문에 별도의 가설에서 논의한다.

가설 2.3. 비첨단 기술 산업에 의한 매출액 규모가 큰 지역일수록 새로운 문화소비 조직이 더 적다.

위의 가설들에 따르면 전통적인 문화소비 조직과 새로운 문화소비 조직은 지리적 분포에 미치는 영향 요인 면에서도 다르기 때문에 두 가지 문화소비 조직은 이질적인 속성을 갖는다.

## 2. 연구 방법

이 장에서는 통계 분석을 사용하는데 분석을 위한 데이터로는 2007년 콥테크CorpTech 데이터베이스와 인포유에스에이InfoUSA 데이터, 그리고 미국 전화번호부를 사용했다(CorpTech, 2007; InfoUSA, 2007).[6] 지역에 전화번호를 배정할 때는 지역의 넓이보다 전화 사용자의 수가 중요하기 때문에 주에 따른 지역번호 수의 차이가 커서 알래스카와 같이 큰 주 전체가 하나의 지역번호를 사용하기도 하고, 뉴저지와 같이 작은 주가 9개의 번호를 사용하기도 한다. 800과 같은 무료 전화번호는 제외했다. 이 데이터에서 사용한 전화번호 지역은 총 269개로서 미국 전역을 포괄한다.

콥테크 데이터베이스에 따르면 첨단 기술 기업들이 속해 있는 17개 산

6 데이터는 김재준 교수가 미국 스탠퍼드대학교 경영대학원 데이터베이스를 통해 얻었다. 데이터 홈페이지는 다음과 같다. http://www.corptech.com, http://www.infousa.com, http://www.yellowpages.com

업은 공장자동화factory automation, 생명기술biotechnology, 화학chemicals, 컴퓨터 하드웨어computer hardware, 국방defense, 에너지energy, 환경environmental, 제조 장비manufacturing equipment, 고급 재료advanced materials, 의료 장비medical equipment, 제약pharmaceuticals, 광학 기기photonics, 컴퓨터 소프트웨어computer software, 조립 부품subassemblies and components, 시험과 계측test and measurement, 원거리 통신과 인터넷telecommunications and internet, 운송 장비transportation이다(CorpTech, 2007).[7]

데이터는 여러 산업 중 특정 산업들만 첨단 기술에 해당하도록 분류한 것이 아니라, 첨단 기술을 생산하는 기업들을 기술의 성격별로 분류하고 있어서 비첨단 기술 기업들의 매출액이 별도로 나타난다. 스타벅스와 보더스, 맥도날드는 특정 기업이기 때문에 일반적인 의미의 레스토랑, 극장, 바, 박물관과 다르다고 볼 수도 있으나, 이들 기업은 미국 전역에 많은 지점을 두고 있기 때문에 레스토랑이나 극장과 마찬가지로 일반적인 의미를 갖고 있고 따라서 비교할 수 있을 것으로 보인다.

문화소비 조직은 박물관, 보더스, 극장/영화관, 스타벅스, 레스토랑, 맥도날드, 바의 7가지이다. 데이터에서는 미국의 전화번호 지역별로 7가지 조직의 수를 보여준다. 따라서 변수의 이름은 이들 문화소비 조직으로 하지만 각 변수는 해당 조직의 구역별 수를 나타낸다. 이 변수들을 선형모형에 사용할 때는 변수값의 분포를 고려해 로그값을 사용했다. 이 중 전통적 문화소비 조직은 박물관, 극장/영화관, 바이고 새로운 문화소비 조직은 스타벅스, 보더스, 레스토랑이다. '다이너' 등과 같이 대중적인 음식점으로서의 의미까지 갖는 중하급 레스토랑은 역사가 긴 편이다. 그러나 여기서 레스토랑이라고 함은 가격 수준이 중급 이상으로서 일반 대

7 http://www.corptech.com/business-information/industry-codes.php

중에게는 비교적 최근에 이르러서야 독특한 문화적 소비를 제공하는 조직으로 한정하기 때문에 새로운 유형의 문화소비 조직으로 분류했다. 비문화소비 조직은 맥도날드이다.

첨단 기술 매출 변수는 첨단 기술 기업으로 분류되는 기업들의 매출액을 전화번호 지역별로 집계한 합을 나타낸다. 비첨단 기술 매출 변수는 비첨단 기술 기업으로 분류되는 기업들의 매출액 합을 나타낸다. 두 변수 모두 선형모형에서는 로그값을 취해 사용했다. 인구 변수는 지역별 인구를 나타내는데 역시 선형모형에서는 로그값을 취해 사용했다. 여성 인구 비율과 백인 인구 비율 변수는 전화번호 지역별 인구 중 여성 인구와 백인 인구의 비율을 나타낸다. 연령 중간값 변수는 지역별 인구에서 연령 중간값을 나타낸다. 여기서는 개인별 자료가 아니라 지역별로 합산한 집합적 행위자들에 대한 자료를 사용하기 때문에 가설에서 나타나는 첨단 기술 산업 종사자들이란 개인이 아니라 집합적인 행위자들을 가리킨다.

또한 이 연구는 지역별 데이터를 사용하기 때문에 한 지역에서의 변수값은 인접한 지역에서의 변수값과 상관관계를 가질 수 있고 따라서 공간적 자기상관을 고려해야 한다(Anselin, 2005; Banerjee, Carlin, and Gelfand, 2004; Schabenberger and Gotway, 2005). 소비 현상에서는 경쟁과 동형화가 나타나기 쉽기 때문에(Mark, 2003) 지역 간 데이터에서도 경쟁이나 동형화에 따른 상호 영향 가능성을 고려한다. 이 연구에서 고려한 공간지체모형spatial lag model과 공간오차모형spatial error model은 각각 다음과 같다.

$$\boldsymbol{y} = \boldsymbol{\alpha W y} + \boldsymbol{x\beta} + \boldsymbol{\epsilon} \tag{14.1}$$

$$\boldsymbol{y} = \boldsymbol{x\beta} + \boldsymbol{\epsilon}, \quad \boldsymbol{\epsilon} = \boldsymbol{\lambda W \epsilon} + \boldsymbol{u} \tag{14.2}$$

$y$는 지역별 종속변수값을 나타내는 열벡터로서 지역별 문화 및 비문

화소비 조직 수의 자연로그값을 나타낸다. 이 분석에서는 앞서 변수 소개에서 보인 것과 같이 박물관에서 바에 이르는 7가지 소비 조직을 각각 종속변수로 설정해 다룬다. $\boldsymbol{W}$는 한 지역이 다른 지역과 인접했는지의 여부를 1과 0으로 나타내는 행렬이고, $\boldsymbol{\alpha}$는 인접한 지역의 종속변수가 미치는 영향을 나타내는 계수이다. $\boldsymbol{x}$는 지역별 첨단 기술 및 비첨단 기술 산업의 매출액, 인구, 여성 인구 비율, 백인 인구 비율, 연령 중간값, 평균 가구 소득, 첨단 기술 산업 매출액, 비첨단 기술 산업 매출액과 같은 독립변수를 나타내는 행렬이고, $\boldsymbol{\beta}$는 독립변수의 계수를 나타내는 열벡터이다. 연령 중간값과 비율 변수를 제외한 나머지는 모두 자연로그값을 취한 값이다. $\boldsymbol{\epsilon}$는 오차 벡터이다. 만약 $\boldsymbol{\alpha}$가 0이 아니면 한 지역의 종속변수는 인접한 지역의 종속변수에 의해 영향을 받는다. 공간오차모형식 (13.2)에서 $\boldsymbol{\lambda}$는 한 지역의 오차가 인접 지역의 오차에 의해 영향을 받는 정도를 나타낸다.[8]

## 3. 분석 결과

문화소비 조직의 수는 지역별로 상당한 차이를 보인다. 〈표 14.1〉에 의하면 레스토랑과 맥도날드는 변이계수coefficient of variation가 작아서 지역별로 비교적 고르게 분포하고, 반대로 바, 스타벅스, 박물관은 변이계수가 커서 지역별 편차가 큰 것으로 나타난다. 이는 레스토랑이나 맥도날드는 지역과 상관없이 비교적 일정하게 분포하지만 스타벅스, 바, 박물

8 공간 의존을 측정하는 라그랑지 승수 지체 통계량과 오차 통계량을 계산해 이 값이 유의미하면 공간지체모형과 공간오차모형에 의한 파라미터 추정치를 제시하고, 무의미하면 OLS 파라미터 추정치를 제시했다(Anselin, 2005).

표 14.1 문화소비 조직의 기술 통계

| 변수 | 평균 | 표준편차 | 최저 | 최대 | 변이계수 |
|---|---|---|---|---|---|
| 박물관 | 0.0419 | 0.0313 | 0.0000 | 0.2096 | 74.8890 |
| 레스토랑 | 1.6610 | 0.5050 | 0.0031 | 3.9666 | 30.4042 |
| 바 | 0.1989 | 0.1939 | 0.0015 | 1.5098 | 97.4833 |
| 스타벅스 | 0.0294 | 0.0248 | 0.0000 | 0.1584 | 84.2979 |
| 맥도날드 | 0.0460 | 0.0145 | 0.0000 | 0.0834 | 31.4450 |
| 보더스 | 0.0027 | 0.0016 | 0.0000 | 0.0107 | 57.5446 |
| 극장/영화관 | 0.0301 | 0.0165 | 0.0009 | 0.1258 | 54.6349 |

관은 많은 지역과 적은 지역이 비교적 잘 구별됨을 의미한다.

일정 인구당 문화소비 조직의 수 사이의 상관관계를 보면(표 14.2), 스타벅스와 보더스가 비교적 상관관계가 강하고, 나머지 조직들은 자기들끼리 비교적 연관성이 높다.[9] 박물관의 경우 스타벅스와 보더스와는 상관관계가 없는 반면, 스타벅스는 보더스와 레스토랑과만 상관관계가 있다. 이를 종합하면 스타벅스, 보더스, 레스토랑이 서로 밀접하게 연관됨을 알 수 있는데, 이 세 가지는 비교적 현대에 와서 인기를 누리는 새로운 문화소비의 장소라는 특징이 있다.

변수 간 분포의 유사성과 이질성을 보다 분명하게 보기 위해 실시한 탐색적 요인 분석에 의하면(표 14.3), 스타벅스와 보더스가 동일한 요인과 연관되고 나머지 문화소비 조직은 다른 동일 요인과 연관된다. 따라서 스타벅스가 많이 있는 지역에는 보더스도 많이 있다. 이와 달리 박물관이 많은 지역에는 레스토랑, 바, 맥도날드, 극장 및 영화관도 많은 경향이 있다.

9 비공간 데이터 계산은 범용 통계 패키지 R에 의해 이루어졌고, 공간 데이터 분석과 관련된 계산은 소프트웨어 GeoDa™에 의해 이루어졌다(Anselin, 2003/2004/2005; R Development Core Team, 2008).

표 14.2 인구 1,000명당 문화소비 조직의 수 간 상관관계

| 변수 | 박물관 | 레스토랑 | 바 | 스타벅스 | 맥도날드 | 보더스 |
|---|---|---|---|---|---|---|
| 레스토랑 | −0.5155*** | | | | | |
| 바 | 0.5492*** | 0.3276*** | | | | |
| 스타벅스 | −0.0676 | 0.3787*** | −0.1132 | | | |
| 맥도날드 | 0.3665*** | 0.6054*** | 0.2559*** | −0.0511 | | |
| 보더스 | 0.0936 | 0.3859*** | 0.0037 | 0.3684*** | 0.2235** | |
| 극장/영화관 | 0.7654*** | 0.6371*** | 0.4818*** | 0.1122 | 0.3905*** | 0.1574* |

*: $p < 0.05$, **: $p < 0.01$, ***: $p < 0.001$

가설과 관련해 분석한 결과 〈표 14.2〉와 〈표 14.3〉은 전통적인 문화소비 조직이 새로운 문화소비 조직과 다른 지역적 분포를 보인다는 가설 1을 뒷받침한다. 요인 분석에서는 스타벅스와 보더스가 묶이고 상관관계로 보면 스타벅스, 보더스, 레스토랑이 서로 가깝다. 이 세 가지는 모두 새로운 문화소비 조직에 해당하는데 이들은 전통적인 문화소비 조직인 박물관, 극장/영화관, 바와는 다른 분포를 보인다고 할 수 있다. 이렇게 보면 새롭게 나타나는 문화소비 조직은 전통적 문화소비 조직과 다른 지역 분포를 보인다는 가설 1이 뒷받침된다.

각 문화소비 조직의 수에 영향을 미치는 요인을 찾아내어 문화소비의 유형과 결정 요인의 분화를 보기 위해 앞에서 설정한 인과적 모형을 근거로 선형모형을 추정했다(표 14.4). 각 문화소비 조직별로 모형을 설정했는데, 앞에서 본 것과 같이 한 가지 문화소비 조직의 규모는 다른 문화소비 조직의 규모와 상관관계를 갖기 때문에 이 효과를 통제하기 위해 여타 문화소비 조직의 규모를 독립변수로 설정했다. 여성이나 백인이 남성이나 유색 인종에 비해 문화자본이나 문화소비가 더 많은 점을 감안해 여성 인구 비율과 백인 인구 비율을 통제변수로 도입했다(Lizardo, 2006b). 또한 인구와 연령 중간값도 통제변수로 도입했다. 문화소비 조직의 규모는 해

표 14.3 일인당 문화소비 조직 규모의 요인 부하(factor loading)

| 변수 | 요인 1 | 요인 2 |
|---|---|---|
| 박물관 | 0.8514* | −0.0387 |
| 레스토랑 | 0.7468* | 0.5292 |
| 바 | 0.7035* | −0.2912 |
| 스타벅스 | −0.0347 | 0.8446* |
| 맥도날드 | 0.6570* | 0.1688 |
| 보더스 | 0.1161 | 0.7337* |
| 극장/영화관 | 0.8397* | 0.2114 |

주 1) 각 요인에 의해 설명된 분산: 요인 1: 2.9288, 요인 2: 1.6912, 총 communality: 4.6201
배리맥스 직교회전(Varimax orthogonal rotation)
요인 추출 기준: 최소 고유값(eigenvalue > 1)
2) *는 같은 요인으로 묶이는 변수들을 표시

당 지역의 인구에 의해 큰 영향을 받을 것으로 볼 수 있다. 연령 역시 소비 행태에 큰 영향을 미칠 수 있다.

문화소비조직모형을 추정할 때 자기상관 정도를 측정한 결과 7가지 문화소비 조직 전체에서 자기상관은 무의미한 것으로 나타났다. 따라서 식 (14.1)에서 계수 $\alpha$와 $\lambda$는 모두 0이라고 볼 수 있고, 모형은 보통최소제곱OLS 회귀 모형으로 단순해진다. 이러한 분석 결과는 가설 2를 뒷받침해준다. 가설 2는 첨단 기술을 다루는 조직이나 산업 종사자들이 새로운 문화소비 조직을 더 선호한다는 내용이다. 〈표 14.4〉에서, 스타벅스와 레스토랑 모형을 보면, 다른 변수들의 영향력을 통제했을 때 첨단 기술 산업 매출액의 영향은 있는 반면 비첨단 기술 산업 매출액의 영향은 없거나 부정적인 방향으로 나타난다. 레스토랑의 수는 해당 지역의 첨단 기술 산업 매출액이 클수록 많지만 비첨단 기술 산업 매출액이 클수록 오히려 작다. 스타벅스의 수는 첨단 기술 산업 매출액이 클수록 많은 반면 비첨단 기술 산업 매출액의 영향은 받지 않는다. 이는 두 조직 모두 첨단 기술 산업 종사자들에 의해 선호되는 반면 비첨단 기술 산업 종사자들에 의해

### 표 14.4 회귀 모형 추정치

| | 박물관(로그) | 레스토랑<br>(로그) | 바(로그) | 스타벅스<br>(로그) |
|---|---|---|---|---|
| 상수 | 8.8960* | −3.4845* | 2.1715 | −8.2638*** |
| 박물관(로그) | − | 0.3435*** | 0.0012 | −0.0625 |
| 레스토랑(로그) | 2.2206*** | − | 0.2140* | 0.1961* |
| 바(로그) | 0.0033 | 0.0884* | − | 0.0050 |
| 스타벅스(로그) | −0.1945 | 0.0944* | 0.0058 | − |
| 맥도날드(로그) | 0.4130** | −0.1083 | 0.3600*** | 0.5314*** |
| 보더스(로그) | 0.0848 | −0.0543 | −0.2758** | 0.3702*** |
| 극장/영화관(로그) | −0.0911 | 0.0886 | 0.4647*** | −0.0040 |
| 인구(로그) | −1.6874*** | 0.6412*** | −0.2015 | 0.5043** |
| 여성 인구 비율 | 0.5566 | −0.1451 | −0.1317 | 0.2766 |
| 백인 인구 비율 | −0.3276 | 0.0629 | 0.5209 | −0.3605 |
| 평균 가구 소득(로그) | 0.0459 | −0.0206 | −0.0643 | 0.0106 |
| 연령(중간값) | 0.0104 | 0.0033 | 0.0295 | −0.0036 |
| 첨단 기술 산업 매출(로그) | −0.0179 | 0.0378* | 0.0681* | 0.0902*** |
| 비첨단 기술 산업 매출(로그) | 0.0122 | −0.0093* | 0.0192** | 0.0059 |
| 사례 수 | 269 | 269 | 269 | 269 |
| $R^2$ | 0.8296 | 0.8480 | 0.4752 | 0.6847 |
| F | 101.399*** | 109.402*** | 17.7583*** | 42.6023*** |
| 공간 의존 통계[1) ] | | | | |
| 라그랑지 승수(지체) | 0.8578 | 0.0003 | 0.2161 | 0.0179 |
| 라그랑지 승수(오차) | 0.9621 | 0.0372 | 0.0014 | 2.8688 |
| 로버스트 라그랑지 승수(지체) | 0.1879 | 0.0085 | 0.4144 | 1.6284 |
| 로버스트 라그랑지 승수(오차) | 0.2922 | 0.0454 | 0.1997 | 0.0343 |

*: $p < 0.05$, **: $p < 0.01$, ***: $p < 0.001$

주 1) 4개의 공간 의존spatial dependence 통계량이 유의미하면 공간지체모형과 공간오차모형에 의한 파라미터 추정치를 제시하고, 무의미하면 OLS 파라미터 추정치를 제시하는데(Anselin, 2005), 모든 모형에서 공간의존 통계량이 무의미하게 나타났기 때문에 OLS 추정치를 밝혔다.

표 14.4 회귀 모형 추정치 (앞 면에서 이어짐)

| | 맥도날드(로그) | 보더스(로그) | 극장/영화관(로그) |
|---|---|---|---|
| 상수 | 3.2665* | −0.9706 | −2.5439 |
| 박물관(로그) | 0.0792** | 0.0158 | −0.0140 |
| 레스토랑(로그) | −0.1343 | −0.0655 | 0.0883 |
| 바(로그) | 0.1844*** | −0.1375** | 0.1911*** |
| 스타벅스(로그) | 0.3170*** | 0.2150*** | −0.0019 |
| 맥도날드(로그) | − | 0.5164*** | 0.1056 |
| 보더스(로그) | 0.5306*** | − | −0.0891 |
| 극장/영화관(로그) | 0.1314 | −0.1079 | − |
| 인구(로그) | −0.0691 | 0.0324 | 0.2879** |
| 여성 인구 비율 | −0.3065 | 0.0701 | 0.0414 |
| 백인 인구 비율 | 0.1434 | 0.1277 | 0.0076 |
| 평균 가구 소득(로그) | 0.0223 | −0.0423 | 0.0123 |
| 연령(중간값) | −0.0128 | 0.0187 | 0.0021 |
| 첨단 기술 매출(로그) | −0.0445* | 0.0097 | −0.0190 |
| 비첨단 기술 매출(로그) | −0.0033 | 0.0051 | 0.0065 |
| 사례 수 | 269 | 269 | 269 |
| $R^2$ | 0.7143 | 0.6223 | 0.3266 |
| F | 49.0509*** | 32.3141*** | 9.5149*** |
| 공간 의존 통계 | | | |
| 라그랑지 승수(지체) | 1.5150 | 0.0388 | 0.3327 |
| 라그랑지 승수(오차) | 0.9992 | 0.0097 | 0.0299 |
| 로버스트 라그랑지 승수(지체) | 0.6226 | 0.0405 | 0.3711 |
| 로버스트 라그랑지 승수(오차) | 0.1068 | 0.0114 | 0.0683 |

*: $p<0.05$, **: $p<0.01$, ***: $p<0.001$

서는 선호되지 않음을 보여준다. 두 모형의 결정계수는 레스토랑의 경우 0.8490, 스타벅스의 경우 0.6847로서 매우 높다. 레스토랑은 계수의 크기가 스타벅스보다는 작지만 해당 지역의 첨단 기술 매출액이 클수록 업체의 수도 많다는 것을 보여준다.

레스토랑의 수가 비첨단 기술 산업 매출액과 관련해서는 부정적인 영향을 받는 점이 특이하다. 레스토랑과 마찬가지로 다른 변수들을 통제했을 때 비첨단 기술 산업 매출액이 증가할수록 업체의 수가 줄어드는 문화소비 조직은 맥도날드이다. 〈표 14.4〉에 의하면 다른 변수들의 영향을 통제했을 때 첨단 기술 산업 매출액이 큰 지역일수록 맥도날드의 수는 오히려 적다. 맥도날드는 첨단 기술 산업 종사자들이 덜 선호하는 소비 대상임이 여기서 드러난다.

전통적 문화소비 조직인 박물관이나 극장 및 영화관은 첨단 기술 산업이나 비첨단 기술 산업 매출액의 영향을 전혀 받지 않는다. 바와 보더스는 앞의 두 집단과 구별되는 중간 형태를 보여준다. 바는 첨단 기술 산업 매출액과 비첨단 기술 산업 매출액 양자 모두에 의해 양의 영향을 받는다. 첨단 기술과 비첨단 기술 모두에서 기술 부문 매출액이 큰 지역일수록 바는 더 많아지는 경향이 있다. 반면 보더스는 박물관이나 극장 및 영화관과 마찬가지로 기술 부문 매출액의 영향을 받지 않는다. 이 결과를 놓고 보면 새로운 문화 조직과 전통적 문화 조직의 두 가지로 양분해서 정의한 방식이 반드시 맞지 않음을 알 수 있다. 그럼에도 불구하고 전통적 문화소비와 새로운 문화소비로 분류한 것 중 다수는 첨단 및 비첨단 기술 산업 매출액과의 관계에 있어서 가설과 같음을 알 수 있다. 이런 분석 결과는 가설 2, 2.1, 2.2를 지지해준다. 이상의 결과는 〈표 14.5〉로 요약할 수 있다.

첨단 기술 산업 매출 규모와 문화소비 조직 규모 간의 관계는 새로운

표 14.5 첨단 기술 산업과 비첨단 기술 산업의 영향력별 문화소비 조직

| | | 첨단 기술 산업의 영향 | | |
|---|---|---|---|---|
| | | 긍정적 영향 | 영향 없음 | 부정적 영향 |
| 비첨단 기술 산업의 영향 | 긍정적 영향 | 바 | | |
| | 영향 없음 | 스타벅스 | 박물관, 보더스, 극장/영화관 | 맥도날드 |
| | 부정적 영향 | 레스토랑 | | |

문화소비와 전통적 문화소비가 분화되는 또 한 가지 방식을 보여준다. 새로운 문화소비 조직인 스타벅스, 보더스, 레스토랑 중 스타벅스와 레스토랑은 첨단 기술 산업 매출액 변수 및 비첨단 기술 산업 매출액 변수에 의해 영향을 받는 방식이 서로 비슷하다. 스타벅스와 레스토랑은 모두 첨단 기술 산업 매출액 변수가 많은 지역일수록 업체의 수도 많다는 점에서 동일하고, 비첨단 기술 산업 매출액에 의해서는 영향을 받지 않거나 부정적인 영향을 받는다는 점에서 약한 동질성을 보인다. 종합하면 스타벅스와 레스토랑은 영향 요인 면에서 부분적이지만 동질성을 갖는다. 보더스는 스타벅스나 레스토랑과 비교해볼 때 비첨단 기술 산업 매출에 의해 영향을 받지 않는다는 점에서 유사하지만 첨단 기술 산업 매출에 의한 긍정적 영향이 없다는 점에서는 다르다. 이런 현상은 문화소비가 지역적 분포뿐 아니라 영향을 미치는 요인 면에서도 분화되고 있음을 보여준다.

이와 같은 분석 결과는 앞에서 제기한 질문에 대한 답을 제공해준다. 첫째, 문화소비의 새로운 분화, 즉 전통적 문화소비와 새로운 문화소비는 지역적 분포가 다르다. 따라서 미국의 전화번호 지역별로 볼 때 전통적 문화소비 조직이 많은 지역이 새로운 문화소비 조직의 수도 많은 것은 아

니다. 전통적 문화소비 조직이 많은 지역과 새로운 문화소비 조직이 많은 지역은 서로 다르다(표 14.6).

둘째, 문화소비 조직의 지역 분포에서도 소득 수준은 문화소비에 영향을 주지 않는다. 소득 불평등이 문화소비에서의 차이를 가져오는 경우도 많이 있지만 이는 소득 불평등이 여러 세대에 걸쳐 유지, 재생산되고, 교육이나 문화자본의 불평등으로 이어지며, 문화소비를 위해 많은 시간과 자원을 요구하는 능력 개발이 전제될 때 주로 나타나는데 현대 사회에서는 이상의 조건들이 쉽게 충족되지 않을 수 있다. 그러나 이 분석으로 경제 불평등의 영향에 대해 단언하기는 어렵다. 경제 불평등에서는 현재의 소득보다는 누적된 소득, 그리고 재산 불평등이 더 중요한데 이 데이터에서는 지역별 거주자들의 재산에 대한 정보는 없기 때문에 재산 불평등의 효과는 볼 수 없다.

셋째, 문화소비 조직의 지역 분포에 영향을 주는 요인으로서 첨단 기술 산업의 규모가 중요하다. 분석 결과 첨단 기술 산업의 매출액이 큰 지역에서는 새로운 문화소비 조직의 수가 더 많음을 확인할 수 있었다. 첨단 기술 산업 매출액은 전통적 문화소비 조직의 수에는 영향을 미치지 않고 맥도날드와 같은 비문화소비 조직의 수에는 오히려 부정적인 영향을 미친다. 한편 비첨단 기술 산업 매출액은 새로운 문화소비 조직의 수에 영향을 미치지 않거나 레스토랑의 경우와 같이 부정적인 영향을 미친다. 이와 같이 첨단 기술 산업과 문화소비 조직의 유형이 상당 정도 차별적으로 연관되는 현상은 첨단 기술 산업의 창의적 특징이 문화소비의 유형에 영향을 미치는 것으로 해석될 수 있다.

이 장에서의 연구는 지역별 변수 간 관계를 토대로 분석을 진행했기 때문에 집합적 데이터의 성격을 가지며, 따라서 개인별 데이터를 토대로 분석한 것과 다른 의미를 가질 수 있다. 또한, 연구의 주제로 볼 때 지역

표 14.6 인구 1,000명당 문화소비 조직 수 순위

| 순위 | 박물관 | | 레스토랑 | | 바 | |
|---|---|---|---|---|---|---|
| | 지역번호 | 해당 주 | 지역번호 | 해당 주 | 지역번호 | 해당 주 |
| 1 | 307 | 와이오밍 | 212 | 뉴욕 | 715 | 위스콘신 |
| 2 | 906 | 미시간 | 415 | 캘리포니아 | 920 | 위스콘신 |
| 3 | 641 | 아이오와 | 202 | 워싱턴 DC | 608 | 위스콘신 |
| 4 | 406 | 몬태나 | 970 | 콜로라도 | 701 | 노스 다코타 |
| 5 | 701 | 노스 다코타 | 239 | 플로리다 | 906 | 미시간 |
| 6 | 202 | 워싱턴 DC | 843 | 사우스 캐롤라이나 | 406 | 몬태나 |
| 7 | 785 | 캔사스 | 702 | 네바다 | 563 | 아이오와 |
| 8 | 712 | 아이오와 | 816 | 미주리 | 414 | 위스콘신 |
| 9 | 620 | 캔사스 | 808 | 하와이 | 712 | 아이오와 |
| 10 | 907 | 아칸소 | 206 | 워싱턴 | 218 | 미네소타 |

| 순위 | 스타벅스 | | 맥도날드 | |
|---|---|---|---|---|
| | 지역번호 | 해당 주 | 지역번호 | 해당 주 |
| 1 | 206 | 워싱턴 | 816 | 미주리 |
| 2 | 202 | 워싱턴 DC | 479 | 애리조나 |
| 3 | 503 | 오리건 | 316 | 캔사스 |
| 4 | 425 | 워싱턴 | 702 | 네바다 |
| 5 | 702 | 네바다 | 417 | 미주리 |
| 6 | 212 | 뉴욕 | 775 | 네바다 |
| 7 | 415 | 캘리포니아 | 225 | 루이지애나 |
| 8 | 303 | 콜로라도 | 239 | 플로리다 |
| 9 | 916 | 캘리포니아 | 618 | 일리노이 |
| 10 | 253 | 워싱턴 | 361 | 텍사스 |

| 순위 | 보더스 | | 극장/영화관 | |
|---|---|---|---|---|
| | 지역번호 | 해당 주 | 지역번호 | 해당 주 |
| 1 | 212 | 뉴욕 | 212 | 뉴욕 |
| 2 | 415 | 캘리포니아 | 308 | 네브래스카 |
| 3 | 202 | 워싱턴 DC | 307 | 와이오밍 |
| 4 | 970 | 콜로라도 | 406 | 몬태나 |
| 5 | 239 | 플로리다 | 435 | 유타 |
| 6 | 843 | 사우스 캐롤라이나 | 701 | 노스 다코타 |
| 7 | 702 | 네바다 | 970 | 콜로라도 |
| 8 | 816 | 미주리 | 907 | 아칸소 |
| 9 | 808 | 하와이 | 620 | 캔사스 |
| 10 | 206 | 워싱턴 | 712 | 아이오와 |

별 교육 수준 변수를 사용하는 것이 바람직하나 교육 수준 변수를 구하지 못해 사용하지 못했다. 그러나 이 연구에서 통제변수로 사용한 연령과 소득이 상당 정도 교육 수준과 상관되기 때문에 교육의 효과를 어느 정도 통제했다고 할 수 있다. 다른 한편으로는 교육 수준이 높을수록 첨단 기술 산업에 종사할 가능성이 크다는 점에서 교육 수준은 이 연구에서 설정하는 인과 관계에 밀접하게 내포되어 있기도 하다.

한국은 미국에 비해 문화 및 기타 편의 시설이 수도권이나 대도시에 집중되어 지리적 편중이 심하기 때문에 전통적 문화소비 조직과 새로운 문화소비 조직이 동일한 지역에 분포할 가능성이 크다. 따라서 한국의 지역별 현황을 볼 때 두 가지 형태의 문화소비 조직과 그것에 미치는 첨단 기술 산업의 영향을 명시적으로 구별하기 어려울 수 있다. 그러나 첨단 기술 산업과 문화소비의 관계는 미국에서와 동일한 방식으로 작용할 가능성이 크다. 이에 대해서는 두 가지 인과적 기제를 생각할 수 있는데, 하나는 첨단 기술 산업이 요구하는 문화자본이나 취향이 작용하는 방식이 미국과 동일하기 때문일 수 있고, 다른 하나는 모방 때문일 수 있다. 즉, 미국의 첨단 기술 산업 종사자들의 문화소비 행태를 한국에서 모방할 가능성이 있다.

이 장은 문화소비가 분화되는 새로운 양상과 이 과정에서 현대 사회의 특징인 첨단 기술 산업이 소비에 미치는 영향을 보여준다. 첨단 기술 산업 종사자들은 전통적인 교육의 수준이 높거나 소득이 많은 사람들과는 취향과 소비 행위에서 질적으로 다른 성향을 보일 수 있다. 종사자 개인의 취향도 다를 수 있지만 조직 차원에서 유사한 취향과 소비 유형이 정착될 수 있다.

## | 맺는 말 |

이 책에서는 해리슨 화이트가 오랫동안 발전시켜온 생산시장이론의 핵심을 소개하고 그 이론이 갖는 암묵적·명시적 전제를 드러낸 후 이런 전제를 더욱 확장시켜야 할 필요가 있다고 보고 다양한 생산시장이 가능함을 보였다. 1부에서 화이트의 시장이론과 모형을 최적화 방식의 다양성과 관련해 보다 일반화시키고 체계적 특징을 더했다면, 2부에서는 시장이 생산자나 소비자들의 특징으로 인해 분화 혹은 분할될 때의 상황을 이론화하고자 했다. 3부에서는 특히 소비자들의 취향과 상품의 특징으로 인해 생산시장이 보다 복잡해질 수 있음을 살펴보았다.

이 책에서는 생산시장이 갖는 연결망적인 특징에 주목했다. 국내외 연결망에 관한 연구 중 다수는 경제 영역에서의 연결망을 다루고 있고, 연결망 개념이 시장의 구성과 작동을 설명하는 데 기여한다는 점에 많은 사람이 공감하고 있다. 이 책에서는 이런 가능성을 적극 추구해 사회 연결망을 지속적인 상호작용의 유형으로 유연하게 간주하면 시장의 구성과 작동을 설명하는 데 도움이 될 수 있음을 보이고자 했다. 화이트의 시장이론에는 연결망을 다루지 않는다는 인상을 받을 수 있으나 생산시장이론은 생산의 연결망으로부터 출발하기 때문에 처음부터 연결망을 기초로 한다고 할 수 있다. 화이트는 거시적·역사적으로 시장을 보면서 생산자 간의 복잡다단한 연결망과 거기서 나타나는 시장의 형성을 강조했다. 그는 생산의 연결망에서 시장이 나타나는 모습을 직접 모형에서 보여주지는 않았지만 그의 모형은 그런 이론적 함의 위에 서 있다. 또한 화이트의 시장이론에서는 시장 간 관계를 중시하기 때문에 그의 이론은 로널드 버트Ronald Burt가 구조적 공백이론structural hole theory을 산업 간 거래 관계에 적용한 연구와 자연스럽게 연결된다(Burt, 1992; White, 2003a/2005).

그러나 그의 생산시장이론은 하나의 시장 내에서 형성되는 연결망에는 큰 비중을 두지 않았는데, 이는 경제사회학의 여러 실증적 연구가 하나의 시장 내에서 연결망이 존재함을 보인 것과는 다소 차이가 있다(Baker, 1984/1990; DiMaggio and Louch, 1998; Uzzi, 1997). 하나의 거시경제를 다루려면 다수의 시장 간 관계와 거기서 형성되는 일반적 균형을 검토해야 하는데, 경제 전체의 일반 균형을 보려면 개별 시장 내에서의 시장 분화도 다루어야 하리라는 점에서 시장 간 연결망과 시장 내 연결망은 동시에 고려되어야 한다. 이런 점에서 시장이론은 시장 내 분화나 연결망도 다룰 필요가 있어 보인다. 이 책에서는 화이트가 강조한 연결망 맥락을 더 진전시켜서 시장 내부에서 다양한 연결망으로 인해 거래 형태나 최적화의 방식이 달라지고 생산자와 소비자 사이에 연결망이 존재하는 경우를 검토했다. 다만 시장 간 관계는 다루지 않았다. 시장 간 관계와 시장 내 관계를 동시에 이론으로 통합하는 작업은 따라서 아직 이루어지지 않았다고 할 수 있으며 실제로 화이트가 그의 저서 말미에서 지적하는 일반화 가능한 연구 방향 중 하나에 추가될 수 있다(White, 2002a: 326-329).

시장이 연결망에서 비롯되지만 그렇다고 하여 연결망으로만 구성되지는 않는다. 연결망은 느슨한 존재일 수밖에 없으므로 고유의 엄정한 규칙이 작동하는 시장을 다 포괄하지 못한다. 화이트가 시장을 구성하는 인터페이스 등을 디시플린으로 부른 이유도 여기에 있다. 디시플린은 특정 사회조직에서 품질, 순수함이나 구별, 매개나 권위에 의해 특정 방식으로 행위와 거래가 제약된다는 것인데 이 부분을 이론화하고 검증하는 작업은, 기든스 식으로 말하자면 느슨한 연결망에 구조로서의 규칙과 자원이 배태되는 방식을 찾는 것이기도 하다. 이는 시장을 연결망과 관련시키는 것 못지않게 큰 도전으로 보인다. 그러나 이러한 사회적 규칙을 찾는 작업은 사회학이 정교한 이론적 체계를 갖는 학문 분야로 발전하기 위해서는 반드시 이루어져야 할 작업이다. 학문의 유연성을 볼 때 이런 작업은 그 어느 사회과학 분야보다 사회학에서 더 잘 발전할 수 있을 것으로 기대된다.

화이트는 디시플린의 세 가지 기제를 제시했는데 현실에서는 이 세 가지 디시플린이 서로 섞여 나타날 수 있고 그와는 다소 다른 기제를 고려해야 할 수도 있다(White, 2008). 권력 집중을 경계하는 연방주의적 국가 문화 그리고 효율성과 관련된 요인들로 인해 제한적이나마 경쟁적인 경제를 갖게 된 미국과 달리 한국에서는 다양한 사회조직과 문화가 경제에 영향을 주고 있다(Chandler, 1977; Dobbin, 1997; Fligstein, 1990; Zysman, 1983). 세계적으로 시장 중심 경제가 분포된 상황을 보면 미국이 오히려 예외로 보일 수 있다. 시장 경제를 운용한다고 알려진 나라에서도 앞의 여러 장에서 보았듯이 통제와 권위가 존재할 수 있고, 배타적인 순수함을 추구하는 경제적 집단이 나타날 수도 있다. 한국에서는 권력과 사회 연결망, 관습과 여러 문화적 코드로 인해 다양한 기제가 영향을 미치고 있다. 이런 점을 무시하면, 국가 권력 덕분에 생겨나 성장한 재벌들이 경제를 지배하는 상태에서 규제를 없애기만 하면 공정한 경쟁과 재화의 분배가 이루어지리라는 비현실적인 주장이 나올 수 있다. 화이트가 제시한 디시플린이건 혹은 또 다른 형태로 가능한 기제이건 연결망과 결합해 현실의 시장을 구성하는 방식을 찾고 정교화하는 작업은 경제사회학이 앞으로 추구해볼 만한 일이다.

화이트의 방식은 구조적·체계적 접근으로부터 시작한다. 거시적으로 존재하는 안정된 시장의 구조를 들여다본 후 그런 시장을 가능하게 하는 행위자의 행위를 추론해낸 것이다. 이론과 개념적 논의이건 수학적 접근이건 행위 수행자 기반 시뮬레이션agent-based simulation이건 이런 접근에서는 시장의 체계 전체가 고유하게 형성하는 아이덴티티나 구조가 갖는 구속력을 중시한다. 물론 생산자나 소비자 개별 행위자의 도구합리적 행위를 설정하지만 이는 어디까지나 구조와 체계의 구속 내에서 이루어지거나 불완전하게 합리적인 행위에 그친다. 구조와 체계로부터 시작하는 이런 방식, 화이트가 뒤르켐으로부터 '사회적 분자social molecule'라는 용어를 빌려와 적용한 이 방식은 미시경제학이나 다른 사회과학의 합리적 선택이론에서 그러하듯 먼저 진공 상태에서의 행위자를 상정하고 그 행위자의 행위를 설정한 후 이런 행위가 모였을 때의 거시적 결과를 도출하는 개체주의적 방식, 원자적atomic 방식과는 정반대이다. 제임스 콜만의 선형행위체계이론은 개인주의적 접근에서 시작한다. 이 접근에서는 개별 행위자의 합리적 선택 행위를 상정한 후 복수의 행위자들의 선택 행위가 동시에 성립하는 경우를 계산해 그런 해가 존재하는 상태의 행위자들의 배열을 구조 혹은 체계적 특징으로 본다. 두 사람의 접근은 구조와 개인 중 어느 쪽에서 시작하느냐의 측면에서는 상반되지만 그렇게 출발해 다른 쪽의 요소를 포함시키고자 한 점에서는 공통점을 갖는다. 이렇게 보면 앞으로 연구에서 구조, 체계적 요소와 개체적 요소가 얽혀 매순간 새로운 상황을 만들어내는 방식을 고려할 수 있다.

향후 연구 주제를 몇 가지 생각할 수 있다. 첫째는 불확실성하에서 사회조직이 어떤 방식으로 신호를 발생하고 전달하는가를 규명하는 일이다. 생산시장이론에서 중요한 요소 중 하나는 행위자들이 알고 싶은 정보를 직접 얻지 못하고 다른 행위자들의 행동을 보고 불완전하게 정보를 얻거나 상황을 짐작한 후 그에 따라 행동을 한다는 점이다. 그렇게 보면 어떤 종류의 간접적 정보가 어떤 방식의 신호로 전파되는가가 중요한 문제가 된다. 현실의 시장에서도 어떤 행위자들은 다른 행위자들보다 신호를 더 잘 포착하기도 한다. 그렇다면 신호의 사회적 구조를 찾아내는 작업이 필요하다고 할 수 있다.

둘째는 행위자들의 생각과 행동이 사회조직 속에서 구조적으로 제약되면서 동시에 유도되는 방식을 찾는 작업이다. 행위자들은 현실적으로 복잡한 계산은 하지 못한다. 예를 들어, 경제 행위자들이 거래에서 도구합리성을 갖고 다자간 게임을 행동으로 구현하지는 않는다는 것이다. 행위자들은 상황이 복잡하고 경쟁적일수록 단순한 실마리나 원리와 같은 휴리스틱heuristic에 따라 행동한다는 것이 심리학 연구에서 밝혀졌다 (Kahneman, Slovic, and Tversky, 1982). 그렇다면 사회학에서의 관심은 이런 휴리스틱이 사회구조 속에서는 어떤 방식으로 나타나서 행위자들의 행동을 이끌겠는가 하는 점이다. 행위자들의 사고방식은 그들이 속한 집단이나 연결망에 따라 다르게 형성되거나 영향을 받을 수 있으며 이런 점은 이미 많은 사회학자들에 의해 밝혀졌다. 소비자들이나 생산자들을 배태하는 사회 집단은 이들에게 고유한 사고방식이나 의사결정 방식을 부여할 수 있으며 이는 곧 시장 구조를 결정할 것이다.

셋째는 연결망을 보다 유연하게 보는 관점을 더욱 발전시켜 사회구조 속에서 차별적으로 상호작용하는 연결망에 주목하는 것이다. 시장을 구성하는 특정 형태의 연결망들이 현대의 경제에서는 점점 다양하게 분화되고 있으며, 정보기술 산업의 재편성에서 드러나듯 때로는 완전히 새로운 시장을 만들어내기도 한다. 생산자나 잠재적 생산자들 사이에서, 또는 소비자들 사이에서, 또한 생산자와 소비자들 사이에서 새로운 시장을 잉

태할 수 있는 상호작용들이 일어나고 이에 따라 시장이 재편성될 가능성이 크다. 이런 점을 사회학적으로 이론화하기 위해서는 시장을 감싸고 구성하는 연결망이 전통적 연결망과 달리 유연하고 쉽게 변화하며 선택적 상호작용을 통해 생기고 사라질 수 있음에 주목할 필요가 있다. 이런 작업은 사회학의 이론적 체계에 도움이 될 뿐 아니라 무엇보다도 현대 경제를 이해하는 데 필요하다. 프랑스의 컨벤션경제학의 연구 결과들이 화이트의 시장 영역별로 고유한 사회적 원리가 작동하고 있음을 보이고 있으나 시장의 다양성은 화이트의 시장이론이 제시하는 것보다 더 클 수 있으므로 보다 다양한 상호작용의 연결망 기제를 찾아낼 필요가 있다 (Favereau and Lazega, 2002).

마지막은 정치경제학과의 연계이다. 경제사회학 연구를 보면 경제 현상의 결정 요소로서 사회적 관계, 제도, 문화는 많이 다루고 있으나 불평등, 권력, 갈등에 대한 언급은 상대적으로 적은 편이다. 최근 미국을 중심으로 크게 발전한 경제사회학이 다른 나라들의 경험을 포괄하려 한다면 권력과 불평등, 갈등이 경제 현상에 작용하는 개발도상국이나 다른 선진국의 경우를 더 다룰 필요가 있다. 경제 현상이 비정치적인 사회적 역학과 밀접하게 상호작용하는 점을 강조하는 경제사회학은 정치적 요소를 중시하는 정치경제학과 연결되거나 적어도 밀접하게 협력할 수 있다고 믿는다.

필자는 이 연구가 미미하나마 경제사회학의 발전에 기여하길 희망한다. 경제사회학은 경제 현상을 사회학적 이론으로 설명하는데, 이 책에서는 사회관계와 구조의 구성에 관한 이론적 자원을 도구로 하여 사회관계와 상품의 특성 및 행위자들의 취향이 존재할 때의 생산시장이론을 발전시키는 방안을 검토했다. 따라서 이 책이 우선적으로 생산시장이론의 수립과 발전에 기여할 수 있기를 희망하는 바이다. 기존의 생산시장이론과 모형이 행위자 간 관계와 상품의 특성을 명시적으로 다루지 않은 것과 달리 이 책에서는 소비자를 중심으로 하는 행위자 간 사회관계와 소비자의 취향 및 상품 특성이 존재하는 시장의 이론과 모형을 검토했다.

또한 경제사회학의 여러 연구에 의하면 상품의 분화와 소비자 취향 및 생산자의 특성이 시장의 구성과 작동에 핵심적인 영향을 미친다. 상품의 분화나 소비자 취향에 대한 연구들은 많이 있으나 시장이론과 모형의 체계적 틀 속에서 이루어지지 않았기 때문에 개별적인 효과를 보는 데 그치는 경향이 있었다. 이 책에서는 다수의 상품 특성이나 소비자 취향이 서로 영향을 주는 방식, 그리고 이들이 가격이나 생산량과 같은 시장변수와 상호작용하는 방식을 체계적으로 다루는 몇 가지 방안을 검토했으나 더 많은 작업이 필요함은 물론이다.

이런 연구는 다른 학문 분야와도 대화할 수 있는 여지를 가지고 있다. 최근 경제학 연구자들 중에는 신제도주의 경제학이나 행동경제학의 영향으로 점차 사회문화적 변수도 연구에 포함시켜 분석하고 있어서 과거에 비해 사회학과의 지적 교류 가능성이 커지고 있다. 이런 점에서 이 책에서의 연구도 경험적 산업조직론 연구, 그리고 경제학에서의 연합 형성 및 연결망 연구와 관련될 수 있을 것으로 보인다. 과거 사회학과 경제학 간에 대화가 별로 없었던 점을 생각하면 일부 사회학자들이 연결망 연구 분야에서 최근 게임이론과 결합시켜 연구하는 이론경제학자들과 대화하게 된 것은 매우 고무적이다. 이 책의 내용은 특히 경영학 중 전략 경영이나 인사 조직, 그리고 마케팅 분야와 관심을 공유할 수 있다. 해리슨 화이트 교수도 사회학자이지만 경영학자들과 공동 연구를 진행했고 그의 제자들 다수가 경영학자가 되었다. 지금까지 경영학은 마케팅과 인사 조직과 관련해서는 사회학의 지적 자원을 받아들여 왔으나 시장 구조와 관련해서는 교류가 적은 편이었다.

이 책에서는 비교적 단순한 수식을 적용한 수리사회학적 접근을 사용했다. 수학이나 시뮬레이션과 같은 수리적 접근을 사용하는 외국 사회학계와 달리 지금까지 한국의 사회학에서는 수리사회학적 접근이 드물었고 그런 시도가 있어도 크게 오해하거나 호의적이지 않은 반응을 보이곤 했다. 이에 대해 여러 가지 논의가 가능하지만 한 가지 분명한 것은 수리사회학적 접근이 역사적 접근, 통계적 방법, 참여 관찰, 비교 방법 등 다른 연구 방법과 동등한 특성과 비중을 갖는 접근 방식이며 그 안에 실로 다양한 주제를 담을 수 있다는 점이다. 사회 연구에서의 수리적 접근을 억압이나 통제와 동일시하는 생각만큼 잘못된 것은 없다. 수리적 접근은 연구 대상의 특징과 사회적 기제를 명료하게 나타낼 수 있기 때문에 복잡한 사회 현상을 이해할 수 있게 해준다. 사회 현상에 관한 이론을 체계적인 모형으로 만들어 그 모형의 함의를 정교하게 파헤치고 거기서 도출되는 경험적 예측을 현실과 비교하는 작업은 다른 학문에 비해 이론의 체계를 비교적 경시해온 사회학에서 시도해볼 만한 작업이다.

사회학이 수리적 접근을 피하다보니 연구 영역을 다른 학문에 내주는 것 같은 인상도 준다. 국내외 사회 시뮬레이션 관련 학회에 가보면 시장의 사회적 구조, 언어의 확산, 사회적 갈등, 세대 간 문화자본의 전수, 의사소통 등 사회학자들이 다루어야 할 주제들을 사회학자가 아닌 다른 전공학자들이 다루는 경우가 허다한데 앞으로는 사회학자들도 적극 참여해 대화를 나눌 필요가 있어 보인다. 이런 점에서 최근 한국에서도 수리사회학에 관심을 가진 연구자와 학생들이 꾸준히 늘어나고 대학에서 강의가 개설되면서 관련된 도서가 출판되고 있는데 이는 매우 바람직한 현상이라고 하겠다.

## | 참고문헌 |

강신표(2001). 「영남문화 연구에 대한 문화인류학적 접근」, 『영남학』 1: 109-180.

강신표(2005). 「한국전통문화기법과 우리 음악문화」, 『음악과 문화』 12: 5-28.

경향신문(2004). "weekend－커미의 미학/서울에서 가장 맛있는 커피집 5선", 1월 9일.

경향신문(2005). "수도권 규제완화 '수도권－非수도권 싸움'으로", 2005. 5.23.

권혜진·이기춘(2006). 「소비자의 자율성에 관한 이론탐색적 연구」, 『소비자학연구』 17(3): 59-78.

김규원·표성수(2009). 『수리사회학의 적용』, 경북대학교출판부.

김기옥(2006). 「도시주부의 소비생활세계: 일상 소비생활 경험을 중심으로」, 『소비자학연구』 17(3): 21-41.

김동훈(2002). 『서울대가 없어야 나라가 산다: 학벌주의의 뿌리를 찾아서』, 도서출판 더북.

김우식(2000a). 「시장 인터페이스와 가격 형성의 사회구조: 불확실성, 연결망, 인지적 문화의 상호작용」, 한국사회학회 편, 『21세기 시장과 한국사회: 새로운 사회학적 탐구영역의 모색』, 나남출판.

김우식(2000b). 「사회적 연합형성, 조직 인터페이스, 불확실성의 힘」, 한국사회학회 전기 사회학대회 발표 논문집.

김우식(2002). 「구조적 신호 읽기: 연결망 구조와 규칙위반 행위의 조응방식」, 『한국사회학』 36(6): 57-82.

김우식(2003a). 「구조적 행위자, 구조적 신호, 구조적 통제: 이론적 검토」, 『사회와 이론』 2003년_1호: 79-111.

김우식(2003b). 「선형행위체계에서 사회구조와 제도 분석: 콜만-화이트 행위-구조 이론의 구성과 제도의 영향력 분석에의 응용」, 『사회과학연구논총』 10: 49-69.

김우식(2004a). 「연결망과 반연결망」, 『사회와 이론』 2004년_1호: 63-94.

김우식(2004b). 「연결망을 통한 문화적 범주의 확장: 한국영화배우들의 경우」, 『한국사회학』 38(2): 135-163.

김우식(2006a). 「쌍대와 등가」, 『사회와 이론』 2006년_1호: 69-103.

김우식(2006b). 「연결망, 불평등, 위법행동: 비도덕성을 생성하는 사회적 자본」, 『한국사회학』 40(5): 29-60.

김우식(2007). 「시장에서의 쌍대 구조」, 『사회와 이론』 2007년_1호: 263-299.

김우식(2008). 「사회구조로서의 시장 구성: 연결망, 신호, 상징적 장을 중심으로」, 『사회와 이론』 2008년_1호: 197-226.

김우식(2009a). 「생산시장의 제도적 기초: 수리사회학적 접근」, 『사회와 이론』 2009년_2호: 127-157.

김우식(2009b). 「문화, 정보, 네트워크의 존재하에서 시장의 사회구조에 대한 수리-시뮬레이션 연구」, 『사회와 이론』 2009년_1호, 통권 14집: 7-43.

김우식(2009c). 「국지최적화 생산시장에서의 권력-정보 특성」, 『인사·조직연구』 17: 257-283.

김우식(2011). 「국지최적화와 전체균일화: 소비자 전략에 대한 이론적 접근」, 『인사·조직연구』 19(4): 143-169.

김우식·김재준·김은정(2009). 「첨단기술산업과 문화소비의 분화」, 『사회과학연구』 17(1): 84-117.

김우식·김효선(2005). 「결속형 연결망과 의미의 결합에 의한 시장과 가격의 형성」, 『사회와 이론』 2005년_1호: 211-242.

김우식·김효선·손영진·주정민·홍은숙(2004). 「시장과 가격의 사회적 구성」, 『사회과학연구논총』 11호.

김은영·김우식(2006). 「소비의 사회적 양식: 식사비 지불에서 나타나는 역할과 의미의 구조」, 『사회과학연구논총』 16: 103-133.
김재준(1997). 『그림과 그림값』, 서울: 자음과 모음.
김효선(2008). 「비주류 음악의 문화적 연결망 연구: 힙합 음악을 중심으로」, 이화여자대학교 사회학과 대학원 석사학위논문.
김효정·박남규(2010). 「활용Exploitation과 탐험Exploration에 대한 실증연구 결과가 제기하는 개념적 이슈와 향후 연구과제」, 『전략경영연구』 13(3): 1-34.
박길성·이택면(2007). 『경제사회학 이론』, 나남출판.
박상준·김현철·정재리(2003), 「대중문화상품의 관계효용에 관한 연구」, 『소비자학연구』 14(2): 1-18.
박찬웅(2003). 「온라인 중고시장의 시장 불확실성과 경제적 교환의 사회적 성격」, 『한국사회학』 37(2): 35-60.
박찬웅(2004). 「온라인 시장의 사회적 진화」, 『한국사회학』 38(6): 163-194.
박찬웅(2007). 「예술세계 연결망과 예술 시장성과에 대한 관계론적 접근: 예술사진 분야를 중심으로」, 『한국사회학』 41(4): 280-315.
손상희·천경희(2004). 「십대 초반 청소년의 아바타 소비행위를 통해 본 소비의 상징적 의미 연구」, 『소비자학연구』 15(4): 77-102.
송현호(1998). 『신제도이론』, 민음사.
월간식당(2004). "유동인구 많은 1급지, 고품질 서비스가 경쟁력", 4월 19일.
유홍준(1995). 「한국제약산업의 시장구조에 대한 신경제사회학적 분석」, 『한국사회학』 29(2): 291-319.
유홍준(2011). 『신경제사회학』, 서울: 성균관대학교출판부.
이재열(1996). 「시장구조와 기업의 조직적 과정에 대한 경제사회학적 연구: 시장과 기업의 수익률을 중심으로」, 『한국사회학』 30(3): 493-518.
이향휘(2004). "스타벅스 커피값 오른다", 「매일경제」 9월 7일.
이호영·장미혜(2008). 「문화자본과 영화선호의 다양성」, 『한국사회학』 42(1): 62-95.
임동균(2005). 「네트워크 외부성하에서의 시장모형에 관한 연구」, 서울대학교 사회학과 대학원 석사학위논문.
임재광(2005). "서울대 폐지 검토하자", 「오마이뉴스」, 7월 7일.

임혁백(1994). 『시장, 국가, 민주주의: 한국민주화와 정치경제이론』, 나남출판.
장미혜(2002). 「한국사회에서의 사회계급별 소비양식의 차이」, 『경제와 사회』 53: 201-231.
장세진(1999). 『경영전략』 2판, 박영사.
정진상(2004). 『국립대 통합네트워크: 입시지옥과 학벌사회를 넘어』, 책세상.
한경비지니스(2004). "'믿을 건 매스티지뿐' 불황 돌파구 각광", 8월 19일.
한국경제(2002). "스타벅스 '프라푸치노' 인기. 전체 매출의 절반", 6월 26일.
한상만·손용석·이영승(2004), 「네트워크 외부성이 소비자 선택행동에 미치는 영향에 관한 연구: 디지털카메라를 중심으로」, 『소비자학연구』 15(3): 1-25.

Abolafia, Mitchel(1997). *Making Markets: Opportunism and Restraint on Wall Street*, Cambridge: Harvard University Press.
Abolafia, Mitchel(1998). "Markets as Cultures: An Ethnographic Approach", Pp. 69-85 in *The Law of Markets*, edited by Michel Callon, Oxford: Blackwell Publishers.
Amabile, Teresa M., Sigal G. Barsade, Jennifer S. Mueller, and Barry M. Staw(2005). "Affect and Creativity at Work", *Administrative Science Quarterly* 50: 367-403.
Anheir, Helmut K., Jurgen Gerhards, and Frank P. Romo(1995). "Forms of Capital and Social Structure in Cultural Fields: Examining Bourdieu's Social Topography", *American Journal of Sociology* 100(4): 859-903.
Anselin, Luc(2003). *GeoDa™: 0.9 User's Guide*, Rev. Version. Spatial Analysis Laboratory, Department of Agricultural and Consumer Economics, University of Illinois, Urbana-Champaign.
Anselin, Luc(2004). *GeoDa™: 0.9.5-i Release Notes*, Rev. Version, Spatial Analysis Laboratory, Department of Agricultural and Consumer Economics, University of Illinois, Urbana-Champaign.
Anselin, Luc(2005). *Exploring Spatial Data with GeoDa™: A Workbook*, Rev. Version, Spatial Analysis Laboratory, Department of Geography,

University of Illinois, Urbana-Champaign.

Ansell, Christopher K.(1997). "Symbolic Networks: The Realignment of the French Working Class, 1887-1894", *American Journal of Sociology* 103(2): 359-390.

Ansoff, I.(1965). *Corporate Strategy*, Harmondsworth, UK: Penguin.

Azarian, Reza(2002). "Review: Markets from Networks: Socioeconomic Models of Production", *Social Forces* 81(1): 364-366.

Azarian, Reza(2005). *The General Sociology of Harrison White: Chaos and Order in Networks*, Basingstoke: Palgrave Macmillan.

Baker, Wayne E.(1984). "The Social Structure of a National Securities Market", *American Journal of Sociology* 89(4): 775-811.

Baker, Wayne E.(1990). "Market Networks and Corporate Behavior", *American Journal of Sociology* 96(3): 589-625.

Baker, Wayne E., Robert R. Faulkner, and Gene A. Fisher(1998). "Hazards of the Market: The Continuity and Dissolution of Interorganizational Market Relationships", *American Sociological Review* 63: 147-177.

Banerjee, Sudipto, Bradley P. Carlin, and Alan E. Gelfand(2004). *Hierarchical Modeling and Analysis for Spatial Data*, Boca Raton: Chapman & Hall/CRC.

Barney, Jay B.(1991). "Firm Resources and Sustained Competitive Advantage", *Journal of management* 17: 99-120.

Baum, Joel A. C., and Jane E. Dutton(1996). *Advances in Strategic Management* 13, Greenwich: JAI Press.

Baurillard, Jean(1988[1970]). "Consumer Society", Pp. 29-56 in *Selected Writings*, edited by M. Poster, Cambridge: Polity Press.

Becker, Howard S.(1982). "Art Worlds and Collective Activity", "Conventions", Pp. 1-67 in *Art Worlds*, Berkeley: University of California Press.

Beckert, Jens(2009). "The Social Order of Markets", *Theory and Society* 38: 245-269.

Berge, Claude(1989). *Hypergraphs: Combinatorics of Finite Sets*, Amsterdam: North-Holland.

Berger, Peter, and Thomas L. Luckmann(1967). *The Social Construction of Reality: A Treatise in the Sociology of Knowledge*, New York: Anchor.

Berkowitz, S. D.(1988). "Markets and Market-areas: Some Preliminary Formulations", in *Social Structure: A Network Approach*, edited by Wellman. Barry and S. D. Berkowitz, New York: Cambridge University Press.

Bernstein, Basil(1971). *Class, Codes and Control: Theoretical Studies Towards a Sociology of Language*, New York: Schocken Books.

Biencourt, Olivier, and Daniel Urrutiaguer(2002). "Market Profiles: A Tool Suited to Quality Orders? An Empirical Analysis of Road Haulage and the Theatre", Pp. 253-281 in *Conventions and Structures in Economic Organization: Markets, Networks, and Hierarchies*, edited by Favereau, Olivier, and Emmanuel Lazega, Cheltenham: Edward Elgar.

Biggart, Nicole Woolsey, and Thomas D. Beamish(2003). "The Economic Sociology of Conventions: Habit, Custom, Practice, and Routine in Market Order", *Annual Review of Sociology* 29: 443-64.

Blasius, Joerg, and Juergen Friedrichs(2008). "Lifestyles in Distressed Neighborhoods: A Test of Bourdieu's 'Taste of Necessity' Hypothesis", *Poetics* 36: 24-44.

Blau, Peter(1964[2004]). *Exchange and Power in Social Life*, 8th ed., New Brunswick: Transaction Publishers.

Blumer, Herbert(1998[1969]). *Symbolic Interactionism: Perspective and Method*, Chicago: The University of Chicago Press.

Boltanski, Luc and Laurent Thévenot(1999). "The Sociology of Critical Capacity", *European Journal of Social Theory* 2(3): 359-377.

Bonacich, Phillip(1972). "Factoring and Weighting Approaches to Status Scores and Clique Identification", *Journal of Mathematical Sociology* 2:

113-120.

Bonacich, Phillip(1987). Power and Centrality: A Family of Measures", *American Journal of Sociology* 92: 1170-1182.

Bonacich, Phillip and Maureen McConaghy(1980). "The Algebra of Blockmodeling", *Sociological Methodology*.

Boorman, Scott A. and Harrison C. White(1976). "Social Structure from Multiple Networks. II. Role Structures", *American Journal of Sociology* 81: 1384-1446.

Bothner, Matthew S., Toby E. Stuart, and Harrison C. White(2004). "Status Differentiation and the Cohesion of Social Networks", *Journal of Mathematical Sociology* 28: 261-295.

Bothner, Matthew S., and Harrison C. White(2001). "Market Orientation and Monopoly Power", Pp. 182-208 in *Dynamics of Organizations: Computational Modeling and Organization Theorie*, edited by Lomi, Alessandro, and Erik R. Larsen, Menlo Park: AAAI Press.

Bourdieu, Pierre(1983). "The Field of Cultural Production, or: The Economic World Reversed", *Poetics* 12(4-5): 311-56, translated by Richard Nice, Reprinted Pp. 29-73 in Pierre Bourdieu, 1993. *The Field of Cultural Production: Essays on Art and Literature*, New York: Columbia University Press.

Bourdieu, Pierre(1984). *Distinction: A Social Critique of the Judgement of Taste*, translated by Richard Nice, Cambridge: Harvard University Press.

Breiger, Ronald L.(1974). "The Duality of Persons and Groups", *Social Forces* 53: 181-190.

Breiger, Ronald L.(2000). "A Took Kit for Practice Theory", *Poetics* 27: 91-115.

Brint, Steven(1992). "Hidden Meanings: Cultural Content and Context in Harrison White's Structural Sociology", *Sociological Theory* 10(2): 194-208.

Burt, Ronald S.(1992). *Structural Holes: The Social Structure of Competition*, Cambridge: Harvard University Press.

Burt, Ronald S.(2004). "Structural Holes and Good Ideas", *American Journal of Sociology* 110: 349-399.

Calhoun, Craig, Marshall W. Meyer, W. Richard Scott(1990). *Structures of Power and Constraint: Papers in Honor of Peter M. Blau*, Cambridge, England: Cambridge University Press.

Campbell, John L., J. Rogers Hollingsworth, and Leon N. Lindberg. eds.(1991). *Governance of the American Economy*, New York: Cambridge University Press.

Caves, Richard E.(2000). *Creative Industries: Contracts between Art and Commerce*, Cambridge: Harvard University Press.

Cetina, Karin Knorr(2004). "Capturing Markets? A Review Essay on Harrison White on Producer Markets", *Socio-Economic Review* 2(1): 137-147.

Chamberlin, Edward(1962). *The Theory of Monopolistic Competition: A Reorientation of the Theory of Value*, Cambridge: Harvard University Press.

Chandler, Alfred D.(1977). *The Visible Hand: The Managerial Revolution in American Business*, Cambridge: Belknap Press of Harvard University Press.

Chung, Seungwha Andy(1996). "Performance Effects of Cooperative Strategies Among Investment Banking Firms: A Loglinear Analysis of Organizational Exchange Networks", *Social Networks* 18:121-148.

Clark, Gordon L.(2002). "London in the European Financial Services Industry: Locational Advantage and Product Complementarities", *Journal of Economic Geography* 2: 433-453.

Clark, Terry Nichols(2003). "Urban Amenities: Lakes, Opera, and Juice Bars: Do They Drive Development?" *The City as an Entertainment Machine, Research in Urban Policy* 9(Special Issue): 103-140.

Coleman, James S.(1964). *Introduction to Mathematical Sociology*, New York: Free Press.

Coleman, James S.(1990). *Foundations of Social Theory*, Cambridge: Harvard University Press.

Collins, Randall(2005). "Foreword", Pp. ix-xvi in *The General Sociology of Harrison White: Chaos and Order in Networks*, Reza Azarian, Basingstoke: Palgrave Macmillan.

Cook, Karen S., R. M. Emerson, M. R. Gilmore, and T. Yamagishi(1983). "The Distribution of Power in Exchange Networks: Theory and Experimental Results", *American Journal of Sociology* 89: 275-305.

Cooke, Philip(2004). "Regional Knowledge Capabilities, Embeddedness of Firms and Industry Organisation: Bioscience Megacentres and Economic Geography", *European Planning Studies* 12(5): 625-641.

CorpTech(2007). *CorpTech Database*. http://www.corptech.com/business-information/industry-codes.php (검색일: 2008. 9. 30).

Corrigan, Peter(1997). *The Sociology of Consumption*, London: Sage Publications.

Crane, Diana(1992). *The Production of Culture: Media and the Urban Arts*, Newbury Park: Sage Publications.

Crane, Diana(1987). "Introduction", and "Style as a Social Phenomenon", Pp. 1-42 in *The Transformation of the Avant-Garde: The New York Art World, 1940-1985*, Chicago: The University of Chicago Press.

Crane, Diana(2000). "Fashion Worlds and Global Markets: From 'Class' to 'Consumer' Fashion", Pp. 132-170 in *Fashion and Its Social Agendas: Class, Gender, and Identity in Clothing*, Chicago: The University of Chicago Press.

Cyert, Richard and James March(1963). *A Behavioral Theory of the Firm*, Englewood Cliffs: Prentice-Hall.

DiMaggio, Paul J.(1977). "Market Structure, the Creative Process, and Popular Culture: Toward an Organizational Reinterpretations of Mass-Culture Theory", *Journal of Popular Culture* 11: 436-52.

DiMaggio, Paul J.(1987). "Classification in Art", *American Sociological Review* 52(4): 440-455.

DiMaggio, Paul J.(1992). "Nadel's Paradox Revisited: Relational and Cultural Aspects of Organizational Structures", Pp. 118-142 in *Networks and Organization: Structure, Form, and Action*, edited by Nitin Nohria and Robert Eccles, Boston: Harvard Business School Press.

DiMaggio, Paul(1994). "Culture and Economy", Pp. 26-57 in *The Handbook of Economic Sociology*, edited by Neil Smelser and Richard Swedberg, Princeton: Princeton University Press.

DiMaggio, Paul J. and Hugh Louch(1998). "Socially Embedded Consumer Transactions: For What Kinds of Purchases Do People Most Often Use Networks?" *American Sociological Review* 63: 619-37.

DiMaggio, Paul and John Mohr(1985) "Cultural Capital, Educational Attainment and Marital Selection", *American Journal of Sociology* 90: 1231-1261.

DiMaggio, Paul, and Walter Powell(1983). "The Iron Cage Revisited: Institutional Isomorphism and Collective Rationality in Organizational Fields", *American Sociological Review* 48: 147-60.

Dobbin, Frank(1997). *Forging Industrial Policy: The United States, Britain, and France in the Railway Age*, Cambridge: Cambridge University Press.

Dobbin, Frank(2004a). *The New Economic Sociology: A Reader*, Princeton: Princeton University Press.

Dobbin, Frank. ed.(2004b). *The Sociology of the Economy*, New York: Russell Sage Foundation.

Dobbin, Frank(2004c). "The Sociological View of the Economy", Pp. 1-46 in *The New Economic Sociology: A Reader*, edited by Frank Dobbin,

Princeton: Princeton University Press.

Doreian, Patrick, Vladimir Batagelj, and Anuška Ferligoj(2005). *Generalized Blockmodeling*, Cambridge: Cambridge University Press.

Douglas, Mary and Baron Isherwood(1979). *The World of Goods: Towards an Anthropology of Consumption*, London: Allen Lane.

Durkheim, Emile(1997). *The Division of Labor in Society*, New York: Free Press.

Eccles, Robert G.(1985). "Transfer Pricing as a Problem of Agency", Pp. 151-186 in *Principals and Agents: the Structure of Business*, edited by J. Pratt and R. Zeckhauser, Boston: Harvard Business School Press.

Eccles, Robert and Dwight Crane(1987). "Managing Through Networks in Investment Banking", *California Management Review* 30:176-195.

Eccles, Robert G. and Harrison C. White(1986). "Firm and Market Interfaces of Profit Center Control", Pp. 203-220 in *Approaches to Social Theory*, edited by Siegwart Lindenberg, James Coleman and Stefan Nowak, New York: Russell Sage Foundation.

Eccles, Robert G., Jr. and Harrison C. White(1987). "Producers' Market", Pp. 984-986 in *The New Palgrave: A Dictionary of Economic Theory and Doctrine*, edited by John Eatwell, Murray Milgate and Peter Newman, London: MacMillan Press.

Eccles, Robert G. and Harrison C. White(1988). "Price and Authority in Inter-Profit Center Transaction", *American Journal of Sociology* 94: S17-S51.

Edling, Christofer(2002). "Mathematics in Sociology", *Annual Review of Sociology* 28: 197-220.

Emirbayer, Mustafa, and Jeff Goodwin(1994). "Network Analysis, Culture, and the Problem of Agency", *American Journal of Sociology* 99: 1411-54.

Erickson, Bonnie(1996). "Culture, Class, and Connections", *American Journal of Sociology* 102: 217-51.

Fantasia, Rick(1995). "Fast Food in France", *Theory and Society* 24: 201-43.

Fararo, Thomas J. and Patrick Doreian(1988). "Tripartite Structural Analysis: Generalizing the Breiger-Wilson Formalism", *Social Networks* 6: 141-175.

Faulkner, R. and A. Anderson(1987). "Short-Term Projects and Emergent Careers: Evidence from Hollywood", *American Journal of Sociology* 92(4): 879-909.

Faulkner, Robert R. and Eric Cheney(2003). "The New Economic Sociology: Developments in an Emerging Field", *Contemporary Sociology* 32(4): 445-447.

Faust, Katherine(2005). "Using Correspondence Analysis for Joint Displays of Affiliation Networks", Pp. 117-147 in *Models and Methods in Social Network Analysis*, edited by Peter J. Carrington, John Scott, and Stanley Wasserman, Cambridge: Cambridge University Press.

Favereau, Olivier, Olivier Biencourt, and Francois Eymard-Duvernay(2002). "Where Do Markets Come From? From (Quality) Conventions!" Pp. 213-252 in *Conventions and Structures in Economic Organization: Markets, Networks, and Hierarchies*, edited by Favereau, Olivier, and Emmanuel Lazega, Cheltenham: Edward Elgar.

Favereau, Olivier, and Emmanuel Lazega. eds.(2002). *Conventions and Structures in Economic Organization: Markets, Networks, and Hierarchies*, Cheltenham: Edward Elgar.

Felsenstein, Daniel(2002). "Do High Technology Agglomerations Encourage Urban Sprawl?" *The Annals of Regional Science* 36: 663-682.

Ferguson, Prischilla Parkhurst(1998). "A Cultural Field in the Making: Gastronomy in 19th-Century France", *American Journal of Sociology* 104(3): 597-641.

Fishburn, Peter C.(1970). *Utility Theory for Decision Making*, New York: John Wiley & Sons, Inc.

Fligstein, Neil(1990). *The Transformation of Corporate Control*, Cambridge: Harvard University Press.

Fligstein, Neil(2001). "The Theory of Fields and the Problem of Market Formation", Pp. 67-98 in *The Architecture of Markets: An Economic Sociology of Twenty-First-Century Capitalist Societies*, Princeton: Princeton University Press.

Friedman, Milton(1966). "The Methodology of Positive Economics", Pp. 3-16 in *Essays in Positive Economics*, Chicago: University of Chicago Press.

Friedland, Roger and Robert R. Alford(1991). "Bringing Society Back In: Symbols, Practices, and Institutional Contradictions", Pp. 232-263 in *The New Institutionalism in Organizational Analysis*, edited by Walter W. Powell and Paul J. DiMaggio, Chicago: The University of Chicago Press.

Freeman, Linton C.(2004). *The Development of Social Network Analysis: A Study in the Sociology of Science*, Vancouver: Empirical Press.

Galaskiewicz, Joseph(1985). "Interorganizational Relations", *Annual Review of Sociology* 11:281-304.

Gannon, Martin J.(2001). *Understanding Global Cultures: Metaphorical Journeys Through 28 Nations, Clusters of Nations, and Continents*, 2nd ed. Thousand Oaks: Sage.

Gaudio, Rudolf(2003). "Coffeetalk, Starbucks™ and the Commercialization of Casual Conversation", *Language in Society* 32: 659-691.

Geertz, Clifford(1973). "Thick Description: Toward an Interpretive Theory of Culture", Pp. 3-30 in *The Interpretation of Cultures: Selected Essays*, New York: Basic Books.

Geertz, Clifford(1978). "The Bazaar Economy: Information and Search in Peasant Marketing", *American Economic Review* 68(2): 28-32.

Gerlach, Michael(1992). "The Japanese Corporate Network: A Blockmodel Analysis", *Administrative Science Quarterly* 37:105-39.

Gilbert, Nigel and Klaus Troitzsch(1999). *Simulation for the Social Scientist*,

Buckingham: Open University Press.

Gottlieb, Paul D.(1994). "Amenities as an Economic Development Tool: Is There Enough Evidence?", *Economic Development Quarterly* 8(3): 270-285.

Grandori, Anna(1993). "Notes on the Use of Power and Efficiency Constructs in Economics and Sociology of Organizations", Pp. 61-78 in *Interdisciplinary Perspectives on Organization Studies*, edited by Siegwart Lindenberg and Hein Schreuder, Oxford: Pergamon Press.

Granovetter, Mark(1973). "The Strength of Weak Ties", *American Journal of Sociology* 78(6): 1360-1380.

Granovetter, M.(1985). "Economic Action and Social Structure: The Problem of Embeddedness", *American Journal of Sociology* 91: 485-510.

Granovetter, Mark(1994). "Business Group", Pp. 453-475 in *The Handbook of Economic Sociology*, edited by Neil Smelser and Richard Swedberg, Princeton: Princeton University Press.

Hamilton, Gary and Nicole Woolsey Biggart(1988). "Market. Culture. and Authority: A Comparative Analysis of Management and Organization in the Far East", *American Journal of Sociology* 94: S52-S94.

Hannan, Michael T., and John Freeman(1989). *Organizational Ecology*, Cambridge: Harvard University Press.

Haunschild, Pamela(1994). "How Much Is That Company Worth?: Inter-organizational Relationships, Uncertainty and Acquisition Premiums", *Administrative Science Quarterly* 39: 391-411.

Healy, Kieran(2004). "Sacred Markets and Secular Ritual in the Organ Transplant Industry", Pp. 308-331 in *The Sociology of the Economy*, edited by Frank Dobbin, New York: Russell Sage Foundation.

Hennion, Antoine(1997). "Baroque and Rock: Music, Mediators and Musical Taste", *Poetics* 24: 415-435.

Herzog, Henry W. and Alan M. Schlottmann(1991). "Metropolitan Dimensions of High Technology Locations in the U.S.: Worker Mobility and Residential Choice", Pp. 169-189 in *Industry Location and Public Policy*, edited by Herzog and Schlottmann, Knoxville, TN: University of Tennessee Press.

Hesmondhalgh, David(1998). "The British Dance Music Industry: A Case Study of Independent Cultural Production", *British Journal of Sociology* 49(2): 234-51.

Hofstede, Geert, and Gert Jan Hofstede(2005). *Cultures and Organizations: Software of the Mind*, 2nd ed. New York: McGraw-Hill.

Hubbell, Charles H.(1965). "An Input-Output Approach to Clique Identification", *Sociometry* 28: 377-399.

Imai, Ken-ichi and H. Itami(1984). "Interpenetration of Organization and Market", *International Journal of Industrial Organization* 2:285-310.

InfoUSA(2007). *InfoUSA Database*, http://www.infousa.com(검색일: 2008. 9.30.).

Jones, Michael Owen(2007). "Food Choice, Symbolism, and Identity: Bread-and-Butter Issues for Folkloristics and Nutrition Studies(American Folklore Society Presidential Address, October 2005)", *Journal of American Folklore* 120(476): 129-177.

Kagel, John H., and Alvin E. Roth. eds.(1995). *The Handbook of Experimental Economics*, Princeton: Princeton University Press.

Katz, Leo(1953). "A New Status Index Derived from Sociometric Data Analysis", *Psychometrika* 18: 34-43.

Kennedy, Mark Thomas(2005). "Behind the One-way Mirror: Refraction in the Construction of Product Market Categories", *Poetics* 33: 201-226.

Kirby, Emma Jane(2001). "Heidi Draws Pilgrims from Japan", BBC News, 9월 25일, http://news.bbc.co.uk/1/hi/world/europe/1562770.stm.

Kirman, Alan(2001). "Market Organization and Individual Behavior: Evidence from Fish Markets", Pp. 155-195 in *Networks and Markets*, edited by

Rauch, James E. and Alessandra Gasella, New York: Russell Sage Foundation.

Kirman, Alan P. and Nicolaas J. Vriend(2001). "Evolving Market Structure: An ACE Model of Price Dispersion and Loyalty", *Journal of Economic Dynamics and Control* 25: 459-502.

Kleinberg, J. M.(1998). "Authoritative Sources in a Hyperlinked Environment", *Proceedings of the ACM-SIAM Symposium on Discrete Algorithms*.

Knight, Frank(1921[2009]). *Risk, Uncertainty, and Profit*, Dodo Press.

Knorr-Cetina, Karin D. and Alex Preda. eds.(2005). *The Sociology of Financial Markets*, Oxford: Oxford University Press.

Kogut, Bruce(2000). "The Network as Knowledge: Generative Rules and the Emergence of Structure", *Strategic Management Journal* 21: 405-425.

Kollock, Peter(1994). " The Emergence of Exchange Structure: An Experimental Study of Uncertainty, Commitment and Trust", *American Journal of Sociology* 100: 313-45.

Krippner, Greta R.(2001). "The Elusive Market: Embeddedness and the Paradigm of Economic Sociology", *Theory and Society* 30: 775-810.

Lawler, Edward J.(2001). "An Affect Theory of Social Exchange", *American Journal of Sociology* 107(2): 321-52.

Lazega, Emmanuel, and Olivier Favereau(2002). "Introduction", Pp. 1-28 in *Conventions and Structures in Economic Organization: Markets, Networks, and Hierarchies*, edited by Favereau, Olivier, and Emmanuel Lazega, Cheltenham: Edward Elgar.

Le Roux, Brigitte and Henry Rouanet(2004). *Geometric Data Analysis: From Correspondence Analysis to Structured Data Analysis*, Dordrecht: Kluwer Academic.

Leifer, Eric, and Harrison C. White(1987). "A Structural Approach to Markets", Pp. 85-108 in *Structural Analysis of Business*, edited by Mark Mizruchi and Michael Schwartz, Cambridge: Cambridge University Press.

Leik, Robert K. and Barbara F. Meeker(1975). *Mathematical Sociology*, Prentice Hall.

Lena, Jennifer C.(2006). "Social Context and Musical Content of Rap Music, 1979-1995", *Social Forces* 85(1): 479-495.

Lewin, Kurt(1948, 1951[1997]). *Resolving Social Conflicts, & Field Theory in Social Science*, Washington: American Psychological Association.

Lie, John(1992). "The Concept of Mode of Exchange", *American Sociological Review* 57(2): 508-523.

Lindenberg, Siegwart(2003). "The Cognitive Side of Governance", Pp. 47-76 in *The Governance of Relations in Markets and Organizations*, edited by Vincent Buskens, Werner Raub, and Chris Snijders, Amsterdam: JAI.

Lizardo, Omar(2006a). "How Cultural Tastes Shape Personal Networks", *American Sociological Review* 71: 778-807.

Lizardo, Omar(2006b). "The Puzzle of Women's "Highbrow" Culture Consumption: Integrating Gender and Work into Bourdieu's Class Theory of Taste", *Poetics* 34: 1-23.

López, José and John Scott(2000). *Social Structure*, Buckingham: Open University Press.

Lorrain, François P., and Harrison C. White(1971). "Structural Equivalence of Individuals in Social Networks", *Journal of Mathematical Sociology* 1: 49-80.

Macy, Michael and Robert Willer(2002). "From Factors to Actors: Computational Sociology and Agent-Based Modeling", *Annual Review of Sociology* 28: 143-66.

Malecki, Edward J. and Susan L. Bradbury(1992). "R&D Facilities and Professional Labor: Labor Force Dynamics in High Technology", *Regional Studies* 26: 123-136.

March, James G.(1991). "Exploration and Exploitation in Organizational Learning", *Organization Science* 2(1): 71-87.

Mark, Noah(2003). "Culture and Competition: Homophily and Distancing Explanations for Cultural Niches", *American Sociological Review* 68: 319-45.

Martin, John Levi(2003). "What Is Field Theory?", *American Journal of Sociology* 109(1): 1-49.

Marx, Karl and Friedrich Engels(1845[1998]). *The German Ideology*, Volume 1, Amherst: Prometheus Books.

Mas-Colell, Andru, Michael D. Whinston, and Jerry R. Green(1995). *Microeconomic Theory*, Oxford: Oxford University Press.

Mead, George Herbert(1967[1934]). *Mind, Self, and Society: From the Standpoint of a Social Behaviorist*, Chicago: The University of Chicago Press.

Mische, Ann, and Philippa Pattison(2000). "Composing a Civic Arena: Publics, Projects, and Social Settings", *Poetics* 27: 163-194.

Mische, Ann, and Harrison White(1998). "Between Conversation and Situation: Public Switching Dynamics across Network Domains", *Social Research* 65(3): 695-724.

Mohr, John(1998). "Measuring Meaning Structures", *Annual Review of Sociology* 24: 345-370.

Mohr, John W. and Vincent Duquenne(1997). "The Duality of Culture and Practice: Poverty Relief in New York City, 1888-1917", *Theory and Society* 26: 305-356.

Mora, Emanuela(2006). "Collective Production of Creativity in the Italian Fashion System", *Poetics* 34: 334-353.

Moran, Joe(2006). "Milk Bars, Starbucks and the Uses of Literacy", *Cultural Studies* 20(6): 552-73.

Moulin, Raymonde(1987[1967]). *The French Art Market: A Sociological View*, translated from *Le marché de la peinture en France*, by Arthur Goldhammer, New Brunswick: Rutgers University Press.

Nee, Victor(2005). "The New Institutionalisms in Economics and Sociology", Pp. 49-74 in *The Handbook of Economic Sociology*, 2nd ed., edited by N. J. Smelser and R. Swedberg, Princeton: Princeton University Press.

North, Douglas C.(1990). *Institutions, Institutional Change and Economic Performance*, Cambridge: Cambridge University Press.

Odagiri, H. and Yamawaki, H.(1986). "A Study of Company Profit-rate Time Series: Japan and the United States", *International Journal of Industrial Organization* 4: 1-23.

Oldham, Greg R. and Anne Cummings(1996). "Employee Creativity: Personal and Contextual Factors at Work", *Academy of Management Journal* 39(3): 607-634.

O'Neil, Kathleen M.(2008). "Bringing Art to Market: The Diversity of Pricing Styles in a Local Art Market", *Poetics* 36: 94-113.

Padgett, John F. and Christopher K. Ansell(1993). "Robust Action and the Rise of the Medici, 1400-1434", *American Journal of Sociology* 98(6): 1259-1319.

Padgett, John F.(2001). "Organizational Genesis, Identity, and Control: The Transformation of Banking in Renaissance Florence", Pp. 211-257 in *Networks and Markets*, edited by Rauch, James E., and Alessandra Casella, New York: Russell Sage Foundation.

Pattison, Philippa(1993). *Algebraic Models for Social Networks*, Cambridge: Cambridge University Press.

Petersen, Norman(1985). *Rediscovering Paul: Philemon and the Sociology of Paul's Narrative World*, Philadelphia: Fortress Press.

Peterson, Richard A. and Albert Simkus(1992). "How Musical Tastes Mark Occupational Status Groups", Pp. 152-186 in *Cultivating Differences*, edited by M. Lamont and M. Fournier, Chicago: The University of Chicago Press.

Pfeffer, Jeffrey and Gerald Salancik(1978). *The External Control of*

*Organizations: A Resource Dependence Perspective*, New York: Harper and Row.

Pingle, Mark and Leigh Tesfatsion(2003). "Evolution of Worker-Employer Networks and Behaviors Under Alternative Non-Employment Benefits: An Agent-Based Computational Study", *Pre-print for Innovations in Financial and Economic Networks*, edited by Nagurney, Anna. Cheltenham: Edward Elgar Publishing.

Podolny, Joel M.(1993). "A Status-Based Model of Market Competition", *American Journal of Sociology* 98: 829-72.

Podolny, Joel(2001). "Networks as the Pipes and Prism of the Markets", *American Journal of Sociology* 107(1): 33-60.

Podolny, Joel M., and Greta Hsu(2003). "Quality, Exchange, and Knightian Uncertainty", Pp. 77-103 in *The Governance of Relations in Markets and Organizations*, edited by Vincent Buskens, Werner Raub, and Chris Snijders, Amsterdam: JAI.

Polanyi, Karl(1957). *The Great Transformation: The Political and Economic Origins of Our Time*, Boston: Beacon Press.

Porac, Joseph F., Howard Thomas, Fiona Wilson, Douglas Paton, and Alaina Kanfer(1995). "Rivalry and the Industry Model of Scottish Knitwear Producers", *Administrative Science Quarterly* 40: 203-27.

Porter, M. E.(1998). "Clusters and the New Economics of Competition", *Harvard Business Review* 76(6): 77-90.

Powell, Walter(1990). "Neither Market Nor Hierarchy: Network Forms of Organization", Pp. 295-336 in Research in *Organizational Behavior*, edited by B. Staw and L. L. Cummings, Greenwich: JAI.

Powell, W., K. W. Koput and L. Smith-Doerr(1996). "Interorganizational Collaboration and the Locus of Innovation: Networks of Learning in Biotechnology", *Administrative Science Quarterly* 41: 116-145.

Powell, Walter and Paul DiMaggio(1991). *The New Institutionalism in*

*Organizational Analysis*, Chicago: The University of Chicago Press.

Prahalad, C. K. and Hamel, G.(1990). "The Core Competence of the Corporation", *Harvard Business Review* May-June: 79-91.

R Development Core Team(2008). *R: A Language and Environment for Statistical Computing*, R Foundation for Statistical Computing, Vienna, Austria, URL http://www.R-project.org.

Ries, Al and Jack Trout(1986). *Positioning: The Battle for Your Mind*, Revised ed. New York: Warner.

Rojas, Fabio(2006). "Review Article: Sociological Imperialism in Three Theories of the Market", *Journal of Institutional Economics* 2(3): 339-363.

Rojek, Chris(1997). "Indexing, Dragging and the Social Construction of Tourist Sights", Pp. 52-74 in *Touring Cultures: Transformations of Travel and Theory*, edited by Chris Rojek and John Urry, London: Routledge.

Rosa, José Antonio, Joseph F. Porac, Jelena Runser-Spanjol, and Michael S. Saxon(1999). "Sociocognitive Dynamics in a Product Market", *Journal of Marketing* 63: 64-77.

Sallach, David(2008). "Modeling Emotional Dynamics: Currency Versus Field", *Rationality and Society* 20(3): 343-365.

Sassen, Saskia(2005). "The Embeddedness of Electronic Markets: The Case of Global Capital Markets", Pp. 17-37 in *The Sociology of Financial Markets*, edited by Cetina, Karin Knorr and Alex Preda, Oxford: Oxford University Press.

Schabenberger, Oliver, and Carol A. Gotway(2005). *Spatial Methods for Spatial Data Analysis*, Boca Raton: Chapman & Hall/CRC.

Scharpf, Fritz W.(1997). *Games Real Actors Play: Actor-Centered Institutionalism in Policy Research*, Boulder: Westvew Press.

Schelling, Thomas C.(1978). *Micromotives and Macrobehavior*, New York: W.W. Norton & Company, Inc.

Schotter, Andrew(1981). *The Economic Theory of Social Institutions*,

Cambridge: Cambridge University Press.

Schutz, Alfred(1970). *On Phenomenology and Social Relations*, Chicago: The University of Chicago Press.

Sewell, W. H.(1992). "A Theory of Structure: Duality, Agency, and Transformation", *American Journal of Sociology* 98(1): 1-29.

Shrum, Wesley(1991). "Critics and Publics: Cultural Mediation in Highbrow and Popular Performing Arts", *American Journal of Sociology* 97(2): 347-75.

Selznick, P.(1957). *Leadership in Administration: A Sociological Interpretation*, New York, NY: Harper & Row.

Simonton, D. K.(2003). "Scientific Creativity as Constrained Stochastic Behavior: The Integration of Product, Person, and Process Perspectives", *Psychological Bulletin* 129: 475-494.

Smilde, David(2005). "A Qualitative Comparative Analysis of Conversion to Venezuelan Evangelicalism: How Networks Matter", *American Journal of Sociology* 111(3): 757-96.

Smith, Charles W.(1989). *Auctions: The Social Construction of Value*, Berkeley: University of California Press.

Snow, David, Louis A. Zurcher, Jr., and Sheldon Ekland-Olson(1980). "Social Networks and Social Movements: A Microstructural Approach to Differential Recruitment", *American Sociological Review* 45: 787-801.

Spence, Andrew Michael(1973). "Job Market Signaling", *Quarterly Journal of Economics* 87(3): 355-374.

Spence, Andrew Michael(1974). *Market Signaling: Informational Transfer in Hiring and Related Screening Processes*, Cambridge, MA: Harvard University Press.

Swedberg, Richard(1994). "Markets As Social Structures", Pp. 255-281 in *The Handbook of Economic Sociology*, edited by N. Smelser and R. Swedberg, Princeton University Press.

Thévenot, Laurent(2001). "Organized Complexity", *European Journal of Social Theory* 4(4): 405-425.

Trienekens, Sandra(2002). " 'Colorful' Distinction: the Role of Ethnicity and Ethnic Orientation in Cultural Consumption", *Poetics* 30: 281-298.

Trigg, Dylan(2006). "Memories in Site: Toward a Renewed Understanding of Starbucks", *Environmental and Architectural Phenomenology* 17(1): 5-10.

Turner, Victor(1995[1969]). *The Ritual Process: Structure and Anti-Structure*, New York: Aldine de Gruyter.

Kahneman, Daniel, Paul Slovic, and Amos Tversky(1982). *Judgment Under Uncertainty: Heuristics and Biases*, Cambridge: Cambridge University Press.

Urry, John(1990[2002]). "The Tourist Gaze", Pp. 1-15 in *The Tourist Gaze*, 2nd ed. London: Sage Publications.

Uzzi, Brian(1996). "The Sources and Consequences of Embeddedness for the Economic Performance of Organizations: The Network Effect", *American Sociological Review* 61(4): 674-698.

Uzzi, Brian(1997). "Social Structure and Competition in Interfirm Networks: The Paradox of Embeddedness", *Administrative Science Quarterly* 42: 35-67.

Uzzi, Brian(1999). "Embeddedness in the Making of Financial Capital: How Social Relations and Networks Benefit Firms Seeking Financing", *American Sociological Review* 64: 481-505.

Uzzi, Brian(2004). "Embeddedness and Price Formation in the Corporate Law Market", *American Sociological Review* 69(3): 319-344.

Vaona, A.(2010). "On the Gravitation and Convergence of Industry Profit Rates in Denmark, Finland, Italy and the US", *Working Paper #2*, Department of Economics, University of Verona.

Vaughan, Diane(2002). "Signals and Interpretive Work: The Role of Culture in a Theory of Practical Action", Pp. 28-54 in *Culture in Mind: Toward a*

*Sociology of Culture and Cognition*, edited by Karen A. Cerulo, New York: Routledge.

Velthuis, Olav(2003). "Symbolic Meanings of Prices: Constructing the Value of Contemporary Art in Amsterdam and New York Galleries", *Theory and Society* 32: 181-215.

Warde, Alan, Lydia Martens, and Wendy Olsen(1999). "Consumption and the Problem of Variety: Cultural Omnivorousness, Social Distinction and Dining Out", *Sociology* 33: 105-127.

Wasserman, Stanley and Katherine Faust(1994), *Social Network Analysis: Methods and Applications*, London: Cambridge University Press.

Weber, Max(1978[1968]). *Economy and Society: An Outline of Interpretive Sociology*, edited by Guenther Roth and Claus Wittich, Berkeley: University of California Press.

Westphal, J. D. and E. J. Zajac(1998). "The Symbolic Management of Stockholders: Corporate Governance Reforms and Shareholder Reactions", *Administrative Science Quarterly* 43: 127-153.

White, Harrison C.(1981a). "Where Do Markets Come From?" *American Journal of Sociology* 87: 517-47.

White, Harrison C.(1981b). "Production Markets as Induced Role Structures", Pp. 1-57 in *Sociological Methodology*, edited by S. L. Leinhardt, San Francisco: Jossey-Bass.

White, Harrison C.(1985). "Agency as Control", Pp. 187-212 in *Principals and Agents: The Structure of Business*, edited by Pratt, John, and Richard J, Zeckhauser, Boston: Harvard Business School Press.

White, Harrison C.(1988). "Varieties of Markets", Pp. 226-260 in *Social Structures: A Network Approach*, edited by Wellman, Barry, and S. D. Berkowitz, Cambridge: Cambridge University Press.

White, Harrison C.(1992a). *Identity and Control: A Structural Theory of Social Action*, Princeton: Princeton University Press.

White, Harrison C.(1992b). "Agency as Control in Formal Networks", Pp. 92-117 in *Network Organization: Its Emergence and Implications for Management Theory and Practice*, edited by Robert G. Eccles and N. Nohria, Cambridge: Harvard Business School Press.

White, Harrison C.(1993). "Markets in Production Networks", Pp. 161-176 in *Explorations in Economic Sociology*, edited by Richard Swedberg, New York: Russell Sage Foundation.

White, Harrison C.(1995). "Network Switchings and Bayesian Forks: Reconstructing the Social and Behavioral Sciences", *Social Research* 62(4): 1035-1063.

White, Harrison C.(1998). "Between Conversation and Situation: Public Switching Dynamics across Network Domains", *Social Research* 65(3): 695-724.

White, Harrison C.(2000). "Modeling Discourse In and Around Markets", *Poetics* 27: 117-133.

White, Harrison C.(2002a). *Markets from Networks: Socioeconomic Models of Production*, Princeton: Princeton University Press.

White, Harrison C.(2002b). "Markets and Firms: Notes Toward the Future of Economic Sociology", Pp. 129-147 in *The New Economic Sociology: Developments in an Emerging Field*, edited by Guillen, Mauro F., Randall Collins, Paula England, and Marshall Meyer, New York: Russell Sage Foundation.

White, Harrison C.(2002c). "Cognition in Social Constructions: Market Rivalry Profile Versus Cost Schedule", Pp. 101-112 in *Culture in Mind: Toward a Sociology of Culture and Cognition*, edited by Karen A. Cerulo, New York: Routledge.

White, Harrison C.(2002d). "Substitutability Cross-Stream Between Oriented Markets: Conventions in the Wine Sector of France", *ISERP Working Paper* 02-02, Institute for Social and Economic Research and Policy,

Columbia University.

White, Harrison C.(2003a). "Autonomy vs. Equivalence Within Market Network Structure?" Pp. 78-88 in, *Dynamic Social Network Modeling and Analysis: Workshop Summary and Papers*, edited by Ronald Breiger, Kathleen Carley, and Philippa Pattison, Committee on Human Factors, Board on Behavioral, Cognitive, and Sensory Sciences, Division of Behavioral and Social Sciences and Education, Washington, DC: The National Academies Press.

White, Harrison C.(2003b). "Business Mobilize Production Through Markets: Parametric Modeling of Path-Dependent Outcomes in Oriented Network Flows", *Complexity* 8(1): 87-95.

White, Harrison C.(2005). "Social Construction of Flows: Price Profiles Across Producers Gear to Market Context Upstream, Downstream and Cross-Stream", *ISERP Working Paper* 05-01, Institute for Social and Economic Research and Policy, Columbia University.

White, Harrison C.(2008). *Identity and Control: How Social Formations Emerge*, 2nd ed., Princeton: Princeton University Press.

White, Harrison C. Scott A. Boorman, and Ronald L. Breiger(1976). "Social Structure from Multiple Networks, I. Blockmodels of Roles and Positions", *American Journal of Sociology* 81: 730-779.

Wilensky, Uri(2005). *NetLogo*, Center for Connected Learning and Computer-Based Modeling, Evanston: Northwestern University (http://ccl.northwestern.edu/netlogo).

Williamson, Oliver E.(1985). *The Economic Institutions of Capitalism*, New York, NY: Free Press.

Winship, Christopher and Michael Mandel(1983-4). "Roles and Positions: A Critique and Extension of the Blockmodeling Approach", *Sociological Methodology*.

Wolfram Research, Inc.(2005). *Mathematica, Version 5.2*, Champaign:

Wolfram Research, Inc.

Wuthnow, Robert(1987). *Meaning and Moral Order: Explorations in Cultural Analysis*, Berkeley: University of California Press.

Yeung, King-To(2005). "What Does Love Mean? Exploring Network Culture in Two Network Settings", *Social Forces* 84(1): 391-420.

Zajac, Edward J., and James D. Westphal(2004). "The Social Construction of Market Value: Institutionalization and Learning Perspectives on Stock Market Reactions", *American Sociological Review* 69(3): 433-457.

Zelizer, Viviana(1979). *Morals and Markets: The Development of Life Insurance in the United States*, New York: Columbia University Press.

Zelizer, Viviana(1985). *Pricing the Priceless Child: The Changing Social Value of Children*, New York: Basic Books.

Zelizer, Viviana(1988). "Beyond the Polemics of the Market: Establishing a Theoretical and Empirical Agenda", *Sociological Forum* 3: 614-34.

Zelizer, Viviana(1992). "Human Values and the Market: the Case of Life Insurance and Death in Nineteenth-Century America", Pp. 146-162 in *The Sociology of Economic Life*, edited by Mark Granovetter and Richard Swedberg, Boulder: Westview Press.

Zhao, Wei(2005). "Understanding Classifications: Empirical Evidence from the American and French Wine Industries", *Poetics* 33: 179-200.

Zuckerman, Ezra. W.(1999). "The Categorical Imperative: Securities Analysts and the Illegitimacy Discount", *American Journal of Sociology* 104: 1398-1438.

Zuckerman, Ezra W., Tai-Young Kim, Kalinda Ukanwa, and James von Rittmann(2003). "Robust Identities or Nonentities? Typecasting in the Feature-Film Labor Market", *American Journal of Sociology* 108(5): 1018-1074.

Zukin, Sharon(1990). "Socio-Spatial Prototypes of a New Organization of Consumption: The Role of Real Cultural Capital", *Sociology* 24(1): 37-56.

Zukin, Sharon and Paul DiMaggio. eds.(1990). *Structures of Capital: The Social Organization of the Economy*, Cambridge: Cambridge University Press.

Zysman, John(1983). *Governments, Markets, and Growth*, Ithaca: Cornell University Press.

## | 찾아보기 |

# 시장과 연결망

생산시장의 경제사회학적 분석

**펴낸날** | 초판 1쇄 2012년 2월 29일
**지은이** | 김우식
**펴낸이** | 김훈순
**펴낸곳** | 이화여자대학교출판부
**주소** | 서울특별시 서대문구 이화여대길 52(우편번호 120-750)
**등록** | 1954년 7월 6일 제9-61호
**전화** | 362-2966(편집), 362-6076(마케팅)
**팩스** | 02) 312-4312
**전자우편** | press@ewha.ac.kr
**인터넷서점** | www.ewhapress.com
**책임편집** | 김미정
**찍은곳** | 네오프린텍


ISBN 978-89-7300-946-6 93330

값 24,000원